Scenario

Jochen Brunow (Hrsg.)

Scenario 4

FILM– UND DREHBUCH–ALMANACH

BERTZ+FISCHER

Bibliografische Information der Deutschen Nationalbibliothek
Die Deutsche Nationalbibliothek verzeichnet diese Publikation in der
Deutschen Nationalbibliografie; detaillierte bibliografische Daten sind
im Internet über http://dnb.d-nb.de abrufbar.

Eine Publikation der Carl-Mayer-Gesellschaft

Gefördert durch den Beauftragten der Bundesregierung für Kultur und Medien

Umschlaggestaltung, Layout, Grafiken und Drehbuchillustrationen: Hauke Sturm

Redaktioneller Beirat: Alfred Holighaus, Detlef Michel, Ruth Toma, Michael
Töteberg, Joachim von Vietinghoff

Die Carl-Mayer-Gesellschaft und der Herausgeber betonen, dass sie den
Inhalt dieses Almanachs allein verantworten und *Scenario* nicht in Verbindung steht mit anderen Institutionen, die den Begriff »Scenario« ebenfalls
im Namen führen.

Inhalt

Vorwort des Herausgebers

Wenn man zu einem Vorhaben wie dem Jahrbuch *Scenario* aufbricht, dann fragt man mögliche Beiträger, diskutiert mit Autoren, spricht über diverse Themen, man streut Anregungen, lanciert Fragestellungen. Das geht in viele verschiedene Richtungen und richtet sich an sehr unterschiedliche kreative Persönlichkeiten. Angesichts dieses immer wieder vagen, vielgestaltigen Aufbruchs wundert es mich jedes Mal aufs Neue, dass daraus ein Buch voll so starker Querverweise und so deutlicher thematischer Stränge entsteht. Stärker als bereits bisher hat sich in den Beiträgen dieses Jahres die gesellschaftliche Situation, in der wir uns befinden, niedergeschlagen. Zum anderen zeigt sich nicht nur im Essay von Gerd Midding, *Vom Widerstand der Fabel: Verliert das Kino das Vertrauen in die Fiktion?*, unter dem Ansturm des Dokumentarischen eine gewisse Krise des Erzählens. Auch Wieland Bauder stößt bei seiner Reise durch eine Reihe biografischer Filme über Musiker auf die Frage, ob sich in dem Versuch, durch den Rückgriff auf die Lebenswege von bekannten Entertainern Authentizität zu erlangen, nicht auch eine Krise des Erzählens verbirgt. In ihrer Summe zeigen die Texte in *Scenario 4* deutlich, wir stehen an einem Wendepunkt. Das mag mit den vielfältigen aktuellen gesellschaftlichen Problemen und Umbrüchen zu tun haben, aber auch mit der Rolle, die in diesem Prozess die Medien einnehmen, für die wir als Autoren oder Filmemacher schreiben oder arbeiten.

Die Bemühungen, aus der Finanzkrise zu lernen, die die Weltwirtschaft an den Rand des Abgrunds führte, haben noch lange keinen Abschluss gefunden. Wenn mich nicht alles täuscht, führt die sich abzeichnende Unfähigkeit der Politik, diesen Prozess zu steuern, nach einer Phase der Kritiklosigkeit zu einer vermehrten zivilgesellschaftlichen Diskussion. Die Frage, wie wir zu einer Form des Wirtschaftens und des Lebens kommen, die nicht auf ständigem Wachstum und auf Gier basiert, sondern auf Gerechtigkeit und Lebensqualität setzt, wird immer drängender. Die erste Fassung von Keith Cunninghams aufrüttelndem Essay zu den Themen des 21. Jahrhunderts trug den munteren Titel *Welcome to the Tsunami*. Er beschrieb darin die sich zusammenballenden aktuellen, krisenhaft sich zuspitzenden Entwicklungen in Anspielung auf den Film von Wolfgang Petersen als einen *Perfect Storm*, der sich über uns zusammenbraut und uns zu verschlingen droht. Sein in dieser Ausgabe gedrucktes Manuskript ist der erste Originaltext für *Scenario*, der ursprünglich auf Englisch verfasst wurde.

Meine Anregung, Keith möge die Gedanken eines Vortrags, gehalten zur Berlinale 2009 im Berliner Literaturhaus, in einem Text für das Jahrbuch bündeln, führte ursprünglich zu einer Fassung, die weit ausholte und die Verantwortung der Autoren für die Zivilgesellschaft aus der Produktion von kulturellen Memen ableitete. Der Text sprengte vom Umfang her die Möglichkeiten von *Scenario*, und Keith Cunningham ist nun dabei, ihn zu einem eigenständigen Buch auszuarbeiten. Sein neuer, kürzerer Essay hat dagegen eher den Charakter eines aufrüttelnden Manifestes und zeigt pragmatischer konkrete Wege, im dramatischen Schreiben zu dem notwendigen Umdenken in der Gesellschaft beizutragen.

Als Abschluss des viele Bereiche abdeckenden Werkstattgespräches brachte ein anderer wichtiger Beiträger, mein Gesprächspartner Michael Gutmann, diese Auffassung auf eine äußerst prägnante Formel. Er betonte, wie wichtig es sei, allen an der Produktion von Filmen Beteiligten klarzumachen, »dass das Tragische und das Scheitern einer Figur hohe Werte in einer Geschichte sind, die wir nicht verwässern sollten. Das erfordert aber, dass man ein Bild davon hat, wie man sich die Gesellschaft und unser Miteinander wünscht. Wenn man keine Vorstellung von einer besseren Welt hat, dann kann man nicht tragisch erzählen.« Mir gefällt dieser letzte Satz so gut, dass ich ihn zum Motto dieser Ausgabe von *Scenario* machen möchte: »Wer keine Vorstellung von einer besseren Welt hat, kann auch nicht tragisch erzählen.«

Während es in der gesellschaftlichen Realität an allen Ecken und Enden brennt, geht ein Gespenst um im deutschen Fernsehen, das Gespenst der verdrängten Wirklichkeit. Im Vorwort zu *Scenario 3* hatte ich aufgrund der Auffassung der Verantwortlichen von der Quote als »Währung« die Krise des Fernsehens mit der Finanzkrise verglichen und einen Vertrauensverlust in das öffentlich-rechtliche System prognostiziert. Inzwischen hat sich die Situation so zugespitzt, dass *Spiegel Online* schon in Verkürzung eines Zitats von Jörn Klamroth titelte: »Dem Fernsehen fallen die Zähne aus.«

Das Gespenst der verdrängten Wirklichkeit hat mittlerweile seinen Einfluss, seinen Aktionsrahmen vergrößert. Nicht nur aus der Mehrzahl der fiktionalen Programme wird die Wirklichkeit verdrängt, sie wird nicht nur in den dokumentarisch-fiktionalen Formen auf erschütternde Weise eingeengt und verdreht, sondern wenn die Realität nicht mehr genug hergibt, dann wird ihr neuerdings noch nachgeholfen mit inszenierter »Wirklichkeit« nach Drehbuch und mit Schauspielern. Immer mehr Produzenten verhelfen ihren Doku-Soaps zu Highlights, indem sie vermeintlich echte Menschen und deren Geschichten komplett erfinden lassen.

Die Wirklichkeit wird auch verdrängt, wenn es um die Produktionsrealität geht. Der Fall der NDR-Fernsehspielchefin Doris J. Heinze hat die Branche erschüttert, und der Selbstmord ihres langjährigen

Das Vorwort zu *Scenario 3* sowie weitere Leseproben aus früheren Bänden finden Sie im Internet unter www.edition-scenario.de.

»Nicht nur dem Fernsehen, auch der Bundesrepublik insgesamt fallen die Zähne aus. Es sind die älteren Damen, die bei uns den Ton angeben.« (Jörn Klamroth, Co-Geschäftsführer der Degeto Film GmbH)

Geliebten und Vorgesetzen im NDR, Joachim Kellermeier, hat betroffen gemacht. Der Widerhall, den diese Ereignisse gefunden haben, war heftig, aber bisher begrenzt auf einige wenige investigativ und kommentierend arbeitende Medien wie die *Süddeutsche Zeitung*, *Spiegel Online* und die *FAZ*. Das System der öffentlich-rechtlichen Anstalten, das bereits mehrere Fälle von Korruption, rechtskräftig verurteilte Sportchefs, schreibende Redakteure, die die honorarpflichtige Wiederholung ihrer eigenen Stoffe selbst programmieren, und die Schleichwerbungsaffäre ausgesessen hat, wird nicht öffentlich hinterfragt, grundlegende Reformen scheinen noch außer Sichtweite. Das offensichtliche Versagen des Systems soll nicht auf seine Grundlagen zurückgeführt werden, sondern auf die Verfehlung Einzelner. Sehr schnell wurde aus Doris J. Heinze für die Krise des Fernsehens, was Bernard L. Madoff für die Finanzkrise war: der offen kriminelle Fall, der von den Grundfehlern des Systems ablenkt und ausschließlich Gier und persönliches Fehlverhalten für »Entgleisungen« verantwortlich macht.

Der Fall Heinze ist jedoch nur die Spitze des Eisberges, unter der Hand wird von immer mehr Fällen getuschelt, in denen Redakteure für Gaben empfänglich waren oder sie sogar zu Voraussetzungen für Auftragserteilungen gemacht haben. Noch hält das Gesetz der Omertà, wer öffentlich ausspricht, was er denkt, gefährdet seine Arbeitsgrundlage. Aber wie lange ist es noch unter der Decke zu halten, dass auch andere als Doris Heinze differenzierte Seilschaften und Produktionsgemeinschaften gebildet haben, nicht weniger geschickt, zwar nicht so eindeutig kriminell, aber mit nicht weniger fatalen Folgen für die thematische Bandbreite und die inhaltliche Qualität. Die Abschaffung der Verantwortung des Autors für sein Werk, für das, was es als Aussage transportiert, hat fatale Folgen. Die Quote tritt an die Stelle dieser Verantwortung. Der rein demografische Rückgriff zerstört aber nicht nur die kritische Vielfalt des Angebotes, sondern behebt auch nicht die grundsätzliche Vertrauenskrise in das Programm und seine Macher in den Sendern. Ein Teil dieses Problems wurzelt unmittelbar in der Behandlung oder besser der Misshandlung des Drehbuchs und der Drehbuchautoren. Der Autor Detlef Michel resümierte in einer Stellungnahme: »Solange die Drehbücher ein Schattendasein führen, gibt es auch eine Schattenwirtschaft mit ihnen.«

Das Funktionieren unserer Zivilgesellschaft und das Wohlbefinden in ihr hängen von der Existenz einer demokratischen Öffentlichkeit ab. Beides ist unvereinbar mit einem generellen Verdacht der Korruption und Vetternwirtschaft im fiktionalen Bereich und einer direkten politischen Einflussnahme im journalistischen Bereich der Nachrichten. Dass von den Sendern inzwischen schon als »Anstalten außerhalb des Öffentlichen Rechts« gesprochen wird, hat auch mit dem nicht mehr verdeckten, unverhohlenen Zugriff der Politik auf Personalentscheidungen zu tun. Dics wurde im Fall Nikolaus Brender offensichtlich, dessen Vertragsverlängerung als Chefredakteur des ZDF durch den hessischen Ministerpräsident Roland Koch hintertrieben wurde. Selbst Kochs Parteikollege und Vorsitzender des ZDF-Fernsehrates Ruprecht Polenz musste einräumen, dass es schwierig wird für das ZDF, wenn öffentlich in Frage steht, ob die Zusammensetzung der Gremien mit dem Grundgesetz, mit der verordneten Staatsferne und der Meinungsfreiheit in Einklang stehen.

Damit unsere fiktiven Geschichten die gesellschaftliche Realität reflektieren können, muss es eine Vielfalt in den Themen und den Formen geben. Diese ist nur mit starken und unabhängigen Autoren zu erreichen. Die Verantwortlichen in den Sendern müssen die Unabhängigkeit der Redakteure wieder stärken und sie vom Quotendruck befreien, damit dem Drehbuch und den Autoren der Stellenwert eingeräumt werden kann, der ihnen gebührt. Die Autoren müssen dies allerdings auch selbst mutig einfordern. Dieser Prozess wird nur in Gang kommen, wenn es nicht aus Angst noch mehr Kontrollgremien gibt, sondern wenn Transparenz einzieht, wenn die Themen- und Stoffauswahl und die Auftragsvergabe öffentlich diskutiert werden können. Wir brauchen so etwas wie Glasnost im nach außen geschlossenen System der öffentlich-rechtlichen Sender.

Die verdrängte Wirklichkeit schlägt sich auch im Alltagsleben von Autoren nieder, sogar wenn sie im stillen Ravensburg leben, wie Dorothee Schön, und so finden sie auch ihren speziellen Nachklang im diesjährigen Journal. Neben Reiseberichten und anderen Erfahrungen lesen wir in ihren Aufzeichnungen vom Kampf um demokratische Verfahrensweisen in Organisationen der Zivilgesellschaft wie der Deutschen Filmakademie sowie von ihren ersten Reaktionen auf das Bekanntwerden des Falles Doris Heinze, mit der sie als Autorin erfolgreich zusammengearbeitet hat.

Zuletzt fühlte sich Dorothee Schön wie in ihren letzten Film hineinversetzt. Nach ihrem Drehbuch entstand FRAU BÖHM SAGT NEIN, worin es um die Aufdeckung der Schmiergeldaffäre bei der Firma Mannesmann durch eine mutige Sachbearbeiterin geht. Sie verweist auf die Auseinandersetzung ihrer Heldin Frau Böhm mit der jungen Kollegin, die darüber streiten, wie man sich angesichts der korrupten Machenschaften ihrer Chefs verhalten solle. Dorothee Schön überträgt diese Fragestellung und ihre möglichen Konsequenzen auf ihr eigenes Metier. Was passiert, wenn die Firma nicht mehr zu retten ist? Aus der Parallelität ihrer fiktiven, dem realen Wirtschaftsskandal frei nachempfundenen Geschichte und der aktuellen Situation in den Sendern gewinnt sie mutig die für alle in unserer Branche Tätigen warnende Erkenntnis:

»Wer jetzt schweigt, ist auch in Zukunft diskreditiert. Dabei brauchen wir die seriösen und korrekten Redakteure so dringend!«

Wie sehr das Fernsehen und das Kino unsere Fähigkeit, auf unsere Umgebung zu reagieren, beeinflussen, macht Keith Cunningham in seinem Essay deutlich. Der bedauerliche Zustand unserer Zivilgesellschaft – in der der frühere Grundkonsens, dass Gesellschaft auch Kritik braucht, offenbar der Vergangenheit angehört – hängt durchaus mit dem Zustand der Medien zusammen. Cunninghams Manifest mag sich auf das globale Phänomen der drohenden Klimakatastrophe konzentrieren, aber es geht für uns im Deutschland des Jahres 2010 darum, sich in allen Bereichen des öffentlichen Lebens zu engagieren und der verdrängten Wirklichkeit auf die Bühne der Zivilgesellschaft zu verhelfen. Oder wie der Theaterstar und *Tatort*-Kommissar Martin Wuttke in einem Interview ausdrückte: »Im Fernsehen läuft es, egal ob Komödie oder Krimi oder Talkshow, auf die Reproduktion des immergleichen Weltverständnisses hinaus. Beim *Tatort* heißt das zum Beispiel, es muss immer begründet werden, warum die Menschen Verbrechen begehen. Sie sind in Not und können aus psychologischen Gründen nicht anders. Sicher, man kann sich die Welt so erklären. Man muss es aber nicht.«

Sarah Bräuer, die diesjährige Jungautorin von der HFF München, sucht ihren ganz eigenen Weg durch dieses Labyrinth der vielen Einflüsse mithilfe von Wollknäuel und rotem Faden, aber auch mit dem Rückgriff auf die Weisheit der griechischen Mythen sowie auf die in Sprichwörtern gesammelten Alltagserfahrungen. Sie hat auch die ihren Essay illustrierenden Fotos selbst aufgenommen. Auch gibt es in *Scenario* wieder einige Comics, diesmal sind sie von Michael Gutmann, der sich vor seiner Karriere als Drehbuchautor und Regisseur in diesem visuell erzählenden Metier erprobte, und von Grischa Meyer, dessen Cartoon über *Scenario*-Beiträger Thomas Knauf wir freundlicherweise verwenden durften.

Francis Scott Fitzgerald verarbeitete seine nicht immer positiven Erfahrungen im Hollywood der 1930er Jahre in Kurzgeschichten um den fiktiven Drehbuchautor Pat Hobby. Diese Geschichten sind nun bei Diogenes neu erschienen, und Ralph Eue betrachtet sie noch einmal genau aus heutiger Sicht. Mit Thomas Knauf hatte ich vereinbart, dass er unter dem Arbeitstitel *Pat Hobby goes Babelsberg and Beyond* im Stil der Storys von Fitzgerald über seine Erfahrungen als Drehbuchautor in der DEFA und in den Nachwendejahren schreiben sollte. Die Anregung fiel auf so fruchtbaren Boden, dass vom Umfang her gleich ein ganzes Buch daraus wurde. In *Scenario* erscheinen nun die kompilierten Highlights dieses Textes, der vielleicht in absehbarer Zeit auch geschlossen das Licht der Veröffentlichung erblicken wird.

2009 war auch das Jahr, in dem sich Drehbuchautoren aus aller Welt zur First World Screenwriters Conference in Athen trafen. In seiner Videobotschaft an die Teilnehmer erzählte der große alte Autor und langjährige Präsident der Writers Guild of America, Frank Pierson – Oscargewinner 1976 für das Drehbuch zu DOG DAY AFTERNOON – von den guten alten Zeiten im Studiosystem, in denen die Autoren noch auf dem Gelände der Studios arbeiteten und in der Kantine immer alle unbedingt an deren Tisch sitzen wollten. Warum? Weil die Autoren nicht etwa nur fade Witze erzählten, »because they had *wit*«. Sie waren »geistreich«. Aus dieser Zeit und mit eben dem entsprechenden *wit* erzählt Samson Raphaelson über seine Erfahrungen mit Ernst Lubitsch und ihre Zusammenarbeit an fast einem Dutzend Drehbüchern. Sein wunderbarer Text erscheint in *Scenario 4* unter der Rubrik *Backstory* zum ersten Mal auf Deutsch.

In derselben Abteilung widmet sich Michael Töteberg gewohnt kenntnisreich und unterhaltsam Johannes Mario Simmel, der, bevor seine Kolportageromane beliebte Vorlagen für Kinofilme wurden, selbst mehrere Jahre als Drehbuchautor sein Auskommen verdiente.

Keith Cunningham ist nicht nur Verfasser des schon erwähnten Manifestes, sondern auch eines neuen Buches zum Drehbuchschreiben mit dem Titel *Soul of Screenwriting*, dessen eingedeutschter Untertitel *Von dramatischer Wahrheit und Selbsterkenntnis* schon darauf hinweist, dass es mehr sein will als nur ein weiteres Manual zum Thema. André Georgi übernimmt die Aufgabe, das Buch vorzustellen und zu durchleuchten. Die aufmerksamen Leser, die ich *Scenario 4* wünsche, werden noch weitere Querverbindungen entdecken auf ihrer hoffentlich aufschlussreichen und vergnüglichen Reise durch das Buch. Die auch diesmal wieder mit dem Abdruck des mit einer »Goldenen Lola« ausgezeichneten Drehbuchs des Jahres abschließt. Es stammt von Karsten Laske: MEIN BRUDER, HITLERJUNGE QUEX. Susanne Schneider, von Beginn an *Scenario* als Autorin verbunden, hat nicht nur an der Juryentscheidung mitgewirkt, sondern auch die Laudatio geschrieben. Hauke Sturm hat das Manuskript des Preisträgers – wie das Manifest von Keith Cunningham – in gewohnter Kreativität illustriert.

In *Scenario* können all diese Strömungen und Themen nur auftauchen und zu einem dichten Gewebe werden durch die Hilfe der vielen materiellen und geistigen Förderer des Projektes, ihr nicht nachlassendes Interesse und enthusiastisches Engagement. Für diese Unterstützung sei dem Vorstand der Carl-Mayer-Gesellschaft, dem BKM und den Mitarbeitern im dortigen Filmreferat, dem redaktionellen Beirat sowie allen Beiträgern, Freunden und Kollegen ausdrücklich gedankt. Ohne ihre breite Unterstützung könnte *Scenario 4* ebenso wenig wie seine Vorgänger ein lebendiges Forum abgeben für die Diskussion um die aktuellen Formen filmischen Erzählens.

Jochen Brunow

stattgespräch

Leben Erzählen Lieben

Ein Werkstattgespräch mit Michael Gutmann

Von Jochen Brunow

Schaut man sich Ihr umfangreiches Werk als Ganzes an, dann gibt es einen thematischen Schwerpunkt von Coming-of-Age-Stoffen. Wobei die Filme die klassische Definition nicht unbedingt erfüllen, aber sich doch auffällig viel mit der Adoleszenz beschäftigen. Wie war das für Sie selber in dieser Lebensphase? Sie sind in Frankfurt groß geworden, in einer Metropole, wie sind Sie als junger Mensch mit Medien, sowohl dem Lesen als auch den visuellen Medien, in Kontakt gekommen?

Ich habe ziemlich früh Super-8-Filme gemacht, 14 war ich da oder 15. Die Super-8-Kamera war von Revue, ein gusseisernes Teil, mit dem konnte man Nägel einschlagen, richtig stark verarbeitet mit einem

Robert Stadlober in CRAZY

sehr guten Minolta-Objektiv. Ich habe das gedrehte Material auch geschnitten und ab einem bestimmten Punkt sogar versucht, Nachtonbearbeitungen zu machen, mit einer Tonspur, die man damals auf Super 8 aufspritzen konnte. Ich hatte damals aber nicht die Vorstellung, daraus einen Beruf zu machen, sondern glaubte, ich werde eher zeichnen oder malen, denn ich habe zu dem Zeitpunkt auch bereits Comics gezeichnet.

Woher hatten Sie diese Kamera? Gab es die im Elternhaus, kam die aus der Schule, wie ist das entstanden?

Die war übrig, so wie Dinge im Haushalt manchmal übrig sind, es hätte auch ein Mixer sein können. Ich habe mich dann damit beschäftigt, wie man das eigentlich macht, im Laden Super-8-Filme zu kaufen, sie dann einzuschicken, und die kommen dann erst zwei oder vier Wochen später wieder zurück aus Stuttgart. Dieses Gelb und der Geruch des Filmmaterials haben mein Herz höher schlagen lassen. Dann legt man sie in einen Bildbetrachter oder einen Projektor und erlebt ein Wunder – oder auch eine Pleite. Das Ganze war allerdings sehr teuer, aber das waren Schallplatten auch. Eine Stones- oder Pink-Floyd-LP hat 19 DM gekostet, das war eine ähnlich schmerzhafte Entscheidung.

Michael Gutmann, fotografiert von Jan Schütte

Was wurde Ihnen zum filmischen Gegenstand? Waren das die normalen Home Movies, oder gab es da schon ein Interesse, das aus der reinen Dokumentation des Lebensumfeldes heraustrat?

Das waren langbrennweitige Beobachtungen, Segelflugzeuge bei Start und Landung, bohrend langweilig. Aber da musste ich mich nicht mit Menschen auseinandersetzen, es war erst einmal ästhetisch interessant, ob man das besser mit oder ohne Stativ macht und wie man das schneidet. Es gab auch Auftragsarbeiten, und da habe ich versucht, diesen Hochzeitsfilmen irgendwie eine eigene Farbe zu geben. Ich hatte überhaupt keine Ahnung, wie ein Film strukturell aufgebaut ist, sondern bin auf die Pirsch gegangen wie ein Schmetterlingsjäger, alles, was ich eingefangen hatte, habe ich versucht in den Film einzubauen.

Ich möchte noch auf ein früheres Stadium der Jugend eingehen. Das Geschichtenerzählen als Basis unserer Profession als Autoren fängt an, wenn man selber Geschichten erzählt bekommt. Welche Rolle hat das in Ihrer Familie gespielt?

Über die wirklich interessanten Sachen wurde in unserer Familie nur selten gesprochen. Die Kriegsjahre waren ein schwarzes Loch. Es gab

Michael Gutmann in Breslau bei den Dreharbeiten zu MEIN LEBEN

Mark Twain: *Huckleberry Finns Abenteuer* (dtv 2006)

Franz Kafka: *Der Verschollene* (Fischer 2008)

Carlo Collodi: *Pinocchios Abenteuer: Die Geschichten einer Holzpuppe* (Reclam 2008)

überhaupt keine nennenswerte Erzähltradition, aber es gab immer Bücher. Meine Mutter ist in Zeiten, in denen wenig Geld im Haus war, oft in die Leihbibliothek gegangen. Meine Eltern ließen sich scheiden, als ich lesen lernte. Von meinem Vater blieben mir vor allem Bücher, in denen auf der ersten Seite ein Stempelabdruck mit seinem Namen war.

Gab es Autoren oder Werke, die Sie besonders mochten oder die Sie beeinflusst haben?

Huckleberry Finn von Mark Twain. Bücher über Leute, die sich alleine durchschlagen müssen und Freunde suchen. Die beiden Betrüger, denen Huck begegnet, der König und der Herzog, haben mich beeindruckt, mir gefiel die Mischung aus Bedrohlichkeit und Witz. Bis heute sind diese beiden Figuren wichtig für mich. Die entdecke ich dann wieder beim Kafka in seinem Amerika-Roman, wenn Rossmann diesen beiden Schwindlern begegnet. Oder wenn Pinocchio, anstatt in die Schule zu gehen, sich vom Fuchs und vom Kater ansprechen lässt. Bestimmte Urfiguren mag ich sehr gerne, die begleiten mich. An diesem Punkt der Lektüre hat für mich wahrscheinlich das Interesse am Erzählen begonnen, nicht dokumentarisch, sondern eher märchenhaft, düster, gruselig, aber nicht die Gebrüder Grimm, sondern eher die angloamerikanische Erzähltradition.

Frühe Comics

Gab es in dieser Phase auch schon erste Schreibversuche neben dem, was einem die Schule abverlangte?

Vor allem in der Pubertät. Das waren Gymnasiastenlyrik und Tagebuchaufzeichnungen, aber ich glaube, ich hatte kein herausragendes Erzähltalent. Eigene Comics zu zeichnen wurde dann ziemlich schnell wichtig. Das löste die Super-8-Phase ab.

Wie alt waren Sie da?

Ernsthaft in Angriff genommen habe ich das mit 18 Jahren. Drei Jahre später sahen die Zeichnungen nicht mehr ganz so dilettantisch aus, und jetzt wollte ich damit an die Öffentlichkeit. Das Hauptereignis während meines Lehrerstudiums in Frankfurt bestand darin, dass ich in der Uni-Mensa einen Büchertisch sah, auf dem ein deutsches Comicheft lag. Ich fand es so schlecht, dass ich dachte, bei denen melde ich mich, die nehmen bestimmt auch meine Sachen. Das war eine Initialzündung, sehr wichtige Freundschaften sind daraus entstanden. Diese Comic-zeichner und ich, wir wurden so etwas wie eine Band.

Was war das für eine Zeitschrift?

Sie hieß *Hinz und Kunz* und war auch innerhalb der Szene damals einigermaßen bekannt. Es waren Leute wie Winfried Secker und Volker Reiche, der heute in der *FAZ* seinen *Strizz* veröffentlicht, dann natürlich Bernd Pfarr, der vor allem mit seiner Figur *Sondermann* sehr bekannt geworden ist.

Ich vermute, bei dieser Zeitschrift ging es nicht so sehr um traditionelle Formen, sondern das Vorbild war eher jemand wie Robert Crumb?

Genau. Neben Crumb waren unsere Vorbilder Belgier und Franzosen, wie Moebius und Franquin. Wenn man die ersten Hefte heute sieht, dann ist da ein seltsames Durcheinander aus schlumpfartigen Storys, WG-Geschichten und Underground-Zeichnungen, die provozieren wollen. Hier liegt wahrscheinlich für mich der Anfang des eigenen Erzählens, in aller Unfähigkeit oder Halbfertigkeit, es hatte nichts zu tun mit Büchern oder dem Schreiben. Viel stärker hat mich damals interessiert, wie eine Zeichnung zustande kommt und wie man es im nächsten Panel schafft, dass die Figur noch so ähnlich aussieht. Wie stellt man im Comic eine Kontinuität her? Die Hefte haben wir im Eigenvertrieb verkauft, wir gingen damit in Buchhandlungen oder auf Rockkonzerte. Wir sind sie nur schwer losgeworden und haben unermüdlich weitergemacht. Eine lehrreiche Zeit.

Es hat in diesem Bereich durchaus eine Professionalisierung gegeben, Sie haben dann auch für die Titanic *gearbeitet, ist das richtig?*

Das passierte, weil Bernd Pfarr und Volker Reiche dort arbeiteten. Dadurch habe ich dann auch immer mal Krümel abbekommen. F.K. Waechter, Robert Gernhardt und Hans Traxler habe ich aus der Ferne bewundert und erst viel später kennengelernt.

Diese frühe Befähigung zur Zeichnung und die Liebe zum Comic verbindet Sie mit Chris Kraus, mit dem ich das Werkstattgespräch in Scenario 3 *geführt habe. Die stilistisch radikalen Überhöhungen der Comics, die sich bei Kraus dann auch in den Filmen wiederfinden, kommen in Ihrem Werk nicht vor. Von heute aus betrachtet, wie wirkt das zeichnerische Erbe bei Ihnen persönlich weiter? Zeichnen Sie Storys auf, wenn Sie Regie führen? Bereiten Sie Ihre Auflösung in Storyboards vor?*

Gutmann porträtiert von
Bernd Pfarr

19

Zeichnung: Michael Gutmann

Ich bin kein guter Storyboarder und zeichne nur dann Passagen eines Films, wenn diese diskussionsbedürftig sind und die Produktion es für die Vorbereitung braucht. Meine Drehbücher sind sehr visuell geschrieben, und ich achte bei Drehbüchern anderer darauf, ob sich die Geschichte in Bildern erzählt oder bloß in Dialogen.

Zum Studium sind Sie in Ihrer Heimatstadt geblieben. Es hat Sie nicht hinausgezogen an andere, ferne Orte.

Nachdem mich die Kunstakademie mit Recht abgelehnt hat, habe ich in Frankfurt ein Lehramtstudium für Kunst und Deutsch gewählt. Da konnte man auch Film studieren. Der Nachteil war nur, dass der Professor, der das Fach unterrichten sollte, ein Gastsemester in den USA hatte und während meiner Studienzeit gar nicht anwesend war. Ich bin der Malereiklasse angegliedert worden und war der einzige »Filmstudent«. Ich hatte großes Interesse am Film, aber ich hatte nicht das Vertrauen, daraus einen freien Beruf zu machen. Ich kannte überhaupt keine Filmleute.

Gab es in dieser Frankfurter Szene Mentoren, Persönlichkeiten, die einen Einfluss auf Sie gehabt haben? Der Filmprofessor war nicht anwesend, haben Sie gesagt. Aber es sind ja nicht unbedingt die Lehrer, es sind manchmal auch Entwicklungen, die einen prägen.

Eckhard Henscheid: *Die Vollidioten, Geht in Ordnung sowieso genau, Die Mätresse des Bischofs* (Haffmans 1995)

Wichtig für mich waren Leute, die ich nie getroffen habe, Literaten vor allem. Jack Kerouac habe ich grenzenlos bewundert. Später mochte ich Eckhard Henscheids Romane *Die Vollidioten* und *Geht in Ordnung,* er gehörte zum Kreis der *Titanic,* aber ich habe ihn nie angesprochen. Ich war ziemlich schüchtern. Einmal bin ich in die Schumannstraße gegangen, wo damals die Zeitschrift *Filmfaust* herausgebracht wurde und wo, glaube ich, auch Alexander Kluge sein Produktionsbüro hatte. Der Chef war nicht da, und ich fragte jemanden so etwas wie: »Kann ich bei Ihnen mitmachen?« Ich war schnell wieder aus dem Büro draußen und hab mich furchtbar geschämt. Häufig bin ich ins Kommunale Kino gegangen. Der Filmwissenschaftler Walter Schobert hatte es gegründet. Nicht dass ich mit ihm näher bekannt gewesen wäre, aber seine Arbeit war wichtig für mich. Eine Zeitlang bin ich jeden Tag dorthin gegangen. Regisseure wurden dort zu Diskussionen eingeladen. Einmal hat Eric Rohmer einen Vortrag über FAUST von Friedrich Wilhelm Murnau gehalten. Auf diesem Nährboden entstand die abwegige Idee, ich könnte mich in München an der HFF bewerben. Wie das geht, wusste ich nur durch meinen Freund Kai, der in Wiesbaden Taxi fuhr und ebenfalls jede freie Minute im Kino verbrachte. Ich glaube nicht, dass ich von alleine auf die Idee gekommen wäre.

FAUST – EINE DEUTSCHE VOLKSSAGE (1926; D: Hans Kyser; R: Friedrich Wilhelm Murnau)

20

Das Lehramtsstudium haben Sie erfolgreich abgeschlossen, oder? Sie hätten also direkt Lehrer werden oder vielmehr ins Referendariat eintreten können.

Das Examen war gut, eine sofortige Übernahme wäre möglich gewesen. Aber das Referendariat habe ich nicht gemacht. Ich habe gern mit Kindern gearbeitet, das wäre nicht das Problem gewesen, aber ich konnte mir nicht vorstellen, im Lehrerzimmer zu sitzen. Meine Vorstellung war, als Linker müsse man auf der Seite der Unterlegenen sein.

Die erste Bewerbung an der HFF hat dann nicht geklappt.

In der Prüfung wurde ein Abschlussfilm der Filmhochschule gezeigt, in dem sind Männer mit Wüstenbuggys herumgefahren, haben Sprüche geklopft, Zigaretten geraucht, und die Mädchen haben sie bewundert. Den Film fand ich doof und habe das auch gesagt. Das war keine gute Idee, denn zu dem Zeitpunkt gab es in München eine bestimmte Erzähltradition, die sich an den Filmen von Howard Hawks, Don Siegel und John Ford orientierte. Dieser Gestus des Mannes, der schweigt, sich noch eine Zigarette anzündet und dann handelt, während die Frau zuschaut.

Sie haben sich nicht entmutigen lassen durch die Absage, und im zweiten Anlauf wurden Sie dann angenommen. Es war ein Regiestudium, das Sie angetreten haben. Damals gab es die Drehbuchabteilung an der HFF – die Sie seit ihrer Entstehung 2005 leiten – noch gar nicht.

Bis S. 23: Die ersten Panels eines Comics von Michael Gutmann aus Hinz & Kunz, Nr. 10, 1981

Bis zu meinem Abschlussfilm konnte ich mir nicht vorstellen, Regisseur zu werden. Ich konnte nicht mit Schauspielern arbeiten. Ich habe immer nur mit Freunden gedreht. Das hat natürlich verhindert, dass ich von guten Schauspielern lernen konnte. Was ich an der Schule machte, war alles sehr sensibilistisch, zart hin aquarelliert und auf mich selbst bezogen. Ein Außenstehender hätte mit den Filmen wenig anfangen können. Das war auch so beabsichtigt, die Filme sollten auf gar keinen Fall für Fernsehredakteure oder für ein Massenpublikum geeignet sein. Das lag auch daran, dass unsere Ausbilder nicht die Kraft dramatischer Handlung erkannt hatten oder sie vermitteln konnten. Wenn einer von denen gesagt hätte, jetzt schauen wir uns mal ein Shakespeare-Stück an oder GLORIA von John Cassavetes, die sind doch gar nicht »antiplot«, dann hätte das vielleicht geholfen. Aber das gab es nicht. Es gab keinen brauchbaren Drehbuchunterricht.

GLORIA (1980; D+R: John Cassavetes)

Die Krisen des Drehbuchs

Zu den Zeiten wurde auch viel von der Krise des Drehbuchs gesprochen, das Erzählen stand nicht besonders hoch im Kurs.

Ich bekomme diesen berühmten Satz von Wenders nicht mehr wörtlich zusammen, aber er verkündete auf einer dieser medienkritischen Diskussionen »das Ende der Geschichten«. Da wurden persönliche Haltungen kostümiert, als gäbe es keine Geschichten mehr. Ich halte das für Blödsinn, Erzählen ist für uns lebensnotwendig, so wie Essen und Atmen. Das Problem ist doch eher, wie man spannend erzählt.

Wenders hat diese Haltung auch selbst gar nicht eingelöst. DER STAND DER DINGE war der Film, mit dem er diese Haltung vom Ende der Geschichten demonstrieren wollte. Aber natürlich erzählt dieser Film, und es gibt ein höchst dramatisches Ende, wenn sein Alter Ego, der Regisseur Friedrich, auf den Straßen von Los Angeles erschossen wird. Wenders hat in einem Interview mit mir auch selbst zugegeben, dass der Film seine eigene These widerlegt.

DER STAND DER DINGE
(1982; D: Robert Kramer,
Josh Wallace, Wim Wenders;
R: Wim Wenders)

DER STAND DER DINGE bewegt sich im durchaus bekannten Genre des Künstlerfilms und macht das sehr gut. Jedenfalls hat die Erzählkrise dazu geführt, dass 1983, 1984 die ersten Drehbuchseminare nach Deutschland kamen. Einer der Ersten war Frank Daniel, der tschechische Amerikaner. Zuerst war überall nur Kritik daran zu hören, denn es herrschte noch die Vorstellung, ein Drehbuch entstehe in einem undurchschaubaren künstlerischen Schaffensvorgang. Das hat sich heute komplett gedreht.

Es herrscht inzwischen die Gegenposition von der absoluten Zurichtbarkeit von Geschichten. Was man sich da von Redakteuren oder Producern sagen lassen muss, die mal irgendein Manual gelesen haben oder einen Kurs besucht haben, das geht zum Teil auf keine Kuhhaut.

Es wird inzwischen ein fürchterliches Fachchinesisch gesprochen, und selbst Leute, die nie ein Drehbuch schreiben könnten, dürfen mitdiskutieren. Wir Filmstudenten hatten damals sehr viel mehr Freiheit. Die Autonomie war allerdings auch ein Fluch, denn man war als Student nicht an dem Punkt von Herzog, Wenders oder Fassbinder. Man hat dringend Anleitung gebraucht. Wir fragten uns verzweifelt, wie spiele ich Gitarre, wie kann ich diesen Akkord besser greifen, damit das schöner klingt. Bei einer akustischen Gitarre klingt das B scheußlich, stimmen wir die tiefste Saite, die E-Saite, herunter auf D, und spielen wir noch mal den B-Akkord, dann klingt es super. Das darf man? Wir kannten einfach die Tricks nicht und sind dadurch in viele literarische Fallen getappt. Heute nenne ich das »Drehbuchprosa«. Es sind all die Texte, die sich nicht wirklich mit einer Kamera zeigen lassen.

Sie waren also auch in den Seminaren von Frank Daniel und seinen Gehilfen, David Howard, Don Bohlinger und Daniels Sohn Martin?

Das war die echte handwerkliche Initialzündung. Man sitzt in einer Werkstatt, und jemand erklärt, wie man einen Tisch baut. Da geht es nicht um Kunst oder um die These, es gebe keine Geschichten mehr, es geht nicht darum, was ist politisch korrekt und was ist links, es geht nicht um diesen ganzen kontaminierten Boden, sondern wir reden wie Schreiner über unsere Arbeit. Wir spürten, da waren Leute aus der Praxis am Werk, die haben nicht herumtheoretisiert. Frank Daniel war ein großartiger Stoffentwickler, wir liebten seinen Unterricht. Ich weiß nicht, ob er selbst jemals ein Drehbuch geschrieben hat.

OBCHOD NA KORZE (The Shop on Main Street / Der Laden auf dem Korso; 1965; D: Ladislav Grosman, Ján Kadár, Elmar Klos; R: Ján Kadár, Elmar Klos)

Er hat in der Tschechoslowakei die Prager Filmschule geleitet und in dieser Funktion als Produzent einen Oscar bekommen für THE SHOP ON MAIN STREET. Er hat, nachdem er mit Milos Forman zusammen in die USA ausgewandert ist, ein bisschen diesen Kontakt zum Filmemachen verloren. Er hat für Robert Redford Sundance mit aufgebaut, das zu Beginn eine Art Sommercamp für ausgewählte Filmstudenten war. In den USA hat Frank vor allen Dingen unterrichtet und nicht produzieren können. Er hat mir mal erzählt, dass er das sehr bedauert; und wenn er in ein Studio kommt, ihm der spezifische Geruch dort beinahe die Tränen in die Augen treibt, weil er das konkrete Filmemachen vermisst.

24

Frank und seine Leute haben uns damals klargemacht, dass Szenen wie Bausteine sind, oder Farben und Formen, und dass man Dinge gestaltet, indem man sie anders miteinander anordnet. Sie haben gezeigt, wie man Personen und Szenen so aufeinanderstoßen lässt, dass ein Klang entsteht. Es ist ein Unterschied, ob ich Rot und Orange nebeneinandersetze oder Rot und Grün, weil Rot und Grün Komplementärfarben sind. Das ganze Denken von Frank Daniel und seinen Leuten war komplementär, also zutiefst dramatisch. Er hat uns die Angst vor dem Wort »dramatisch« genommen, das damals in einem schlechten Ruf stand.

»Contrast makes sense« ist der Satz, den Frank immer wiederholte und den ich nie vergessen werde.

Das ist genau das Prinzip, der Zuschauer nimmt Bewegung wahr, weil vorher Stillstand zu sehen war, oder er registriert eine Veränderung, weil sich vorher etwas nicht verändern durfte. Man nimmt Leises wahr, weil Lautes war. Die Idee kommt von der klassischen Tragödie und vom Shakespeare-Theater, sie hat sich dann rübergerettet bis in den Unterhaltungsroman und auch in den Film. Es ist interessant, wie schwer es uns Seminarteilnehmern zu Beginn fiel, das zu verstehen. Leute haben sich den Kopf zerbrochen, ob das mit der Nazizeit zu tun hat und dem großen Verlust von kultureller Energie, oder ob es vielleicht typisch deutsch ist, gedankenvoll und innerlich zu schreiben anstatt handlungsorientiert.

Es war wohl eher ein europäisches Phänomen. Die ersten Reisen, die Frank nach Europa gemacht hat, haben die Belgier organisiert, das Flemish European Media Institute. Ich konnte seinen Unterricht und seine Methodik annehmen, als ich merkte, dass hier nicht das mechanische Bauklotzprinzpip à la Syd Field propagiert wurde, das, wie ich fand, vollkommen zu Recht in der Kritik stand. Franks Vorgehensweise basierte im Grunde genommen auf einer europäischen Erfahrung. Ich habe keinen Autor oder Lehrer erlebt, der eine solch profunde Kenntnis der alten europäischen Literatur und Dramatik hatte. Später habe ich erst verstanden, warum er immer gesagt hat, er wird niemals ein Buch darüber schreiben. Von ihm gibt es keine schriftlichen Äußerung außer Mitschnitten seiner Reden und das Buch über seine Methode, das David Howard nach seinem Tod geschrieben hat. Frank hat immer betont, Drehbuch zu unterrichten sei eine »one to one situation«, es gehe nur um Lehrer und Schüler. Auch dieses Verständnis vom Verhältnis Lehrer – Schüler hat mich stark beeindruckt, diese Art und Weise, mit der er auf jedes individuelle Projekt bei seinen Analysen eingegangen ist.

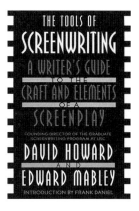

Julia Krynke und August Diehl in LICHTER

Bei uns war das Reden über ein Drehbuch, das Entwickeln und Entfalten eines Stoffes im Gespräch – auch über den Disput –, total unterentwickelt. Das Entscheidende sind gar nicht so sehr die Lehrinhalte. Man kann Aristoteles lesen oder Lajos Egri, Gustav Freytag oder andere. Entscheidend ist, wie damit umgegangen wird. Man kann Drehbuch nicht unterrichten wie Physik. Es geht nicht darum, Regeln und Gewissheiten zu verbreiten, denn jede Drehbuch-Regel führt irgendwann auch wieder zu einer Vorhersehbarkeit. Die Zuschauer durchschauen das und langweilen sich.

Es hat sich aus den Anfängen um Frank Daniel eine Welle von Dramaturgien und von Manuals entwickelt. Es kamen Linda Seger, Robert McKee, Christopher Vogler, um nur die wichtigsten zu nennen. Beeinflussen diese Dramaturgien Ihre Arbeit?

Ich habe vor vielen Jahren in Hamburg an einer Lecture von McKee teilgenommen. Das hatte sehr stark Entertainment-Charakter. Und genau wie heute hat er damals schon die Leute, die in seiner Lecture Fragen gestellt haben oder ihn unterbrochen haben, scharf zurückgewiesen

26

oder gedroht, sie rauszuwerfen. Frank Daniel war seinem eigenen Verständnis nach ein Partner und Pädagoge, der möchte, dass man selber laufen lernt. Er hatte etwas von einem Zen-Lehrer. McKees Vorträge sind dramaturgisch gut gebaut, wenn die Veranstaltung um 17 Uhr zu Ende sein soll, kommt pünktlich um 16 Uhr 58 die brillante Schlusspointe. Das Phänomen Robert McKee ist treffend dargestellt in dem Artikel *The Real McKee*, nachzulesen auf der Internet-Seite des *New Yorker*. Für mich hat sein Buch *Story* trotz aller Einwände eine Bedeutung, gerade weil es so vorlesungshaft ist.

Robert McKee: *Story: Die Prinzipien des Drehbuchschreibens* (Alexander Verlag 2008)

Er hat schon eine analytische Kraft.

Er hat seine Texte oft überarbeitet und seinen ganzen Ehrgeiz in klare Formulierungen gelegt. Das ist die Stärke. Die Wichtigkeit eines Erzählkerns hat mir bei ihm zum ersten Mal eingeleuchtet. Er nennt das *controlling idea*. Aber das steht so im Grunde schon bei Lajos Egri, da hat McKee es vermutlich her.

Die neueren amerikanischen Dramaturgien versuchen, der Entwicklung des aktuellen Films entsprechend, sich auch zu öffnen, zu verändern. Es gibt diesen Paradigmenwechsel hin zu so etwas wie einer New School, den Versuch, eher wie im Literarischen von den Figuren auszugehen und nicht so sehr von plotorientierten Strukturen. Spielt das für Sie – verkörpert von jemandem wie Laurie Hutzler mit ihrer Emotional Toolbox *– eine Rolle?*

Es ist eine Rückkehr zu den freien Erzählformen der 1950er und 1960er Jahre des letzten Jahrhunderts. Die tschechischen Filme von Milos Forman sind *character driven*, so wie die schwarzweißen Fellini-Filme oder bestimmte Filme des New British Cinema. Die Filme von John Cassavetes sind ebenfalls sehr wichtige Vorbilder dieser New-School-Bewegung. Gut finde ich an deren Überlegungen, dass durch sie die Debatte aufrechterhalten wird. Aber je dünner diese Bücher sind, desto besser, damit man noch die Zeit zum Schreiben hat. Im Grunde denke ich: »Machen Sie doch, was Sie wollen, aber bitte nicht langweilen.« In diesem Satz steckt die Aufforderung: »Schaffen Sie eine faszinierende Figur.« Bei Frank Daniel hieß das: »Extraordinary people in a extraordinary situation, or one of both.« Es scheint ein Kennzeichen von jedem interessanten Film zu sein, dass jemand unter einer Zerreißprobe steht. Die neuen Konzepte, von denen Sie sprechen, sagen, es ist völlig egal, ob man acht Sequenzen und drei Akte hat, wenn man nur diese spannungsgeladene Hauptfigur findet. Es können natürlich auch mehrere Hauptfiguren sein, wie in BABEL oder LICHTER. Wobei die meisten Episodenfilme oder auch Serien,

BABEL (2006; D: Guillermo Arriaga; R: Alejandro González Iñárritu)

LICHTER (2003; D: Michael Gutmann, Hans-Christian Schmid; R: Hans-Christian Schmid)

Robert Stadlober, Oona-Devi Liebich und Tom Schilling in CRAZY

die mit mehreren Handlungssträngen arbeiten, sich in den jeweiligen Strängen an herkömmliche Dramaturgien halten.

Shortstorys

Sie haben sehr früh auch schon Erzählungen veröffentlicht.

Ich war noch Student der Filmhochschule, da bin ich von einer großen Filmproduktion angesprochen worden, um ein biografisches Buch von einer Satanistin aus Dortmund zu adaptieren. Als ich recherchiert und diese Satanistin kennengelernt hatte, bekam ich den Eindruck, das Buch versucht, in der Nachfolge des berühmten und sehr gut gemachten Christiane-F.-Buches eine ähnliche Mischung aus verfolgter Unschuld, Sex and Crime zu kochen. Ich fand nicht viel Substanz dahinter und habe dem Produzenten ernsthaft vorgeschlagen, daraus eine Komödie zu machen. Ich weiß nicht mehr, warum er dann sehr laut wurde, jeden-falls führte das zum Ende dieses Arbeitsverhältnisses, und ich bekam trotz meiner Vorarbeiten nur einen Teil des Honorars. Und so habe ich meinen Frust in einer Kurzgeschichte verarbeitet. Das ist die Geschichte von einem Autor für Reisebücher, der durch eine Verwechslung einen Drehbuch-Job bekommt, genau diesen Satanisten-Stoff. Das hat es mir erlaubt, aus der Sicht eines Außenseiters Verhaltensmuster beim Film zu schildern. Der Produzent spielte natürlich auch eine Rolle. Irgend-ein gemeiner Kerl muss dem echten Produzenten später die Kurzge-schichte zugespielt haben. Er hat das wohl persönlich genommen und mich zu seinem Feind erklärt. Egal. Es war von mir nicht böse gemeint, sondern es war meine private Verarbeitung der Sache.

28

*Welche Relationen bestehen für Sie zwischen Kurzgeschichten und dem fil-
mischen Erzählen? Ich denke, es gibt zwischen Shortstorys und Film eine
viel engere Verwandtschaft als zwischen Film und Roman.*

Weil die Kurzgeschichten – vor allem solche in der Tradition von Hemingway – zunächst nur aus Oberfläche bestehen. Es gibt keine Rückblenden, keine inneren Monologe und scheinbar keine psychologische
Tiefe. Natürlich gibt es etwas hinter der Geschichte, aber zunächst ist
da nur das Hier und Jetzt. Mir gefällt an Kurzgeschichten das Situative
und die starke Ausrichtung auf das Visuelle. In den meisten Romanen
stehen viele Dinge, die im Film nicht zu verwenden sind. Wie zum
Beispiel der Satz in CRAZY, wenn der Held in der Partynacht auf der
Frauentoilette mit dem Mädchen schläft: »Ich musste an meine Mutter
denken.« Das steht so im Roman von Benjamin Lebert, und das findet
sich nicht im Film, denn es wäre absurd, in dem Moment Dagmar Man-
zel reinschneiden zu wollen.

CRAZY (2000; D: Michael
Gutmann, Hans-Christian
Schmid, nach dem Roman
von Benjamin Lebert;
R: Hans-Christian Schmid)

*Hemingway hat als Jugendlicher bereits einen Wettbewerb gewonnen, den eine
Zeitschrift ausgeschrieben hatte. Man sollte in sechs Worten eine Geschichte
erzählen. Hemingway schrieb: »For Sale: baby shoes, never worn.« Das ist
eine Kurzgeschichte noch einmal extrem eingedampft, sodass sie beinahe die
Form eines japanischen Haiku annimmt.*

Bei seiner Art des Schreibens sind die Oberflächen klug ausgewählt.
Wetter, Requisiten, der Ort, der konkrete Moment im Leben der Figur, all das klingt miteinander, sodass eine Tiefenwirkung entsteht,
die der Autor aber nobel verschweigt. Dieses Vorgehen ist nahe am
Drehbuchschreiben. Die so verdichtete Form – ich nenne es auch
manchmal Liebig-Extrakt – muss man wieder auflösen, als Leser, auch
als Regisseur, wenn man das Drehbuch inszenieren will. Ich finde es
oft traurig, wie mit Drehbüchern umgegangen wird. Da wird gesagt,
es sei nicht intensiv, nicht emotional und so weiter. Und deswegen
steht dann in Drehbüchern: »Sie strahlt über das ganze Gesicht« oder:
»Sie ist tränenüberströmt und zittert am ganzen Körper«. Das sind
lauter Dinge, die ich furchtbar finde, und sie entstehen, weil die Autoren genau wissen, dass nur flüchtig gelesen wird.

*Es geht natürlich auch darum, eine innere Verfasstheit der Figur vorzuge-
ben, aber nicht dem Schauspieler die Geste vorzuschreiben, wie er das zu
kommunizieren hat.*

Im Vergleich zum Roman kann ein Drehbuch nicht so leicht innere
Zustände schildern. Aber gerade das ist etwas, was Filmstudenten im

Moment sehr interessiert, das Innere. Die Münchner Sensiblen, die es zu Wenders-Zeiten gab, kehren wieder zurück.

Ich habe auch das Gefühl, dass das Interesse am Inneren zunimmt, aber nicht regional begrenzt, das ist nicht nur bei Münchener Studenten so, sondern auch in Berlin.

Es ist ein Rückzug vom Megaplot, den ich nachvollziehen kann. Weil der Plot so stark vom Mainstream okkupiert wird. Das gleicht dem Versuch von Bands, vom einfach aufgebauten Refrainschema wegzukommen, weil das in der Alltagsmusik im Radio so dominant ist. Die eigentliche Schwierigkeit ist: Wie kommuniziert man mit dem Publikum? Geschichten müssen zum einen als echt empfunden werden, aber mindestens genauso wichtig ist der Sog, der den Betrachter in die Handlung hineinzieht. Ich finde, LICHTER hat den einen oder anderen dünnen Moment, wo die Glaubwürdigkeit etwas strapaziert wird, aber auf der anderen Seite hält genau da die Spannung das Interesse wach. Hoffe ich jedenfalls.

Ihr Bild vom Sog korrespondiert mit etwas, was Francis Ford Coppola mal über das Script gesagt hat, als er das Drehbuchschreiben mit der Konstruktion eines Flugzeugflügels verglich, der den Auftrieb oder Sog aufrechterhalten muss, der den Film in der Luft hält, ihn fliegen lässt. Hört dieser Sog auf, stürzt der Film ab.

Akzentverlagerung

Ein geräumiger Papierkorb ist auch wichtig. Eine Figur streichen und schauen, was mit der Geschichte passiert. Durch eine mutige Weglassung kann etwas anderes klarer hervortreten, was vorher schwach wirkte. Es ist ein typischer Anfängerfehler, die Geschichte komplett wegzulegen und zu sagen, dann erfinde ich eben etwas ganz Neues. Vielleicht ist es sinnvoller, an der Geschichte festzuhalten und mit den vorhandenen Elementen beherzter zu spielen. Die Akzentverlagerung ist der Beginn der Drehbuchkonstruktion.

Ich benutze dafür das Bild vom Dampfkochtopf. Wenn man immer wieder den Deckel aufmacht und Neues hineintut, geht jedes Mal der Druck wieder weg. Aber wenn man das, was man mal hat, eindampft und verdichtet und eben auch zusammenstreicht, dann entsteht eine starke Geschichte. Das berührt sich vielleicht mit Ihrem Bild vom Liebig-Extrakt.

Das ist kaum in Büchern zu vermitteln, denn dazu gehört ein konkreter Schaffensprozess, die eigene Arbeit. Aus der Drehbuchlehre kann man keine kausale Naturwissenschaft machen, auch wenn das Leute wie Syd Field und auch Robert McKee versucht haben.

Diese Versuche haben beinahe etwas von juristischem Denken, das fällt vor allem bei dem Buch von Burkhard Driest auf. Es werden dauernd verschiedene Aspekte untereinander subsumiert.

Ihr Vergleich ist stimmiger, weil es weniger mit dem naturwissenschaftlichen Experiment zu tun hat, sondern mehr mit einer Gedankenschule und wie man über logische Ketten zu Schlussfolgerungen gelangt. Man kann das Drehbuchschreiben für einen Moment so behandeln. Aber sobald ein Schauspieler das Drehbuch liest, verliert das alles seine Gültigkeit. Man muss sich mit wirklichen Menschen und ihren Handlungsweisen beschäftigen, wenn man ernsthaft schreiben will.

Die Dramaturgien sind ja auch nicht wertfrei, sie stehen meist für eine bestimmte Vorstellung vom fertigen Werk, sie sollen ganz bestimmte Filme hervorbringen. So werden sie jedenfalls in der Praxis von Redakteuren und Producern eingesetzt.

Dazu kommt, dass wir Autoren dann nicht mehr eine *one to one situation* haben. Drehbuchautoren sind häufig Sieger-Verlierer-Situationen ausgesetzt. Eigentlich kann das niemand wollen, auch Produzenten, Redakteure und Regisseure wollen ja nicht unbedingt jemanden demütigen, sie hätten gerne gute, motivierte Mitarbeiter. Wir sind alle in dieser speziellen Gruppendynamik nicht richtig geschult. Die Leute auf der anderen Seite des Tisches machen sich nicht klar, wie schnell man Autoren den Mut nimmt und sie zu braven Mittelwegen veranlasst.

Man muss erst mal wissen, was lässt das Herz schlagen, was ist der Motor der Geschichte, sonst schneidet man die falschen Arterien ab, und das Herz bleibt stehen. Man schreibt möglicherweise als Autor, was jemand vorgeschlagen hatte, und wundert sich, dass dieselbe Person in der nächsten Sitzung findet, nun sei es nicht mehr die Geschichte, von der man doch gemeinsam ausgegangen ist. Die Verständigung über das Herz der Sache findet nicht wirklich statt.

Man hat einen zeitlich begrenzten Termin, und dieses Treffen muss Folgendes leisten: Wir lernen uns kennen, wir einigen uns darüber, was geändert werden soll und vor allem, warum es geändert werden soll. Mitten im Gespräch stellt sich plötzlich die völlig unterschiedliche Sichtweise auf das Sujet heraus. Man sollte dann vermeiden, dass der Autor, der ja Komponist eines Werks ist, von vier, fünf Leuten gleichzeitig Input bekommt. Das kann gar nicht funktionieren, denn der eine mag die Bee Gees, der andere lieber Dylan, der Dritte kennt nur Klassik, und dann reden die auch noch gleichzeitig.

Reine Kakophonie.

Musik

Mir fällt auf, dass Beispiele und Analogien aus der Musik für Sie eine Rolle spielen.

Ja, weil es am nächsten dran ist am Drehbuchschreiben.

Rhythmik spielt hier wie dort eine große Rolle.

Wenn man sogenannte einfache Musikstücke hört, also Klavier-Etüden von Chopin oder noch einfacher, Erik Satie, dann merkt man schnell, alles spielt eine Rolle, der Anfang, die Mitte, das Ende, die Stille, das Geräusch, zwei Töne, die gleichzeitig, oder zwei, die kurz hintereinander gespielt werden. Jede Sekunde und jede Aktion und Nichtaktion ist wichtig für das Gesamte, nichts kann man herausnehmen. Und das geschieht auf einer Zeitschiene. Es ist ein inneres Erlebnis des Zuhörers. Wenn ich schreibe, ist die Geschichte in mir drin, ich erlebe sie dann. Und ich versuche, dieses Erlebnis zu transportieren, zu einem Leser oder an den Zuschauer, indem ich das emotionale Wechselbad übertrage. Ich sage gleichzeitig auch etwas über meine Kunstform. So wie jedes Musikstück deutlich macht, wie ernst der Komponist die Musik nimmt, so sagt auch jede Geschichte etwas aus über das Geschichtenerzählen.

Es gibt Regisseure, die Akteinteilung, Sequenzen und diese Dinge gar nicht interessieren, sondern die sich auch auf der Ebene der Struktur musikalisch verhalten. Otar Iosselliani sagt: »Ich nehme ein erzählerisches Motiv und führe das durch wie bei einem Rondo.« Er sieht also nicht nur kurze rhythmische Parallelen zwischen Film und Musik, sondern auch in der Gesamtstruktur einer Erzählung, die für ihn wie die Variationen und Durchführungen eines musikalischen Themas ist. Er baut sich auf diese Weise seine Bogen.

PSYCHO (1960; D: Joseph Stefano, nach dem Roman von Robert Bloch; R: Alfred Hitchcock)

Da ist er nah an Hitchcock, der wollte ja nicht das Drehbuchschreiben revolutionieren, als er in PSYCHO mittendrin die Hauptfigur wechselte, sondern zu bestimmten Bildern und Gefühlen vordringen. Hitchcock ist wie dieser kleine Junge, der die Tür aufmacht und in das Schlafzimmer der Eltern schaut, da waren so komische Geräusche. Dieses Motiv der Tür ins Unbekannte kommt bei ihm immer wieder, wird variiert und gesteigert. Die Musik der Angst. Wir suchen in Geschichten nach dem, was die Gesellschaft im Innersten bewegt.

Musik ist ein wichtiges Moment in Ihren Geschichten, zum einen als Referenz, zum anderen als konkretes Stilmittel, und zwar sowohl in den eigenen Regiearbeiten als auch in den Filmen, die nach Ihren Drehbüchern unter der Regie anderer entstanden sind. Auch ein differenzierter Umgang mit on screen-Musik, also Musik, die in der Szene entsteht, fällt auf.

Tom Schilling in CRAZY

Es gibt in meiner Erinnerung nur einen Film, in dem ein Musiker mitspielt, das ist in NUR FÜR EINE NACHT, Leonard Lansink, der ist Bassist. Wenn Sie auf Musik als Referenz hinweisen, denke ich an CRAZY, da war Hans-Christian Schmid schon bei der Konzeption der Geschichte klar, dass jede Figur ihren Song bekommt. Man erinnert sich gut an den Moment im dritten Akt, wo Janosch, den Tom Schilling spielt, frühmorgens in einem Liegestuhl sitzt und seinen Song mit Kopfhörer hört. Den Darstellern sind Lieder und damit auch Songtexte zugeordnet worden. In LICHTER gibt es niemanden, der Musik hört oder sich für Kunst interessiert. Der einzige kulturelle Beitrag in dem Film ist wohl die Glasfassade, die Philipp für den Neubaukomplex auf polnischer Seite bauen will. Phillips Idee wird aus Kostengründen gestrichen, worüber er sehr gekränkt ist.

Ich denke zum Beispiel an Ihren Kurzfilm HOW I GOT RHYTHM.

NUR FÜR EINE NACHT
(1997; D: Michael Gutmann, Hans-Christian Schmid; R: Michael Gutmann)

HOW I GOT RHYTHM (1995; R: Michael Gutmann)

Ja, stimmt, die Hauptfigur Felix spielt Gitarre und lernt dadurch eine tolle Frau kennen, Martina Gedeck. Das war kein gezielter, konzeptioneller Einfall, sondern es hat sich intuitiv ergeben. Als ich diese Idee bekam, wusste ich, dass ich in der ersten Einstellung des Films eine Gitarre zeigen will. Es ist eine stilisierte Bluesgitarre aus Pappe, an der Wand des Jugendzimmers.

Ich habe bei dem Hinweis auf die Musik auch an Fernsehprojekte gedacht, bei denen Sie Regie geführt haben. Im Fernsehfilm ist inzwischen eine ganz bestimmte Form von musikalischem Einsatz üblich, die Musik hat im Grunde genommen bestimmte dramatische oder dramaturgische Mängel zu beheben. Emotion wird durch Musikeinsatz signalisiert. Diese Art der Musik ist oft unerträglich. Sie arbeiten anders, das fällt besonders auf bei dem Tatort DER OIDE DEPP.

DER OIDE DEPP (*Tatort*-Folge; 2008; D: Alexander Adolph; R: Michael Gutmann)

Mein Cousin Rainer hat als Jugendlicher versucht, Jimi Hendrix nachzuspielen, mit einer einfachen E-Gitarre und einem alten Röhrenradio. Ich fand das großartig. Heute ist Rainer Michel Filmkomponist, mit ihm arbeite ich eng zusammen. Interessant ist bei DER OIDE DEPP, dass die Musik sich fast gegenläufig zur Krimispannung verhält, sie ist eher verträumt und stammt auch nicht direkt aus dem Jahr 1963, in dem die langen Rückblenden spielen, sondern sie macht einen eigenen Raum auf, spinnt den Zuschauer ein in einen Traum oder in eine etwas lyrische Stimmung.

War das einfach durchzusetzen? Die Vorgaben gerade im Bereich der Musik werden von Seiten der Sender immer konkreter. Es werden Musikberater eingesetzt, um bestimmte Dinge durchzusetzen.

Da könnte man ein ähnliches Klagelied anstimmen wie bei der Drehbuchentwicklung, es ist der Übergriff auf das Kreative. Ich habe persönlich nur selten solche negativen Erfahrungen gemacht. Einmal bei einem Privatsender allerdings dann gleich so rabiat, dass es mich nachhaltig verstörte. Ich war noch sehr jung, sodass mir alle Strategien gefehlt haben, wie man damit umgehen kann.

Und wie machen Sie das heute?

Robert De Niro in RAGING BULL

Man muss die Entscheidungsträger früh einbinden und wie beim Drehbuchschreiben eine »Rampe« bauen. Das ist ein Ausdruck, den ich in der Stoffentwicklung benutze. Man möchte zu einem bestimmten krassen Moment in der Geschichte kommen, sagen wir mal, Jake LaMotta haut in RAGING BULL am Küchentresen die Edelsteine aus seinem Weltmeistergürtel, der ihm alles bedeutet, was er im Leben erreicht hat. Aber er ist pleite, es geht ihm schlecht. Da braucht man eine Annäherung, damit das Publikum verstehen kann, warum er so weit geht. Von Szene zu Szene wird in Form einer Rampe sein Abstieg und Fall immer deutlicher. Ich glaube, dass man auch bei der Durchsetzung bestimmter Konzepte für die Besetzung, die Kameraarbeit oder eben auch Musik durch eine schrittweise Annäherung viel erreichen kann. Wenn es keine lange Vorbereitungszeit gibt, ist das extrem schwierig, dann ziehen sich die Debatten durch die Dreharbeiten und die Postproduktion.

RAGING BULL (Wie ein wilder Stier; 1980; D: Paul Schrader, Mardik Martin, nach der Autobiografie von Jake LaMotta; R: Martin Scorsese)

Kooperation

Nach dem Studium haben Sie intensiv mit Hans-Christian Schmid zusammengearbeitet. Sie haben für ihn geschrieben, und in einigen Ihrer Filme als Regisseur taucht er wiederum als Co-Autor auf. Wie sind Sie zusammengekommen?

Hans-Christian Schmid studierte später als ich auf der HFF, ebenso wie Jakob Claussen, der als Produzent den Kontakt zwischen uns hergestellt hat. Er sagte, wir denken ähnlich und könnten uns gegenseitig helfen. Bei Hans-Christian Schmid ging es um die Buchentwicklung von NACH FÜNF IM URWALD. Figuren und Handlungsverläufe waren schon da, er brauchte vor allem strukturellen Rat und kleine Einfälle, um die Szenen lebendig zu machen. Bei mir ging es um den Stoff NUR FÜR EINE NACHT, die Geschichte eines Jungen mit Krebserkrankung. Ich wollte auch noch ein Vater-Sohn-Verhältnis erzählen, das wirkte zunächst wie eine zweite Geschichte. Die Ideen wollten sich nicht miteinander verbinden. Aber gemeinsam haben wir uns durchgerungen, auch mit Hilfe von David Howard, der viel für Frank Daniel gearbeitet hat.

Hans-Christian Schmid

Ohne diesen biografischen Hintergrund zu kennen, habe ich mich gefragt, ob Schmid bei NUR FÜR EINE NACHT nicht Regie führen wollte? Ihre beiden Namen bilden so einen Zusammenklang, und da denkt man bei Ihnen immer an den Autor, nicht an den Regisseur Gutmann.

Jeder hatte seine eigenen Stoffideen, und der andere half dabei mit. Zum Dank wurde die Rollenverteilung auch umgekehrt. Wie die Würfel der weiteren beruflichen Entwicklung dann fallen, ist Geschick und Glückssache. Auf demselben Hofer Filmtagen, wo NACH FÜNF IM UR-WALD Premiere hatte und viele Leute ihn für einen der Filme des Jahres hielten, lief auch der erste Film, den Hofmann & Voges produziert

NACH FÜNF IM URWALD (1995; D: David Howard, Hans-Christian Schmid, Michael Gutmann; R: Hans-Christian Schmid)

ROHE OSTERN (1996;
D: Mathias Dinter; R: Michael Gutmann)

hatten und bei dem ich der Regisseur war. ROHE OSTERN ist eine Genrepersiflage, ein augenzwinkernder kleiner Film, und ich bin froh, dass man die DVD bis heute im Internet findet. NACH FÜNF IM URWALD hat eine ganz andere Gültigkeit. Der Film erzählt über Familie, Väter und Töchter, über Eheleute. Es steckt viel drin in dieser scheinbar kleinen Geschichte. ROHE OSTERN ist ein charmanter Unterhaltungsfilm, die einzige Gemeinsamkeit ist, dass Axel Milberg in beiden Filmen mitspielt, in sehr unterschiedlichen Rollen.

Die Zusammenarbeit, die damals entstanden ist, hat weit getragen. Wie kann man sich diese Entwicklung konkret vorstellen?

Wir sind Freunde geworden und haben viel Zeit miteinander verbracht. Hans-Christian hat miterlebt, wie unsere drei Kinder laufen lernten. Höflichkeit und Respekt voreinander ist eine der Voraussetzungen, weil es sonst schnell zu Empfindlichkeiten kommt, wenn ein Co-Autor sich überrollt fühlt. Letztlich trifft immer der Regisseur die Entscheidung. Wir mögen beide Filme, die nah bei den Figuren sind und deren Umgebung realistisch geschildert wird. In NACH FÜNF IM URWALD geht es um ein Mädchen, das Hausarrest hat, aber nach München zu einem Casting will. Das ist nicht der größte Erzähleinfall der Welt, aber es wird mit so einer Sorgfalt geschildert, dass es interessant ist. Die kleinen Dinge des Lebens werden in einer Mischung aus Ernst, Humor und Emotionen geschildert, wie auch in NUR FÜR EINE NACHT. Da hat sich wie von selbst ein Erzählstil herausgebildet. Der Kurzfilm HOW I GOT RHYTHM war ein früher Vorläufer davon.

Schrieben Sie abwechselnd, oder gab es eher das Gespräch, das Feedback und dann die Verarbeitung durch den Autor?

Typisch für die Arbeitsweise von Hans-Christian Schmid war es, von einem Zeitungsartikel und Recherchen auszugehen. Bei mir war der Ausgangspunkt eher ein Gefühl, eine Erinnerung an eine Situation in meinem Leben. Die Vorbereitung für das Schreiben konnte unter Umständen Wochen dauern, in denen wir nichts als redeten. Dabei erzählten wir uns viele Geschichten und tatsächliche Begebenheiten. Irgendwann hieß es, so, jetzt sollten wir vielleicht mal endlich was schreiben, ich möchte nächstes Jahr im Frühjahr drehen. Durch diese Terminvorgaben entstand ein Druck, der sehr wichtig ist für die eigentliche Drehbucharbeit. Wir haben nie zusammen geschrieben. Jeder nahm sich einen Abschnitt vor, und die wurden dann getauscht, vom anderen überarbeitet oder bloß zusammengefügt. Ich halte nicht viel davon, wenn zwei Leute gleichzeitig an derselben Szene schreiben.

36

Es dauert viel zu lange, bis man sich einig wird. Das Schreibtempo ist sehr wichtig, damit die Sache fließt und schwingt.

Nach NUR FÜR EINE NACHT und NACH FÜNF IM URWALD haben Sie gemeinsam an 23 – NICHTS IST SO WIE ES SCHEINT, gearbeitet, einem Stoff, der ganz anders war als die bisherigen Adoleszenzgeschichten.

Den Stoff hatte Hans-Christian Schmid in der Drehbuchwerkstatt München zum Drehbuch entwickelt. Die Geschichte orientierte sich an dem Buch von Clifford Stoll, *Kuckucksei*. Es beginnt in Kalifornien und führt dann auf der Suche nach den Hackern nach Deutschland. Hans-Christian legte dieses finanziell aufwändige Projekt beiseite und drehte einen kleinen, kostengünstigen Film, eben NACH FÜNF IM URWALD. Als er den Hacker-Stoff wieder hervorholte, war klar, wir wollen keinen Film mit Leonardo DiCaprio als Clifford Stoll. Es sollte aus deutscher Perspektive erzählt werden, in Hannover, einer Stadt ohne Besonderheiten. Also fuhren wir dorthin und trafen Zeitzeugen für Interviews. Das hatte ich an der Filmhochschule so nicht gelernt. Als Dokumentarist kannte Hans-Christian das natürlich. Bei diesen Recherchen sind sehr lebendi-

23 – NICHTS IST SO WIE ES SCHEINT (1998; D: Michael Gutmann, Hans-Christian Schmid, Michael Dierking; R: Hans-Christian Schmid)

Clifford Stoll: *Kuckucksei. Die Jagd auf die deutschen Hacker, die das Pentagon knackten* (Fischer 1998)

Franka Potente in NACH FÜNF IM URWALD

ge Eindrücke entstanden, die wir wie Kurzgeschichten aufgeschrieben haben. Wir fanden dabei eine neue Hauptfigur, Karl Koch, ausgerechnet die Person, die wir nicht mehr interviewen konnten. Er war bereits tot. In der Drehbuchentwicklung begann nun ein beständiges Kreisen um seine Person. Die Frage, wer er war, beschäftigte uns lange. Warum ist er gestorben? Diese Fragen wurden zentral für das Konzept des Films, deshalb beginnt er mit dem Ende, in Form einer Rahmenhandlung.

Die Frage, wie er umgekommen ist, schaut von außen auf den Fall, legt ei-
gentlich eine detektivische Struktur nahe. Der Film ist aber doch sehr stark
aus der Introspektion der Hauptfigur gedreht.

Hans-Christian hat die Erzählperspektive einer einzigen Figur gewählt,
weil er die Zuschauer möglichst nah an Karl Koch und seine Entwicklung heranführen wollte. Die Erzählstimme verfolgt dasselbe Ziel. An
dieser Stimme haben wir lange gearbeitet und viele Ideen verworfen.
Dass Karl Koch Tagebuch schreibt oder, wie sich später herausstellt,
einen Brief an seinen Freund David, haben wir erfunden. Er zieht in
diesem Brief eine endgültige Bilanz, wie man dann schließlich merkt.
Ohne diese Erzählstimme hätten wir die vielen Drehorte, Zeitsprünge
und Entwicklungen in Karls Leben nicht bewältigen können.

Auch 23 wurde im Kino ein Erfolg, das Gespann Schmid/Gutmann begann
sich dadurch als Team zu etablieren.

Wir haben uns bemüht, es gerecht zugehen zu lassen, dass also einmal
er und einmal ich als Regisseur von der gemeinsamen Drehbucharbeit profitierten. Das war auf Dauer nicht durchzuhalten, weil seine
Filme mit einer erstaunlichen Präzision ins Schwarze getroffen ha-
ben. Meine eigene Arbeit musste warten, als er mich für CRAZY um
Unterstützung bat. Er wollte unbedingt, dass mit der Arbeit an dem
Film begonnen wird, bevor der Roman veröffentlicht wird. Das war
klug, auch wenn damals noch niemand ahnen konnte, dass es ein
Bestseller werden würde. Das Drehbuch entstand sehr viel schneller
als unsere anderen Bücher und wurde noch im selben Jahr verfilmt.
Was die Zuschauerzahlen betrifft, war es ein sehr großer Erfolg, aber
Hans-Christian wurde nun so langsam skeptisch. Er wollte kein Spe-
zialist für humorvolle Coming-of-Age-Geschichten werden. Bevor es
mit CRAZY begann, schrieb ich bereits an einem Stoff, in dem ein
polnisches Au-pair-Mädchen vorkam. Wie schon bei 23 führten wir
zu zweit Recherche-Interviews und schrieben unsere Beobachtungen
als kleine Geschichten auf. Ganz vorsichtig tasteten wir uns an Polen

HERZ IM KOPF (2001; ran, das sehr nahe an Deutschland liegt, aber doch so weit weg zu sein
D: Michael Gutmann, schien. Die Arbeit am Drehbuch zu HERZ IM KOPF war unsere erste
Hans-Christian Schmid; Annäherung an polnische Mentalität. Was passiert, wenn ein Deutscher
R: Michael Gutmann) und eine Polin aneinander vorbeireden, wurde hier mit Mitteln einer
kleinen Teenager-Romanze erzählt. Tom Schilling, der mir in CRAZY
so gut gefallen hatte, sollte der Junge sein, der dieses Mädchen trifft
und ihr nicht so ganz gewachsen ist. Die sanfte Musik der Kings of
Convenience war für mich bei den Dreharbeiten eine wichtige Inspiration, und als Jakob Claussen es dann tatsächlich geschafft hat, von

ihnen die Musikrechte zu bekommen, war das ein großes Geschenk. Der Film ist von der Kritik zum Teil hart rangenommen worden, vor allen Dingen von den Oberschlauen, die gesagt haben: Schmid kann es besser als Gutmann. Das war natürlich ein vergiftetes Kompliment. Unserer Freundschaft hat es nicht geschadet, und der Film HERZ IM KOPF lebt dank DVD weiter. – Hans-Christian suchte die ganze Zeit weiter nach einer Idee für seinen nächsten Film, und wieder war es ein Zeitungsartikel, der die ersten Ideen für LICHTER auslöste.

Der mit Zeichnungen von Michael Gutmann unterlegte Vorspann von HERZ IM KOPF

War die episodische Struktur von Anfang an klar, also ein Ziel, auf das hingearbeitet wurde?

Ja, das war so. Eines der Vorbilder war TRAFFIC, ein anderes war WONDERLAND. Wir haben mehr Geschichten geschrieben, als wir gebraucht haben. Es waren ungefähr zwölf, und im Film sind es fünf. Es war relativ schnell klar, welche Geschichten zueinander passen. Wir haben uns früh entschieden, das Drehbuch auf zwei Erzähltage zu konzentrieren. Das verbindende Element aller Geschichten war die Grenze.

Das definiert den Ort. Worin liegt der innere, das Erzählmaterial verbindende Charakter bei dem Film?

Der Titel des Filmes bezieht sich zunächst auf Flüchtlinge, die glauben, die Lichter in der Ferne kommen aus der Stadt ihrer Hoffnungen, Berlin. Es ist ein trauriger Irrtum, sie wurden von Schleppern hereingelegt. Der Film kreist um vergebliche Hoffnungen, um falsche Hilfe und um echte. Geld taucht in jeder Episode auf, entweder weil es

TRAFFIC (2000; D: Stephen Gaghan; R: Steven Soderbergh)

WONDERLAND (2003; D: James Cox, Captain Mauzner, Todd Samovitz, D. Loriston Scott; R: James Cox)

39

Alicja Bachleda-Curus und Tom Schilling in HERZ IM KOPF

fehlt, weil darum gekämpft wird oder weil jemand seine Macht damit demonstriert. Zentral ist für mich die Szene, als der Taxifahrer Antoni erkennt, dass er sich selbst verraten hat, als er zwei Flüchtlingen das letzte Geld stahl. Natürlich gab es Stimmen, die uns gewarnt haben: »Das ist zu deprimierend. Lasst doch mal eine Episode gut ausgehen.« Aber wir wollten keinen pädagogischen Plot.

Diese Härte ist genau das, was die einzelnen Episoden verbindet: Das eigene Hemd ist einem näher als alles andere, auch als die Leute, die einem in der Not geholfen haben.

LICHTER ist ein Beispiel dafür, dass man beim Schreiben früh Klarheit über das Ende braucht, denn im Ende liegt der Grund, warum man die Sache erzählt: Wir wollen gut sein, aber die Umstände fördern etwas anderes zu Tage. Darin steckt ein Widerspruch, der die Zuschauer packt.

Ist es das, was Sie vorhin den Erzählkern genannt haben?

Ja, das meine ich damit. Man zieht sich im Laufe der Jahre aus den zahllosen Tipps und Ratgebern das heraus, was zum eigenen Werkzeug werden kann. Ich frage mich immer, wo ist das Thema, und damit meine ich nicht das Thema im journalistischen Sinn, sondern: Wo ist der innere Widerspruch.

Unterscheidet sich dieser Erzählkern als Begriff von dem »verborgenen Thema«, dem anderen Begriff, der bei Ihnen häufiger auftaucht?

Das meint schon etwas Ähnliches, weil man dieses Element natürlich nicht nach vorne schiebt wie eine Sonntagspredigt, man möchte vielmehr, dass der Zuschauer es selbst entdeckt; man möchte, dass es im Zuschauer entsteht und dass es nicht in den Dialogen von den Schauspielern ausgesprochen werden muss.

Ich hatte das Gefühl, das verborgene Thema zielt als Begrifflichkeit viel stärker auf den Development-Prozess und auch auf den Prozess, dem der Autor selbst unterliegt in der Konfrontation mit dem Stoff.

Stimmt, es sind im Grunde zwei verschiedene Begriffe. Der eine benennt, was man versucht aus dem eigenen Inneren herauszuholen, um einen Antrieb zum Schreiben zu bekommen. Was interessiert mich ausgerechnet an dieser Geschichte? Der andere Begriff bezeichnet die Verabredung darüber, was der Motor der Hauptfigur ist, also *ihr* Antrieb, er benennt die Umstände, die das Ziel der Hauptfigur so schwer erreichbar machen, und den Wertekonflikt, den die Geschichte aufreißt. Es passiert mir beim Schreiben von Geschichten immer wieder, dass ich erst unterwegs entdecke, worin die innere Handlung besteht und wohin sie führt. Es gibt eine äußere und eine innere Handlung. Die äußere findet in der physischen Welt statt, sie kann mit der Kamera aufgenommen werden. Die innere Handlung ist das, was eine Person (oder mehrere) innerlich bewegt. Diese Person teilt das nicht unbedingt jemand anderem mit. Möglicherweise leugnet ein Mensch seine wahren Beweggründe. Für erfahrene Autoren ist das selbstverständlich, für Schreibanfänger ist es oft ein kniffliges Problem. Sie wissen nicht, wovon ihre Geschichte im Innersten handelt, das Thema ist irgendwo in den Beziehungen der Figuren, in ihren Konflikten verborgen. Ich weiß nicht, wie andere das machen, aber ich finde das heraus, indem ich den Anfang und das Ende vergleiche und mir anschaue, welche Behauptungen, Hoffnungen und Bestrebungen einer Figur eingetreten sind und welche nicht.

Sie haben angedeutet, dass Sie in der Zusammenarbeit mit Hans-Christian Schmid anfangs gleichberechtigt waren, und es hat sich dann so entwickelt, dass die Projekte des jeweils anderen unterschiedlich angekommen sind. Wie war das für Sie?

Bei Hans-Christian kommt mit gleichmäßiger Schlagzahl ein Film nach dem anderen, oder sogar mal zwei, wie jetzt STURM und DIE WUNDERSAME WELT DER WASCHKRAFT. Mein Lebensentwurf ist ein anderer. Ich möchte auch Regie führen, und vielleicht möchte ich auch mal ein Drehbuch allein schreiben. Ich habe eine Familie mit

STURM (2009; D: Hans-Christian Schmid, Bernd Lange; R: Hans-Christian Schmid)

DIE WUNDERSAME WELT DER WASCHKRAFT (2009; D+R: Hans-Christian Schmid)

41

drei Kindern und dadurch andere Lebenshaltungskosten. Es war für mich von Anfang an nicht möglich, nur an Kinofilmen zu arbeiten, auch wenn ich das liebe und es gerne gewollt hätte. Eine meiner Lieblingsgeschichten von Tschechow hat den etwas abschreckenden Titel *Eine langweilige Geschichte*. In ihr erzählt ein Professor – das bin ich jetzt inzwischen auch – von dieser Schauspielerin Katja, deren Karriere nicht so glücklich verlief. Tschechow schildert das in einer seltsamen Mischung aus Anteilnahme und Distanz, weder schmeißt er sich sentimental an Katja ran, noch macht er sich zynisch über ihr Schicksal lustig. Er hält genau den richtigen Abstand, um zu beschreiben, wie wir Menschen und wie unsere Lebenswege sind. Was geschieht, wenn der Erfolg nicht nahtlos immer von einer Stufe zur anderen führt? Ich bin durch meine Arbeit mehrmals Leuten auf dem Rückweg begegnet. Ich habe gesehen, wie das ist, wenn ein älterer Regisseur am Set einschläft oder ein ehemals gefeierter Schauspieler nicht mehr angerufen wird. Da braucht man eine Strategie für sich selbst.

Ihre Strategie besteht darin, ganz unterschiedliche Dinge zu tun. Sie unterrichten, schreiben, führen Regie und arbeiten als Dramaturg.

Dramaturgie ist ein Vertrauensverhältnis, wie beim Hausarzt. Wenn jemand gerne kommt, blühe ich auf und kann auch wirklich helfen. Es ist schön, auf diese Art bei guten Kinofilmen dabei zu sein. Mein Beitrag zu Fatih Akins AUF DER ANDEREN SEITE ist sehr klein, trotzdem hat er sich dafür ausdrücklich auf der Bühne bedankt. Bei LOVE COMES LATELY von Jan Schütte war die gemeinsame Arbeit viel länger und intensiver. Der Film ist mit genauso viel Hingabe gemacht wie der andere, aber ihm war kein Erfolg beschieden.

Eigene Regie

Wir haben bei der Behandlung der Musik schon den Tatort DER OIDE DEPP *erwähnt, ein in seiner Erzählweise sehr komplexes Projekt. Ich erinnere mich an keinen* Tatort, *der auf diese Art und Weise mit so langen Rückblenden arbeitet und der eine so zwischen den Zeiten sich hin und her bewegende Geschichte erzählt. Das war keine Story von Ihnen?*

Das ist 100 Prozent Alexander Adolph, und es ist seinem guten Ruf als Autor zu verdanken, dass der Sender sich auf das Wagnis einließ. Eine Geschichte spielt 2008, die andere 1963. Beide verbinden sich immer deutlicher, bis zum Ende, wo sich Vergangenheit und Gegenwart in einer Szene überschneiden. Das ist verblüffend.

Anton Tschechow: *Eine langweilige Geschichte, Das Duell* (Diogenes 2000)

AUF DER ANDEREN SEITE (2007; D:+R: Fatih Akin)

LOVE COMES LATELY (2007; D: Jan Schütte, nach mehreren Kurzgeschichten von Isaac Bashevis Singer; R: Jan Schütte)

42

Dass der Film trotz seiner Komplexität emotional sehr gut funktioniert und nachvollziehbar bleibt, hat auch mit einer ganz klaren Lichtkonzeption zu tun. Was bedeutet Ihnen bei der Inszenierung das Licht?

Kameramann war Kay Gauditz, mit dem ich jetzt wieder arbeite, nach einem Drehbuch von Ruth Toma: DIE LETZTEN 30 JAHRE. Ich wünsche mir ein Licht, das den Bildern Tiefe gibt und sie zu einem Erlebnis macht. Bei DER OIDE DEPP fällt zum Beispiel auf, dass die farbigen, modernen Büroszenen sehr gerichtetes Licht haben. Die Gesichter sind auf der einen Seite hell, auf der anderen richtig dunkel. Das sieht nicht aus wie in einem normalen Büroraum, der üblicherweise gleichmäßig beleuchtet ist. Uns erschien das richtig für diese Geschichte, wo es stark darum geht, wie Personen mit ihrer Erinnerung umgehen und was sie verdrängen. Das Lichtkonzept bei den Schwarzweiß-Rückblenden orientiert sich an den Serien *Funkstreife Isar 12* und *Der Kommissar* von Herbert Reinecker. Wir haben so weit wie möglich nur mit den technischen Mitteln gearbeitet, die damals in den 1960er Jahren zur Verfügung standen. Make-up, Frisuren und Kostüme stammen ebenfalls aus der Zeit.

AUF DER ANDEREN SEITE

Gab es auch Klammerteile?

Ganz zu Beginn sieht man zwei Fahrten durch München mit vielen alten Autos. Das stammt aus der Serie *Funkstreife Isar 12*. Alles andere ist von uns gedreht worden.

LOVE COMES LATELY

Eine Schwierigkeit bei dem Projekt ist, dass eine Person in verschiedenen Entwicklungsstufen ihres Lebens gezeigt wird, die so weit auseinanderliegen, dass sie nicht vom selben Schauspieler dargestellt werden können. Es ist schon ein Problem, wenn das in der Chronologie passiert und man irgendwann den Darsteller wechselt. Hier ist es nun so, dass immer wieder zurückgesprungen wird und ein beständiger Wechsel stattfindet – nicht der Figur, aber der Darsteller. Ich hatte das Gefühl, dass eine ganze Reihe von Methoden benutzt wurden, um die Identität und die Kontinuität der Figur zu halten und zu wahren.

Wir haben versucht, Schauspieler zu finden, bei denen es in der Physiognomie Ähnlichkeiten gibt. Manchmal klappt das, manchmal nicht, dann kommen andere Mittel zum Zug. Jörg Hube isst im Jahr 2008 einen Kuchen, und genau so wie er isst 1963 Nicholas Ofczarek ebenfalls einen Kuchen. Die beiden sehen sich nicht besonders ähnlich, aber der Zuschauer merkt zumindest, dass wir uns Mühe geben. Der Filmschnitt ist hier nicht nur ein Szenenwechsel, sondern ein Gedan-

DIE LETZTEN 30 JAHRE (2009; D: Ruth Toma; R: Michael Gutmann)

Funkstreife Isar 12 (Deutschland 1960-1963)

Der Kommissar (Deutschland 1969-1976)

ke: Dieser Roy Esslinger hat damals schon so gefressen und frech gegrinst! Der Schnitt ist wie eine Brücke, über die man die Zuschauer bittet. Und solche Dinge gibt es im Film mehrfach und auf verschiedene Arten, damit es nicht langweilig wird. Vielleicht ist das die einzige Chance: filmische Gestaltungsmittel zu finden, die dem Zuschauer signalisieren, ich nehme dich ernst, ich weiß, du bist skeptisch, und ich versuche, damit zu operieren.

Ich habe als Zuschauer diese Skepsis gar nicht gehabt. Dazu hat meiner Ansicht mach auch der Dialog beigetragen, die Art und Weise der Figuren, zu sprechen, hat auch eine Kontinuität erzeugt.

Alexander Adolph ist der beste deutschsprachige Dialogautor, den ich kenne, das gilt unterschiedslos fürs Fernsehen und fürs Kino. Er schreibt Sätze, die sich einprägen. Wenn Roy Esslinger (Jörg Hube) den beiden Kommissaren sagt, dass es überhaupt niemanden auf der Welt gäbe, der ihm irgendwelche Vorschriften machen könne, dann geht das so: »Ich war bis zur Achten auf der Hirschbergschul. Da gab's kein Platon. Da gab's an Klatscher aufs Maul.« Das ist traurig, wahr und zugleich witzig.

Es passt auch zu der Figur Roy Esslinger als junger Mensch, es hat genau diese Haltung von einem »Straßenköter«, und mit dieser Haltung führt er auch sein Etablissement.

Roy Esslinger hat eine Schwäche zu verdecken, das ist seine Herkunft. Es wird an keiner einzigen Stelle im Drehbuch ein wörtlicher Hinweis auf diese Achillesferse Esslingers gegeben. Es wird einem nur klar, wenn man die Geschichte gründlich liest und darüber nachdenkt. Das finde ich eleganter als diese penetrante Drehbuchprosa, wo einem alles erklärt wird.

Der Film hat ein inszenatorisch nicht ganz einfach zu bewältigendes Ende. Die Hauptfigur – wenn man die Kommissare einmal als Stichwortgeber betrachtet – muss sterben, und es gibt, nachdem man schon diese ganzen Rückblenden gehabt hat, dann noch einmal eine neue, rein fantastische Ebene. Die Figur, um deren Ermordung es sich dreht, ersteht plötzlich auf und führt den oiden Depp, ihren ehemaligen Liebhaber und den späten Rächer ihres Todes, heim in den Himmel. Ein extrem romantisierender Ausgang.

Selbst die humoristischen *Tatorte* sind naturalistisch. Tote sind tot und können nicht als Gespenster herumlaufen. Es ist ein deutlicher Bruch der Verabredung mit dem Zuschauer, wenn Gina Echsner am Schluss

Michael Gutmann und das
Kamerateam bei Dreharbeiten
zum OIDEN DEPP

auftaucht und den sterbenden Bernie Sirsch mitnimmt. Ich hatte vor der Szene Angst, und ich wollte sie in den Drehbuchgesprächen loswerden. Für Alexander Adolph war die Szene Kernbestandteil der Geschichte, und es ist seine Geschichte, nicht meine. Der Kameramann, die Schauspieler und ich haben dann versucht, das Ganze in einer Stilisierung zu bewältigen. Die Darstellerin wurde geschminkt wie eine Schauspielerin aus den 1960er Jahren, das Licht ist sehr unrealistisch in dieser Szene, ein recht eigenwilliges Licht. Jana Karen, die Szenenbildnerin, hat den Ort im Studio so gebaut, dass er einen bestimmten magischen Moment ermöglicht. In der Mischung wurde die realistische Tonebene weggenommen. Und wahrscheinlich war genau diese fantastische, romantische Schlussszene einer der Gründe für das etwas ungewöhnliche Musikkonzept des gesamten Filmes. Nur die Musik kann die Zuschauer heimlich und lange vorher auf diese Überraschungsszene vorbereiten. Jetzt gefällt mir das Ergebnis, aber ich habe damals den Atem angehalten, ob das überhaupt funktionieren wird.

DER OIDE DEPP

Für mich war das ein wunderschönes Ende, und ich halte es für ein Beispiel dafür, wie wenig letztlich Realismus zählt in der Akzeptanz von Fiktion und wie sehr es um den emotional flow *geht, der eigentlich das zentrale Moment ist. Die Szene ist auch so gefährlich, weil sie die Grundannahme des ganzen Stoffes und des ganzen Films noch einmal vorführt: Ein Mann verbringt 40 Jahre seines Lebens mit nichts anderem als der Trauer um eine in seiner Jugendzeit erlebte Liebe. Wenn man das nur auf der rein realistischen Ebene betrachtet, kann man ins Zweifeln kommen. Das Unwahrscheinliche der Geschichte wird einem noch einmal direkt vorgeführt, wenn die beiden zusammen ins Bild treten, wir werden auf den riesigen Zeitunterschied förmlich gestoßen. Und doch interessiert es uns in dem Moment gar nicht, weil wir durch die Inszenierung, durch das Licht, durch den romantisierenden und emotionalen Fluss der Musik mitgenommen werden.*

Für Alexander Adolph war die Szene auch deshalb nicht verhandelbar, weil sie das Gina-Problem zum Schlusspunkt führt. Wir Zuschauer sind uns ja nie ganz sicher, was Gina Echsner wirklich will. Sie geht mit dem Roy Esslinger, ihrem Chef, ins Bett, wenn es der guten Sache dient. Sie sagt, während sie neben Roy im Bett liegt: »Vielleicht heirate ich den Bernie«. An anderer Stelle sagt sie, dass der Bernie eigentlich nicht ihr Typ sei. Das sind eher schlechte Voraussetzungen für eine große Liebesgeschichte. In der Schlussszene hebt sich das auf. Da ist sie dann die Ideal-Gina, wie Bernie sie sich vorstellt.

MEIN LEBEN (2009;
D: Michael Gutmann;
R: Dror Zahavi)

Ein aktuelles Fernsehprojekt, das Sie geschrieben und nicht inszeniert haben, war MEIN LEBEN *nach der Autobiografie von Marcel Reich-Ranicki. Wie sind Sie an das Projekt gekommen, wie ist es Ihnen in einer frühen Phase dann damit gegangen?*

Es gab bei MEIN LEBEN schon andere Autoren, die sind, vermute ich, an Reich-Ranicki gescheitert. Ich mochte ihn und seine Frau vom ersten Moment an. Obwohl er natürlich erst mal misstrauisch war und mich testete. Ich bin bei den Klassikern nicht so sicher, das ist ihm völlig klar gewesen, und dann hörte das auch sehr schnell auf mit dem Testen. Er wollte wissen, was ein Drehbuchautor ist und wie lange ich für das Buch brauche. Er wollte schnelle Ergebnisse, denn er hatte das Gefühl, die Uhr läuft gegen ihn. Ich habe keinen Hehl daraus gemacht, dass sein Buch als Ganzes nicht verfilmbar ist und ich mich auf einen bestimmten Abschnitt beschränken will. Mein Interesse galt der Phase im Warschauer Ghetto und der Zeit bis etwa 1958.

Es hat über die Figur Marcel Reich-Ranicki viele filmische Porträts gegeben. Das Bild dieser Person im öffentlichen Leben der Bundesrepublik hat sich extrem gewandelt. Von einer durchaus nicht unhinterfragten Person, an deren Rolle in der Literaturszene auch massiv Kritik geübt worden ist, die mit ihrer Sprechweise zeitweise Gegenstand von Häme war, wurde plötzlich durch diesen Ausbruch bei der Fernsehpreisverleihung der Hüter des Grals, der sozusagen dem Betrieb die eigene Niveaulosigkeit vorhalten muss oder vorhält. Wie findet man in diesem langen, vielgestaltigen Leben einen erzählerischen Fokus?

Wenn ein biografischer Film überhaupt einen Reiz haben soll, muss man sich fragen, wo ist der Widerspruch? Zum Beispiel RAGING BULL: Da hat jemand alle Fähigkeiten, ganz nach oben zu kommen, aber er zerstört sich alles. Schon der Titel verrät, woran das liegt. Bei Marcel Reich-Ranicki sind die Widersprüche etwas komplizierter, zumindest einer aber ist sehr augenfällig: Er kehrte nach dem Zweiten Weltkrieg sehr früh nach Deutschland zurück, damals wurde noch sehr vieles verdrängt und verschwiegen. Die Auschwitz-Prozesse in Frankfurt fanden erst Jahre später statt. Und er geht in die BRD, nicht in die DDR, wo Schriftsteller lebten, die er bewunderte. Das ist eigenwillig, um es vorsichtig auszudrücken. Für seine Frau war das zunächst undenkbar. Es hat in den Gesprächen mit ihm lange gebraucht, bis ich das verstehen konnte. Dass er nicht in Polen bleiben konnte, habe ich sehr bald verstanden, nachdem ich die Situation der Juden in Polen recherchiert hatte. Es gibt bei ihm eine Leitmelodie, das ist das unbedingte Festhalten an deutscher Kultur, an Musik und Literatur, an Sprache. Was kann es Schöneres geben für einen Drehbuchautor als eine Figur, die überhaupt nur durch Sprechen lebt?

Das hilft einem aber noch nicht zu einer erzählerischen Struktur?

Da für den WDR feststand, dass es ein Einteiler werden sollte, musste ich mich für einen Hauptbogen entscheiden. Schwierig. Irgendwann kam der Gedanke, dass es ein Verhör sein muss, es gibt keine andere Lösung für dieses Drehbuch. Dann habe ich in alten Filmen und Drehbüchern nach solchen Verhörsituationen gesucht. Es gibt einen Michael-Curtiz-Film mit Joan Crawford, er heißt MILDRED PIERCE. Ich glaube, das ist der erste Film, der mit einer solchen Rahmenhandlung strukturiert ist. William Faulkner hat am Drehbuch mitgearbeitet.

MILDRED PIERCE (Solange ein Herz schlägt; 1945; D: Ranald MacDougall, nach dem Roman von James M. Cain; R: Michael Curtiz)

Ganz aktuell kommt diese Struktur auch im Oscar-Gewinner dieses Jahres zur Anwendung, in SLUMDOG MILLIONAIRE.

SLUMDOG MILLIONAIRE (2008; D: Simon Beaufoy, nach dem Roman von Vikas Swarup; R: Danny Boyle)

Seit ich MEIN LEBEN geschrieben habe, fällt mir auf, wie oft es das schon gibt. Ich bin sozusagen der Allerletzte, der es dann auch noch macht.

47

Aber so ist das beim Drehbuchschreiben. Es gibt ein paar Formen, sie haben nicht so schöne Namen wie in der Musik die Sonate oder die Rhapsodie, sie haben eigentlich überhaupt keine Namen, aber Autoren wissen von diesen Formen, und sie suchen sich eine aus. Das ist kein Epigonentum.

Es gibt im filmischen Erzählen im Moment so etwas wie ein Schwächeln der Fiktion, ein Zurückgreifen auf Dokumentarisches, auf Biografisches, eine Art Rückversicherung der Fiktion im Geschichtlichen. Das vorbestehende Material ist in diesem Fall kein Roman, sondern eine Lebensbeschreibung, es ist eine subjektive Wiedergabe einer historischen Situation. Im Film MEIN LEBEN *wird dann die subjektive Erzählung unterfüttert mit Dokumentari-*

Katharina Schüttler und Matthias Schweighöfer in
MEIN LEBEN

schem, Bildern aus dem historischen Warschauer Ghetto. Das kann meiner Ansicht nach nicht ohne Rückwirkung auf die Fiktion bleiben. Das sind Filmteile, die sogar noch mal mit Untertiteln versehen wurden, obwohl wir die längst als ikonografische Signale für den Einmarsch in Polen oder die Bücherverbrennungen kennen. Dieser dokumentarische Virus dringt in den Film ein, es wird dadurch im Grunde behauptet, alles, was wir sehen, sei dokumentarisch.

Wir reden hier über mehrere verschiedene Dinge. Wenn man die bekannten Bilder der Bücherverbrennung in Berlin sieht und darunter steht *Bücherverbrennung Mai 1933,* dann ist das simple Didaktik, vielleicht für Zuschauer, die überhaupt nichts wissen über diese Zeit.

48

Andererseits war in der Stoffentwicklung früh klar, dass man nach dokumentarischem Material sucht für den Einmarsch der Wehrmacht in Warschau, weil das sehr schwer nachzuinszenieren ist, vor allem wegen der vielen zerstörten Gebäude. Man hätte sagen können, dann inszeniere ich es eben nicht nach, sondern finde ein entsprechendes Bild, ein Detail, das für das Ganze steht. Das ist dann ein anderer Weg. Ein viel wichtigeres Thema sind für mich die Dokumentaraufnahmen im Ghetto, die eine große, erschütternde Kraft haben. Sie wurden von Nazis gefilmt, von Kameraleuten der SS oder der Wehrmacht. Die gefilmten Opfer hatten keine Rechte mehr, geschweige denn ein Recht auf ihr Bild. Das macht diese Filmausschnitte für mich problematisch. Man kann sagen: »Ich befreie dieses Material und bringe es dahin, wo es hingehört«, also weg von der NS-Propaganda und auf die moralisch richtige Seite. Es gibt aber noch ein anderes Problem. Matthias Schweighöfer und Katharina Schüttler mit ihren darstellerischen Fähigkeiten spielen den Hunger und die Angst. Die Leute in dem dokumentarischen Material sind wirklich am Verhungern und vielleicht kurz nach den Filmaufnahmen gestorben. Ich kann dazu nichts Abschließendes sagen, nur dass der Regisseur Dror Zahavi durch seine eigene Herkunft ein feines Gespür für das Thema und solche Fragen besitzt. Von Anfang an hat er sich sorgfältig um den Stoff gekümmert, als er in das Projekt kam.

Diese dokumentarischen Passagen sind nicht im Buch festgelegt gewesen?

Wir reden jetzt nicht über den Einmarsch in Warschau, sondern über Aufnahmen, die möglicherweise SS-Leute gemacht haben und wo Tote im Bild sind. Wenn Dror Zahavi das angesichts seiner eigenen Biografie, seiner eigenen Herkunft vertreten kann, dann glaube ich, ist es richtig. Er weiß es besser.

Diese Vermischung von Dokumentarischem und Fiktionalem hat angefangen mit dem Nachstellen historischer Szenen in den Dokumentationen im ZDF, was sich auch mit dem Namen Guido Knopp verbindet, und hat sich mit den Dokumentarspielen von Breloer immer mehr ausgeweitet. Meiner Ansicht nach nimmt der Zuschauer sowohl im Medium Fernsehen als auch zunehmend in bestimmten Kinofilmen den Unterschied zwischen Dokumentarischem, Fiktionalem und der realen Geschichte gar nicht mehr wahr. Das betrifft auch Filme, die keine Dokumentaraufnahmen enthalten, wie den UNTERGANG, wie DAS LEBEN DER ANDEREN oder ANONYMA, die in Schulklassen gezeigt werden nach dem Motto: »So war es damals«. Diese Filme werden auch in manchem Feuilleton nicht mehr als ästhetische Produkte wahrgenommen, sondern nur als historische Erscheinungen.

DER UNTERGANG (2004; D: Bernd Eichinger; R: Oliver Hirschbiegel)

DAS LEBEN DER ANDEREN (2006; D+R: Florian Henckel von Donnersmarck)

ANONYMA – EINE FRAU IN BERLIN (2008; D: Max Färberböck, Catharina Schuchmann, nach dem Buch von Anonyma; R: Max Färberböck)

49

Ich finde es schwierig, darüber zu sprechen, wenn man nicht medien-theoretisch geschult ist. Ich komme eher aus der Praxis, nicht von der Analyse. Aber ganz eindeutig hat sich die Rezeption verändert. Die Western waren extrem stilisierte Filme, und die meisten Zuschauer waren sich darüber klar, dass sie Fiktionen sind. Die darin erzählten Geschichten waren in der Mythologie der Menschen verankert und hatten ihre Wahrheit, zum Beispiel die Suche nach der Schwester, die in Feindeshand bei Indianern ist, wie bei John Ford. Das Foto auf dem *Spiegel*-Cover mit Bruno Ganz als Hitler war etwas Neues, denn noch nie hatte der *Spiegel* etwas Vergleichbares getan. Wird das nun das Hitler-Bild für die Heranwachsenden sein? Diese Verwechslung, von der Sie gesprochen haben, geht andererseits mit einer unglaub-lichen medialen Geschultheit einher. Innerhalb weniger Sekunden können Studenten oder sogar meine Kinder unterscheiden, ob es ein amerikanischer Spielfilm ist, den sie sehen, oder ein französischer, ob es ProSieben ist oder ARD oder ZDF. Wir haben da förmlich ein Sinnesorgan entwickelt, um die Bilder sofort zu dechiffrieren. Ande-rerseits können wir aber gar nicht mehr richtig unterscheiden, wie Bilder entstanden sind, was ein sogenannter echter Moment ist und was ein falscher. Welchen Preis zahlen wir dafür, dass die Bilder im-mer perfekter werden? Wenn zum Beispiel in GODZILLA von Roland Emmerich das Ungeheuer seinen Schweif so ausbreitet, dass er ein Hochhaus streift, sieht das vollkommen echt aus, wie die Scherben aus den Fenstern fliegen. Gerade weil es so echt aussieht, taucht die Frage auf, wie ist das gemacht, und man fällt aus der Handlung raus. Sehe ich dagegen mit meinem Sohn den alten KING KONG-Film von Cooper und Schoedsack, ist die Handlung märchenhaft. Jeder Take ist, so gut es geht, komponiert, und wir wissen, es besteht eine Ver-abredung. Mein Sohn stellt die Frage, wie das gemacht ist, gar nicht, sondern ist stärker in der Geschichte drin. Das sind seltsame Wider-sprüche, die ich nicht weiter erklären kann.

Die Veränderung, die zwischen diesen Filmen historisch stattgefunden hat, besteht darin, dass das filmische Erzählen ursprünglich mit einem analogen Bild erfolgte und dass inzwischen das digitale Bild regiert, ein Bild, das generiert ist, das nicht mehr wie früher ein Abbild des analogen Sonnenlichts ist. Trotzdem glauben wir immer noch, da, wo ein Bild ist, muss einmal Realität gewesen sein. Was heißt das für das Erzählen? Ich habe bei der Durchsicht Ihrer Werke, bei denen Sie selber Regie geführt haben, einen sehr sorgfältigen Umgang mit dem Bild bemerkt. Bei Ihnen gibt es nicht die unruhige Handkamera, die eine Authentizität suggeriert, die gar nicht vorhanden ist. Die Bilder erscheinen bei Ihnen als etwas Komponiertes und zu Lesendes.

GODZILLA (1998; D: Dean Devlin, Roland Emmerich; R: Roland Emmerich)

KING KONG (King Kong und die weiße Frau; 1933; D: James Ashmore Creel-man, Ruth Rose; R: Merian C. Cooper, Ernest B. Schoed-sack)

KRABAT (2008; D: Michael Gutmann, Marco Kreuz-paintner, nach dem Roman von Otfried Preußler; R: Marco Kreuzpaintner)

50

Ich versuche so zu arbeiten, dass die Einstellung gilt, dass sie nicht nur einen flüchtigen Moment zeigt, sondern die persönliche Einstellung des Regisseurs oder des Kameramanns. Ich möchte, dass die Geschichte verstanden und vertieft wird. Die Handkamera ist noch immer das wirkungsvollste Instrument, um Darstellern zu folgen und ihnen Freiraum zu geben. Bei der hektisch bewegten Kamera bin ich mir nicht sicher, ob es eine vorläufige Mode ist oder ob ein grundsätzliches Umdenken dahintersteht. Könnte sein, dass junge Zuschauer schnell ungeduldig werden, wenn sich nichts bewegt. Ein Film wird durch eine bewegte Handkamera jedenfalls nicht wahrer. Es ist ein Stilmittel, das inzwischen zum Klischee geworden ist. Bei der Verfilmung von DIE LETZTEN 30 JAHRE haben Kay Gauditz und ich uns entschlossen, Handkamera, Stativ, Schienen, feste und bewegte Einstellungen zu verwenden, weil wir fanden, dass es der Geschichte entspricht. Wir wollten diesen Kontrast, weil wir das Gefühl bestimmter LPs mochten, zum Beispiel von Neil Youngs Album *Harvest* (1972), wo einfache Songs neben aufwändig produzierten Songs stehen.

DER UNTERGANG

Inwieweit beschäftigt Sie die Bilderproduktion in dem Moment, in dem Sie als Autor tätig sind und gar nicht in die technische Bildherstellung verwickelt sind, sondern Bilder sprachlich schaffen müssen?

Mein Wunsch beim Drehbuchschreiben ist es – und das entwickelt sich manchmal zu einer regelrechten Sucht –, jeden Satz in Bildern zu erzählen oder, klarer formuliert, mit jedem Satz Bilder im Leser entstehen zu lassen. Wenn man einmal von diesem Nachtisch gekostet hat, möchte man das immer wieder, weil man die Kraft spürt, die es entwickelt, wenn man so schreibt. Ob im Leser genau die Vorstellung entsteht, die ich als Autor habe, oder er eigene Vorstellungen entwickelt, das sei dahingestellt, aber es entsteht ein Bild. Wenn das funktioniert, gibt es keinen Moment, der nur Sprache ist, sondern es entsteht ein visueller Strom, der möglichst emotional auch noch ein Wechselbad an Gefühlen auslöst.

DAS LEBEN DER ANDEREN

Krabat

Ein Projekt, das Sie ursprünglich auch gemeinsam mit Hans-Christian Schmid begonnen haben, ist KRABAT. Das war für Sie ganz offensichtlich keine besonders tolle Erfahrung. Kam die Idee für diese Adaption von Schmid?

Die erste Treatmentfassung ist von ihm, sie ist noch sehr nah am Roman. Hans-Christian hat sich bemüht, eine filmische Wahrhaftigkeit zu schaffen und den Stoff nicht zu einem künstlichen Mummenschanz

ANONYMA

Michael Gutmann und Kame-
ramann Kay Gauditz wäh-
rend der Dreharbeiten zu DIE
LETZTEN 30 JAHRE

Otfried Preußler: *Krabat* (dtv
2008)

werden zu lassen. Ich habe auf Grundlage dieses Treatments weitergemacht. Neben Abbildungen und historischen Texten war meine wichtigste Quelle Otfried Preußler. Ich habe viel von ihm gelesen und ihn
später auch getroffen. Er hat lange an dem Roman geschrieben, ihn
auch mehrmals beiseite gelegt. *Krabat* kommt aus der sorbischen Sa-
genwelt und aus Otfried Preußlers Erinnerungen an die Nazizeit und
an die russische Kriegsgefangenschaft. Er hat mir einen Nachmittag
lang davon erzählt. Ich habe zugehört und dabei an meinen Vater gedacht, mit dem ich auch gerne so geredet hätte. Die Arbeit an KRABAT
war für mich zweierlei: Der Versuch, eine märchenhafte Sage möglichst
realistisch zu erzählen, sodass die Zuschauer die damaligen Lebensum-
stände hautnah miterleben. Und es sollte im Kern eine düstere Vater-
Sohn-Geschichte werden. Ich habe den Meister als einen Ersatzvater
für den Waisenjungen Krabat gesehen. Er zieht den Jungen Schritt für
Schritt in seine Welt hinein, bis die ganze bittere Wahrheit auf dem
Tisch liegt. Nach der vierten oder fünften Drehbuchfassung hat Hans-
Christian Schmid sich aus dem Projekt zurückgezogen, und das, obwohl
das Drehbuch gut durch die wichtigen Fördergremien gegangen war.
Für diesen überraschenden Schritt hatte es Vorzeichen gegeben. Zum
Beispiel liefen die Drehbuchgespräche mit den Finanzierungspartnern,
die vom Fernsehen kamen, sehr schlecht. Das hätte man nicht nur sehen, sondern auch so aussprechen müssen, aber das Wunschdenken
hat das nicht zugelassen. Ein Problem war die Positionierung des Filmes gegenüber der HARRY POTTER-Reihe, ein anderes Problem war,

wie man den Begriff »Family Entertainment« mit den filmischen und erzählerischen Ansprüchen von Hans-Christian verbindet. Je öfter dieser Begriff fiel, desto schweigsamer wurde er. Marco Kreuzpaintner ging anders an das Projekt heran, als ich es bisher gewohnt war. Wir hatten zwei freundliche Drehbuchbesprechungen, ein Mal waren es zwei, das andere Mal knapp vier Stunden. Das war's. Die weitere Entwicklung fand ohne mich statt. Zum Glück hatte ich von Lisa Blumenberg das Angebot, bei einem *Tatort* des NDR Regie zu führen. Diese Arbeit war befreiend für mich.

Wenn es so lief, wie Sie es beschrieben haben, wird Ihr KRABAT-Vertrag auch die Möglichkeit vorgesehen haben, Ihren Namen zurückzuziehen.

Darüber habe ich tatsächlich nachgedacht, aber diesen Gedanken schnell verworfen. Einige Schauspieler haben aufgrund meiner Drehbuchfassung zugesagt. Hohe Fördersummen sind bewilligt worden.

Ich möchte den Konflikt auch gar nicht näher konkretisieren. Aber können Sie beschreiben, wo zwischen der Intention, mit der Sie aufgebrochen sind, und dem, was jetzt auf der Leinwand gelandet ist, die Veränderung liegt? Gab es da eine grundsätzliche Haltungsänderung?

Da hat sich doch schon strukturell einiges verändert. In den Drehbuchfassungen, die ich geschrieben habe, gab es immer einen bedeutenden physischen Kampf unter dem Einsatz von Naturkräften. Das ist jetzt eine Szene, die ist nur Dialog, der zwar eine starke Ähnlichkeit mit dem hat, was ich geschrieben habe, aber es ist eben nicht wirklich physisch. Die Auffassung von Natur und was die Natur für Menschen bedeutet, also das Fällen von Bäumen, Säcke schleppen oder Getreidefelder abernten, schwitzen, frieren im Winter, das alles hatte im Drehbuch eine größere Bedeutung. Mir fehlt das Magische auf einer Naturerlebnisebene, das Beobachten von Tieren oder von Pflanzen.

Es gibt einen realistischen Blick auf die physische Realität der Dinge. Das ist die Rettung der äußeren Realität, von der Krakauer sprach. KRABAT ist natürlich genau das Gegenteil. In diesem Film sind die Dinge immer nur als Metapher und als Motive gesehen, die für irgendetwas anderes stehen, aber nicht für sich selbst.

Ein typisches Kennzeichen für Märchen. Aber der Roman ist nicht nur ein Märchen, er schildert, auf welchem Nährboden eine Diktatur entsteht und wie eine Gruppe sich terrorisieren lässt. Otfried Preußler nannte es »die Geschichte meiner Generation«. Die Menschen in

Krabat sind Analphabeten, die nicht in Bücher schauen können, um etwas über ihre Seele zu erfahren. Für sie war die Beobachtung der Natur das Wichtigste, um sich selbst zu verstehen. Sie haben in einem Baum oder in einem Bach oder auch in einem Vogel, der vorbeiflog, sich selbst erkannt oder ihr Innerstes. Wir machen das heute über Filme, oder über Bücher. Erzählerisch ist es sehr schwer, diesen Vorgang in den Griff zu bekommen.

Sie unterrichten Drehbuch, Sie führen Regie, und Sie arbeiten als Autor. Wie sehen Sie in Ihrer jetzigen Lage das Verhältnis zwischen Regie und Autorenschaft? Sehen Sie sich eher als Autor oder als Regisseur?

Ich sehe mich als Teil eines Teams, in welcher Rolle auch immer. Hans-Christian Schmid hat einmal gesagt, das Schreiben sei für ihn der schwerste Teil des Ganzen, und so sehe ich das auch. Schöpfer des Filmstoffes ist zunächst einmal der Autor oder die Autorin, vergleichbar mit einem Komponisten. Die Rolle des Regisseurs entspricht der des Dirigenten, er interpretiert, streicht und ergänzt, aber er ist nicht der Komponist. Dieser Unterschied wird bei uns häufig nicht genügend respektiert. Nach meiner unangenehmen Erfahrung mit KRABAT habe ich mir gesagt: Wenn dich etwas am System stört, dann ändere es. Fang in deinem eigenen Bereich damit an. Genau das tue ich. Zum dritten Mal arbeite ich jetzt als Regisseur mit Drehbüchern anderer Autoren. Ich helfe bei den letzten Fassungen mit, aber ich lasse die Autoren schreiben. Ich gebe viele Ideen dazu, manchmal ganze Szenen. Aber ich tauche in den Credits nicht als Co-Autor auf.

Gibt es in Ihrer Tätigkeit als Drehbuchlehrer Haltungen, Regeln, die für Sie wichtig sind in der Ausbildung von Menschen, die schreiben wollen, die Autoren werden wollen? Was war für Sie in Ihrer Entwicklung das zentrale Moment, das Sie in diese Fähigkeit versetzt hat?

Als Drehbuchlehrer habe ich die Möglichkeit, künftigen Regisseuren, Kameraleuten und Produzenten die Bedeutung des Drehbuches und des Autors klarzumachen. Tatsache ist, dass es uns an originellen Stoffen mangelt, obwohl die Autoren sie liebend gerne schreiben würden. Die Verantwortlichen neigen dazu, Autoren zu gängeln. Fast jeder Autor kennt diese Situation: Man sitzt jemandem gegenüber, der selbst nicht schreibt, aber genau zu wissen glaubt, wie man es besser macht. Als Drehbuchlehrer muss man unbedingt vermeiden, die unerzählten Filme, die man selber in sich hat, dem Gegenüber aufzudrücken. Die größte Gefahr besteht darin, die Studentin oder den Studenten zur Projektionsfläche zu machen, gerade bei den Stoffen, die einem besonders

gut gefallen. Es ist wichtig, unbedingt den eigenen Erzählwunsch der Person zu stärken, die einem gegenübersitzt, und man sollte niemals aufhören, über Kontrast, Bewegung, Drama und Inhalt zu sprechen. Klar machen, dass das Tragische und das Scheitern einer Figur hohe Werte in einer Geschichte sind, die wir nicht verwässern sollten. Das erfordert aber, dass man ein Bild davon hat, wie man sich die Gesellschaft wünscht und unser Miteinander. Wenn man keine Vorstellung von einer besseren Welt hat, dann kann man nicht tragisch erzählen.

KRABAT

Zur Filmografie von Michael Gutmann siehe: www.edition-scenario.de

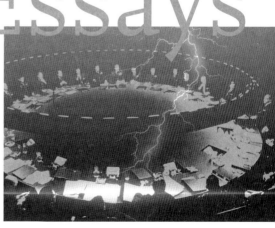

Auf der Suche nach den Fäden
Vom Stricken ohne Muster

Von Sarah Bräuer

Ich suche den Faden – mir doch egal, welche Farbe der hat. Das leere Blatt verlangt nach einer Idee, nach einer weiteren und nach unzähligen folgenden, es verlangt, dass ich diese Ideen zu einem Handlungsgeflecht verstricke, nach Plan vorgehe und etwas nie Dagewesenes erschaffe.

Man sagt, Papier sei geduldig, ich bin es aber nicht, nicht mit mir, ich brauche Beginn und Schluss und Form, am besten gleich. Also: Womit fangen wir an? Was ist das erste Bild? Und wo geht die Reise hin?

Den Faden aufnehmen

Am Anfang war ich noch keine Geschichte. Meine Geschichte beginnt zwischen den Bergen, als ich knapp drei Jahre alt bin, meine Eltern mit mir in den Süden ziehen, in die geografisch gesehen südlichste

Gemeinde Deutschlands. Oberstdorf. Meine Geschichte beginnt mit meiner Hand in der Hand meiner Mutter, wie sie sich mit mir durch die Hofeinfahrt eines Mehrfamilienhauses einer Straße nähert. Ich erinnere alles in Asphalt. Unter meinen Füßen, zu meinen Seiten, selbst über mir Asphalt – ich bewege mich durch einen Tunnel, einen urbanen Geburtskanal. Am Ende mehrere Kinder, die mich anziehen, wie ein Ort, der meinen Durst zu stillen verspricht. Meine Mutter steuert mit mir auf sie zu. Ich sehe sie verstummen, unser Ankommen begutachten. Als wir endlich vor ihnen stehen, gehen ihre Blicke kreuz und quer, keiner scheint zu wissen, was als nächstes passiert, ein Moment von Hochspannung und zerbrechlich zugleich. Doch kurz bevor der Faden reißt, sagt meine Mutter: »Das ist die Sarah.«

Ab hier vermag ich meine Geschichte zu erzählen. Was sich davor zugetragen hat, beruht nur auf Hörensagen, Mythen, Fotografien und anderer Leute Erzählungen.

Immer wieder frage ich mich, wie wichtig meine eigene Geschichte für meine Arbeit ist, für mein Schreiben, das Erfinden von anderen Welten, mir fernen Charakteren. Es ist einfacher, sich zu erinnern, als nach vorne zu denken, Spekulationen über die Zukunft zu machen. Es scheint sich ein Faden durchs Leben und die eigenen Geschichten zu ziehen. Er wurde längst gelegt und lässt sich jederzeit zurückverfolgen. Dass dieser Faden rot sein soll, liegt vielleicht an der Signalwirkung der Farbe oder daran, dass man einen roten Faden durch sämtliche Tauwerke der königlichen Marine Britanniens gesponnen hat – wie Goethe es in seinen *Wahlverwandtschaften* beschrieb –, um an jedem noch so kleinen Stück ablesen zu können, wem das Tau gehört. Sieht man jedoch von Besitzansprüchen ab, so hat ein Faden in der Regel einen Anfang und ein Ende, er zieht sich durch etwas hindurch, bedeutet Struktur, verspricht Halt und ist mit mehreren Fäden etwa zu einem Strick gewunden oder zu einem Teppich verwoben. Analogien, wie geschaffen für ein dramaturgisches Gebilde. Im Gegensatz zu ihrem eigenen Leben haben Autoren beruflich die Aufgabe, diesen Faden für ihre erfundenen Figuren zu spinnen. Allerdings verzichtet man hierbei besser auf eine Signalfarbe, weil die Sichtbarkeit von Fäden in Literatur und Film eher als störend empfunden wird.

Johann Wolfgang von Goethe: *Die Wahlverwandtschaften* (Insel 2008)

Dritte Klasse, erster Aufsatz, eine knappe Seite. Es ist kurz nach den Sommerferien, und sie ist stolz, denn ab jetzt gehört sie wirklich zu »den Großen« in der Grundschule. Sie bekommt den Aufsatz zurück und traut sich nicht nach Hause. Ihr Vater sitzt ihr gegenüber, sein Gesicht ist rot. Hat er Schmerzen? Was denn? Ihre Mutter sitzt neben ihnen, bereit einzuschreiten. Die Tochter hat »Mandeln« mit T geschrieben und »gebrannt« mit P und aus beidem ein neues Wort erschaffen. Fle-

hentlich sieht sie zu ihrer Mama, und eine Heldin tritt auf den Plan: Sie solle unbedingt an ihrer Rechtschreibung arbeiten, aber es sei wirklich ein schöner Aufsatz. »Langweilig. Du erzählst da ja gar nix!« Treffer – was für ein ehrlicher Leser dagegen der Vater ist. So einen braucht man. Und die Mama? Die war dabei gewesen, als »Geprannterman-tel« gegessen wurde, und wusste um den schönen Tag, las zwischen den wenigen Zeilen Dinge, die gar nicht auf dem Papier standen. Eine fantasievolle Leserin, auch die braucht man dringend.

Wie ich es durch geschriebene Worte schaffen kann, dem Leser ein Er-lebnis zu verschaffen, diese Frage wird mich ewig begleiten. Ich werde mich oft auch an die direkte Ehrlichkeit meines Vaters erinnern, um die eigene Kritikfähigkeit zu hinterfragen und selbst konstruktive Vor-schläge zu machen. Gleichzeitig ermahne ich mich dazu, meine Fan-tasie einzusetzen und angemessen zu abstrahieren.

Im zweiten Studienjahr an der Filmhochschule kommt es genau deswegen zur Auseinandersetzung mit meinen Regiekommilitonen. Die Aufgabe im zweiten Jahr fordert den Kurs heraus, gemeinsam ei-nen mittellangen Film herzustellen. Wir sind Drehbuchstudenten der Stunde Null. Erst seit 2005 gibt es an der HFF München den Studien-schwerpunkt Drehbuch. Im zweiten Jahr unterscheidet uns nicht viel von unseren Regiekollegen. Wir studieren mit ihnen, haben nahezu komplett den selben Unterricht genossen, jeder hat im ersten Jahr un-abhängig von der Fachrichtung einen eigenen Film geschrieben und inszeniert. Die »Gruppenproduktion«, bei der jeder zum Erlangen des Vordiploms mitwirken muss, macht zum ersten Mal einen Unterschied – Autoren schreiben, Regisseure inszenieren. Wir starten als Team. Die Bedingungen sind luxuriös und unmöglich zugleich. Zum einen bietet sich die Möglichkeit, einen Film in ordentlicher Länge mit sehr gutem Budget und vollbesetztem Team zu realisieren, aber eben nur gemeinsam. Es ist nicht möglich, seinen »eigenen Film« zu machen, sondern nur *unseren* Film. Eine Herausforderung, die man annehmen muss.

Schnell werden die Aufgaben verteilt, die Autoren schreiben. Der eine oder andere Kollege aus der Regie involviert sich, doch nach den ersten Monaten ist klar, sie wollen inszenieren, ihre Zeit und Energie bis zum Dreh in eigene Projekte investieren. Nachvollziehbar, aber wenig hilfreich. Der Stoff, die Ideen und die Dramaturgie sind abgesprochen und bekannt, die Autoren setzen um. Teamleistung. Die Autorengruppe funktioniert gut.

Drei Hauptfiguren sind gefunden. Sie sind in ihren Leben miteinander verknüpft, und dramaturgisch verfolgen wir die Idee, einen Tag der drei Frauen aus der jeweils anderen Perspektive zu erzählen und die drei Handlungsstränge zuletzt zu einem gemeinsamen Ende zusammenzuführen. Jeder Autor entwickelt eine Episode, gemeinsam verweben wir es zu einem Ganzen. Der Lerneffekt ist enorm. Zum einen für das eigene Schreiben und zum anderen, und um ein Vielfaches mehr, in der Zusammenarbeit. Wir kritisieren uns, nehmen gegenseitig Vorschläge an, jeder hat seine kreativen Freiheiten, und gemeinsam behalten wir das große Ganze im Blick. Wir setzen uns auseinander, und ich spüre mich wachsen, Fertigkeiten erlangen, die sich theoretisch nicht aneignen lassen.

Während der gesamten Zeit steht uns Professor Michael Gutmann zur Seite, kürzt mit uns ganze 20 Seiten. Das Buch ist fertig, und bereits in einem Monat ist Drehbeginn. Es folgt die Bearbeitung seitens der Regie. Je zwei Regisseure teilen sich eine Episode. Änderungen in einer führen zwangsläufig zu einer Kettenreaktion an Veränderungen in den beiden anderen. Das Konstrukt, dem man seine Anordnung nicht ansehen sollte, droht in sich zusammenzubrechen. Wir Autoren sind gefragt, die Fäden in der Hand zu behalten.

Doch wie hat man sich zu verhalten, wenn einem Regisseur etwas einfach nur nicht gefällt? Kann es in so einem Fall überhaupt eine Lösung geben? Ich verweigere mich, denn bei aller Ehrlichkeit erbringt mein Gegenüber keine konstruktive Lösung zustande. »Gefällt mir nicht!« akzeptiere ich nicht als Argument.

Rückblickend fehlte mir wahrscheinlich die richtige Sprache, und den Regisseuren vielleicht die Erfahrungen, die wir Autoren im Entwicklungsprozess gesammelt hatten. Und was alle schon zu Beginn wussten: Es ist nahezu unmöglich, zu zwölft – Kamerastudenten mit eingerechnet – EINEN Film zu machen. Wir haben ihn nie gesehen, den einen Film. Gelernt haben wir jedoch mindestens so viel, als hätten wir fünf gemacht, und wir können uns immer noch in die Augen sehen. An die Filmhochschule kommt man, um Filme zu machen, aber auch, um zu lernen. Niemand hat behauptet, dass es nur steil bergauf gehen wird.

Abends liegt sie bei ihrer kleinen Schwester im Bett und erfindet Geschichten für sie. Ihre Gesichter sind dick mit weißer Creme eingeschmiert, nur die Augen stechen wie schwarze Knöpfe hervor. Mondgesichter. Sie ziehen sich die Bettdecke über die Köpfe. Es ist fast ganz dunkel in dieser Höhle, und je länger die Geschichte dauert, umso mehr heizt sich alles auf, und frisch gewaschene Haare der einen Schwester kleben in der schwitzigen weißen Pampe der anderen. Ein letzter Blick, bevor sie einschlafen – sie sehen aus, als hätten sie wirklich etwas erlebt und könnten die ganze Nacht die Bilder ihrer Geschichten weiterträumen. Vielleicht werden sie sich später mal davon erzählen, und bestimmt werden die erinnerten Bilder nicht übereinstimmen.

Meine kleine Schwester nimmt bereits ein Jahr vor mir ihr Studium an der Filmhochschule auf und ist bei meiner einzigen Regiearbeit im ersten Studienjahr die Kamerafrau. Sie hat schon einige Filme gedreht, ich bin dagegen als Regisseurin vollkommen unerfahren. Ich darf einen Film machen, damit habe ich vor Studienbeginn nicht gerechnet. Ich bin zum Schreiben angetreten, doch wie schreibt man ein gutes Kurzfilmdrehbuch?

Wir haben uns mit Dreiaktstruktur und Aristoteles auseinandergesetzt – das erscheint mir zu groß für einen kurzen Film. Ich setze Eckpunkte: Mein Drehbuch soll eine Wassermelone, ein auffälliges Kleid, einen jungen Mann, der durch die Wand mit seiner Nachbarin Japanisch lernt, später ihr Kleid anzieht und damit vom Balkon stürzt, sowie das Musikstück *Friday I'll be dead* der ungarischen Band Erik Sumo enthalten. Michael Gutmann ist sich nicht sicher, ob das ein Film wird. Es wird einer, sowohl bei mir als auch bei den anderen Drehbuchstudenten meines Kurses, und unser Professor freut sich mit uns. Ihm ist es wichtig, dass wir mit unseren Regiekollegen auf Augenhöhe bleiben, uns gemeinsam mit ihnen entwickeln. In diesem Sinne ist sowohl die Grundausbildung in Regie inklusive eigenem Film als auch die komplette Technikausbildung Pflicht für uns.

Als ich im Hauptstudium zwei Drehbücher für zwei Regiekommilitonen schreibe, merke ich, wie wertvoll all diese Erfahrungen für mich sind und wie wichtig es für mein Gegenüber ist zu wissen, dass ich verstehe, was es bedeutet, Regisseur zu sein, und dass ich den Film als Ziel nicht aus den Augen verliere. Und wieder steht bei einem der Filme unter »Bildgestaltung« der Name meiner Schwester.

Ihr Großvater hält ihre kleine Kinderhand und spaziert mit ihr um den Hafen zu einem Einkaufsladen. Großvater und Enkelin sprechen nicht dieselbe Sprache, ihre Hand verschwindet in der seinen. Ihre Haut ist noch weiß vom spärlichen Sommer in Deutschland, seine trägt das schöne Braun, das man bekommt, wenn man unter der kroatischen Sonne ein Boot renoviert. Wasser schwappt gegen kleine und große Schiffe, und es riecht nach Pinien und Brackwasser. Der Opa bedeckt seine Glatze mit einem Strohhut, die Haare der Enkelin sind zu Zöpfen geflochten. Beide tragen sie kurze Hosen und Sandalen. Sie wäre beleidigt, wenn er einen Morgen ohne sie Zeitung und Brot kaufen gehen würde, denn sie muss schon allabendlich darauf verzichten, dass er sie zum Fischen mitnimmt. So stolz er auch auf seine Enkelin, die in Deutschland aufwächst, ist, packt ihn eben dieser Stolz im Genick, denn sie ist eine gute Fischerin, hat es im Blut, aber es grenzt an Blamage, wenn die Nachbarn sich über ihren Eimer beugen und dieser voller ist als der seine. Nur einmal in den vier Wochen Sommerurlaub darf sie mit ihm auf Beutefang fahren. Stundenlang sitzen sie in der Nussschale auf offenem Meer. Solange die Fische bei ihm besser anbeißen als bei ihr, erzählt er ihr Geschichten, die sie versteht, obwohl die gemeinsame Sprache fehlt.

Daran muss ich denken, als ich circa 20 Jahre später die Beweggründe für meine Bewerbung an der Filmhochschule schreibe: »Sprache steht für mich an oberster Stelle. Meine Mutter, eine gebürtige Kroatin, zog mich nicht zweisprachig auf. Ich habe erfahren, wie viel Spielraum sich innerhalb einer Sprache bietet, dass sich über die Bedeutung der einzelnen Worte hinaus ein uferloser Reichtum auftut, dass Sprache Brücken baut, wenn man zwischen dem Ein- und Ausatmen liest. Das erfordert Geduld. Beobachter brauchen Geduld. Ich habe Geduld.« Bei unseren Kroatienreisen nahm ich mich zurück und sah vor allem zu. Immer und immer wieder dieselben Menschen in verschiedenen Konstellationen, wie sie miteinander sprechen, ihre Gesten, das Tempo und die Lautstärke ihrer Stimmen, Worte um Worte, die ich nicht verstehe – aber je länger ich sie beobachtete, umso mehr verstand ich sie. Abstrahierte, fantasierte, erlebte Kino.

Beobachtung und Recherche sind heute die mir wichtigsten Handwerksmittel, wenn es um Stofffindung geht oder darum, einer Geschichte mehr »Fleisch« zu geben, sie anzureichern. Die Umsetzung zu einem Drehbuch ist eine ganz andere Kategorie. Im dritten Studienjahr reise ich mit einer starken Spielfilmidee zur Recherche in den Kosovo. Es ist ungewiss, was mir begegnen wird, doch ich kehre reich beschenkt an meinen Schreibtisch zurück. Die lange Form und viel Personal sind das eine Problem. Viel schwieriger entpuppt es sich jedoch, hart recherchierte Fakten und dokumentarische Geschichten zu dramatisieren. Ich merke, dass ich versuche, einen Teppich zu weben, ohne den Webstuhl bedienen zu können, und beschließe, mir Zeit zu lassen, irgendwann später zu diesem Stoff zurückzukehren.

Weil die Schule für sie wie eine Krücke ist, die ihr in die Hand gedrückt wurde, um sie mit anderen ins Leben humpeln zu lassen, die ihr das Rennen untersagt, passt sie sich dem Tempo an. Doch statt Hausaufgaben zu machen, sieht sie fern, heimlich, wie jeder, den sie kennt. Es sind die 1980er, und es gibt drei Programme. Bei gutem Wetter auch mal fünf, denn gleich hinter den Bergen liegen Schweiz, Österreich und Italien. Schwyzerdütsch und Italienisch werden einfach verstanden, denn von Serien kann sie nicht genug bekommen. *Hart aber herzlich, Trio mit vier Fäusten, Ein Colt für alle Fälle, Remington Steele ...* sie scheinen unzählig. Auch die deutschen Serien von der *Schwarzwaldklinik* bis zu den *Wicherts von nebenan.* Nicht zu vergessen die Cartoons, tschechische Märchen und Stopptrickfilme. Ein Fernsehkind.

Alles harmlos bis zu einem Tag im April 1986. Zweites Deutsches Fernsehen. Post-Apokalypse! Sie ist fast zehn Jahre alt und sieht eine neue Jugendserie. *Die dreibeinigen Herrscher.* Was sie zu sehen bekommt, wird sie über Jahre verfolgen. Vollkommen verstört sitzt sie vor dem Fernsehgerät.

Sie sieht einen jungen Mann, einen Jugendlichen, dem der Kopf kahlgeschoren wurde, die Gemeinde versammelt sich ihm zu Ehren zu einem Fest. Der Junge soll seine Weihe bekommen. England anno 2089, doch alles erinnert an vorindustrielle Zeiten ohne Strom, mit Pferdekutschen und Mädchen mit Blumenkränzen im Haar. Warum stimmt hier nichts? Ein dreibeiniger Herrscher, ähnlich denen in *Krieg der Welten*, so groß wie ein achtstöckiges Haus, tritt auf, packt den Jungen mit einem Greifarm und hievt ihn in sein giftgrün leuchtendes Inneres. Von außen eine Maschine, doch sein Innenleben bleibt verborgen.

Ihre Augen trocknen aus, sie hat aufgehört zu blinzeln und wird Albträume bekommen, in denen sie angestrengt versucht, das Innere dieses außerirdischen Wesens zu ergründen. Als der Junge von dem Dreibeiner wieder auf dem Boden abgesetzt wird, ist sein freier Willen gegen eine »Kappe« aus Metall eingetauscht, die ihm in die Schädeldecke eingesetzt wurde. Die Dreibeiner werden von den Menschen als Retter der Erde gepriesen, weil sie dem Kriegstreiben und der Barbarei vor knapp einem Jahrhundert ein Ende setzten und so Bedingungen schufen, unter denen die Menschen wieder im Einklang mit der Natur

Hart to Hart (Hart aber herzlich; USA 1979-1984)

Riptide (Trio mit vier Fäusten; USA 1984-1986)

The Fall Guy (Ein Colt für alle Fälle; USA 1981-1986)

Remington Steele (USA 1982-1987)

Die Schwarzwaldklinik (BRD 1985-1989)

Die Wicherts von nebenan (BRD 1986-1991)

The Tripods (Die dreibeinigen Herrscher; GB 1984-1985)

leben konnten. Der Preis, den sie dafür bezahlen, ist hoch. Durch die »Kappe« in der Schädeldecke wird jeder seiner Kreativität und Fantasie beraubt. Geweihte empfinden kein Verlangen mehr danach, sich weiter zu entwickeln. Menschen ohne Anspruch.

»Es beklagt sich ja niemand«, stellt Will Parker fest, der Protagonist der Serie, dem seine Weihe in einem Jahr bevorsteht und dem sein Bauchgefühl sagt, dass es nicht richtig ist, was hier vor sich geht. Er trifft auf einen »Vaganten«, einen Mann, der ungeweiht durch die Wälder streift, auf der Suche nach jungen Menschen wie Will. Er erzählt dem Jungen von Städten jenseits der See, Gegenständen, die von Menschenhand erschaffen wurden wie Flugzeuge. Alles zerstört von den Dreibeinern. Er erklärt, dass mit der Weihe jeglicher Sinn fürs Wunderbare, die Neugier und das Interesse verlorengehen. Zudem Gefühle von Aggression und Rebellion. Es stellt sich die Frage, wer hier eigentlich die Maschinen sind – die Dreibeiner oder die Menschen?

Danach hat mich keine Serie, kein Fernsehfilm je wieder so aufgewühlt. Schade eigentlich. Fernsehen darf das. Ich stellte mir als Zehnjährige die Frage, was uns eigentlich zu Menschen macht und ob uns eine Apokalypse tatsächlich bevorsteht, ob sie zu verhindern ist. Und diese Gedanken entstanden nicht intellektuell, sondern aus dem Bauch heraus. Ich wurde gefordert. Es stellte sich mir die Frage nach dem Sinn des Lebens. Was ist mein Schicksal? Von einem Tunnel in den nächsten. Tunnel für Tunnel, immer weiter.

Das Leben ein Faden – die Autorin eine Göttin?

In der Mythologie ist von drei Göttinnen die Rede, die ihre Geschicke walten lassen, um das Schicksal der Menschen zu bestimmen und über das Leben eines jeden Einzelnen zu entscheiden. Im Griechischen werden sie als Moiren bezeichnet und finden sich unter anderen Namen auch in der römischen, der germanischen und der slawischen Mythologie. Diese Göttinnen treten als Dreiheit des Jenseits in Erscheinung und gehen arbeitsteilig ans Werk. Die erste spinnt den Faden bereits kurz nach der Geburt zurecht, die zweite bemisst und verwebt ihn, und die dritte entscheidet, wann der Faden zu Ende ist und abgetrennt wird. So wird einem jeden Menschen schon zu Lebensbeginn sein gerechtes Schicksal in Form seines unausweichlichen Todes zugeschrieben.

Wir kennen unser Schicksal jedoch nicht, wissen nicht, was uns erwartet, und schon gar nicht, wann unser Leben zu Ende ist. Das ist gut so. Wüssten wir Bescheid, würden wir uns vielleicht dagegen auflehnen, uns zu tragischen Helden entwickeln. Dagegen hat man als Autorin regelrecht die Pflicht, sich als Schicksalsgöttin seiner Figuren zu erweisen, den Lebensfaden seiner Charaktere zu entwerfen, zu verknüpfen, zu bemessen und auch abzuschneiden. Zudem bin ich mir sicher, dass man bewusste Entscheidungen darüber treffen sollte, wann oder wie man die Figur, aber auch den Zuschauer etwas von dem Faden spüren lässt. Habe ich die Fäden für meine Charaktere gelegt, muss ich meine Schnüre im nächsten Schritt kaschieren, damit sie vom Publikum und den Figuren nicht schon im Voraus entdeckt werden. Ebenso kann ich damit arbeiten, falsche Fährten zu legen. So bleiben alle in Bewegung. Aber ist das noch Schicksal? Ich habe die Vermutung, dass man mit Schicksal alleine dramaturgisch nicht sehr weit kommt. Schicksal hat etwas von Verdammnis, und das ist fast schon zu einfach, wenn nicht sogar langweilig.

Einmal scheine ich mich gegen mein Schicksal aufzulehnen. Im ersten Semester bringt mich Professor Andreas Gruber, Leiter der Spielfilmabteilung der HFF München, mit einer Studentin zusammen, die an einem Langfilm als Abschlussprojekt arbeitet und eine Co-Autorin sucht. Ich nehme die Aufgabe an, nachdem ich alle Beteiligten daran erinnert habe, dass mein Studium gerade erst begonnen hat, ich nicht wissen kann, ob ich einem 90-Minüter gewachsen bin. Die Ideenfindung beginnt nicht bei Null. Die Regisseurin selbst hat bereits umfas-

send recherchiert, und vom Plot her scheint die Geschichte zu stehen. Ich mache mich gemeinsam mit ihr ans Werk, das Vorhandene zum Drehbuch auszuschreiben. Die erste Fassung kommt schnell und ist unsagbar schlecht. Die zweite Hauptfigur ist das Problem, mit ihr stimmt etwas nicht. Ich habe noch keinen Blick für Feinheiten, kein dramaturgisches Frühwarnsystem. Feedback von den Professoren hilft zwar kurzfristig weiter, aber nach einiger Zeit wird uns klar, dass wir mehrere Schritte zurückgehen und unsere »Problemfigur« komplett umgestalten müssen. Sie war zu eindimensional, sie war alleine. Sie brauchte ein neues Umfeld, eine Familie. In dem Moment, als es zu funktionieren scheint, passiert etwas, dem ich tatsächlich nicht gewachsen bin. Alles soll plötzlich ganz schnell gehen. Vom Treatment bis zur einreichungswürdigen Drehbuchfassung in sechs Wochen. Ich bin inzwischen im dritten Semester angekommen, habe Prüfungen und täglich Unterricht. Mit dem Tempo der Regisseurin kann ich nicht mithalten. Es kommt zur Trennung. Im Guten, wenngleich es für mich auch eine kleine Niederlage ist. Ich hätte es gerne bis zum Ende geschafft. In meinem achten Semester angekommen, erlebe ich den Kinostart des Films. Vielleicht dachten meine Professoren und ich zu Beginn, dieses Projekt sei mein Schicksal. Schließlich entpuppte es sich als eine meiner wichtigsten Erfahrungen, und ich bin glücklich, als ich sehe, was aus unserer gemeinsamen Entwicklung Bestand bewiesen hat und wie mein Name am Ende unter Stoffentwicklung im Abspann über die Leinwand läuft.

Sie lebt ihre erste Liebe. Einen ganzen Sommer lang. Händchen haltend durch die Straßen wandelnd und auf einem gemeinsamen Handtuch liegend den Himmel beobachtend, zu zweit die Floßinsel erobernd, das Gefühl entwickelnd, dass sich daran nie mehr etwas ändern würde.

Einen ganzen Sommer lang, mehrere Wochen spürt sie seinen und ihren Herzschlag zugleich, wenn der Abschied sich jeden Abend in die Länge zieht, die Umarmungen nicht enden wollen. Doch nach all den Wochen immer noch nicht ein einziger Kuss, und dann ist plötzlich einfach Schluss. Sie wird nie erfahren, warum, denn er wollte nicht mehr mit ihr reden, ganz so, als sei er zutiefst verletzt. Auf die Frage, warum, findet sie keine Antwort und spürt nur noch ihr eigenes Herz gegen ihre Brust schlagen.

Sie wird ihn Jahre später wiedersehen. Sie werden gemeinsam ein Bier trinken und verlegen darüber lachen, dass ihre Leben heute nichts Gemeinsames mehr haben. Sie werden nicht ergründen, was damals passiert war, sich zum Abschied nur eine Sekunde länger als nötig umarmen, um noch einmal das Gefühl von damals aufblitzen zu lassen.

Heute bin ich mehr als doppelt so alt und verkneife mir in diesem Bericht zusätzliche Liebesgeschichten oder Abenteuer, selbst wenn ich der Überzeugung bin, dass uns unsere Lieben und die damit verbundenen Freuden und Schmerzen vielleicht am eindringlichsten prägen. Und deshalb braucht jedes Werk an wenigstens einer Stelle, und sei es auch gut getarnt, eine Liebesgeschichte.

SALAMI ALEIKUM (2009;
D: Ali Samadi Ahadi, Arne
Nolting; R: Ali Samadi
Ahadi)

In SALAMI ALEIKUM von Ali Samadi Ahadi strickt der Protagonist Mohsin (Navid Akvahan) an seinem »Lebensschal«, der zu Filmbeginn schon eine ganze Truhe füllt und Auskunft darüber gibt, wann es Mohsin schlecht ging. Bislang gab es nur wenige farbenfrohe Abschnitte. Erst als Anna (Anna Böger) in sein Leben tritt, gewinnt sein Werk an Schönheit. Aber auch er kann nur stricken, was er bereits hinter sich hat. Er könnte versuchen, sein Schicksal auszutricksen und wagemutig in seine eigene Zukunft stricken. Doch der Schal bleibt ein Abbild seiner Vergangenheit.

Im Erzählen liegt eine Kraft, die mit Überraschungen aufwarten darf, doch Aufsätze werden in ihrer Jugend nie ihre Leidenschaft wecken. Ende der elften Klasse steht die letzte Deutschklausur an. Nach einer halben Stunde langweilt sie das Thema. Im Klausurraum unter der Turnhalle soll sie über vier Stunden eine Inhaltsangabe verfassen, während draußen die Sonne scheint, es nach Sommerferien duftet. Um sie herum sitzen Mitschüler an Einzelpulten und schreiben sich die Seele aus dem Leib. Sie steht auf und erkundigt sich konspirativ flüsternd bei ihrem Lehrer nach ihrer mündlichen Note, errechnet mit dem Taschenrechner ihren Durchschnitt und stellt fest, dass sie sich, egal, was sie schreibt, weder verschlechtern noch verbessern kann. Sie gibt ab.

Im Sommer füllt sie Regale im Supermarkt auf, kellnert in einer Pension und serviert Rentnern Schinkenbrot mit Fencheltee. Im Winter ist sie auf dem Berg und unterrichtet Touristen im Snowboarden. Sie kennt jeden Hang, jede Kurve, und sie fährt schnell. Trotzdem vergehen ihre Schuljahre wie in Zeitlupe. In ihrem Heimatort gibt es ein sehr gutes Kino, das mittwochabends um halb neun die besten Filme zeigt. Die man hier maximal in nur einer Vorstellung zu sehen bekommt. Wenn jemand mittwochs nach ihr fragt, ist sie garantiert dort. Doch niemand in ihrem Dorf erzählt ihr davon, dass es etwas wie eine Filmhochschule gibt. Es ist noch vor dem großen Durchbruch des Internets, und die eigene Recherche in der spärlichen Schulbibliothek ist mehr als dürftig.

A CHORUS LINE (1985;
D: Arnold Schulman, nach
dem Musical von James
Kirkwood Jr. und Nicholas
Dante; R: Richard Attenborough)

Sie macht einen Computertest beim Arbeitsamt, der erkennen lassen soll, für welche Berufe sie prädestiniert ist. Choreografin, Dirigentin, Kranführerin. Alles sehr ähnlich, findet sie und erinnert sich daran, als Zwölfjährige alleine im Kino A CHORUS LINE gesehen zu haben. Nicht an einem Mittwoch, sondern an einem Sonntagnachmittag.

DIRTY DANCING hatte sie im selben Jahr nicht sehen dürfen, weil sie zum Kinostart erst elf war und man bei Filmen ab zwölf immer den Schülerausweis vorzuzeigen hatte. Um wenigstens den Soundtrack zu haben, schenkte sie ihn ihren Eltern zu Weihnachten auf CD. Nie wieder waren ihre Eltern so überrascht, so sprachlos und so unglücklich über ein Geschenk wie 1988. Doch A CHORUS LINE, das entdeckte sie später, war der viel bessere Film. Außerdem wäre sie danach tatsächlich gerne Tänzerin geworden, doch sie konnte nur auf ein einziges Jahr Ballettschule zurückblicken, in der ersten Klasse war das gewesen und hatte mit einer Aufführung als lebende Marionette geendet. Das Engagement älterer Mitschüler, gemeinsam A CHORUS LINE auf die Schulbühne zu bringen, war leider an der Bestellung der Stepptanzschuhe gescheitert. Choreografin muss also von der Liste. Dirigentin kommt nicht in Frage, da sie nach sechsjährigem Klavierunterricht noch immer nur vom Blatt spielen kann. Sie fasst Kranführerin ins Auge, hat aber noch ein Jahr Zeit bis zum Abitur.

Sie hält ihren Motorradführerschein in den Händen, und ihre Mutter stirbt beinah vor Sorge, merkt jedoch sofort wieder, wie lebendig sie ist, als ihre zweite und erst zwölfjährige Tochter von der größeren zu einer Tour mitgenommen wird. Ein Tag durch die Wälder und über die Berge, zwischen denen sie aufgewachsen sind. Verbunden durch ein Kabel, um während der Fahrt miteinander sprechen zu können. Die Kleine umklammert die Große. Man könnte meinen, sie trügen unter ihren Helmen wie damals weiß gecremte Gesichter und fühlten sich frei wie nie zuvor.

DIRTY DANCING (1987; D: Eleanor Bergstein; R. Emile Ardolino)

Meine Schwester und ich haben großartige Eltern. Woran man so etwas merkt? Ich vermute, daran, dass Eltern streng sind, auch zu sich selbst, ihre Kinder laufen lassen können, sich mit ihnen beschäftigen, sie vor Lachen zum Weinen bringen. Wir wachsen im unmittelbaren Umfeld ihres Optikerladens auf. Hier geht die Welt ein und aus – fast das gesamte Jahr pflastern Touristen die Straßen unseres Ortes. Sie bringen Geschichten und Eindrücke aus ihrer Heimat mit, und man darf sich ein bisschen kosmopolitisch fühlen. Wenn die Welt zu einem kommt, hat man weniger das Gefühl, am Ende von ihr zu sein. Ich liebe diesen Ort, den ich nach meinem Abitur nicht schnell genug verlassen konnte und nach dessen Ruhe ich mich heute oft sehne.

Mit dem Wollknäuel ins Labyrinth

Jetzt bloß nicht den Faden verlieren. Der noch heute im Volksmund gebräuchliche Ariadnefaden entstammt einem griechischen Mythos. Weil Minos, ein Sohn des Zeus, seinen Onkel Poseidon erbost, wird

Minos' Frau dazu verflucht, sich in einen Stier zu verlieben. Daraufhin bringt sie den Minotaurus zur Welt, ein menschliches Wesen mit dem Kopf eines Stieres. Ariadne bittet ihren Vater Minos, den Minotaurus am Leben und Daidalos, einen einfachen Menschen und Handwerker, das Labyrinth als Gefängnis für den Minotaurus erbauen zu lassen. Alle neun Jahre muss Athen als Tribut an Minos sieben Jungfrauen und sieben Jünglinge zahlen, die dem Minotaurus geopfert werden. Im dritten Zyklus begibt sich Theseus unter die Menschenopfer. Ariadne verliebt sich in ihn. Um ihn zu retten, gibt sie ihm Haare und Pillen aus Pech, die er in den Rachen des Minotaurus werfen soll, um ihn zu bezwingen. Damit Theseus wieder aus dem Labyrinth findet, übergibt Daidalos Ariadne ein Wollknäuel. Nur durch den abgespulten Faden findet Theseus schließlich wieder zum Ausgang, den abgeschlagenen Kopf des Minotaurus in der Hand. Theseus flieht mit Ariadne nach Naxos, wo er sie später einsam zurücklässt. Weil Daidalos in diese Angelegenheit verstrickt ist, werden er und sein Sohn Ikarus zur Strafe von Minos in sein Labyrinth gesperrt.

Ekkehard Martens kommt in seinem Buch *Der Faden der Ariadne – Über kreatives Denken und Handeln* zu dem Schluss, dass Daidalos als Erbauer des Labyrinths auch der eigentliche Bezwinger des Minotaurus sei. Auch sei er es, dem die Idee mit dem Faden komme. Martens: »Der rettende Faden entspinnt sich aus seinem Kopf. Im Vergessen des Daidalos liegt das Misstrauen der Menschen gegenüber seiner eigenen Kreativität. Noch in den heutigen Redewendungen ›Ariadnefaden‹, ›Leitfaden‹ oder ›roter Faden‹ ist der Wunsch nach fremder Hilfe stärker als das Vertrauen auf die Kraft des eigenen Denken und Handelns.« Martens geht so weit, die These aufzustellen, dass man durch das Abspulen des Fadens vergesse, den Faden kreativ weiterzuspinnen.

Nach dem Abitur betritt sie das unüberschaubare Terrain der beruflichen Chancen. Sie weiß noch nicht, welchen Faden sie weiterspinnen möchte. Mit dem Motorrad fährt sie nach Berlin-Kreuzberg zur Arbeit in eine Schlosserei. Sie trägt einen Blaumann und hat Brandnarben vom Schweißen. Ein Mädchen unter Männern. Sie sind die Brüder, die sie nie hatte, und die stärksten dazu. Sie lassen sie gleich am ersten Tag an alles ran. Von da an bauen sie Möbeleinzelstücke, und wenn sie gemeinsam »zum Kunden« fahren, erklären die Jungs sie zum Chef, und keiner fragt, ob das wirklich stimmt. Nicht mal der Architekt, der mit ihr über Monate den Ausbau eines Kirchturmes plant und abwickelt. Sie wird nie vergessen, wie sein Gesicht die Farbe verliert, als sie ihm bei der Einweihung nebenbei steckt, dass sie ihr Studium noch vor sich hat. Abends nach der Arbeit besucht sie Kurse in Fotografie

Ekkehard Martens: *Der Faden der Ariadne – Über kreatives Denken und Handeln* (Metzler 1991)

und Malerei. Statt drei Monaten bleibt sie über ein Jahr in ihrer »neuen Familie« und kündigt schließlich aus reinen Vernunftgründen – sie muss endlich eine Ausbildung beginnen. Wo oder was? Kranführerschein? Sie macht weitere Praktika und arbeitet zwischenzeitlich auf einer Messe als Marktschreierin.

An diesen Job muss ich ziemlich oft denken, wenn mir bewusst wird, dass sich manche geschriebenen Werke tatsächlich nur mit marktschreierischen Qualitäten an den Mann, den Produzenten, den Fernsehsender bringen lassen. Eigentlich sehe ich mich nicht in dieser lauten Position, aber ich könnte wieder auf diese Erfahrung zurückgreifen, wenn es tatsächlich vonnöten wäre.

Sie beginnt ein Studium der Geisteswissenschaften im Rheinland, weg aus Berlin, und es ist, als würde ein Faden komplett reißen. Was sie zu leisten hat, leistet sie, aber sie spult es ab. Soziologie und Medienwissenschaft werden sie nicht an ihr Ziel bringen, selbst wenn sie noch gar kein konkretes vor Augen hat, wie auch der eine oder andere Filmcharakter. In Jim Jarmuschs BROKEN FLOWERS verfällt Don Johnston (Bill Murray) nach der Trennung von seiner Freundin in eine noch tie-

BROKEN FLOWERS (2005; D+R: Jim Jarmusch)

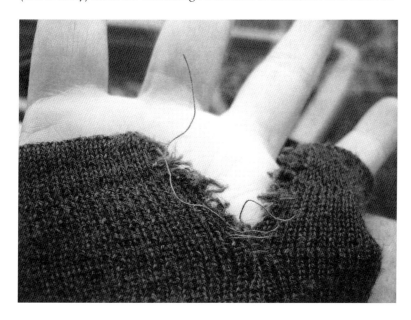

fere Lethargie, als er vorher ohnehin schon war, ein in den Ruhestand getretener, einstmals erfolgsverwöhnter Couchpotatoe. Ein Held, der kein Held sein möchte. Nicht einmal, als ein Brief ohne Absender in sein Haus flattert, in dem behauptet wird, er habe einen erwachsenen Sohn, der ihn womöglich suchen könnte. Sein Nachbar und Freund Winston (Jeffrey Wright) zwingt Don zu einer Reise zu seinen verflossenen Liebschaften, um die Frage mit dem Sohn zu klären. Wir sehen ein Geflecht aus Irrwegen und Sackgassen. Don trottet einem Faden hinterher, den ihm sein Freund Winston vorgespult hat und der ihn am Ende wieder heimbringt, ohne dass er kreativ werden müsste. Was Don am Ende jedoch erwartet, ist nicht der Minotaurus, den er niederschlagen muss, sondern sich selbst. Für uns Zuschauer wurde auf der Leinwand akribisch an einem Schal gestrickt, der sich jetzt zum Ende von uns entfernt, sodass wir das Muster sehen können – ein Muster, in dem wir uns vielleicht selbst erkennen. In BROKEN FLOWERS erkennt Don, dass er nach einem Sohn gesucht hat, den er vielleicht nie hatte, dass er aber nach etwas wie diesem Sohn sehr starke Sehnsucht hat. Den ganzen Film über nahezu wie ferngesteuert, weiß Don am Ende genau, was ihm fehlt. Auch wenn der Film mit dieser traurigen Erkenntnis von Don endet – und Don selbst alleine auf einer Kreuzung –, gibt es die Perspektive, dass Don von nun an seinen Faden wieder selbst in die Hand nimmt und einen dieser Wege weg von der Kreuzung einschlägt.

Nach drei Semestern Philosophische Fakultät ein Lichtblick – sie besucht ein Drehbuchseminar für Medienwissenschaftler. Dass es *das Ding* für sie ist, merkt sie sofort, und das Seminar beginnt auch ganz interessant mit Zeitungsmeldungen, die sich die Studenten als Aufhänger für Kurzfilmideen vornehmen. Aber sie ist an einer Universität, ein Seminar dauert 90 Minuten und findet einmal wöchentlich statt. Jede Woche unterrichtet der Dozent ein weiteres Kapitel aus dem Handbuch *Drehbuchschreiben für Fernsehen und Film*, vorrangig die Abschnitte von Syd Field. Sie kauft sich, wie jeder im Kurs, eine Ausgabe für 36 Mark.

Syd Field / Peter Märtesheimer / Wolfgang Längsfeld / Andreas Meyer von List u.a.: *Drehbuchschreiben für Fernsehen und Film* (List 1992)

Ich bin dankbar, überrascht und zugleich erschlagen, als ich in den nachfolgenden Jahren entdecke, wie viele Drehbuchtheorien, Handbücher und Ähnliches es gibt. Ich muss die eine Theorie finden, mit der ich gut arbeiten kann, die mir liegt, ich will nicht alles wissen, aber endlich loslegen. Durch Michael Gutmann stoße ich später auf David Howards *How to Build a Great Screenplay*.

In dem Kapitel *What is drama?* macht Howard folgende Vorbemerkung zur Drehbucharbeit: »There is no single paradigm that covers all the potential ways to tell stories. There isn't a single ›best way‹. The best way is that fits the story's needs and the stoyteller's intentions most completely. Each story should be a prototype. It should be conceived and devised and revised into something that stems from the wants of

David Howard: *How to Build a Great Screenplay: A Master Class in Storytelling for Film* (Griffin 2006)

72

the author, the wants of the characters, the theme, the shortcomings of the author and the shortcomings of his characters, and even the everyday problems that occur in the life of the author during the creation of the story and find their way into the day-to-day writing of the script. Each of these things plays a role in how a story unfolds in the creation process.«

Obwohl sich Howards Buch für mich als praktikabel erweist, habe ich es immer noch nicht in Gänze gelesen. Ich benutze es gerne, wenn ich mich »blind« oder gegen die Wand schreibe und mich aus einer Blockade heraus plötzlich nicht mehr erinnern kann, was einen guten Antagonisten ausmacht, wie ich die Spannung zwischen Hoffen und Fürchten herstelle oder bei anderen Problemen, die mir geläufig sind, mich im Schreibprozess aber wieder aufs Neue herausfordern. Etwas, was ich mir für das Ende meines Studiums vorgenommen habe, ist die Arbeit mit Sequenzstrukturen, die einen langen Stoff in mundgerechte Stücke zerteilt. Doch auch hier stecke ich bislang noch in der Theorie. Die Praxis wird zeigen, ob ich mich wohl damit fühle.

Das Leben rast an ihr vorbei. Stricken hat sie nie gelernt, und selbst wenn sie es könnte, so hätte ihr Schal ein chaotisches Muster, als habe sie sich an etwas viel zu Kompliziertem versucht. Der Schal wäre löchrig und die Wolle von mieser Qualität. Man könnte anhand der Knoten sehen, wie oft ihr der Faden abgerissen ist. Unbeeindruckt von allem säße sie da, würde munter weiterstricken und still hoffen, dass noch genug Wolle da sei. Eines ist klar, Nadel und Faden würde sie nicht aus der Hand geben. Doch statt endlich stricken zu lernen, studiert sie weiter und arbeitet neben der Uni für eine Unternehmensberatung, wo jeder Vorgang doppelt und dreifach geprüft wird, um sicher zu sein, dass sich keine Fehlerquellen eingeschlichen haben. An diesem Ort für eine Karriere zu kämpfen lohnt sich nicht für sie. Damit kann sie warten.

An diese Gedanken werde ich mich oft erinnern, als ich die Seminare von Dr. Heidrun Huber an der HFF besuche und mich von dieser Rechtsanwältin, die sich mit unbändiger Leidenschaft und reichem Sachverstand für die Wahrung der Rechte einsetzt, begeistern lasse. In direkter Konsequenz bestehe ich auf meine Bezahlung für einen Auftrag bei einer Fernsehproduktion, damit nicht der Eindruck entsteht, Drehbuchstudenten würden ohne Bezahlung Arbeiten ausführen, von denen andere Autoren leben. Nach Rechnungsstellung höre ich nie wieder etwas von ihnen. Ich kann es verschmerzen. Man sollte seine Rechte kennen und mit seinen »Partnern« auf Augenhöhe arbeiten. Das ist etwas Gegenseitiges. Auch unter Kommilitonen sollte man mit

offenen Karten spielen, nicht nur mündliche Abmachungen treffen, sondern sie auch schriftlich festhalten. Nicht aus einem Misstrauen heraus, sondern um späteres Misstrauen zu vermeiden.

Von einem Faden immer noch keine Spur – kann es sein, dass sie gar keinen hat, den sie hinter sich herzieht? Aber ja doch, wenn sie sich umdreht, kann sie ihn plötzlich erkennen. Ist der etwa rot? Ist doch egal. Sie nimmt ihn auf und geht zum ersten Mal bewusst zurück, erobert eine Welt, die sie ihren Wünschen etwas näherbringt, und wechselt ans Theater. Sie arbeitet an der Berliner Volksbühne mit Christoph Schlingensief an *Kunst und Gemüse: A. Hipler – Theater als Krankheit*.

Das Leben in Berlin empfand sie geradezu als Zeitbeschleuniger. Da in nur zwei Monaten mit einem sehr umfangreichen Ensemble ein Theaterstück mit Fragmenten einer Oper erarbeitet und parallel dazu zwei Filme gedreht werden mussten, begann sie ihren Faden schnell aufzuwickeln, um endlich aus dem Labyrinth herauszukommen.

Von Berlin kommt sie zurück nach München. Es ist Ende November, und die neuen Bewerbungsunterlagen für die Filmhochschule sind online. Was sie die letzten sechs Jahre nie jemandem erzählt hatte: Sie schaute sich die Aufgaben jeden Herbst an. Aus einem Grund, den keiner kennt, zieht es sie nach München. Doch weder Produktion noch Regie noch Kamera reizen sie. Nur ein einziges Mal stand sie kurz davor, sich für Dokumentarfilmregie zu bewerben. Gut, dass sie sich das verkniffen hat. Im Herbst 2004 wird zum ersten Mal ein Studienschwerpunkt Drehbuch ausgeschrieben. Sie bewirbt sich mit einem Flüchtlingsstoff und einer Kurzgeschichte über einen jungen Mann, der gerne seinen Vater kennenlernen möchte und dafür in einen Bus nach Schweden steigt. Sie wird eingeladen, geprüft und damit konfrontiert, dass man sie jetzt entweder dem Kolloquium der Dokumentar- oder der Spielfilmabteilung zuordnen würde. Das findet nicht nur sie seltsam, sondern alle anderen auch. Aber so ist das an der HFF München mit Studienschwerpunkten damals üblich.

Drei Tage später betritt sie den Raum, in dem die Spielfilmabteilung heute ihr Kolloquium abhält. In dem Moment, als sie durch die Tür kommt, fangen einige der acht Menschen an zu lachen. Sie denkt sich, dass sie eigentlich gleich wieder gehen könnte, überlegt es sich dann noch mal anders, macht einen Schritt nach vorne und fragt, was denn hier so lustig sei.

Spinnennetz vs. Netzwerk

Webspinnen verfügen über gleich mehrere Drüsen, aus denen sie Fäden unterschiedlicher Qualität gewinnen. Sie lassen zunächst einen Faden fallen, damit er an einem festen Gegenstand haften bleibt. Von diesem »Leitfaden«, dieser Grundidee ausgehend, spinnen sie ihr Netz. Manche Spinnen stellen sogar gleich mehrere Netze pro Nacht her. Hat die Autorin auch so eine Drüse? Biologisch gesehen nicht. Was die Autorin jedoch hat und wovon sie jederzeit Gebrauch machen sollte, ist ihr Bauchgefühl. Das allein reicht nicht, um hervorragende Filme zu schreiben, aber sie sollte es immer wieder befragen, ihm zuhören. Vor allem, weil sie gefragt ist, am laufenden Band neue und vor allem unterschiedliche Fäden zu produzieren.

Spinnen leben räuberisch. Es kann der Autorin passieren, dass sie anderen ins Netz gerät, weil sie im Gegensatz zur Spinne nicht über acht Augen verfügt. Auch fehlt ihr dieses zusätzliche Sinnesorgan an den Beinen, mit dem sie Vibrationen wahrnehmen könnte, doch das lässt sich ausbilden, wenn sie sich nur über die eigenen und die Ängste der anderen erhebt.

Sie sitzt in ihrem Kolloquium und hat ein gutes Gefühl. Das Lachen beim Betreten des Raumes galt nicht ihr, das Interesse jedoch schon. Acht Menschen haben sich mit ihren Arbeiten und ihrer Person auseinandergesetzt und stellen Frage um Fangfrage. Ob ihre Hauptfigur auch ein Mädchen sein könnte? Sie bleibt freundlich. Natürlich könne die Geschichte auch von einem Mädchen handeln, aber dann wäre es ein anderer Film. Ob sie als Autorin dieser Flüchtlingsgeschichte der Meinung sei, sie könne mit diesem Film die Welt verbessern? Im Geiste blickt sie kurz auf ihr Leben zurück und gleicht es mit ihrer Stoffidee ab. Wenn sie die Welt verbessern könnte, käme sie mit Ende 20 nicht an eine Filmhochschule. Wenn es dieser Film, der zu diesem Zeitpunkt nur auf drei Seiten Papier existiert, schaffen könnte, den einen oder anderen politisch zu involvieren oder zu sensibilisieren, wäre dies schon ein Hauptgewinn. Es folgt eine spannende Diskussion über Migration, die ihren Stoff noch stärker macht, und sie denkt sich, wenn sie dich nehmen, dann sieht so dein Studium aus. Eine Gruppe Menschen trifft sich mit Ideen in einem Raum und macht diese Ideen noch stärker.

Zu einem großen Teil sah mein Studium tatsächlich so aus. Immer viele Menschen in einem Raum. Rückblickend stelle ich fest, dass es neben einigen Geburtsschwierigkeiten viele Vorteile hatte, zum ersten Jahrgang der Drehbuchstudenten in München zu gehören. Michael Gutmann hatte besonders in den ersten Jahren sehr viel Zeit für uns. Ständig galt es zu überprüfen, was den Autoren noch fehlt. Der Studiengang befindet sich noch in seiner Findung, das Curriculum ändert sich Jahr für Jahr, wird aber immer stabiler, und wir sind auf dem besten Wege, vom Studienschwerpunkt in den Stand eines ordentlichen Studienganges erhoben und zur eigenen Abteilung zu werden.

Trotzdem ist das Studium kein Dauerkolloquium, keine Riesenwelle aus Adrenalin, auf der man in eine erfolgsversprechende Zukunft reitet. Über sehr weite Strecken geht es um eine grundlegende Wissensvermittlung, technisches Handwerk, und darum, Anregungen zu schaffen. Besonders die ersten beiden Jahre waren zeitraubend. Als Studentin hatte ich plötzlich weniger Zeit zum Schreiben als vorher. Privatleben und Jobbewältigung traten außerhalb meiner Unterrichtszeiten in harte Konkurrenz. Ich erkannte für mich, dass ich alles gleichzeitig bewältigen muss.

Sie muss sich zum Aufstehen zwingen, denn Aufwachen ist nicht ihre Stärke. Noch bevor sie ins Bad geht, um sich die Zähne zu putzen, schaltet sie ihren Computer an, der direkt neben ihrem Bett auf dem Schreibtisch steht. Auf dem Weg ins Bad wirft sie den Wasserkocher an und kehrt nach kurzer Zeit mit gewaschenem Gesicht und Kaffee in ihr Zimmer zurück. Zwischenzeitlich ist ihr Computer hochgefahren, und sie hat sich angezogen. Auch wenn Schlaf- und Arbeitsplatz direkt nebeneinander liegen, muss es aussehen wie Arbeit. Das erfordert ein

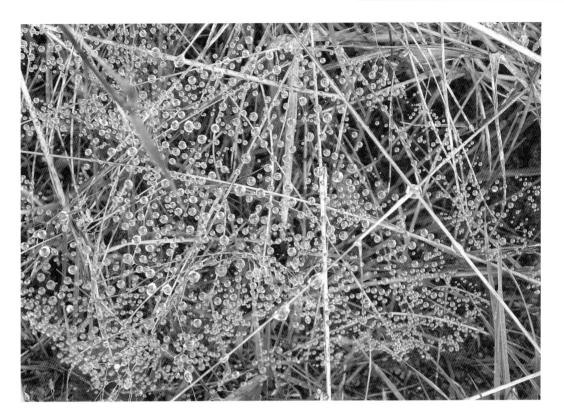

Mindestmaß an Disziplin und darf nicht aussehen wie ein Hobby oder ein gemütlicher Sonntagmorgen. Also keine Jogginghose.

»Talent ist die Begabung zu arbeiten«, sagte letztens ein Kollege. Auf mein Nachfragen erklärte er, dass sein Vater dies frei aus dem Russischen übersetzt hätte, es sich um ein Zitat von Leo Tolstoi handele, dass man aber alle großen Worte aus dem Russischen mehr oder weniger Tolstoi zuordnen könne. Mir gefiel der Satz und die Geschichte dazu, und ich bat darum, ihn zitieren zu dürfen. »Du kannst alles von mir verwenden und verfremden!« Danke, Stanislav.

Das größte Problem unter Filmstudenten entsteht, wenn sie nicht miteinander reden, Ideen nicht teilen, aus Angst, dass es am Ende nicht mehr ihre sein könnten. Dabei lernen wir andauernd miteinander, können eigentlich nur voneinander profitieren. Alle wollen wir nach vorne, neue Formen reizen uns mehr, als Bewährtes fortlaufend zu kopieren. Man kann nicht immer dasselbe Schaf scheren, wenn man nach neuer Qualität sucht. Eigentlich können wir gar nichts dagegen tun, als einander zu inspirieren oder komplett abzutörnen, denn et-

»Die Tautropfen schweben nicht in der Luft, sondern hängen an einem auf dem Foto unsichtbaren Spinnennetz. So wie die einzelnen Szenen meiner Filme. Mit mal größeren, mal kleineren Zwischenräumen.« (Rudolf Thome)

was Zentrales ist uns gemein, das Interesse und die Leidenschaft an derselben Sache. Alle wollen wir Geschichten erzählen und bewegen uns in einem Feld, in dem das nur als Team funktioniert. Eigentlich sind alle, auch die, die es öffentlich nie zugeben würden, auf der Suche nach Partnern, um Kräfte zu bündeln. Regisseure suchen Produzenten, Produzenten Autoren, Autoren Regisseure, kreuz und quer. Es braucht eine gegenseitige Bereitschaft, dass sich Fäden miteinander verknüpfen, dass sie auch zeitweise auseinanderlaufen dürfen, dass sie sich an einem gewissen Punkt wieder treffen und sich auch wieder lösen dürfen, wenn gemeinsam nichts mehr nach vorne geht. Es ist durchaus wichtig zu prüfen, an wen man sich bindet, um sicher zu sein, dass man diese Wegstrecke miteinander schafft, aber genauso wichtig bleibt es, Mut und Bereitschaft zu beweisen, etwas zu investieren und Risiken einzugehen. Alles sollte in Bewegung bleiben, die Arbeit, das Hirn und der Hintern.

Während der Zusammenarbeit mit einer Regisseurin an einem 30- Minüter trenne ich mich vom Begriff »Team« oder »Partnerschaft«. Das klingt vollkommen veraltet. Ab jetzt sprechen wir nur noch von »der Band«! So eine Band probt, experimentiert am Sound, nimmt den ersten Song auf, aber es soll kein One-Hit-Wonder werden. Um die gemeinsame Platte zu promoten, geht die Band auf Tour. Alle schlafen im Tourbus und haben nach dem letzten Konzert im besten Fall schon eine Idee und noch Lust auf eine gemeinsame Platte. Eine Garantie hat man nie, man kann es nur überprüfen und sich darin üben, viele Fäden in der Hand zu behalten. Es schadet trotzdem nicht, beim Betreten der Filmhochschule das Wollknäuel nicht zu vergessen und beim Durchschreiten des Gebäudes immer wieder auf die anderen Fäden zu achten, um nicht über sie zu stolpern oder auch, um die eine oder andere neue Verknüpfung einzugehen. Nicht bewiesen ist dagegen, dass man Filmhochschüler gesichtet habe, in deren Schädeldecke eine Art »Kappe« eingesetzt sei. In den meisten von ihnen steckt ein mutiger Will Parker, der lieber für seine Fantasie kämpft, als seine Neugier gegen ein Stück Metall einzutauschen.

Junge Webspinnen erzeugen im Herbst lange Fäden, an denen sie sich in hohe Lüfte erheben und vom Wind an andere Orte tragen lassen.

Und was macht die Teppichproduktion?

Doris Dörrie, Professorin für *Creative Writing* an unserer Schule, startet in ihren Schreibübungen gerne mit einem konkreten Bild, zu dem man sich erinnern soll, ohne groß nachzudenken, und einfach drauflos schreibt. Es ist immer wieder überraschend, welche Erinnerungen bei diesen Übungen auftauchen und dass sie sich tatsächlich verwenden lassen, episch oder dramatisch.

Allerdings eignen sich Anekdoten aus dem eigenen Leben selten dazu, um einen ganzen Film daraus zu machen. Das eigene Leben ist längst kein Film. Trotzdem sollen Filme etwas mit dem Leben zu tun haben, davon erzählen. So abgegriffen es sich anhört, aber das Stichwort heißt für mich Emotion. Ich selbst lasse mich eher emotional als intellektuell involvieren, erwarte, dass die klugen Gedanken, die natürlich jeder Film braucht, mir nicht am Anfang schon ins Gesicht springen. So gesehen, wird mein Leben und all das, was es geprägt hat, in meinen Geschichten immer mitschwingen, aber ich werde wohl nie einen Film über mich machen.

In A CHORUS LINE heißt es in einer Liedzeile: »What's coming next?« Natürlich habe ich seit diesem Film viele Filme gesehen, die mich viel stärker überzeugen konnten, vor allem weil sie nicht nur aus gesungenen *backstory wounds* bestehen. Doch auch heute noch kann ich jedes einzelne Lied aus dem Musical mitsingen. In jedem einzelnen Song ging es darum, nichts anderes zu wollen als zu tanzen, den großen Traum zu leben. Das war existenziell. Mittlerweile glaube ich, dass ich als Zwölfjährige deswegen so sehr auf diesen Film ansprang, weil ich spürte, dass jeder so eine Leidenschaft hat, sie sich aber nicht immer gleich offenbart und nicht immer ein direkter Weg zu ihr führt.

Wie verhält es sich jetzt also tatsächlich mit dem Lebensfaden? Don Johnston sagt in BROKEN FLOWERS: »Die Vergangenheit ist vorbei. Das weiß ich. Die Zukunft ... sie ist noch nicht da, wie auch immer sie aussehen mag. Also ... Alles, was es gibt, ist das hier. Die Gegenwart. Das ist alles.«

Wenn es wirklich einen Faden gibt, der nicht nur meine Vergangenheit durchzieht, sondern auch durch meine Zukunft verläuft, warum kann ich ihn dann nicht sehen? Vielleicht liegt er ja dort, führt nach vorne, in die Zukunft, er ist unsichtbar und nimmt seine Farbe erst an, wenn ich das Stückchen Weg gegangen bin. Ich kümmere mich nicht um ihn, sondern bleibe jetzt mal einfach beweglich, gehe voran, spinne meine anderen Fäden und verknüpfe sie immer weiter. Ich habe Land gesichtet und schon einen Fuß auf dieses Terrain gesetzt, in dem ich mich leidenschaftlich austoben will.

Also kann ich einen Knoten setzen und den Faden fallen lassen. Die Blätter sind beschrieben, und es gilt, sich zu lösen. Das Papier war geduldig, ich jedoch nicht, aber das habe ich nicht anders erwartet. Ist es mir gelungen, einen Bogen zu spannen? Hält die Spannung? Habe ich etwas erzählt? Das Fragen wird nie aufhören. Es hat gerade erst begonnen.

Vom Widerstand der Fabel

Verliert das Kino das Vertrauen in die Fiktion?

Von Gerhard Midding

Die Schüler sträuben sich heftig. Sie fürchten, der Hausaufgabe, die ihnen ihr Französischlehrer gestellt hat, nicht gewachsen zu sein. Er verlangt von ihnen, ein Selbstporträt zu schreiben. Bei der Lektüre des *Tagebuchs der Anne Frank* hat er ihnen vorgeführt, wie viel man über das Leben eines Schreibenden erfahren kann.

Aber das eigene erscheint ihnen nicht interessant genug. Zwar suggeriert ihnen das Reality-TV unentwegt, dass auch in ihrem eigenen Alltag erzählenswerte Erlebnisse auffindbar seien. Aber die Forderung des Lehrers verletzt ihr Gefühl für Fülle und Erfahrungsreichtum: Gewiss, jemand, der 70 Jahre alt ist, der hätte schon etwas zu erzählen. Aber was sollte ihr Leben schon an Erzählenswertem bieten? Schließlich sind sie gerade erst 14 Jahre alt.

ENTRE LES MURS von Laurent Cantet und Robin Campillo unternimmt genau das, was seine jugendlichen Protagonisten zunächst verweigern: Er befindet die Wirklichkeit des Schulalltags des Erzählens für würdig, der Anschein seiner Ereignislosigkeit schreckt ihn nicht. Eine Grunderfahrung der Schulzeit spielt in dem Film überhaupt keine Rolle: die Langeweile. Vorlage für Cantets Film war der Tatsachenroman des ehemaligen Lehrers François Bégaudeau, der auf seinen Erfahrungen in einer Mittelschule im Nordosten von Paris beruht. Er gehört dem in Frankreich seit einigen Jahren in Mode gekommenen literarischen Genre der *auto-fiction* an, der Vermischung von Autobiografie und fiktionalisierender, auch distanzierender Erfindung.

Bégaudeau verkörpert selbst die Hauptrolle des Monsieur Marin, das geringfügig kaschierte Selbstporträt eines umsichtigen, charismatischen Pädagogen, der bei allem Beharren auf Disziplin einen Pakt der Gleichberechtigung mit seinen Schülern schließt und dem nicht selten die plausiblen Argumente ausgehen. Auch die Schüler scheinen sich selbst zu spielen; die Vornamen der Darsteller sind überwiegend mit ihren Rollennamen identisch. Cantet hat sein Werk ein wenig wie einen Dokumentarfilm inszeniert; er verzichtet auf

ENTRE LES MURS (Die Klasse; 2008; D: François Bégaudeau, Robin Campillo, Laurent Cantet, nach dem Roman von François Bégaudeau; R: Laurent Cantet)

Diese Schule erregte erstmals Aufsehen durch Catherine Millets (vermeintlichen) Enthüllungsroman *La Vie sexuelle de Catherine M.* (Goldmann 2003)

eine suggestive Filmmusik. Die Unterrichtsstunden hat er mit drei Kameras aus der gleichen Blickrichtung aufgenommen und filmt den Schlagabtausch zwischen Lehrer und Schülern wie ein Tennismatch im Fernsehen.

Selbstverständliche Grenzgänge

Wäre Monsieur Marin kein Französischlehrer, sondern würde eine Filmklasse leiten, hätte er wahrscheinlich versucht, die Befürchtungen seiner Schüler mit einem Zitat des Drehbuchautors Cesare Zavattini zu entkräften, des Vordenkers des italienischen Neorealismus, der davon überzeugt war, dass jedermann eine erzählenswerte Biografie hat. Sein ästhetisches Konzept hat Cantet in Interviews mit fast identischen Worten wie Zavattini formuliert: Sein Ansporn war es, zu einer Erzählung zu finden mit den Mitteln des Nicht-Fiktiven.

Ganz ähnlich äußert sich auch der Italiener Matteo Garrone regelmäßig zu seiner Verfilmung des Tatsachenberichtes GOMORRHA, in dem der Journalist Roberto Saviano Innenansichten der Camorra in Kampanien liefert. Das Buch verknüpft eine mit zahllosen Statistiken unterfütterte soziologische Analyse mit der kompositorischen Freiheit eines Romans. Es war kurioserweise ein Filmkritiker, Goffredo Fofi, der Saviano riet, sich seinen Stoff aus der Wirklichkeit zu suchen, in der er lebt, und damit auszuscheren aus der Realitätsflucht, die Fofi für einen verbreiteten Impuls süditalienischer Schriftsteller hält. Saviano hat seinen Bestseller zusammen mit Garrone und vier weiteren Szenaristen

GOMORRHA (2008; D: Maurizio Braucci, Ugo Chiti, Gianni Di Gregorio, Matteo Garrone, Massimo Gaudioso, Roberto Saviano, nach dem Buch von Roberto Saviano; R: Matteo Garrone)

François Bégaudeau in ENTRE LES MURS

adaptiert und in eine bündige Synthese seiner Enthüllungen übersetzt. Deren aufklärerischer Wucht trägt Garrone Rechnung, indem er die Verfilmung wie eine Kriegsreportage inszeniert. Etliche Rollen hat er mit wirklichen Camorristi besetzt.

Beide Filme feierten in ihren Heimatländern und international erstaunliche Erfolge, die sich gewiss auch dem Umstand verdanken, dass in ihnen die Handlung durch ihre Wurzeln in der Realität beglaubigt wird. Es fällt nicht schwer, darin einen Abwehrreflex gegen die Angebote Hollywoods zu entdecken, das sein Publikum momentan vorwiegend mit einer Diät von Fantasyfilmen und Komödien abspeist, sie in zunehmend virtuelle und animierte Welten entführt und dort statt mit echten Figuren mit Artefakten konfrontiert. Herrscht beim Zuschauer eine neue, unverhofft tiefe Sehnsucht danach, im Kinosessel Emotionen zu empfinden, die ihm nicht von einer suggestiven Illusionsmaschinerie auferlegt werden? ENTRE LES MURS und GOMORRHA stillen das Verlangen nach einem unironischen, einem vorbehaltlosen Erzählen.

Sie überschreiten mit ihrer Hinwendung zum Dokumentarischen keineswegs eine Schwelle, sondern operieren auf einem Erzählterrain der fließenden Grenzen. Denn zur gleichen Zeit vollziehen viele Dokumentarfilme eine komplementäre Bewegung. Zwar schillert das Œuvre vieler Filmemacher auf faszinierende Weise zwischen den Genres – Louis Malle, Pier Paolo Pasolini und Roberto Rossellini haben bemerkenswerte Dokumentationen gedreht, während im Gegenzug bedeutende Dokumentarfilmer wie Marcel Ophüls, Errol Morris und Rithy Panh auf dem Terrain der Fiktion eher verloren wirken. Die Spielfilme des Österreichers Ulrich Seidl hingegen verhalten sich zu seinen früheren Dokumentarfilmen wie die andere Seite einer Medaille; die Realität kann sich in beiden Gattungen als eine Illusion erweisen. Auch bei dem Chinesen Jia Zhang-ke folgt die Arbeit in beiden Genres ähnlichen ästhetischen Prinzipien. So entstand sein Spielfilm STILL LIFE gewissermaßen als Nebenprodukt des Dokumentarfilms DONG über den Maler Liu Xiadong, der in großformatigen Tableaus festhält, wie jahrtausendealte Ortschaften am Ufer des Yangtze zerstört werden durch den Bau des Drei-Schluchten-Staudammes. Das Vorgefundene nährt hier die Fiktion; einige Szenen aus dem Dokumentarfilm sind auch in den Spielfilm eingegangen, ohne dort wie Fremdkörper zu wirken. Beiden ist eine melancholische Poesie der Beobachtung gemeinsam.

Im Gegensatz zur Literatur der Antike, wo sich Roman und Poesie erst gegenüber der Geschichtsschreibung legitimieren mussten, konnten sich die zwei Grundtendenzen des Kinos, begründet von den Brüdern Lumière einer- und von Georges Méliès andererseits, fast von Anfang an unabhängig voneinander entfalten. Sie kamen einander wo-

STILL LIFE (2006; D: Jia Zhang-ke, Na Guan, Jiamin Sun; R: Jia Zhang-ke)

DONG (2006; D+R: Jia Zhang-ke)

möglich noch nie so nahe wie heute, denn auch der Dokumentarfilm öffnet sich zusehends für fiktionale Erzählformen. In MAN ON WIRE, in dessen Zentrum der Hochseilartist Philippe Petit steht, der 1974 zwischen den Türmen des neuerbauten World Trade Center balancierte, gibt es zahlreiche mit Darstellern nachinszenierte Szenen. Im Subgenre der Naturdokumentation, etwa in LA MARCHE DE L'EMPEREUR, verstärkt sich eine Tendenz zur Sentimentalisierung. Barbet Schroeder montiert in sein Porträt des Anwalts Jacques Vergès, L'AVOCAT DE LA TERREUR, Szenen aus dem Politthriller LA BATTAGLIA DI ALGERI als dem Wochenschaumaterial gleichwertige Dokumente der Zeitgeschichte. Und der israelische Dokumentarist Ari Folman hat seine Erlebnisse im ersten Libanonkrieg als Animationsfilm inszeniert, wählt in WALTZ WITH BASHIR mithin eine abstrahierende Form, um von kollektiver und persönlicher Verdrängung zu erzählen und dabei doch zu einer beklemmenden Unmittelbarkeit zu finden. Die Erzählstrategien der Filmemacher reagieren darin, gleichviel ob bewusst oder unbewusst, auf aktuelle Studien unter amerikanischen Kinogängern, die Spielfilmen größeres Vertrauen schenken, weil diese sie als affektive Erfahrung weit stärker beeindrucken.

MAN ON WIRE (2008; R: James Marsh; nach dem Buch von Philippe Petit)

LA MARCHE DE L'EMPEREUR (Die Reise der Pinguine; 2005; D: Luc Jacquet, Michel Fessler; R: Luc Jacquet)

L'AVOCAT DE LA TERREUR (2007; R: Barbet Schroeder)

LA BATTAGLIA DI ALGERI (Schlacht um Algier; 1966; D: Gillo Pontecorvo, Franco Solinas; R: Gillo Pontecorvo)

WALTZ WITH BASHIR (2008; D+R: Ari Folman)

Der hohe und der niedere Ton

François Truffauts Diktum, in jedem großen Spielfilm stecke stets auch ein Dokumentarfilm, hat heute einen anderen Zungenschlag, ja eine andere Dimension gewonnen. ENTRE LES MURS und GOMORRHA stehen beispielhaft für eine sich neuerlich Bahn brechende erzählerische Moral, die sich auf eine andere, wahrhaftigere Weise über gesellschaftliche Realitäten Rechenschaft ablegen will.

In der Literatur und im Kino ist das Geschichtenerzählen seit jeher eine Form der Sinnstiftung, ein Mittel, dem Leben eine Struktur zu geben und die Welt zu erklären. Bestimmte Stoffe, bestimmte Verhältnisse scheinen für diese neue Schule des Realismus jedoch außerhalb der Zuständigkeit der Fiktion, des Erfindens zu liegen. Es wäre etwas voreilig, daraus zu schließen, dass die schöpferische Vorstellungskraft, die filmische Gestaltung einer eigenen Realität, in Verruf geraten ist. Aber ein starkes Misstrauen manifestiert sich gegenüber der Konstruktion, der entschiedenen Strukturierung eines Stoffes. Es ist das Indiz einer Krise des Erzählens. Könnte diese Haltung sich gar zu einem Dogma verfestigen, zu einer Tyrannei neuer Sehgewohnheiten und Erwartungen an die Bilderproduktion?

Die aktuelle Entwicklung lässt sich aus der Entdeckung fremder Kinematografien in den 1980er Jahren (sukzessive auf Festivals, durch die Kritik und das Publikum) herleiten, die mit einer kargen, einpräg-

MAN ON WIRE

A HISTORY OF VIOLENCE
(2005; D: Josh Olson, nach
der Graphic Novel von John
Wagner und Vince Locke;
R: David Cronenberg)

ZUI HAO DE SHI GUANG
(THREE TIMES; 2005; D:
T'ien-wen Chu, Hou Hsiao-
hsien; R: Hou Hsiao-hsien)

NO COUNTRY FOR OLD MEN
(2007; D+R: Joel Coen,
Ethan Coen, nach dem Ro-
man von Cormac McCarthy)

L'ENFANT (Das Kind; 2005;
D+R: Jean-Pierre Dardenne,
Luc Dardenne)

4 LUNI, 3 SAPTAMÂNI SI 2
ZILE (4 Monate, 3 Wochen
und 2 Tage; 2007; D+R:
Cristian Mungiu)

LE SILENCE DE LORNA
(Lornas Schweigen; 2008;
D+R: Jean-Pierre Dardenne,
Luc Dardenne)

UN PROPHÈTE (2009;
D: Jacques Audiard, Thomas
Bidegain, Abdel Raouf Dafri,
Nicolas Peufaillit; R: Jacques
Audiard)

samen Bildsprache einen engen Bezug zur gesellschaftlichen und politischen Realität ihrer Herkunftsländer herstellen: Zunächst waren es
das iranische, sodann das asiatische und in den Anfangsjahren dieses
Jahrhunderts das argentinische Kino. In Europa waren es nicht zuletzt
die Belgier Jean-Pierre und Luc Dardenne, die diesen Stil heimisch
werden ließen. Anlass ihrer Filme ist meist ein *faits divers*, eine Meldung aus den vermischten Nachrichten, die sie aufgreifen, weil sie ein
verstörendes Schlaglicht auf die Randzonen der Gesellschaft wirft. Sie
übertragen dies in einen filmischen Wechselrhythmus aus Evidenz
und Rätsel.

In einem Editorial der französischen Zeitschrift *Positif* reagierte der
Kritiker Michel Ciment im November 2008 auf diese aktuelle Tendenz.
Er macht sie an den Juryentscheidungen fest, die in den letzten Jahren
in Cannes getroffen wurden. So gingen beispielsweise A HISTORY OF
VIOLENCE von David Cronenberg und THREE TIMES von Hou Hsiao-
hsien oder NO COUNTRY FOR OLD MEN der Coen-Brüder leer aus, während mit L'ENFANT von den Dardennes und 4 LUNI, 3 SAPTAMÂNI SI 2
ZILE des Rumänen Cristian Mungiu Beispiele eines neuen Realismus
preisgekrönt wurden. Die Goldene Palme für Cantet und der Große
Preis der Jury für Garrone bestätigten bei der Preisverleihung 2008 diesen Triumph der *réel-caméra*, der Real-Kamera, wie Ciment diesen Stil
nennt. Der Drehbuchpreis, den die Brüder Dardenne 2008 in Cannes
für LE SILENCE DE LORNA erhielten, unterstreicht diese Tendenz nur
vorbehaltlich: Es ist der am stärksten handlungsgetriebene Film der
Belgier, seine komplizierte Intrige gemahnt zeitweilig an einen reinras-
sigen Kriminalfilm. Mit dem Großen Preis der Jury an UN PROPHÈTE
im Jahr 2009 setzte sich die Erfolgsserie fort: Jacques Audiards Film
wurde nicht zuletzt für die skrupulöse Rekonstruktion des Gefängnis-
alltags gepriesen.

Ciment greift in seinem Editorial ein Theorem des kanadischen Literaturwissenschaftlers Northrop Frye auf, den Gegensatz von *low* und *high mimetic*. Während der erste Modus einen Realismus bezeichnet, der sich auf das Alltägliche, Gewöhnliche konzentriert, stellt der zweite Figuren von größerer Souveränität, Leidenschaft und Ausdrucksvermögen in den Mittelpunkt. Diese Spaltung lässt sich in zwei unterschiedlichen Schulen des Neorealismus nachvollziehen, der Demut Roberto Rossellinis vor der Wirklichkeit und der minutiösen Rekonstruktion von Orten und Epochen, die bei Luchino Visconti einhergeht mit einer Vorliebe für melodramatische Sujets.

Ciment versucht, eine gleichsam aristokratische Auffassung des Kinos gegenüber einer demokratischen zu verteidigen. In seiner Argumentation zeichnet sich auch ein Generationsunterschied ab, die Furcht, sich von lang gehegten cinephilen Gewissheiten verabschieden zu müssen. Er sieht die Vorstellung des Meisterwerks bedroht. Allerdings liegt in seiner Haltung keine snobistische Geringschätzung des Lumpendramas, denn *Positif* hat beharrlich die Filme von Cantet, Garrone, Mungiu und den Brüdern Dardenne verteidigt. Ciment beklagt allerdings eine Verengung der Wahrnehmung.

Als französischer Kritiker ist er, wenn auch nicht dogmatisch, der Autorentheorie verpflichtet. Sein Unbehagen richtet sich vorrangig gegen einen in Mode gekommenen Stil der Inszenierung, bei dem der selbstbewusst gewählte und behauptete Standpunkt eines *auteurs* ins Hintertreffen gerät. Er vermisst die Entwicklung einer individuellen inszenatorischen Perspektive. Emphatischer formuliert: Der Standort der Kamera markiert jeweils präzis den Mittelpunkt der Welt, die für einen Film geschaffen wird. Aber wo soll sie ihn finden, wenn die Realität sich gleichsam selbst interpretieren soll?

Es wäre verfehlt, in Ciments Klage über reduzierte Geschichten, die mit einer reduzierten Ästhetik erzählt werden, eine polemische Spitze gegen die *Berliner Schule* zu vermuten, die von der Kritik in Frankreich ja sehr geschätzt wird. Der Stilwille von Filmemachern wie Thomas Arslan, Christian Petzold und Angela Schanelec ist ausgeprägt, ihre Bilder sind streng komponiert. In ihnen manifestiert sich kein Abbildungsrealismus, sondern eine reflektierte Erzählhaltung. Dennoch haben ihre Filme in unserem Zusammenhang eine große Relevanz. Ihr kardinales Thema ist das ungelebte Leben. Die Folgenlosigkeit der Worte und Ereignisse scheint ihnen als dramaturgisches Prinzip zu genügen. Im Berliner *Tagesspiegel* war über die Filme dieser Schule einmal zu lesen, nie sei es so spannend gewesen zuzusehen, wie fast nichts passiert. Die Ellipse, das Nichterzählte ist für sie geradezu zu einem Fetisch geworden. Die Autoren verweigern sich der Herausforderung, einen Plot zu stemmen. Peter Handke und

DER HIMMEL ÜBER BERLIN
(1987; D: Peter Handke,
Richard Reitinger, Wim
Wenders; R: Wim Wenders)

Wim Wenders verliehen dem Erzählen in DER HIMMEL ÜBER BERLIN noch das Pathos einer heroischen Anstrengung: Eine Geschichte ist etwas, das man sich erstreiten muss. Fehlt der heutigen Filmemacher-Generation die Kühnheit dazu?

Der Ertrag des Alltäglichen

Dabei verlangte der Realismus im Verlauf der Kinogeschichte stets Wagemut, eine ästhetische Anstrengung. Er musste immer wieder aufs Neue zurückerobert werden. Ein halbes Jahrhundert nach der Erfindung des Kinematografen schickte sich der Neorealismus an, ihn wie einen unverhofften Schatz zu bergen. Er war eine Widerstandsbewegung, wollte einen Bruch vollziehen mit der Studiokünstlichkeit des italienischen Kinos der »weißen Telefone«, das bis zum Krieg florierte. Er ging auch politisch auf die *resistenza* zurück; Cesare Zavattini entwickelte seine Ansprüche an ein realitätsnahes Kino während der Zeit der deutschen Besatzung. In einem Land, das in Ruinen lag und nach Kriegsende einen Neuanfang wagen musste, wollte er die Realität freilegen und dazu den Schutt der Symbole und Metaphern beiseiteräumen.

Zavattini geht weit in seinen Forderungen: In dem neuen Kino sollen die Anekdote, die Dramaturgie und der professionelle Schauspieler kein Existenzrecht mehr haben. Das klingt so, als sehnt dieser Drehbuchautor das Verschwinden des eigenen Metiers herbei. Tatsächlich trägt er dem Szenaristen jedoch eine neue Rolle und Verantwortung zu. Die Figuren verlieren dabei viel an vertrauter, kinohafter Souveränität. Es geht um »die Dinge, die uns zustoßen, nicht die, die wir planen«. Der moralische Triumph des Neorealismus liegt für ihn darin, dass er seine Geschichten auf der Straße findet. Dank einer intensivierten Wahrnehmung erweist sich der Alltag der kleinen Leute als ungeheuer ertragreich. Die Darstellung ihres Lebens soll keiner erzählerischen Hierarchie unterworfen sein. »Während das Kino das Leben bisher üblicherweise in seinen veräußerlichten Momenten porträtierte und ein Film üblicherweise nur aus einer Reihe von Situationen besteht, die mehr oder weniger geschickt ausgewählt und verknüpft sind«, schreibt er in seinem Essay *Some Ideas on the Cinema*, der im Oktober 1953 in der britischen Zeitschrift *Sight and Sound* erschien, »beweist der Neorealismus, dass jede einzelne dieser Situationen schon Material genug für einen Film bereithält. Herkömmlichen Filmen wäre die Wohnungssuche eines jungen Paares nur wenige Szenen wert, aber für uns kann es das Drehbuch zu einem ganzen Film liefern, denn wir würden alle Aspekte, Verflechtungen und Auswirkungen erforschen.« Dem menschlichen Leben will Zavattini in jeder Minute sein historisches Gewicht geben.

Das Kino fungiert für ihn als eine Empathie- und Solidaritäts-maschine, als großer Gleichmacher. Als Antithese zum Hollywood-kino markieren Zavattinis Theorien auch eine dezidiert marxisti-sche Position, ein Aufbegehren gegen eine vom Kapital dominierte Filmproduktion. Heutzutage, wo praktisch jeder mit einer Digi-talkamera oder seinem Mobiltelefon Filme drehen kann, könnte sich diese Utopie erfüllen. Zavattini glaubte schon 1953, diesem Ideal als Produzent und Co-Autor mit seinem ambitioniertesten Projekt nahezukommen: dem Episodenfilm L'AMORE IN CITTÀ, den er als erste Ausgabe einer zukünftig in regelmäßigen Abstän-den erscheinenden kinematografischen Zeitschrift, *Lo Spettatore* (Der Zuschauer), konzipierte. Er sollte das Manifest eines neuen,

L'AMORE IN CITTÀ (Liebe in der Stadt; 1953; D: Cesare Zavattini, Michelangelo Antonioni, Aldo Buzzi, Luigi Chiarini, Federico Fellini, Marco Ferreri, Alberto Lattu-ada, Luigi Malerba, Tullio Pinelli, Dino Risi, Vittorio Veltroni; R: Michelangelo Antonioni, Federico Fellini, Alberto Lattuada, Carlo Liz-zani, Franceso Maselli, Dino Risi, Cesare Zavattini)

L'AMORE IN CITTÀ

bewussteren Kinos sein. Diese anthropologische Studie der Liebe in der modernen Großstadt griff Themen auf, die im katholischen Italien ein Tabu waren: die Prostitution – in der von Carlo Lizzani inszenierten Episode – und den Suizid (Michelangelo Antonioni). Federico Fellinis Episode über eine Heiratsvermittlung unterläuft jedoch den Charakter einer journalistischen Recherche. Er arbeitete mit professionellen Schauspielern und verwendete bei Autofahrten Rückprojektionen. Mit Originalton wurde in Italien damals ohnehin kaum gearbeitet. Die Lichtsetzung von Gianni Di Venanzo wirkt auch in den anderen Episoden überaus kunstfertig, die Kamerabe-wegungen sind präzise choreografiert.

L'AMORE IN CITTÀ sollte der Schwanengesang der neorealistischen Bewegung werden, war aber dennoch folgenreich. Das Konzept eines polyphonen Erzählens mündete in der Mode der Episodenfilme, die vor allem in der großen Zeit der *commedia all'italiana* – zu deren bevorzugten Autoren Zavattini später gehören sollte – populär waren. Mit DOMENICA D'AGOSTO hatten der Szenarist Sergio Amidei und der Regisseur Luciano Emmer schon kurz zuvor eine andere Variante des szenischen Querschnitts der Gesellschaft entwickelt und führten in der Chronik eines Sonntagnachmittags am Strand von Ostia mehrere Erzählstränge parallel zueinander. Zavattinis eigene Filme waren ohnehin weit weniger dogmatisch, als seine Theorien vermuten lassen; zumal in seiner Zusammenarbeit mit Vittorio De Sica verlieh er dem Neorealismus eine durchaus sentimentale Note. André Bazins Definition der Bewegung – sie kenne nur die Immanenz, sei reine Phänomenologie –, greift im historischen Rückblick ohnedies zu kurz. Ihre eindringliche Wirkung verdanken viele Meisterwerke des Neorealismus nicht zuletzt der raffiniert volkstümlichen Dramatik ihrer Drehbücher und dem Temperament ihrer Darsteller. So wurde beispielsweise aus dem Laien Franco Interlenghi, einem der jungen Delinquenten aus SCIUSCIA, einer der meistbeschäftigten Schauspieler des italienischen Nachkriegskinos. Auch Vertreter späterer, realistischer Schulen wie die Brüder Dardenne sollten sich als große Entdecker von Schauspielertalenten entpuppen.

Die Lektionen des Neorealismus hat das Hollywoodkino übrigens schon unmittelbar nach dem Krieg beherzigt. Es begriff ihn freilich wesentlich als einen Realismus der Schauplätze. Der Zyklus semi-dokumentarischer Kriminalfilme wie THE NAKED CITY wurde vornehmlich *on location* gedreht; womöglich auch, weil die heimkehrenden GIs in Übersee reale Städte kennengelernt hatten und sich mit illusionistischen Studiodekors nicht mehr zufriedengeben wollten. Die minutiöse Schilderung polizeilicher Ermittlungsarbeit – meist basieren die Geschichten auf tatsächlichen Kriminalfällen, die Drehbücher stammen oft von ehemaligen Journalisten wie Richard Brooks – und das realistisch gezeichnete, urbane Ambiente verloren auch die soziologische Relevanz des Verbrechens nie ganz aus den Augen. Die Polizeifilme des New Hollywood (FRENCH CONNECTION, SERPICO knüpften in den frühen 1970er Jahren an diese Tendenz an.

Based on a True Story

Reale Ereignisse stellen Drehbuchautoren oft vor beträchtliche narrative Probleme: das Fehlen von kinohafter Kohärenz und einem tragfähigen dramaturgischen Bogen. Die Arbeit mündet oft in der Erkenntnis, dass

etwas Erfundenes dem Thema eines Stoffes viel eher entspricht als das tatsächliche Geschehnis. In einem Interview, das ich 1993 mit dem Drehbuchautor Steven Zaillian führte, der sich auf die filmische Adaption wahrer Geschichten spezialisiert hat (AWAKENINGS, SCHINDLER'S LIST, AMERICAN GANGSTER), nannte er das Fehlen eines dritten Akts als die schwierigste Herausforderung: »Es ist ein großes Glück, wenn man auf eine Geschichte stößt, deren Schluss natürlich wirkt, eine Auflösung findet, die wirklich so geschehen ist oder hätte geschehen können.« William Goldman hingegen ist davon überzeugt, dass die stärksten Geschichten, auf die er je gestoßen ist, die realen Vorlagen zu BUTCH CASSIDY AND THE SUNDANCE KID und THE GHOST AND THE DARKNESS sind. In Interviews erzählt er gern, dass einige Episoden aus seinen Drehbüchern zu ALL THE PRESIDENT'S MEN – über die Aufdeckung des Watergate-Skandals – und A BRIDGE TOO FAR – nach Cornelius Ryans Tatsachenbericht über die Schlacht um die Brücke von Arnheim –, die von Kritikern als unglaubhaft kritisiert wurden, der belegbaren historischen Wahrheit bis ins letzte Detail folgen.

Dennoch sind wahre Geschichten seit jeher zuverlässige Stofflieferanten für das Kino. Heute ist es geradezu zu einer Frage der Pietät geworden, Filme über den Holocaust (THE PIANIST, SCHINDLER'S LIST, DIE FÄLSCHER nurmehr nach Zeugenberichten von Überlebenden zu drehen. DER UNTERGANG beruht auf den Lebenserinnerungen von Hitlers Sekretärin Traudl Junge und geht mittelbar auf den Dokumentarfilm IM TOTEN WINKEL zurück. Zwei Regiearbeiten Clint Eastwoods

AWAKENINGS (Zeit des Erwachens; 1990; D: Steven Zaillian, nach dem Buch von Oliver Sacks; R: Penny Marshall)

SCHINDLER'S LIST (Schindlers Liste; 1993; D: Steven Zaillian, nach dem Roman von Thomas Keneally; R: Steven Spielberg)

AMERICAN GANGSTER (2007; D: Steven Zaillian, nach einem Artikel von Mark Jacobson; R: Ridley Scott)

BUTCH CASSIDY AND THE SUNDANCE KID (Butch Cassidy und Sundance Kid; 1969; D: William Goldman; R: George Roy Hill)

THE GHOST AND THE DARKNESS (Der Geist und die Dunkelheit; 1996; D: William Goldman; R: Stephen Hopkins)

aus jüngerer Zeit, welche die Schlacht um Iwo Jima aus amerikanischer (FLAGS OF OUR FATHERS) und japanischer Sicht (LETTERS FROM IWO JIMA) schildern, basieren ebenfalls auf den Berichten von Zeitzeugen; der zweite übrigens geprägt von großer Bewunderung für die militärische Leistung des einstigen Kriegsgegners.

Auch die Welle von *biopics*, die vor einigen Jahren aus den USA (RAY, AVIATOR, CHE) kam und sich aktuell in Frankreich (LA MÔME, COCO AVANT CHANEL, der Zweiteiler über Jacques Mesrine fortsetzt, bestätigt diesen Trend; wenn auch nur bedingt. Die Wirklichkeit muss in ihnen stets nachgebessert werden. Wenn in Hollywood eine reale Lebensgeschichte verfilmt wird, ist die Wahrhaftigkeit oft eine unwillkommene, zumal im Detail lästige Folie. Der Tatsachen bedient man sich vornehmlich, um die *eigentliche*, nämlich eine allgemeingültige Geschichte von gemeisterten Hindernissen und überwundenem Leid zu erzählen. Diese Abweichung erklärt sich aus der paradoxen Tendenz des Genres zur Konventionalisierung – obwohl das gelebte Leben doch eigentlich die strukturelle Grundlage jeder Art des Geschichtenerzählens ist. Die Biografien werden von ihrer vermuteten Bestimmung her aufgerollt: Die Handlung setzt in der Regel in dem Moment ein, in dem sich die besondere Begabung der Hauptfigur zeigt oder sich ihr Schicksal ankündigt. Das adaptierte Leben wird auf eine sinnhafte Struktur hin erforscht, eine Folgerichtigkeit wird fingiert, die glatt in drei Akten aufgehen muss; wo doch schon Francis Scott Fitzgerald beklagte, dass es im amerikanischen Leben nicht einmal einen zweiten gäbe. Die Ambivalenz der Charaktere wird dabei fast unweigerlich zugunsten des Mythos meist getilgt – der zweiteilige Mesrine-Film ist in dieser Hinsicht eine beinahe ehrenwerte Ausnahme. Zwei Impulse widersprechen sich in diesen modernen *biopics*: von einer Ausnahmeexistenz erzählen zu wollen und diese den Zuschauern zugleich in ihren allgemein menschlichen Zügen nahezubringen. Die Einzigartigkeit, die sie zu feiern vorgeben, übersetzen sie in Erzählungen, die meist wie austauschbare Chroniken von Unglück und Triumph anmuten. I'M NOT THERE demonstriert indes, dass man aus den Konventionen auch auf eigenwillige Weise ausscheren kann.

Neben Zaillian gibt es etliche Szenaristen, die zu Spezialisten für die filmische Adaption der Realität geworden sind. Der Brite Peter Morgan beschert dem Kinopublikum in seinem Zyklus moderner Königsdramen (THE QUEEN, THE LAST KING OF SCOTLAND, FROST/NIXON) das Privileg stolzer Zeitgenossenschaft, in dem er es teilhaben lässt am Entstehen einer Historie, die es selbst miterlebt hat. Ihn fasziniert, wie er im Vorwort zur Bühnenvorlage von FROST/NIXON schreibt, das Zwielicht zwischen historischen Fakten und Fiktionen. Niemand hat jedoch mit einer solchen Konsequenz und Kunstfertigkeit in diesem

Genre gearbeitet wie der Spanier Jorge Semprún. Seine Erfahrungen als Widerstandskämpfer gegen das Franco-Regime sind unmittelbar in sein Drehbuch zu LA GUERRE EST FINIE eingeflossen, wobei der autobiografische Gehalt gewiss einen anderen Stellenwert hat als in seinen Romanen. In beiden Gattungen entfaltet sich seine Autorenschaft in zahlreichen Motiven und Themen – etwa der Erfahrung des Exilanten, sich immer am »uneigentlichen Ort« zu befinden. Für das Drehbuch zu LA GUERRE EST FINIE ist vor allem entscheidend, dass er genau wusste, wovon er erzählte; aus Erfahrung konnte er den Tages-

CHE (2008; D: Peter Buchman, Benjamin A. van der Veen, nach dem Buch von Ernesto »Che« Guevara; R: Steven Soderbergh)

LA MÔME (La Vie en rose; 2007; D: Olivier Dahan, Isabelle Sobelman; R: Olivier Dahan)

ablauf eines »professionellen Revolutionärs« präzis schildern und so dem Film eine ungekannte Ebene der Beglaubigung erschließen. Die Vorgaben der Realität sind für ihn keine Einschränkung, er trotzt ihnen vielmehr eine erstaunliche dramaturgische Freizügigkeit ab: Für LA GUERRE EST FINIE hat er den *flash forward* erfunden. In seinen späteren Politfilmen, die auf realen Affären beruhen (Z, L'ATTENTAT, STAVISKY ...) wechselt er ebenso geschmeidig zwischen den Zeitebenen und bricht die Chronologie auf, um historische Ereignisse und den Charakter der Akteure zu rekonstruieren.

Michael Sheen und Frank Langella in FROST/NIXON

COCO AVANT CHANEL (Coco Chanel: Der Beginn einer Leidenschaft; 2009; D: Anne Fontaine, Camille Fontaine, nach dem Buch von Edmonde Charles-Roux; R: Anne Fontaine)

Gabe und Mandat

Auch die von Truman Capote in den USA mit *In Cold Blood* begrün-
dete Tradition der *non-fiction novel* diente als Vorlage für Spielfilme.
Sie kreisen stets um ein epochales, dramatisches Ereignis. Philip
Kaufmans Adaption von *The Right Stuff*, Tom Wolfes Chronik des US-
Raumfahrtprogramms, spart Wolfes fantasievolle Rekonstruktion der
Alltagsrituale und Gewohnheiten der Astronauten zugunsten einer er-
staunlich affirmativen Überprüfung der Idee des Heldentums aus. ALL
THE PRESIDENT'S MEN feiert die Recherchen der Watergate-Aufdecker
Bob Woodward und Carl Bernstein als eine Sternstunde des investiga-
tiven Journalismus.

Im Gegensatz dazu verzichtet GOMORRHA auf die Figur des ermit-
telnden Reporters. Das »Ich« Roberto Savianos, das im Buch eine zentrale Rolle spielt, kommt in der Verfilmung nicht vor: Sie bietet keine
eindeutige Identifikationsfigur an. Darin zeigt sich ein grundlegender
Unterschied zur amerikanischen Variante des filmischen Tatsachenbe-
richts: Die europäischen Filmemacher sind stärker am Funktionieren
von Systemen interessiert. In GOMORRHA ist es das Mafiose, das sich
den Anforderungen der Globalisierung anpasst und legale Wirtschafts-
zweige okkupiert. Der Film macht, anders als Savianos Buchvorlage,
keine präzisen Angaben zu Daten, Namen und Adressen. Er entwirft
ein Bild allgemeingültiger Verhaltensweisen und alltäglicher Mechanis-
men. Saviano erkundet eine verborgene, magische Realität – im Hafen
von Neapel kommen Waren an, die ihr Ziel nie erreichen; Luxusgüter

verwandeln sich in Billigwaren –, und obwohl die Verfilmung das organisierte Verbrechen seiner mythischen Aura entkleidet, respektiert sie doch die Regeln des Genres. Die Eröffnungssequenz ist eine Reverenz an die Gangsterfilme der 1930er Jahre, in denen es regelmäßig ein Massaker bei einem Barbier gibt. Matteo Garrone, der Regisseur, hat als bildender Künstler begonnen; eine bloße Imitation der Realität genügt ihm nicht. Er hat das überlebensgroße Cinemascope-Format gewählt. Die Drehbuchautoren haben Figuren hinzuerfunden, weil sich unter den realen Vorbildern niemand fand, der Gewissensbisse hatte.

Das in ENTRE LES MURS erkundete System ist die Schule als Ort der Integration in einer multikulturellen Gesellschaft. Der Film folgt einer scheinbar formlosen Dramaturgie, die von Ablauf eines Schuljahres vorgegeben wird. Darin ist er freilich Howard Hawks' HATARI! nicht unähnlich, dessen Erzählstruktur sich in der Dauer einer Jagdsaison konstituiert. François Bégaudeau erinnert in der ersten Szene – der einzigen, die außerhalb der Schule spielt – an einen Schauspieler, der sich vor seinem Auftritt auf der Bühne sammelt. Laurent Cantets Ausgangspunkt war nicht Bégaudeaus Buch, sondern eine erfundene Figur, der aufsässige Souleymane, der wie die Protagonisten in seinen früheren Filmen Schwierigkeiten hat, seinen Platz in der Gesellschaft zu finden. Die Laiendarsteller hielt er bei den Workshops zur Vorbereitung der Dreharbeiten dazu an, ihren Rollen Züge zu geben, die sich von ihrem eigentlichen Wesen unterscheiden. Er hat sie als wirkliche Schauspieler, nicht als Selbstdarsteller betrachtet. Der Film spricht nicht für sie, sondern lässt ihnen ihre eigene Sprache. Dadurch eröffnet er ihnen einen Raum, in dem sie sich alternative Existenzen ausdenken konnten: das Reich der Vorstellungskraft.

Diese Methode geschickt gezügelter Freiheiten verweigert sich den Konventionen, mit denen das Kino gemeinhin emotionale Teilhabe erzeugt – und schlägt die Zuschauer doch souverän in den Bann. Man ist bewegt von dem Schicksal Souleymanes, der nach einer Auseinandersetzung mit Monsieur Marin in seine Heimat im Maghreb zurückgeschickt wird. Man empfindet große Sympathie für den Protest Khoumbas, die von ihrem Lehrer mehr Respekt fordert. Es fällt nicht leicht, sich von dieser Klasse am Ende des Schuljahres zu verabschieden.

Tatsächlich ist also das Verhältnis der beiden Filme zur Fiktion weit komplexer und inniger, als ihr ästhetisches Konzept zunächst vermuten lässt. Sie haben einen anderen Erzählmodus gewählt, der auf den zweiten Blick nicht weniger poetisch ist. Die Gabe und das Mandat der Kunst, eine Geschichte über die Grenzen der tatsächlichen Geschehnisse hinauszuführen, sind durch sie nicht obsolet geworden. Die Realität kann im Kino nicht für sich selbst sprechen. Das wusste sogar Cesare Zavattini.

Z (1969; D: Jorge Semprún, nach dem Roman von Vassilis Vassilikos; R: Costa-Gavras)

L'ATTENTAT (Das Attentat; 1972; D: Ben Barzman, Basilio Franchina, Jorge Semprún; R: Yves Boisset)

STAVISKY ... (1974; D: Jorge Semprún; R: Alain Resnais)

Truman Capote: *Kaltblütig* (Rowohlt 1969)

THE RIGHT STUFF (Der Stoff, aus dem die Helden sind; 1984; D+R: Philip Kaufman, nach dem Buch von Tom Wolfe)

Tom Wolfe: *Die Helden der Nation* (Droemer Knaur 1996)

HATARI! (1962; D: Harry Kurnitz, Leigh Brackett; R: Howard Hawks)

Imitations of Life
Musiker-Biopics und die Krise des Erzählens

Von Wieland Bauder

Filme sind Bilder mit Musik dazu – gequatscht wurde bekanntlich erst später. In Stummfilmen suchten der Pianist oder das Orchester die rechten Töne, um dem Geschehen auf der Leinwand Dramatik zu verleihen, ungefähr 60 Jahre später begann Musik passende Bilder für das Versprechen eines idealen Lebens zu suchen, das ihr seit Anbeginn der Erzeugung geordneter Töne innewohnt. Die Vermutung, dass sich dieses Leben oder doch zumindest das tragische Scheitern der Suche nach ihm in den Biografien der Erzeuger dieser Musik spiegeln müsse, liegt nahe.

    Und wie so vieles begann auch dies, wenigstens was die Rockmusik betrifft, mit den Beatles, die sich oder vielmehr ihre *Fab Four*-Images 1964 in A HARD DAY'S NIGHT verkörperten. Die Liverpool Boys wer-

Cate Blanchett in I'M NOT THERE

94

den hier jedoch genauso außen vor gelassen wie die knapp 20 Jahre später aufkommenden Mini-Erzählungen der MTV-Clips oder deren heutige No-budget-Wiedergänger auf YouTube. Wir beschränken uns stattdessen auf eine Handvoll Filme der letzten Jahre, in denen die Lebenswege von Populärmusikern nachgezeichnet werden und anhand deren die Frage behandelt wird, ob und wenn ja, warum ausgerechnet das Musiker-Biopic besonders geeignet sein könnte, Auswege aus einer womöglich bestehenden Krise des Erzählens zu weisen.

Biografien gehören zu den frühesten Zeugnissen, nicht nur der Literatur-, sondern auch der Filmgeschichte. Anderthalb Jahre nach der ersten öffentlichen Filmvorführung drehte Alfred Clark 1895 den Kurzfilm THE EXECUTION OF MARY, QUEEN OF SCOTS. In dem knapp einminütigen Streifen bringt Clark die Lebensgeschichte Mary Stuarts auf den Punkt, indem er ihre Enthauptung zeigt. (Es ist dies übrigens auch der erste Film, in dem eine weibliche Hauptfigur von einem Mann gespielt wird.) Auch spätere Biopics, deren Länge nicht mehr durch technische Umstände begrenzt war, zeigen, anders als der Name *biographical picture* im ersten Moment nahelegt, nur in seltenen Fällen einen Lebensweg von der Wiege bis zum Grab, sondern konzentrieren sich meist auf Episoden, die vom Erzähler als zentral für das Verständnis des Helden und seiner Leistung eingestuft werden.

Der Tod bleibt, wie schon bei Clark, in vielen Fällen Dreh- und Angelpunkt eines Schicksals. Erst mit dem Tod des Helden oder der Heldin erlauben Lebensgeschichten dem Erzähler einen abschließenden Blick. Vorher ist weder klar, wie die Geschichte ausgeht, noch ob die Darstellung des Menschen auf Dauer Gültigkeit hat. In Fällen, in denen ein Lebensabschnitt noch lebender Personen abgebildet wird, hat zumeist wenigstens ein symbolischer oder medialer Tod stattgefunden.

Die Funktion biografischer Heldengeschichten ändert sich mit den gesellschaftlichen Rahmenbedingungen, unter denen sie produziert werden. Je nach Epoche sind die Kernaussagen bürgerlich-heroischer, nationaler, sozial-aufklärerischer und heute meist psychologisch-privater Natur. Wie die Mehrzahl aller anderen Filme auch, bekräftigen Biopics, wenn auch nicht immer von der inhaltlichen Aussage her, so doch strukturell, den jeweils herrschenden, oder zumindest erwünschten gesellschaftlichen Status quo.

Die Beliebtheit von Entertainer-Biopics (sie sind seit 50 Jahren die filmisch am meisten thematisierten) erklärt sich zum einen aus dem Vergnügen, gleich zwei Stars erleben zu können, den Entertainer und den Schauspieler, der ihn darstellt. Darüber hinaus sind sie prädestiniert dafür, die Fragwürdigkeitskrise, in welche die kohärente Biografie und das sich konsistent während Persönlichkeitsbild philosophisch und gesellschaftlich geraten sind, zu thematisieren. Schon vor ihrer Verfil-

A HARD DAY'S NIGHT (Yeah, Yeah, Yeah; 1964; D: Alun Owen; R: Richard Lester)

THE EXECUTION OF MARY, QUEEN OF SCOTS (1895; R: Alfred Clark). Dieser und der Großteil der folgenden filmhistorischen Verweise greifen auf die Recherchen in Karen Straubs Bachelor-Thesis *Faszination Biopic. Eine Untersuchung über Entwicklungen und aktuelle Tendenzen populärer biografischer Filme anhand ausgewählter Beispiele* (Fachhochschule für Medien, Stuttgart 2005) zurück.

mung und quasi von Berufs wegen wird in einer Entertainer-Karriere die Unterscheidung zwischen Authentizität und Erfindung zum Verschwimmen gebracht.

Nirgendwo sonst wird die Frage, wo die reale Person aufhört und die öffentliche Persona (Rolle, Image) anfängt, so exhibitionistisch zur Schau gestellt und gleichzeitig verrätselt. Ohne die Konstruktion einer den banalen Alltag übersteigenden und heilsversprechenden Aura ist eine Entertainer-Karriere nicht vorstellbar und das Biopic keineswegs deren abschließende Essenz, sondern nur ein weiteres Element eines zum medialen Mythos geformten Lebens. Die Frage, wie diese filmische Rekonstruktion geformt wird, sagt mindestens (und in den gelungensten Beispielen genau) so viel über deren Erzähler und sein Publikum aus wie über die dargestellte Person.

Was die Frage der Form betrifft, steht der Nach-Erzähler einer Lebensgeschichte vor zwei Problemen: Wie Wim Wenders den Helden in DER STAND DER DINGE ganz richtig sagen lässt, existieren Geschichten nur in Geschichten. »Das Leben zieht ohne die Notwendigkeit vorbei, sich in eine Geschichte verwandeln zu müssen.« Ein Biopic, das nur auf andere Geschichten rekurriert, würde jedoch am Kern unseres Interesses an einem spezifischen Leben vorbeigehen. Wir erwarten, die Essenz eines solchen Lebens erzählt zu bekommen, und das in erhellender, unterhaltsamer oder wenigstens befriedigender Weise. Dazu muss es erzählerisch gestaltet werden.

DER STAND DER DINGE (1982; D: Robert Kramer, Josh Wallace, Wim Wenders; R: Wim Wenders)

Was die Gestaltungsmöglichkeiten angeht, hat McKee recht, wenn er feststellt, dass der Begriff Biopic ein Supra-Genre bezeichnet, das erst in Kombination mit eindeutig definierteren Genres (Melodram, Lovestory, Coming of Age etc.) handhabbar wird. Mit der Entscheidung zur Dramatisierung gerät der Erzähler allerdings nicht nur in Gefahr, das Einmalige dem Generischen zu opfern, sondern auch dem weitverbreiteten Irrtum zu verfallen, Erzählungen hätten seit Anbeginn der Menschheit in drei Akten zu verlaufen und als Folge dramaturgischer und psychologischer Entwicklungen konstruiert zu sein. Schon ein beiläufiger Blick in die Hausmärchen der Brüder Grimm zeigt, dass neben den Fabeln, die dem Paradigma der Läuterung (und also der Dreiaktigkeit) folgen, eine überraschend große Zahl keineswegs in dieses Schema passt. Dass nicht diese, sondern STAR WARS als ewiges Lehrbuch-Beispiel für ein modernes Märchen herangezogen wird, belegt nur, dass sich STAR WARS einfacher und erfolgreicher konzeptualisieren lässt. Dagegen ist nichts einzuwenden, zumindest so lange nicht, bis man diese Erlösungsgeschichte einmal zu oft erzählt bekommen hat oder sich grundsätzliche Parameter dieses Erzählmodells nicht mehr mit dem konkreten Erleben unserer selbst oder der Welt decken.

STAR WARS (Krieg der Sterne; 1977; D+R: George Lucas)

Abgesehen von der zunehmenden Skepsis gegenüber dem Happy End (der Läuterung, die im US-amerikanischen Kino übrigens signifikant häufiger eine Familienversöhnung einschließt, als dies im europäischen der Fall ist), scheint vor allem die Psychologie an Überzeugungskraft zu verlieren.

So meinte Richard Gere unlängst, ihm werde die ewige Psychologisierung der von ihm zu spielenden Figuren mehr und mehr suspekt. Könnte es nicht sein, so fragt er, dass der Grund, warum ein Mann die Waffe lädt und seine komplette Familie ausradiert, einfach darin besteht, dass an jenem Tag der Wind aus einer anderen Richtung geweht hat?

Den Mann in Reno erschoss Johnny Cash, laut eigener Aussage, nicht, weil dieser ihm irgend etwas konkret Benennbares angetan hätte, sondern *just to watch him die*. Bob Dylan wiederum gesteht in seinem Oscar-prämierten Song *Things Have Changed*, in eine Frau verliebt zu sein, die er nicht im mindesten attraktiv findet. Und diese Ratlosigkeit gegenüber grundlegenden Motivationen finden wir nicht etwa nur im künstlerisch-fiktionalen Bereich.

Johnny Cash: *Folsom Prison Blues* (1956)

Bob Dylan: *Things Have Changed* (2000)

Die in immer derselben ungelenken Kinderschrift gemalte und kaum je zufriedenstellend beantwortete Frage »Warum?«, die wir nach jedem Amoklauf zu Gesicht bekommen, verweist auf einen Abgrund, den anscheinend weder soziologische noch psychologische Erklärungsmodelle restlos auszuleuchten vermögen. Wie aber lässt sich das Leben begreifen und in Geschichten fassen, wenn uns die Ursachen für unsere Gefühle und Taten letztendlich unbegreiflich bleiben?

Doch auch in einem Zeitalter, in dem Lebensläufe schon aufgrund der Arbeitsmarktbedingungen ein loses Patchwork-Muster zu bilden haben und die Virtualität ein Übriges tut, um die Vorstellung eines konsistenten Ichs in eine Vielzahl von Teil-Identitäten aufzusplitten, will das Leben abgebildet und erzählt werden. Ob sich das fragmentierte Ich im Jenseits oder wenigstens im Nachruhm wieder zu einer Einheit zusammenfügt, bleibt Spekulation, sicher ist nur eines – der bereits oben erwähnte Tod. Und *short lives make good movies* (Johnny Thunders, 1952-91).

Ob in SUPERSTAR – THE KAREN CARPENTER STORY, I'M NOT THERE, oder LA VIE EN ROSE, viele Erzählungen über Pop-Helden beginnen mit deren Tod. Selten allerdings mit dem realen, weitaus öfter mit dem Kollaps der Persona. Edith Piaf bricht auf der Bühne zusammen, Karen Carpenter wird bewusstlos in ihrem Bett gefunden, Dylan auf einer Bahre und begleitet von donnerndem Publikumsapplaus in einen Obduktionssaal gefahren. Die sich unweigerlich stellende Frage »Was ist geschehen?« wird naheliegenderweise mittels Rückblenden geklärt. In der Regel bekommen wir eine Geschichte erzählt, in der der Held traumatische Kindheitserlebnisse in künstlerische Produktion transformiert, diese dann marktkompatibel zurechtschmieden muss, um schließlich

SUPERSTAR – THE KAREN CARPENTER STORY (1987; D: Todd Haynes, Cynthia Schneider; R: Todd Haynes)

I'M NOT THERE (2007; D: Todd Haynes, Oren Moverman; R: Todd Haynes)

LA MÔME (La vie en rose; 2007; D: Olivier Dahan, Isabelle Sobelman; R: Olivier Dahan)

97

Marion Cotillard in
LA VIE EN ROSE

POSSESSION (1981; D+R:
Andrzej Zulawski)

unter dem Druck zwischen authentischem (privaten Er-)Leben und den Anforderungen, der die Persona zu genügen hat, zu zerbrechen. Der Tod am Anfang darf deswegen nur ein symbolischer sein, damit der Held, nach Durchleben der Krise, wieder auferstehen und sein per existenzieller Läuterung verdientes Comeback antreten kann.

Im Folgenden werden einige innerhalb der letzten Dekade entstandene Musiker-Biopics daraufhin untersucht, inwiefern sie diesem Meister-Narrativ folgen, was sie zur Frage nach der Identität und ihrer Repräsentation beizutragen haben und wie erfolgreich der jeweilige Versuch einer zeitgemäßen Lebenserzählung einzuschätzen ist.

LA VIE EN ROSE (2007), die Nachzeichnung der Karriere Edith Piafs (1915-63), kommt im Gestus eines Epochengemäldes daher. Doch weder die Schauspielkunst Marion Cotillards, deren Overacting mitunter die in dieser Hinsicht Maßstäbe setzende Leistung Isabelle Adjanis in POSSESSION verblassen lässt, noch die pittoreske Ausstattung oder die bis zur Unübersichtlichkeit ineinander verschachtelten Zeitsprünge, mit denen die Geschichte erzählt wird, können verhindern, dass der Lebensweg Piafs als eine zwar bedauerliche, letztlich aber undramatische, weil meist allein durch äußere Umstände ausgelöste Abfolge biografischer Katastrophen erscheint.

Von der Trennung von ihren Eltern über die Lehrjahre im Bordell bis zur Entdeckung durch immer einflussreichere Mentoren bleibt die Sängerin ein Opfer der Umstände. Der Zuschauer folgt einem Ausnahmeschicksal, ohne je die Chance zu haben, eigene Lebenserfahrungen widergespiegelt, allgemein menschliche Themen verhandelt, geschweige denn komplexere Fragen von Identität und Repräsentation begreifbar gemacht zu sehen – es sei denn, man wertet den Befund, dass wir alle irgendwie Opfer irgendwelcher Umstände sind, schon als erkenntnisstiftend. Mitleid ohne inneres Dilemma oder daraus erfolgende Konsequenzen ist, Euro-Kunstkino-Ambitionen hin oder her, eine zu wohlfeil erhältliche Emotion, um den Zuschauer über das Ende des Filmabspanns hinaus zu beschäftigen.

Während die Geschichte der Piaf um deren sich in kleinen Schritten, aber unweigerlich vollziehenden Tod herum aufgebaut ist, beschwört HILDE eine Folge von Wiedergeburten. Diese, wie auch die zweite ungewöhnliche Variation des Genremusters – dass nämlich die Tabletten- und Alkoholsucht der Protagonistin nur peripher thematisiert werden – erklärt sich daraus, dass Hildegard Knef (1925-2002) in diesem Film nicht nur die Aufgabe hat, sich selbst, sondern ganz Deutschland oder doch zumindest die Kriegsgeneration zu repräsentieren. Die saß nämlich, während es den Befreiern oblag, das Nazi-Kapitel abzuschließen, mit Knef bereits wieder im Kinosaal und wollte von Hitler und dessen willigen Vollstreckern ebensowenig mehr wissen wie von ihrer eigenen Schuld. HILDE illustriert dieses Phänomen wunderbar, allerdings unfreiwillig und entgegen der eigentlichen erzählerischen Absicht.

HILDE (2009; D: Maria von Heland; R: Kai Wessel)

Episode um Episode handelt der Film Stationen eines Lebens ab, ohne je den Versuch zu unternehmen, einen inneren roten Faden zu entdecken, geschweige denn diesen auf erhellende Weise mit gesellschaftlich-politischen Rahmenbedingungen in Beziehung zu setzen. »Erzähl mir nicht, was du durchgemacht hast, ich will's nicht wissen.«

Indem er dieser von Hildes Mutter an ihre aus den Kriegswirren heimkehrende Tochter gerichtete Bitte eins zu eins entspricht, fügt sich der Film nahtlos in unsere vom bangen Blick auf die Quote durchseuchte Bilderlandschaft ein. Drehbuchautorin Maria von Heland und Regisseur Kai Wessel ersparen uns die Zumutung jedweder Überraschungen oder Zweideutigkeiten und begnügen sich stattdessen damit, einen durch Hunderte von Fernsehspielen etablierten Reigen von Emotions-Klischees zu zeigen. Peng! Der rehäugige Volkssturmjunge stirbt im Kugelhagel der Rotarmisten. Schluchz! Zusammenführung der Kriegsheimkehrer. Klirr! Die enttäuschte Künstlerin knallt eine Vase gegen die Wand. Applaus! Und roter Rosenregen. Heike Makatsch als Hilde ist so damit beschäftigt, diese hierzulande anscheinend unverrückbaren Marksteine abzuklatschen, dass sie kaum noch Zeit findet, sich mehr als ein paar luftige Dessous überzuziehen. Dass ihr diese gut stehen, entschädigt nicht für die Enttäuschung, nach gut zwei Stunden kaum mehr als eine erzählerisch unverbindliche Aneinanderreihung von Episoden gesehen zu haben. Daran scheitert, wie wir später sehen werden, auch ein künstlerisch weitaus ambitioniertes Projekt. Was die Darstellung und Verknüpfung der Themen Nazis, Film und Ehrgeiz

99

Heike Makatsch in HILDE

INGLOURIOUS BASTERDS
(2009; D+R: Quentin
Tarantino)

RAY (2004; D: James L.
White; R: Taylor Hackford)

betrifft, ist man heilfroh, dass einem der vorformatierte Blick noch im selben Jahr durch INGLOURIOUS BASTERDS schockartig geweitet wurde – kein Musiker-Biopic, Film als Rock 'n' Roll.

Die zur Rede stehende Knef kennt jedenfalls kein spezifisches die Erzählung überspannendes Ziel und also auch keine Opfer, die sie bringen müsste, um es zu erlangen. Die Katharsis, die sie durch den im Off stattfindenden und nicht näher erläuterten Tod einer Nebenfigur erfährt, gibt ihr gerade mal den letzten Kick, um sich vor dem Publikum der Philharmonie zu sich selbst zu bekennen. Damit hatte sie jedoch von Anfang an keinen Probleme.

Hildegard Knef war ohne Zweifel eine schillernde und widersprüchliche Persönlichkeit. In ihrer Filmbiografie werden die vielen Facetten dieser Frau zwar angerissen, auf eine Interpretation dieses Lebens wird allerdings verzichtet. Filme, zumindest so konventionell erzählte wie dieser, gewinnen dadurch nicht an Komplexität, sondern wirken unentschlossen und richtungslos. Einmal mehr gilt: Stoff war genug vorhanden. Schade, dass so wenig daraus gemacht werden konnte.

Während LA VIE EN ROSE und HILDE möglichst akribisch von allem berichten wollen und dabei zuletzt kaum etwas erzählen, folgt RAY lehrbuchartig dem Muster der Passionsgeschichte. Der Unfalltod von Ray Charles' jüngerem Bruder, seine im Alter von sieben Jahren einsetzende Erblindung und die in ihrer pragmatischen Fürsorglichkeit bis an den Rand der Grausamkeit gehende Erziehung durch die Mutter werden in Rückblenden immer wieder als Erklärungen für die Verhaltensweisen des erwachsenen Mannes herangezogen. Dass dabei nicht so recht Spannung aufkommen will, liegt weniger an diesem sehr didaktischen Ansatz, sondern vielmehr daran, dass Charles zwar die klassischerweise seinem Berufsstand zuzurechnenden äußeren Konflikte (Beziehungsprobleme, Drogensucht) zu bewältigen hat, die Figur jedoch keinen inneren Zwiespalt kennt. Verblüffend ist dabei vor allem, wie wenig erzählerisches Kapital aus der Problematik der Rassentrennung geschlagen wird; der Wechsel von seiner Stammfirma Atlantic Records zum Major ABC bereitet Charles größere (wenn auch nicht existenzielle) Probleme als die Tatsache, in seinem Heimatstaat Georgia nur vor Weißen auftreten zu dürfen.

Da er noch nicht einmal der höchsten Instanz etwas schuldig zu sein glaubt, erlebt Charles weder seine Affären noch die von Teilen seines Publikums als illegitim empfundene musikalische Verschmelzung von Gospel und Rhythm and Blues als problematisch. Mit dem Verweis auf seine Blindheit und die vergeblich gebliebenen Gebete, in der Dunkelheit zumindest ein bisschen Licht erleben zu dürfen, erklärt sich Charles quitt mit Gott und also berechtigt, tun und lassen zu können, was ihm gefällt. Der Erfolg gibt ihm recht und befähigt ihn am Ende

Jamie Foxx in RAY

nicht nur, als quasi-messianische Figur anerkannt zu werden, sondern auch, den toten Bruder wieder auferstehen zu lassen. Grandioser kann die angebliche Wirkungsmächtigkeit von Kunst kaum belegt werden.

Da Charles, außer einem in Emo-Metal-Videoclip-Ästhetik durch-lebten Drogenentzug, allerdings keinen Preis dafür zu zahlen hat, auch kaum weniger dramatisch.

War die Heldin in LA VIE EN ROSE zu passiv und Hilde zu ziellos, überwindet Ray Charles (1930-2004) die Klippen seines Lebens mit der souveränen Eleganz eines kleidsame Sonnenbrillen tragenden Erlösers. Der Film beschwört die integrative Kraft des US-amerikanischen Po-litik- und Gesellschaftsmodells und etabliert den Entertainer als ame-rikanischen Mythos. Die Opfer, die dafür gebracht werden mussten und müssen, werden nur in Fußnoten angerissen. Charles ist eine Fi-gur aus einem Guss, deren Wirkungsmacht sich, neben ihrem Talent, gerade aus der Zurückweisung jeglicher religiösen, gesellschaftlichen oder privaten Verbindlichkeiten speist. Bewundernswert, dass ihm das gelungen ist. Der Zuschauer darf am Ende auf die Wiederkunft eines ähnlich Gebenedeiten hoffen, ohne sich auch nur einen Moment über sein eigenes Verhältnis zu in der Regel weniger talentierten Zwangs-Migranten Gedanken gemacht haben zu müssen.

Bei uns kann's jeder schaffen! Prima, dass keiner was dafür tun muss. Das Biopic als Absolution gewährendes Feelgood-Movie.

Der kurz darauf entstandene WALK THE LINE wurde als »Ray für Käsegesichter« bezeichnet. Und tatsächlich gleichen sich Johnny Cashs (1932-2003) und Ray Charles' Leben und Karriere, bis hin zum frühen Tod eines Bruders, in vielen Punkten.

RAY CHARLES

BLUES IS MY MIDDLE NAME

WALK THE LINE (2005;
D: Gill Dennis, James Mangold; R: James Mangold)

Der Unterschied zwischen den beiden Filmen ist, dass der Held in WALK THE LINE unter gleich drei inneren Konflikten leidet und diese mit beeindruckender Konsequenz durchdekliniert werden. Cash akzeptiert die Schuld am Tod seines Bruders, die ihm von seinem ihn verachtenden Vater zugeschrieben wird. Anstatt, wie ursprünglich gedacht, mit christlichen Hymnen, hat er Erfolg mit Songs, die zwar seine eigenen sind, in denen er sich aber ans dunkle Ende der moralischen Werteskala stellt. So bekennt sich Cash, wie oben erwähnt, zu seiner Fantasie, einen Mann aus selbst für das waffenfetischistische Amerika untolerablen Motiven heraus erschossen zu haben – *just to watch him die* eben. Und auch die Liebesgeschichte und damit der Kern der

Joaquin Phoenix in
WALK THE LINE

Erzählung ist hier wesentlich spannungsvoller angelegt. Anders als Ray kann Cash den Konflikt zwischen seinem Verlangen nach seiner großen Liebe June Carter und der Tatsache, dass er bereits verheiratet und Vater ist, nicht einfach durch die pragmatische Trennung zwischen Ehe- und Tour-Alltag lösen. Wir folgen in WALK THE LINE der Geschichte eines Mannes, der von den inneren Widersprüchen seines Lebens zerrissen zu werden droht.

Die Wucht dieser inneren Konflikte führt dazu, dass wir Cash im gesamten Mittelteil des Films als eine ein ums andere mal kollabierende Gestalt erleben. Anstatt lediglich einem Abhaken von Lebens- und Karrierestationen zu folgen, sieht sich der Zuschauer hier den gleichen unauflöslichen Spannungen ausgesetzt wie die Hauptfigur. Das liegt vor allem daran, dass in WALK THE LINE die moralische Argumentation des Helden genauso stichhaltig ist wie die Vorhaltungen, die er sich

Sam Riley in CONTROL

von seinen Antagonisten machen lassen muss. Cash ist tatsächlich und selbstverschuldet das tablettensüchtige und nach der Zerstörung seiner Familie in einem schmucken, aber inhaltsleeren Haus lebende Wrack, als das ihn sein Vater beschreibt. Der Zuschauer muss dem feisten Antagonisten recht geben und selbst Argumente dafür finden, warum er trotzdem auf Seiten des unmoralischen Helden bleiben will. Dass dieses Dilemma bemerkenswert lange ungelöst bleibt, ist für ihn in ebenso schmerz- wie lustvoller Weise irritierend, zwingt es ihn doch, permanent eigene widerstreitende Wertevorstellungen gegeneinander abzuwägen. Auf Absolution kann weder Cash noch der Zuschauer hoffen; beide teilen die Qual, nur eine Wahl zwischen verschiedenen Formen des Schuldig-Werdens treffen zu können.

Johnny Cash: *American Recordings* (1994), *Unchained* (1996), *American III: Solitary Man* (2000), *American IV: The Man Comes Around* (2002)

Cash entscheidet sich für den Ausdruck seiner selbst, verfällt damit jedoch der dunklen Seite und zerstört nicht nur sein trautes Heim samt Familie, sondern mithilfe einer soliden Trunk- und Tablettensucht beinahe auch sich selbst, seine Karriere und – zumindest scheint es einen Moment lang so – auch das Objekt seiner Liebesbegierde.

Das Ende der Geschichte ist schließlich derart happy, die Widersprüche werden derart glatt versöhnt, dass dies – in bester Lynch-Manier – schon wieder verstörend wirkt.

·CLOSER·

Die widersprüchlichen Bilder des rebellischen Outlaws und der kulturellen Ikone à la John Wayne hat Cash in späteren Jahren auf das Erstaunlichste miteinander zu vereinbaren gewusst. Davon, dass selbst eine solche Souveränität nur die Eintrittskarte für einen weiteren Kreis der Hölle ist, zeugt der Dauereinsatz seiner *American Recordings* in sämtlichen Kneipen und Coffeeshops dieser Erde.

CONTROL (2007; D: Matt Greenhalgh, nach dem Buch von Deborah Curtis; R: Anton Corbijn)

Auch Joy-Division-Frontmann Ian Curtis (1957-80) steht in CONTROL zwischen ehelichen Vaterpflichten und einer Geliebten. Dass dieser Konflikt nicht mythologisch überhöht wird, ist gleichzeitig die Stärke und Schwäche des Films. Das Fehlen existenzieller Dramatik, wie in WALK THE LINE, lässt Raum für einen durchaus aufschlussreichen *kitchen sink*-Realismus, und da der Autor Matt Greenhalgh, abgesehen vom Offensichtlichen (Teenage-Angst und Epilepsie; die üblichen Rekurse auf Kindheitstraumata fehlen) keinen Versuch unternimmt, Erklärungen für Curtis' Kreativität oder seinen Selbstmord zu liefern, erleben wir den Sänger als das, was laut Pete Townshend jeder Rockstar ist: *an asshole with a guitar* oder in diesem Fall einem Mikrofon.

Genau so unerklärlich wie das Leiden des von vielen und bis heute kultisch verehrten Sängers ist die Unbeirrbarkeit, mit der seine komplett unglamouröse Ehefrau an ihm festhält. Curtis leidet nicht an dem Zwiespalt zwischen öffentlicher und privater Persona oder den Schwierigkeiten, die eine Dreiecksbeziehung mit sich bringt, sondern an – nicht von ungefähr zeigen Joy-Division-Alben keine Fotos der Bandmitglieder – der Identität als solcher. Er empfindet sein Leben, als würde es einem anderen widerfahren. »It's like it's not happening to me but someone pretending to be me. Someone dressed in my skin.«

Dieses Gefühl, dem eigenen Ich entfremdet zu sein, dürfte, neben Menschen mit pathologischen Problemen, vor allem Jugendlichen bekannt sein. In der Regel setzt im Laufe der Jahre dann eine Selbstdistanzierung zweiter Ordnung ein, die es erlaubt, das als fremd empfundene Ich auch von außen zu sehen, eine Fähigkeit, die das Leiden am Ich, im Vergleich zu anderen Problemen, zunehmend albern aussehen lässt. Diese Art von Distanz sowie jeglicher Humor ist zwar Joy-Division-Songs fremd, glücklicherweise jedoch nicht dem Film.

Nachdem Curtis während eines Auftritts epileptisch zuckend von der Bühne getragen werden musste, versichert ihm sein Manager, dass dies keine Katastrophe, sondern die Garantie für einen Platz in der Rockgeschichte bedeute und Curtis im Übrigen weitaus Schlimmeres hätte passieren können; zum Beispiel hätte er ja auch als Sänger der Konkurrenzband The Fall enden können. Dieser (Mark E. Smith, *1957) veröffentlicht allerdings, trotz seiner Drogensucht und dem ständigen Wechsel der Begleitmusiker, seit Ende der 1970er pro Jahr mindestens einen Tonträger, und zwar alle von gleichbleibend hoher Dringlichkeit und Qualität. Eine Musikerkarriere also, die aufgrund fehlender Rückschläge, eine denkbar schlechte Biopic-Vorlage abgeben würde.

Zu einer ähnlichen Einschätzung könnte man hinsichtlich des Lebens von Bobby Darin (1936-73) kommen, wenn auch aus anderen Gründen. Abgesehen von einer durch rheumatisches Fieber verursachten Herzschwäche verlief das Leben des Crooners ebenso unspektakulär, wie

es die Handvoll Hits, die er von 1958 bis 1970 hatte, aus heutiger Sicht sind. Der Grund, warum BEYOND THE SEA dennoch realisiert wurde, ist synonym mit dem Namen des Regisseurs, Co-Autors, Produzenten und Hauptdarstellers. Kevin Spacey glaubte sich geboren, um den von ihm verehrten Darin darzustellen.

BEYOND THE SEA (2004; D: Kevin Spacey, Lewis Colick; R: Kevin Spacey)

Wie viele Musiker-Biopics verdankt sich die Existenz des Films zum einen der Star-Obsession des Regisseurs, zum anderen wittern Schauspieler die Chance, durch möglichst authentisches Mimikry Aufsehen zu erregen. Produzenten und Studios investieren schließlich weniger in der Hoffnung auf einen kommerziellen Erfolg (kaum ein Biopic spielt die Produktionskosten wieder ein), sondern um mit den für Filme dieser Art gern vergebenen Auszeichnungen und Preisen das Image aufzupolieren.

Die Schwierigkeit bei der Realisierung von BEYOND THE SEA war, dass Spacey zu Drehbeginn bereits acht Jahre älter war, als Darin je geworden ist. Der dramaturgische Kniff, um plausibel zu machen, dass ein Mittvierziger einen Anfangzwanziger mimt, besteht darin, dass BEYOND THE SEA vorgibt, ein Biopic zu sein, das die Produktion eines Biopics abbildet. Spacey spielt einen Darin, der Hauptdarsteller in der Verfilmung seines eigenen Lebens ist. Dass sich die filmische Realität an mehreren Stellen als Film-Set innerhalb des Films entpuppt, führt dazu, dass dem Zuschauer die nur vermeintliche Authentizität des Geschehens und damit das Inszenatorische dieser Lebenserzählung ständig bewusst bleibt.

Kevin Spacey in BEYOND THE SEA

Was ursprünglich wohl nur ein erzählerischer Taschenspielertrick war, erweist sich hinsichtlich der hier zur Rede stehenden Problematik von Abbildung, Persona und Identität als verblüffend vielschichtig. Da der Held bereits von Anfang an als Darsteller seiner selbst etabliert wird, ist klar, dass es eine subjektiv geformte Lebensgeschichte ist, die wir erzählt bekommen; eine Wahrheit, die die meisten anderen Biopics mit großer Kunstfertigkeit zu verschleiern suchen.

Eine vergleichbare Konstruktion findet sich in DE-LOVELY (2004; D: Jay Cocks; R: Irwin Winkler), in dem Cole Porter eine Musical-Inszenierung seines Lebens betreut.

Bezeichnenderweise stellt Spaceys Darin dann auch einen grundsätzlich anderen Charaktertypus dar als Piaf, Cash oder Charles. Während diese ihrer inneren Stimme und Berufung folgen, ist die Figur Darin auf der Suche nach der Wahrheit. Bei der Inszenierung seiner Lebensgeschichte beharrt er darauf, dass diese den Kern des Geschehens abbilden müsse; als pseudo-authentischer Protagonist dieses Lebens gerät er immer wieder in Situationen, in denen er, einem Detektiv gleich, verborgene Wahrheiten aufdeckt. Die Suche nach seinem wahren Selbst führt Darin schließlich zu der Erkenntnis, dass sein Leben von Anfang an auf einer bizarren Lüge aufgebaut, die angebliche Schwester in Wirklichkeit nämlich seine Mutter ist.

Das Auseinanderklaffen von Person und Persona wird in BEYOND THE SEA von der Konzertbühne weg und in die Identitätswahrnehmung des Protagonisten hinein verlegt. So thematisiert der Film gleichzeitig das Konstruiertsein jeder medialen Lebenserzählung *und* die Fragwürdigkeit der als konsistent erlebten Identität. Die Musik Darins mag nur noch nostalgischen Reiz haben, das philosophische Reflexionsniveau, auf dem in BEYOND THE SEA erzählt wird, ist ohne jeden Zweifel auf der Höhe der Zeit.

Es sollte jedoch ein anderer Film sein, der als Neuerfindung des Musiker-Biopics gefeiert werden würde.

Nach SUPERSTAR – THE KAREN CARPENTER STORY und VELVET GOLD-MINE ist I'M NOT THERE bereits der dritte Film, in dem Todd Haynes das Leben eines Popstars nachzeichnet. Dass es trotz der Oscar-Nominierung, die er für seinen vorherigen Film FAR FROM HEAVEN erhalten hatte, sieben Jahre dauerte, bis Haynes das Geld für den Film zusammen hatte, liegt sicher daran, dass er an seinem Desinteresse, ein herkömmliches Musiker-Biopic abzuliefern, nie einen Zweifel ließ. Die kaleidoskopische Struktur des Films ist nicht etwa am Schneidetisch entstanden, sondern war bereits im Script angelegt. Und da selbst einige Darsteller zugaben, dass sie keinen blassen Schimmer hatten, worum es eigentlich gehen sollte, ist es nicht weiter verwunderlich, dass die Geldgeber zögerten, 20 Millionen Dollar in einen Independent-Film zu investieren, der auf sie wie eine wirre Anhäufung unverbundener Figuren und Erzählstränge wirken musste, zumal das vielversprechendste Argument für den Film, der Name Bob Dylan (*1941) nämlich, nur im Vor- und im Abspann auftauchen sollte.

I'M NOT THERE zeigt Dylans Leben (bis Anfang der 1980er) in sechs unverbundenen Erzählsträngen, wobei sich einer davon nicht, und sei

Heath Ledger in I'M NOT
THERE

es noch so lose, auf tatsächliche Ereignisse bezieht, sondern in der archaisch apokalyptischen Gedankenwelt des Songwriters spielt. Die einzelnen Stränge benutzen verschiedene Genres (Coming of Age, Fake Documentary, Western, Ehedrama), wobei die jeweiligen Hauptfiguren von unterschiedlichen Schauspielern verkörpert werden. Mittels des Soundtracks und episodenübergreifender Dialoganschlüsse versucht Haynes die chronologischen Sprünge und ästhetischen Brüche zu einem einheitlichen filmischen Ganzen zu verbinden.

Bob Dylans Self Portrait

So unkonventionell diese Struktur auf den ersten Blick wirkt, so schnell erweist sich, dass die Macht des Genres, das Haynes unbedingt vermeiden wollte, mehr emotionale Brisanz besitzt als die cleverere, aber oft blutleer wirkende Bilderreigen. Das Finden und Verlieren der Liebe, das Heath Ledger und Charlotte Gainsbourg in ihrer Episode durchleben, ist zwar schon tausendmal erzählt worden, dennoch fängt genau hier das Herz des Films zu schlagen an, und man ist jedesmal enttäuscht, wenn dieser Strang durch einen weiteren Einschub unterbrochen wird.

Die in einer stilistischen Mischung aus Pennebakers DON'T LOOK BACK, Fellinis OTTO E MEZZO und A HARD DAY'S NIGHT gedrehten Episoden beispielsweise, in denen Cate Blanchett versucht, den Dylan Mitte der 1960er möglichst detailgetreu zu imitieren, sind hübsch anzuschauen, der Unterhaltungswert des Re-Enactments bleibt jedoch durchweg hinter dem des jederzeit bei YouTube abrufbaren Originalmaterials zurück. Und auch hier braucht Haynes Genremomente (peitschende Pistolenschüsse, eine erfundene Messerattacke, die ebenfalls erfundene Saalschlacht während des legendären »Judas«-Konzerts), um in seiner postmodernen Zitat- und Referenzhölle zumindest kurze Momente der Verbindlichkeit zu schaffen. Das Problem ist, dass derlei Pseudo-Dramatik der Absicht des Filmemachers, eine poetisch überhöhte Spiegelung der Wirklichkeit zu schaffen, diametral entgegenläuft.

DON'T LOOK BACK (1967; D+R: D.A. Pennebaker)

OTTO E MEZZO (Achteinhalb; 1963; D: Federico Fellini, Brunello Rondi, Ennio Flaiano, Tullio Pinelli; R: Federico Fellini)

Bei der Premiere in Cannes versuchte Produzent Harvey Weinstein, seine Unsicherheit über das heterogene Produkt mit den Worten zu überspielen: »Wie immer das Urteil ausfallen wird, die Leute werden zugeben müssen, dass der Film ein Wagnis ist. So was hat einfach noch nie jemand probiert.« Klingt gut, stimmt aber nicht.

Dylan selbst bediente sich in seinem (ursprünglich vier Stunden langen) Epos RENALDO AND CLARA einer vergleichbar diskontinuierlichen und den eigenen Mythos thematisierenden Erzählstrategie. Auch dort verkörperte der Sänger nicht etwa sich selbst, sondern den titelgebenden Renaldo; die Rolle »Bob Dylan« überließ er dem fettleibigen Rhythm-and-Blues-Shouter Ronnie Hawkins. Die Grenzen zwischen Pseudo-Dokumentarischem, Spielszenen und Einblicken in Dylans Fantasie-Kosmos sind, genau wie bei Haynes, fließend. Trotz grandi-

RENALDO AND CLARA (1978; D: Bob Dylan, Sam Shepard; R: Bob Dylan)

oser Konzertausschnitte und mitunter charmanter Miniaturen ist die Selbstgefälligkeit, mit der RENALDO AND CLARA die Mythen Dylan, Rock 'n' Roll und 1960er Jahre zelebriert, allerdings nur schwer erträglich, und noch 35 Jahre später ist man dankbar, dass Punk diesen ganzen fell- und federgeschmückten Hippie-Kram kurze Zeit später vom Tisch fegen sollte.

I'M NOT THERE ist im Gegensatz zu Dylans eigener filmischer Hagiografie nicht rundweg gescheitert, Haynes bleibt jedoch im Spagat zwischen Avantgardekino und Massenkompatibilität stecken. Darüber hinaus ist das Natural-Born-Chamäleon Dylan möglicherweise genau die falsche Figur, um die Zersplitterung der Identität abzuhandeln.

Das Wechseln von Identitäten ist seit Jahrzehnten und wie allgemein bekannt charakteristisch für diesen Performer, und der unlängst erschienene Tonträger mit komplett ironiefrei dargebotenen Weihnachtsliedern nur die bislang letzte Volte dieser in ihren künstlerischen Verzweigungen und Neuerfindungen nur noch für Spezialisten überschaubaren Karriere. Im Unterschied zu späteren Pop-Chamäleons wie Bowie oder Madonna hat man bei Dylans Mutationen jedoch nicht den Eindruck, dass er uns nur das Bühnenkostüm und Sound-Update der aktuellen Saison vorführt. Dylan wechselt nicht nur Kleider und Musikstile, auch sein körperlicher Habitus und selbst die Stimme ändern sich. Die jeweilige Neuerfindung scheint die ganze Person zu durchdringen. Hat Dylan die Vorstellung eines konsistenten Ichs etwa schon ganz zu Beginn und zusammen mit seinem Geburtsnamen »Zimmerman« abgelegt?

I'M NOT THERE versucht Dylans künstlerische Strategie auf den Film zu übertragen und eine kinematografische Parallele zu dessen Werk zu schaffen. Haynes gibt, etwas kokett, zu, er habe von Anfang an gewusst, dass er mit diesem Ansatz scheitern würde. Dem muss man weitgehend zustimmen. Anders als zum Beispiel Godard, dessen Stil in der Ehedrama-Episode zitiert wird, ist Haynes' Gespür dafür, wie sich eine fragmentierte Erzählweise zu analytischen und poetischen Zwecken nutzen lässt, schwankend. Es gelingen ihm durchaus erhellende und anrührende Momente, über weite Strecken aber drängt sich der konzeptuelle Ansatz derart in den Vordergrund, dass der Zuschauer zum distanzierten Betrachter eines Planspiels filmischer Binnen- und Fremdreferenzen wird, und vor allem gegen Ende hin wirken die Episodenwechsel oft beliebig und wirr. Sicher, es ist nicht einfach, sechs unverbundene Erzählstränge zu einem befriedigendem Abschluss zu bringen – aber das war nun einmal die Aufgabe, die sich Haynes gestellt hatte.

Die letzte Einstellung von I'M NOT THERE zeigt eine dokumentarische Aufnahme von Dylan, und anstatt der Erzählung, wie wohl beabsichtigt, Glaubwürdigkeit zu verleihen, pulverisiert die Unmittelbarkeit dieses Bildes alles, was wir in den vorherigen zweieinhalb Stunden gesehen haben.

Das Grübeln darüber, ob dies womöglich eine letzte dekonstruktivistische Finte ist, macht deutlich, wie dicht Spaß und Frustration bei derlei Experimenten beieinander liegen können.

Im Vergleich zu Haynes' Bilderkarussell wirkt LAST DAYS, der nach GERRY und ELEPHANT den Abschluss von Gus Van Sants sogenannter Todes-Trilogie bildet, wie ein Exerzitium in Reduktion. Der Film über die letzten Tage des Nirvana-Frontmanns Kurt Cobain (1967-94, er heißt hier »Blake«) verzichtet nicht nur gänzlich auf narrative Muster, er tut noch nicht einmal so, als könne er uns etwas über seinen Antihelden erzählen. In hypnotisch langsamen Schwenks zeigt LAST DAYS einen Protagonisten, der sich selbst, unserem Blick und der Welt mehr und mehr entgleitet.

Während Haynes uns mit einem Feuerwerk der Bilder, Songs und Zitate zu überwältigen sucht, ist Van Sants Film mit einem Sinuston vergleichbar, der so statisch ist, dass wir ihn nach einer gewissen Zeit gar nicht mehr wahrnehmen. Das Verblüffende: Das langsame und völlig undramatische Verschwinden der Hauptfigur bannt denjenigen, der sich darauf einlässt, bis zur Atemlosigkeit.

Dass Van Sants hermetisches Script funktioniert, verdankt es maßgeblich Harris Savides Kameraarbeit und dem sorgfältigst arrangierten Sounddesign. Biografische Details aus dem Leben des Grunge-Rockers werden, wenn überhaupt, nur angedeutet; im Prinzip aber folgen wir anderthalb Stunden lang einem Charakter, der bereits am Anfang ein lebender Toter ist und der ohne nennenswerte Wünsche oder Widerstände der finalen Vollendung dieses Zustandes entgegentreibt.

Die Vermutung, dass dieser Cobain unter Drogensucht, den Ansprüchen der Medien-Öffentlichkeit und einer labilen Persönlichkeitsstruktur leidet, tragen wir in den Film hinein, die Erzählung selbst gibt keinen Hinweis darauf. Möglicherweise hat Cobains Managerin, in einer der wenigen Dialog- oder vielmehr Monologszenen des Films, recht, wenn sie ihm vorhält, er lebe nur das Klischee des ausgebrannten Rockstars. Ebenso gut könnte es jedoch an dem von E.M. Cioran diagnostizierten »Unglück, geboren zu sein« liegen, dass dieser Held so gar keine Verbindung zu anderen und der Welt finden kann. Die beiden einzigen Musik-Sequenzen weisen keinen Ausweg, sind nicht Erlösung, sondern Ausdruck der existenziellen Krisenhaftigkeit dieser Existenz, die jedoch – Absage an die gottgleiche Wirkungsmacht von Kunst – in der Art, wie sich Cobain eine Schale Cornflakes zubereitet, genau so deutlich wird.

LAST DAYS wurde, meist in diffamierender Absicht, als Sound-Poem, Porträt ohne Gesicht oder Natur-Doku bezeichnet. Tatsächlich ist

LAST DAYS (2005; D+R: Gus Van Sant)

GERRY (2002; D: Gus Van Sant, Matt Damon, Casey Affleck; R: Gus Van Sant)

ELEPHANT (2003; D+R: Gus Van Sant)

109

der Film all das und genau deshalb so bemerkenswert. Immer wieder verlässt der Blick den hinter einem wirrem Vorhang von Haaren Unverständliches vor sich hin murmelnden Protagonisten und widmet sich stattdessen der Betrachtung von flirrendem Blattwerk, im Wind wogenden Büschen oder der sich kräuselnden Oberfläche eines Sees. Diese Bilder werden nicht symbolisch oder mystisch aufgeladen, sondern zeigen einfach, »was ist«. Der Blick auf den Helden ist genauso lapidar. Wir werden weder Zeugen spektakulärer Zusammenbrüche noch euphorisierender Hoffnungsmomente, können aber beobachten,

Michael Pitt in LAST DAYS

wie quälend lange es dauern kann, von einem Stuhl aufzustehen. Die Identifikation mit der Figur entsteht nicht dadurch, dass sie nachvollziehbar gemacht werden würde, sondern durch eben jene Rätselhaftigkeit, die wir auch bei den Naturbildern empfinden.

Van Sants Verweigerung jeder Erklärung für Cobains Verhalten fordert den Zuschauer auf, eine eigene in den Film hineinzutragen. Dadurch verwandelt sich LAST DAYS in einen Spiegel, der, anstatt eine Fiktion der letzten Tage Cobains abzubilden, eine Reflektionsfläche für die Gedanken und Gefühle des Rezipienten darstellt. Dazu verwendet Van Sant keine der Literatur entlehnten, sondern ausschließlich filmische Mittel: Bilder und Musik (die hier überwiegend durch Natur- und Alltagsgeräusche entsteht).

Anders als in dem, was die scheinbar durch nichts zu heilende Gefährdung des Helden betrifft, vergleichbaren CONTROL, hat man am Ende von LAST DAYS nicht den Eindruck, dem Schicksal eines dysfunktionalen jungen Mannes gefolgt zu sein, sondern, so pathetisch es klingt, einen Blick in die Tragik alles Seins geworfen zu haben. Die Figur Cobain scheint von dieser nicht mehr oder weniger durchdrungen als die Bäume, der See oder der bloße Klang eines im Off vorbeifahrenden Zuges.

Bemerkenswerterweise stürzt uns diese Erfahrung nicht in Depression, sondern vermittelt einen Geschmack von der Kürze und Süße des Lebens.

Die Hauptfigur evoziert weder Bewunderung (und sei es nur für das konsequente Ausleben der Selbstzerstörung) noch Mitleid. Ihr Verschwinden aus der Welt ist so vorhersehbar und unspektakulär wie das Zuendegehen eines x-beliebigen Tages. Über Cobain erfahren wir praktisch nichts, indem wir uns mehr und mehr als integraler Bestandteil von Van Sants Interpretation der Welt empfinden, möglicherweise aber etwas über uns selbst. Bekommen wir den oben erwähnten Zug im Off nicht zu Gesicht, weil wir dessen Passagiere sind und die Leinwand das Fenster ist, durch das wir die Welt und das Leben vorüberziehen sehen?

Welche Fragen dieser Film auch immer hervorruft, sie sind nicht generisch vorformuliert, sondern wollen von uns an ihn herangetragen werden. Überflüssig zu sagen, dass für die Antworten dasselbe gilt. Damit wird LAST DAYS, wie jedes ernst zu nehmende Kunstwerk, zu einer Zumutung. Dass Cobains Seele am Ende seinen tot am Boden liegenden Leib verlässt und, die Sprossen eines Fensters als Leiter benutzend, gen Himmel klettert, ist der einzige Missklang in diesem ansonsten so konsequent ontologisch-materialistisch erzählten Film.

Mythisches Drama, mediale Selbstreflexion, Avantgardekino; die Gegenwart hält unterschiedliche Modelle für überzeugend erzählte Biopics bereit. Anders als die Popmusik selbst, die sich, mit Ausnahme der sogenannten elektronischen Musik, seit knapp 20 Jahren in einer Endlosschleife der Revivals dreht, suchen und finden Autoren und Regisseure immer wieder neue Wege, um die Lebensgeschichten ihrer Protagonisten nachzuzeichnen. Das inhärente Drama mancher Biografie kann dafür ebenso Anlass bieten wie das von der Musik transportierte utopische Moment.

Genau wie diese hat das Kino die Macht, den Rezipienten für einen gewissen Zeitraum aus dem Alltag herauszulösen und in einen als intensiver erlebten Zustand zu versetzen. Dass dieser irgendwann enden wird, ist sowohl beim Song wie beim Film klar. Was im Idealfall über den letzten Akkord oder den Abspann hinaus konserviert werden kann, ist die Sehnsucht nach einem Leben, dass diesem Zustand vergleichbar wäre.

Ob es an der Textlosigkeit der elektronischen Musik oder an der zumindest anfangs intendierten Unsichtbarkeit ihrer Protagonisten liegt, dass deren Leben bislang noch nicht durch Biopics gewürdigt wurden, wäre an anderer Stelle zu klären.

Neue Story-Welten
Über das Erzählen im 21. Jahrhundert

Ein Manifest von Keith Cunningham

Während der Berlinale 2009 hielt ich im Berliner Literaturhaus einen Vortrag mit dem Ziel, Aufmerksamkeit darauf zu lenken, wie die neue Welt des Klimawandels, in die wir gerade eintreten, und die neuen Konflikte, die er hervorruft, das Erzählen von Geschichten in den kommenden Jahrzehnten beeinflussen werden. Die Ausgangssituation war einfach und offensichtlich: Das Drama, also im Besonderen der Film, der Fernsehfilm und die Fernsehserie, muss die reale Welt um uns herum widerspiegeln, um relevant zu bleiben.

Der Untertitel des Vortrags, *Der Mut zum Sein und Parabeln der Flucht*, sollte damals andeuten, welcher Aspekt des Klimawandels meiner Ansicht nach am meisten mit den Medien zu tun hat. Nennen wir es die hochaktuelle Spannung. Sie besteht darin, dass die dramatischen und unterhaltungstechnischen Aspekte der Massenmedien anscheinend nicht mit unserer wirklichen globalen Situation umgehen können, sondern eher in eskapistische Sentimentalität und Voyeurismus abdriften. Die Welt hat Klimaziele, die sie in den nächsten Jahren erreichen muss, und es scheint, als seien diese Ziele ohne das aktive Engagement der Medien nur schwer zu erreichen, besonders in den Industrienationen der Nordhalbkugel. Die Nachrichtenmedien übernehmen ein mehr

oder weniger angemessenes Maß an Verantwortung, obwohl sie ein Schlachtfeld von Desinformation und Lobbyismus sind. Aber diejenigen von uns, die Geschichten erzählen – Autoren, Regisseure, Produzenten und verantwortliche Redakteure –, haben noch nicht mit der Diskussion begonnen, wie unsere Geschichten Menschen systematisch positiv beeinflussen könnten.

Seit dem Ende des Kalten Krieges haben Kino und Fernsehen zunehmend den humanistischen Schwung und die Mission verloren, die zwischen 1945 und 1990 ein goldenes Zeitalter des Kinos hervorgebracht haben. Mit der sogenannten Blockbuster-Ära ist der Marktpragmatismus das überwältigende und inzwischen stillschweigend akzeptierte Kriterium geworden, mit dem wir Filme beurteilen. Die Wichtigkeit von Filmkritikern ist weitgehend von Zeitungstabellen mit den wöchentlichen Zuschauerzahlen ersetzt worden. Diese Verwechslung von Qualität und Quantität ist in allen Bereichen ein Zeichen des triumphierenden Kapitalismus. Der generelle Grundsatzkatalog, der unternehmerisches Handeln im Kapitalismus insgesamt steuert, hat einen immer unerbittlicheren Einfluss darauf, wie Kinofilme und Fernsehen konzipiert, produziert, ausgestrahlt, vermarktet und sogar angeschaut werden.

Jetzt aber beginnt ein neues Zeitalter, in dem alle einst selbstverständlichen Annahmen auf den Prüfstand kommen. Die Finanzkrise mit ihrem nie da gewesenen Ausmaß an institutionellem Betrug und ihren bewusst akzeptierten Spekulationsblasen sowie die offensichtliche Unfähigkeit der Regierungen, einem globalisierten Finanzmarkt adäquate Regeln aufzuerlegen, hat einen *Perfect Storm* von Krisen heraufbeschworen, der zwar vielen Menschen bewusst geworden ist, den die Medien aber versuchen außer Sichtweite zu halten. Prinzipiell wollen Menschen »gute Nachrichten« hören, auch wenn diese nicht die ganze Wahrheit wiedergeben. Gute Nachrichten werden daher für steigende

Marktanteile verantwortlich gemacht, und es scheint, als ob auch bei den seriösen Fernsehsendern nur sehr wenige der Tendenz zum »Infotainment« widerstehen können. Dies fügt eine weitere Krise zur bereits langen Liste der Klima-, Bevölkerungs- und Rohstoffkrisen hinzu. Tatsächlich fügt es eine weitere Krise*ebene* hinzu, eine Krise der Integrität uns selbst gegenüber. Man könnte sagen, die größte Bedrohung der Menschheit ist die Neigung, ihre eigenen Lügen zu glauben.

Das ist es, worum sich die Spannung zwischen dem Mut zum Sein und den Parabeln der Flucht dreht. Der Ort, an dem sich diese Spannung am deutlichsten manifestiert oder ausgetragen wird, werden die Medien sein. Um es sehr einfach auszudrücken: Die Konfrontation mit unseren Problemen und die Tolerierung des damit einhergehenden notwendigen Ungemachs und der Angst bringen schließlich jenen »Mut zum Sein« in uns hervor, eine tiefere Quelle des Starken und des Guten in uns selbst. Die logische Folge wäre, dass das Gegenteil genauso zutrifft: Der Versuch, sich vor Ungemach und aus Angst in Fantasien zu flüchten (voyeuristische »Star«-Fantasien, Reichtumsfantasien, Sex- und Drogenfantasien usw.), entfernt uns weiter von unserer eigenen inneren Kraft. Eskapismus hat eine suchtbildende Qualität, eine Flucht daraus scheint nicht möglich. Die psychologischen Dissoziationen in uns selbst, die ein zeitweiliges Entkommen scheinbar möglich und überaus attraktiv machen, trennen uns in Wirklichkeit von uns selbst. Wenn wir aber einmal auf diesem Weg begonnen haben, locken uns die »Parabeln der Flucht« weiter. Sie werden zum abhängig machenden Selbstzweck.

Wir Autoren sollten die Dimension der verschobenen Realitäten erkennen, denn sie alle sind konfliktgeladen und daher erstklassiges dramatisches Material. Immerhin sind wir in den Medien diejenigen – egal ob Autoren, Produzenten oder Redakteure –, die Geschichten erzählen, die Tausende oder sogar Millionen Menschen berühren könnten. Das ist eine beträchtliche Macht. Worauf ich aber stieß, als ich verstärkt mit meinen Medienkollegen über die Erderwärmung und ähnliche Themen sprach, waren Ausflüchte, Verleugnung – und dahinter eine Menge Furcht. Wenn man etwas nachbohrte, kam heraus, dass das Verständnis der meisten Menschen für die Wissenschaft des Klimawandels nicht sehr tief ist. Tatsächlich ist das Wissen der meisten Menschen über Biologie, Geologie und Ökologie nicht groß genug, um sie zu sensibilisieren. Sie ziehen es in Wirklichkeit vor, dass jemand *anders, woanders* dieses Thema für sie in die Hand nimmt: die »Experten«.

Die meisten der Kollegen, mit denen ich sprach, fühlten sich eher machtlos als stark. Sie nehmen die Macht, die wir den Medien als Ganzes zumessen, nicht als ihre persönliche wahr. Diejenigen, die in Unternehmen arbeiten, fühlen ständig den Druck ihrer Vorgesetzten. Die

Die Formulierung »Mut zum Sein« geht auf den Theologen Paul Tillich zurück: »Der Mut zum Sein gründet in dem Gott, der erscheint, wenn Gott in der Angst des Zweifels untergegangen ist.«

aber, die freiberuflich arbeiten – was auf die meisten Autoren zutrifft –, sehen sich selbst eher am Rand und versuchen nur, ein kleines Stück vom Kuchen abzubekommen. Es gibt eine Tendenz, den Klimawandel als etwas ausschließlich Spezialisten Betreffendes anzusehen.

Nach einer Studie des Intergovernmental Panel on Climate Change (IPCC) bleibt der Menschheit ein Zeitfenster von sechseinhalb Jahren, in dem wir die größte Klimaerwärmung *abschwächen* und die drohenden weltweiten Katastrophen vermeiden können. Danach werden sich die Optionen zunehmend auf *Anpassung* beschränken, und dazu eine sehr teure und nur teilweise Anpassung. Sechseinhalb Jahre sind kein Marathon, sondern ein Sprint. Es bedeutet: Konzentrieren wir uns! Wir wissen, wo wir sind: in einem nicht funktionierenden System, das uns in einen *Perfect Storm* von miteinander verzahnten Krisen geführt hat. Wir wissen, wo wir hinmüssen: zu einer umfassend nachhaltigen neuen Lebensweise auf und mit dem Planeten, der die einzige Heimat ist, die wir haben. Wir kennen die Frist. Die Frage lautet also: *Wie können die Medien eine aktive Rolle auf dem Weg von hier nach dort einnehmen?* Dies ist die Frage, die mich leidenschaftlich umtreibt. Ich habe eine unabhängige Organisation gegründet, das *Story Arks Institute*, um bei der Beantwortung dieser Frage führend mitzuhelfen. Ich merkte durch die in diesem Rahmen geführten Diskussionen jedoch bald, dass ich alle meine Freunde und alle meine beruflichen Kontakte verlieren würde, wenn ich dies weiter verfolgte. Ich fürchtete, heimatlos zu werden und mit meiner gesamten Habe in einem Einkaufswagen unter den Brücken zu enden.

In dieser Gefühlslage befand ich mich, als mir mein Freund und Kollege Claus Josten eine E-Mail mit der Information über eine UNESCO-Konferenz in Paris über »Rundfunkmedien und Klimawandel« schickte. Die vielen starken Beiträge dieser Konferenz gaben mir über die Teilnahme daran hinaus eine neue Perspektive in der Frage, wie ich mich mit meinen Medienkollegen über das Potenzial für Drama im Klimawandel austauschen konnte. Tatsächlich war der neue Impuls sehr einfach. Mike Shannon vom International Institute for Environment and Development (IIED) gab ein Statement ab, das für mich zur Schlüsselaussage der gesamten Konferenz wurde: »Der Klimawandel ist nicht länger die Geschichte -- er ist der *Kontext*. Er ist der Kontext aller Geschichten.« Das bedeutet, die gesamte menschliche Geschichte der Zukunft findet vor dem Hintergrund des Klimawandels statt, soweit wir das absehen können. Die Konsequenz ist, dass der Klimawandel irgendwo immer in der Welt jeder dramatischen Geschichte vorkommen wird, entweder im Text oder im Subtext, von den Figuren entweder akzeptiert oder geleugnet. Die Zeit *vor* dem Klimawandel ist nun weit weg und so unwiederbringlich wie die Zeit vor der Atombombe oder

der industriellen Revolution; sie ist so weit entfernt wie Camelot. Dieser Gedanke ist ebenso einfach wie unvermeidlich. Und doch kommt es wie bei der Atombombe sehr darauf an, wie wir uns entscheiden, mit dem Klimawandel umzugehen, besonders in diesen sechseinhalb Jahren potenzieller Abschwächung, die wir zur Verfügung haben.

Nach der Rückkehr aus Paris fand ich, es sei leichter, eine einfache Anleitung für Story-Entwicklung zu schreiben, die den Klimawandel als den ständigen Kontext unserer neuen Zeit berücksichtigt, als weiter dafür zu werben, seine wissenschaftlichen, ökologischen, ethischen und politischen Auswirkungen in den Griff zu bekommen. Ziel ist es, Autoren, Produzenten, Regisseure und Redakteure darin zu unterstützen, wirksame Fragen zur Story-Entwicklung zu stellen, um diese neue Welt anzusprechen. Laut Mike Shannon muss der Klimawandel als Kontext nicht die Geschichte selbst sein. Er kann auch im Hintergrund aller Genres des *Storytelling* schweben, mit denen wir bereits in den Medien arbeiten. Natürlich wird sich nicht jeder dafür interessieren. Wir verdienen mit Eskapismus viel Geld – in der Tat ist das Genre des »Reality-Eskapismus« (*Big Brother, Who Wants to Marry a Millionaire*) in den letzten Jahren besonders profitabel gewesen. Es ist eine freie Welt, und man kann niemand von seinen Fluchten abhalten. Aber für diejenigen, die nach vorn schauen und sich engagieren möchten, können diese Überlegungen über Story-Entwicklung in den Zeiten des Klimawandels einen nützlichen Ausgangspunkt darstellen.

Big Brother (NL 1999ff.; USA 2000ff.)

Who Wants to Marry a Millionaire (USA 2000)

Wenn der Klimawandel also so oder so der Kontext aller künftigen menschlichen Entwicklung ist, dann kann er in die Dimensionen der Geschichte oder in den Handlungsort versetzt werden, auch wenn es keine Geschichte ist, die vom Klimawandel handelt. Die Präsenz des Klimawandels als Kontext ist nicht einfach etwas Neutrales: Auch ohne die Handlung voranzutreiben, wird der Klimawandel immer noch die *dramatische Einheit* einer Geschichte beeinflussen, das heißt, die notwendige Einheit von Handlung, Figur, Thema und Stil. Der Klimawandel wird wie die Atombombe und der Kalte Krieg direkt und indirekt seine eigenen Themen hervorbringen. Die in den 1950er und 1960er Jahren durch das Damoklesschwert der globalen atomaren Vernichtung aufgekommenen Themen verbreiteten ihren Einfluss in jedem Aspekt des westlichen Lebens.

Wir könnten den neuen Topos mit dem der zweiten Hälfte des 20. Jahrhunderts vergleichen. Was wir als Autoren herausarbeiten sollten, ist die Manifestation des Zeitgeistes in konkreten Umgebungen, die damit ikonografische Bedeutung bekommen. Ikonografische Elemente werden zur Identifikation einer Stadt durch ihre Sehenswürdigkeiten ständig wiederholt, beispielsweise in Eröffnungsszenen. Nun war das 20. Jahrhundert durch eine Spannung gekennzeichnet, die als schizoid

bezeichnet werden darf. Die andauernden Albträume von Massenver-
nichtung entweder durch polemisch-politische Bewegungen oder durch
Höllenmaschinen mussten durch großartige Fantasien von unendli-
chem Fortschritt unterdrückt werden. Die Spannung zwischen diesen
beiden Seiten versinnbildlichte den westlichen Ethos nach dem Zweiten
Weltkrieg. Fortschritt als implizite Annahme manifestierte sich in den
ikonischen Bildern von Wolkenkratzern, Fabrikschloten, Autobahn-
Kleeblättern, Mies van der Rohes glänzenden Glasvorhängen, vorbei-
ziehenden Autoscheinwerfern und glitzernden Schaufenstern der Fifth
Avenue oder der Champs-Élysées. Während sie alle im Hintergrund der
Bildersprache eines Films blieben, war ihre Gegenwart genau so wichtig für die Einordnung der *Welt* der Geschichte wie die Sportwagen, die
Designermode und andere Statussymbole, die direkt mit den Figuren
assoziiert wurden. Die Hollywood-Vokabel dafür ist *eye candy*.

Diese Fantasie des unendlichen Fortschritts ist durch den Zusam-
menstoß mit den sehr realistischen Limits unseres Planeten beschädigt worden. Ob es uns gefällt oder nicht, wir müssen uns von einer
Denkweise der Ausbeutung hin zu einer der Nachhaltigkeit bewegen.
Das 21. Jahrhundert wird von einem anderen Ethos bestimmt, das die
Qualität von Bildern neu bestimmt. Die hervorstechenden Bilder sind
nun nicht die des Fortschritts, sondern die des Zusammenbruchs –
und zwar dessen, was wir kannten und selbstverständlich fanden. Die
vorherrschenden neuen Bilder sind die von entwurzelten Menschen,
erodierten Küsten, wachsenden Wetterturbulenzen, Nahrungsmittel-
kämpfen und kollektiver Unsicherheit. Es sind aber auch die einer neuen
Hoffnung: Windfarmen, die intensive Forschung nach widerstandsfä-
higen Getreidesorten, das Zusammenkommen des globalen Dorfs zu
Anlässen wie der erwähnten UNESCO-Konferenz. Diese neue Welt hat
bereits ihre ikonischen Helden, darunter Rajendra Pachauri, Al Gore
und Erzbischof Desmond Tutu. Tutu hat unsere Situation schneidend
kurz ausgedrückt: »Wenn wir nicht akzeptieren, dass wir miteinander
verbunden sind ..., dann sind wir verloren.« Die Bilder im Zeitalter
des Klimawandels haben nicht die geradlinige Qualität von Rationali-
tät und Sicherheit, die Wolkenkratzer und Autobahnen besitzen, sondern bekommen jetzt die Qualität von Durcheinander, Geflechten und
Netzwerken. Das sind die wesentlichen Bilder der neuen Story-Welten,
Metaphern, die die Qualität unserer Situation einfangen.

Im Moment befindet sich unsere Welt in einem Spannungszustand
zwischen alten Fantasien und neuen Realitäten. Das Alte hängt noch
nach und resultiert in Eskapismus. Der neuen Realität gegenüberzu-
treten erfordert kollektiven Mut und Solidarität; es impliziert die Definition einer neuen globalen Solidarität, die den Menschen wieder
in die Ökologie der Erde einordnet. Dies ist ein Kampf der Ideen und

Mythen, bei dem einer der Kriegsschauplätze sicherlich die Medien sein werden.

Wann immer wir die unterschiedlichen Welten oder Figuren aus Nord und Süd in einem Spielfilm zusammenführen, bringen sie implizit verwickelte Perspektivenkonflikte mit sich. Wir, die Geschichtenerzähler, können entweder versuchen, diese reale Welt außen vor zu halten oder sie zu integrieren und dramatischen Nutzen aus ihr zu ziehen.

Shakespeare, Tschechow und Beckett können auf einer so gut wie leeren Bühne aufgeführt werden, aber beim visuellen Medium Film üben die physischen Räume eine derartige Kraft auf das Erzählen der Geschichte aus, dass sie eine eigene dramatische Funktion annehmen. Die Welt der Geschichte zu definieren bedeutet zuerst, physische Räume zu gebrauchen, um dafür die Grenzen zu setzen, worüber wir sprechen: das Ausmaß des Dramas. Die physischen Räume sind außerdem von fundamentaler Bedeutung für das Einbetten des Filmthemas in den Subtext des Publikums. Das beginnt mit den allerersten Bildern des Films. Aber die thematische Schärfe wird besonders durch das artikuliert, was wir bei der Story-Entwicklung als die *Tag*- und die *Nachtwelten* der Geschichte bezeichnen. Also ist die Welt der Geschichte nicht bloß eine Reihe von Räumen: Es gibt einen Bruch, eine innere Spannung. Dieser Bruch hat einen dialektischen Aspekt, der diese Räume mit der Handlung, den Figuren, dem Thema, dem Stil und der dramatischen Einheit verbindet.

Die Tagwelt der Geschichte ist schlicht die gewohnte Umgebung der Hauptfiguren, ihr *Sicherheitsbereich*. Weit entfernt davon, ein passiver Hintergrund zu sein, bestimmt diese Tagwelt die Einstellungen, die den Modus der Hauptfiguren definieren. Wir erstellen das Tagwelt-Modus-Verhältnis im ersten Akt des Drehbuchs für das Publikum durch das gesamte Verhalten und die Interaktionen, die zum dramatischen Katalysator und zum aus ihm resultierenden Handlungsziel führen.

Wir enthüllen noch mehr, indem wir die Reaktion des Helden auf das katalytische Ereignis zeigen: Was sind die ersten Schritte, die die Figur zu ihrem Handlungsziel unternimmt? Zu welcher Reichweite der Handlungen ist sie fähig? Welche Voraussetzungen und blinden Flecken werden sie in einen tieferen Konflikt stürzen?

BABEL ist hierzu ein faszinierender Einstieg, denn alle Charaktere der verschiedenen Handlungsstränge sind in ihren Tagwelten etabliert, bevor der Konflikt zwischen ihnen beginnt. Die dramatischen Parallelen dienen der Vereinigung der kulturellen Unterschiede. Für die beiden marokkanischen Brüder besteht ihre Tagwelt aus der steinigen Bergregion, wo nicht viel passiert, die aber der Hintergrund für ihre Rivalität ist. Es ist eine unschuldige, kindische Rivalität, weil sie noch keine Konsequenzen hat. Für das amerikanische Touristenehepaar besteht die Tagwelt aus ihrem Ehezwist, den sie überallhin mitnehmen – unterschwellig ist das ihr Sicherheitsbereich. Die Tagwelt wird am Anfang etabliert, damit sie am Ende des ersten Aktes zerstört werden kann.

BABEL (2006; D: Guillermo Arriaga; R: Alejandro González Iñárritu)

Die Nachtwelt ist die Welt des Unbekannten, der Unsicherheit und der Gefahr, der die Figuren zu Beginn des zweiten Aktes ausgesetzt werden. Dies ist entweder ein anderer physischer Raum, oder die dramatische Situation hat eine entscheidende Wendung genommen, die einem Weg ohne Wiederkehr entspricht. Im ersten Akt von DAS LEBEN DER ANDEREN hat Wiesler bereits die Wohnung verwanzt und sich auf dem Dachboden von Georgs Wohnhaus versteckt. Damit ist die Schwelle, die Wiesler am Ende des ersten Aktes überschreitet, nicht der physische Raum; er übertritt die Schwelle zum persönlichen Interesse und zur emotionalen Einmischung in Georgs und Christa-Marias Leben. Für Wiesler ist das auch ein Weg ohne Wiederkehr, denn in seinem Beruf ist jegliche persönliche Einmischung oder Mitgefühl tabu. Die Nachtwelt erhöht den dramatischen Einsatz, was schließlich zum Zu-

DAS LEBEN DER ANDEREN (2006; D+R: Florian Henckel von Donnersmarck)

sammenbrechen des Modus der Hauptfigur am Ende des zweiten Aktes führt. Die Nachtwelt muss im Entwicklungsprozess der Geschichte so konstruiert sein, dass sie genug Potenzial für dramatischen Konflikt in allen drei Dimensionen des Story-Moleküls enthält.

Was passiert also, wenn der Klimawandel der Kontext für die dramatischen Tag- und Nachtwelten einer Geschichte wird? Wir könnten fragen: Was ist unser kollektiver Status quo, unser eigener Sicherheitsbereich? Generell ist es die alte Denkweise der Ausbeutung und die Vorstellung, dass Wachstum unvermindert anhalten wird. Jetzt haben wir ein Element, das wir in die Einstellungen der Hauptfigur einbringen können. Die alte Denkweise mag die Gestalt von Zuversicht, Selbstzufriedenheit, aktiver Vermeidung, unbewusstem Egoismus oder absichtlicher Ausbeutung anderer annehmen. Nicht wenige Filmkritiker haben beobachtet, dass es heute mehr narzisstische Charaktere und Einzelgänger auf der Leinwand gibt – und weniger Figuren, die in ihren Gemeinschaften eingebunden sind und Mitgefühl oder Großherzigkeit zeigen. Die Denkweise von Ausbeutung und narzisstische Charakterzüge sind zwei Seiten des gleichen Phänomens. Aber sobald der destabilisierende Effekt des Klimawandels auftritt, sei es durch Jobverlust, den Einsturz eines spekulativen Marktes oder ein Unwetter während eines Tropenurlaubs, scheint eine Nachtwelt des Chaos den Helden zu verschlucken.

Eine mögliche Orchestrierung der Tag- und Nachtwelten ist es, die Tagwelt eindeutig in der alten, verfallenen Denkweise zu positionieren. Eine Hauptfigur wie Wiesler wird als in dieser Welt gefangen dargestellt. Eine beißende Satire oder eine schwarze Komödie könnte so weit gehen, erwachsene Babys darzustellen, die abhängig vom Konsum sind. In diesem Fall wäre die Nachtwelt dann ein Bereich der Initiation, des Todes der alten und vielleicht der Geburt einer neuen Sichtweise und eines neuen Engagements. Solch ein Aufbau könnte sein Thema auf die Notwendigkeit des Erwachsenwerdens, die Ernüchterung und das Annehmen von neuen Realitäten konzentrieren. Diese Struktur bietet sich sehr für ein Melodrama an.

Ein zweiter Aufbau würde die Tagwelt der Hauptfigur eher als eine Welt verantwortungsvoller Erwachsener etablieren, die auf Widerstände stoßen und sie überwinden müssen: Wissenschaftler, Arbeiter in humanitären Diensten, Erfinder grüner Technologien, Journalisten, die wie in GOOD NIGHT, AND GOOD LUCK Transparenz und Wahrheit suchen. Die widerstrebenden Kräfte sind dann diejenigen, die an der Macht hängen. Solche Geschichten können überall dort spielen, wo verantwortungsvoller, bewusster Fortschritt stattfindet. Die Skala der Story-Welt kann vom rein Lokalen über das Regionale bis hin zum Globalen reichen.

GOOD NIGHT, AND GOOD LUCK (2005; D: George Clooney, Grant Heslov; R: George Clooney)

Ein dritter Weg, die Tag- und Nachtwelten in den Kontext des Klimawandels einzubinden, dreht sich um »Transitzonen«, also Orte, wo Menschen von der Nord- und der Südhalbkugel wegen Ressourcen, Sicherheit oder Chancen aufeinanderstoßen. Eine neue Entwicklung dieses Jahres behandelt den Run von privaten Unternehmen und Ländern wie China, Südkorea, Saudi-Arabien und anderen auf Millionen von Hektar Land in ärmeren, aber fruchtbaren Regionen von der Ukraine bis nach Madagaskar. Die Unvermeidbarkeit von dramatischem Konflikt in diesen Zonen ist enorm. In einer anderen aktuellen Entwicklung reisen ganze Schiffsladungen afrikanischer Emigranten über den Atlantik in die Karibik. Transitzonen, die wir bereits kennen, umfassen die südlichen und östlichen Ränder der EU, die Grenze der USA zu Mexiko, die Grenze von Russland zu Zentralasien und die australisch-ozeanische Schnittstelle. Wenn man einfach die Tagwelt jeder beliebigen Geschichte jedes Genres vor solch einen Hintergrund bringt, dann geraten die brisanten Themen des Klimawandels automatisch in den Subtext.

Obwohl der Film nicht direkt vom Klimawandel handelt, ist SYRIANA ein gutes Beispiel dafür, wie sich Aspekte aller drei oben erwähnten Tagwelt-Nachtwelt-Aufbauten verwenden lassen. Und es ist ein weiterer Schluss, den wir zu Story-Welten im neuen, tiefgreifenden Kontext des Klimawandels ziehen können: Es wird immer schwerer werden, ein kleines Familienmelodram von der lebendigen Welt abzuschirmen, die es umgibt. Die kleine Welt von Familiendynamik und pop-freudianisch-psychologischen Motiven kann in einer Zeit des kollektiven Umbruchs kaum von ihrem sozioökonomischen Kontext getrennt werden. Die Flucht vor der Realität mag für eine Figur Motivation, Teil des Figurenmodus oder sogar Handlungsziel sein. Die Aufgabe des Dramatikers ist es dagegen, allen Motiven aller Charaktere bis zu den Konsequenzen ihrer Handlungen zu folgen. Die Grenze zwischen dem internen Konflikt einer Familie und der Welt um sie herum wird vermutlich zum neuen dramatischen Fokus werden.

SYRIANA (2005; D: Stephen Gaghan, nach dem Buch von Robert Baer; R: Stephen Gaghan)

Neue Helden

Seit dem Aufkommen der »Blockbuster-Mentalität« sind die Technologie und das Geschichtenerzählen auf vielerlei Art zusammengeflossen. In teuren Hollywoodfilmen ist beides beinahe symbiotisch geworden. Solche Filme handeln vor allem auch von der Technologie des Filmemachens. Der zeitgenössische Held wird oft als Meister der Technik porträtiert oder positioniert. Technisch Unbegabte werden in diesen Genres keine Helden. All die coolen Figuren in der Fernsehserie *Lost* konnten anscheinend schon im Kinderwagen mit einer Neun-Millimeter-Pistole und einer Kalaschnikow umgehen, ganz zu schweigen von Jack

Lost (USA 2004ff.)

121

24 (USA 2001ff.)

Bauer aus *24*. Muss man noch unterstreichen, dass all dies mit einer subtextuellen Agenda für die Zuschauer geliefert wird? Diese Figuren führen wie auf einem Laufsteg ein »optimales« oder »wunscherfüllendes« Verhältnis zur Technologie vor.

Tatsache ist, dass der Klimawandel keine Krise ist, deren fundamentale Bedingungen mit Waffen gelöst werden können – oder überhaupt durch individuelle Aktionen. Wie schon vielfach festgestellt, ist es zunächst einmal der Aspekt, der den Klimawandel auch zu diesem kritisch späten Zeitpunkt zu so einer schwer verkäuflichen Ware macht, dass er kein Ereignis, sondern ein *Prozess* ist. Der neue Ethos bedeutet, die Natur von Grenzen zu verstehen, darunter auch die natürlichen Beschränkungen des Individuums innerhalb dessen, was als Ökosystem zu begreifen ist. Der Kult des ungezügelten Individualismus sollte seinen Höhepunkt erreicht haben und inzwischen auf dem absteigenden Ast sein.

Was wir Dramatiker positiv zu unserer kommenden Welt beitragen könnten, wäre eine Prüfung und Neueinschätzung, wer oder was ein Held ist. Die Figur des Helden ist vor allem ein Archetyp, also ein Bild, das spontan von der menschlichen Psyche produziert wird, und das besonders unter Stressbedingungen. Der Archetyp des Helden ist unmittelbar mit unserem Überlebensinstinkt verbunden. Es ist ein menschlicher Allgemeinbegriff, nicht das Produkt einer patriarchalischen Kultur, obwohl jede Kultur die Energien des Helden für ihre eigenen Zwecke einsetzt. Das Heldenimage wirkt wie ein Blitzableiter, um Energie und Libido und damit Helden aller Art anzuziehen, von Sportstars bis zu religiösen Führern, also Modelle von Führungsrollen für den Rest von uns. Damit stellt sich die Frage: Was sollte heute im Kontext des Klimawandels als Vorbild dienen? Wir brauchen weniger soziopathische Narzissten, die nicht mit der inneren und äußeren Natur im Einklang, in sich gespalten und ausnahmslos gewalttätig sind, auch wenn sie »weniger böse« als »die Bösen« sind. Wir brauchen auch weniger von diesen winzigen Egos, die glauben, dass die ganze Welt nur dazu da ist, damit sie sich vergnügen können. Was wir häufiger in Filmen sehen müssen, sind psychologisch reife Männer und Frauen mit Mut und Charakterstärke, die auch ihre Grenzen und ihre Einbindung in Gemeinschaften und in die größere Natur erkennen. Joseph Campbell, dem wir Geschichtenerzähler unser Konzept der »Reise des Helden« verdanken, definiert den Helden als »die Person der selbst erreichten Ergebenheit«. Ein riesiges Ego hat wirklich nichts damit zu tun.

Die Journalistin Rebecca Solnit hat einen bewegenden Artikel zum achten Jahrestag der Terrorangriffe des 11. September geschrieben. Er basiert auf ihrer Recherche zum menschlichen Verhalten in großen

Katastrophen. Sie fand heraus, dass Menschen auf große Krisen im Großen und Ganzen nicht mit lauter Panik wie in Katastrophenfilmen reagieren. Während Tausende vom World Trade Center wegrannten, liefen viele darauf zu, mitten in den Rauch hinein, um zu helfen. Juden halfen Muslimen, Muslime halfen Juden. Die Katastrophe brachte eher die besten Seiten bei denen zum Vorschein, die darin verwickelt waren, als ob der Archetyp des Helden eine Flut von Adrenalin und Mut entfesselt hätte. Solnit beschreibt, wie spontan eine Flotte von Booten organisiert wurde, die binnen weniger Stunden 300.000 Menschen aus dem südlichen Manhattan evakuierte. Ein gelähmter Buchhalter in einem der Türme wurde von seinen Kollegen 69 Etagen nach unten getragen. Solnit kommt zu dem Schluss:

»Hollywoodfilme und viele Pandemiepläne der Regierung gehen immer noch davon aus, dass die meisten von uns Feiglinge oder brutale Menschen sind, dass wir in Panik geraten, einander niedertrampeln, toben oder in Momenten von Krise und Chaos hilflos erstarren. Das glauben auch die meisten von uns, obwohl es eine Verleumdung der menschlichen Art ist und ein lähmender Schlag gegen unsere Fähigkeit, uns auf Katastrophen vorzubereiten. [...] Hollywood mag diese Sicht der Dinge, weil es den Weg für Filme mit Will Smith und Horden von trampelnden, schreienden Statisten ebnet. Ohne dumme, hilflose Menschen zum Retten wären Helden überflüssig. Oder ohne sie würde sich herausstellen, dass wir alle Helden sind, wenn auch ausgesprochen untypische ...«

Was Rebecca Solnit beschreibt, könnte man Heldentum durch Mitgefühl, durch Solidarität und durch Gemeinsinn nennen. Wir sehen, wie Menschen ihre eigenen besten Qualitäten und die anderer in einer ansteigenden Feedback-Schleife verstärken. Die Natur von Führung zu definieren ist für jede Gesellschaft wichtig und ein zentraler Punkt für das Drama. Es ist die Frage, die Shakespeare dauernd beschäftigt zu haben schien, als er seine Königsdramen und seine Tragödien schrieb. Diejenigen, die dazu fähig sind, uns ins Morgen zu führen, werden die sein, die Qualitäten an den Tag legen, wie sie einfache Menschen in wirklichen, unmittelbaren Krisen gezeigt haben. Es können Menschen sein, die global denken, aber lokal handeln und in einer Gemeinschaft verwurzelt sind. Und wenn wir berücksichtigen, was es im Kontext des Klimawandels für Vorbilder für uns geben muss, werden wir vielleicht in unseren Filmen Menschen zeigen, die ihre innere Mitte gefunden haben, die Leben und Tod akzeptieren und kindische Großmannssucht hinter sich gelassen haben. In der Filmgeschichte gibt es nicht viele Vorbilder von diesem Format, aber der Anführer der Samurai in Kurosawas SHICHININ NO SAMURAI ist ein großes und bemerkenswertes Beispiel.

Rebecca Solnit: How 9/11 Should Be Remembered. The Extraordinary Achievements of Ordinary People. In: Common Dreams.org (www.commondreams.org/ view/2009/09/11).

SHICHININ NO SAMURAI (Die sieben Samurai; 1954; D: Akira Kurosawa, Shinobu Hashimoto, Hideo Oguni; R: Akira Kurosawa)

Antihelden und Tragödien

Nicht jeder ist bereit für diese neue Welt des Klimawandels – keiner von uns will ihn. Aber unser Wunsch, ihn verschwinden zu lassen, erweist sich als machtlos: Dies ist eine der Kernerfahrungen, die unser Zeitalter definieren. Das ist der Grund, warum manche den Klimawandel den »Initiationsritus der Menschheit« nennen. Die Enttäuschung über Einschränkungen nach einem halben Jahrhundert voller großartiger Versprechungen und der Propaganda unbeschränkten Wachstums ist unvermeidlich. Dies ist ein dramatisches Feld, das sich zu erforschen lohnt. Um in dieses dramatische Gebiet zu gelangen, müssen die Enttäuschten, die Großspurigen und die Ablehnenden als die Hauptfiguren der Geschichte positioniert werden.

Diese Figuren werden zu natürlichen Antihelden und zu tragischen Helden. Ihre Präsenz in Dramen ist lebenswichtig, denn solch ein epochaler Gesinnungswandel, wie wir ihn heute erleben, ist kein leichter Prozess. Jede Nuance des Widerstands und der Ablehnung muss aufgenommen und respektiert werden, auch wenn sie natürlich nicht die dringend notwendige Veränderung aufhalten darf.

Manchmal erscheint der Widerstand in Schichten von Schleiern, hinter denen sich die Figur vor dem versteckt, was unerfreulich ist. Konsumdenken und die heutigen Medien selbst sind beliebte Verstecke. Es ist viel einfacher, sich damit zu beschäftigen, wer als Nächstes aus dem *Big Brother*-Haus geworfen wird oder wie zwei Starmusiker sich gegenseitig beim Twittern schlecht machen, als den steigenden Wasserständen in Bangladesch Aufmerksamkeit zu schenken. Aber die Haltung des Antihelden kann auch direkt und brutal sein: »Mir ist ganz egal, was nach mir passiert, solange ich mich hier und jetzt amüsieren kann.« Das ist der übliche Refrain einer bestimmten Altersgruppe in den Industrieländern. Manche fragen, warum sie sich auf der Nordhalbkugel

darum kümmern sollten, was in den armen Ländern passiert – auch nach zwei Jahrhunderten der Ausplünderung genau dieser Länder zum Aufbau unseres Lebensstandards. Und natürlich kann die Figur noch weiter gehen: bis hin zu soziopathischem Verhalten und Verbrechen, um so weiterzumachen zu können wie bisher.

Es sind zwei Dinge, die solche Antihelden zu schönen dramatischen Figuren machen: Erstens drücken sie etwas aus, was wir alle zu einem gewissen Maß fühlen, und veranlassen uns, darüber nachzudenken, und zweitens steuern sie direkt auf einen großen Konflikt zu. Sie bieten reiches dramatisches Potenzial, Raum für Mehrdeutigkeit und die Fähigkeit, mit hohem dramatischem Einsatz zu spielen, weil sie so riesige tote Winkel haben, Bereiche, die sie nicht wahrnehmen und ausgrenzen. Antihelden treten in den Vordergrund, wenn eine Gesellschaft den fundamentalen Glauben an ihre eigenen Werte verliert. In diesem Licht sollte der Antiheld als Symptom angesehen werden.

Tragödie entsteht, wenn eine Figur, die der Prüfung des Wachstums durch Krise – also der Essenz des Dramas – gegenübersteht, sich trotzdem nicht ändern will oder kann und damit ihr Schicksal heraufbeschwört. Wenn der Grund für die Veränderungsverweigerung ein Charakterfehler, ein neurotischer Komplex oder eine Schwäche ist, dann ist da ein Potenzial für eine kleinere, melodramatisch angehauchte Tragödie. Wenn der Grund für die Dickköpfigkeit der Figur aber Charakterstärke oder die Bewahrung ihrer Integrität ist, dann ist große Tragödie möglich. Normalerweise sind beide Gründe vermischt, die Stärke und die Schwäche unzertrennlich.

CAPOTE ist ein hervorragendes Beispiel einer kleineren Tragödie: Trumans Charme und Fähigkeit, andere zu gewinnen, ist untrennbar mit seiner Fähigkeit verknüpft, sich selbst zu belügen. Perry, der Killer, bietet Truman die Chance, hinter dieser Maske hervorzukommen, aber Truman kann sie nicht annehmen. Die tragische Konsequenz ist,

CAPOTE (2005; D: Dan Futterman, nach dem Buch von Gerald Clarke; R: Bennett Miller)

Truman Capote: *Kaltblütig*
(Kein & Aber 2007)

dass Truman Capote nach dem Erfolg von *In Cold Blood* unfähig war, ein weiteres Buch zu Ende zu bringen, und er hinter seiner Partylöwenfassade kreuzunglücklich war. SYRIANA dagegen liegt näher an der großen Tragödie. Wir sehen, dass Bobby Barnes immer ein aufrechter CIA-Agent gewesen ist; er glaubt an seinen Auftrag. Als er aber erkennt, dass er sowohl von der Organisation als auch von sich selbst betrogen wurde, macht er sich daran, seine Integrität zurückzugewinnen. Das führt zu seinem eigenen Tod, als es ihm nicht möglich ist, den Prinzen vor einem CIA-Attentat zu retten. Wie in jeder großen Tragödie wird dennoch trotz des Todes der Figur der Imperativ der Integrität und der Wahrheit bestätigt.

Antagonisten

Abhängig vom Zweck und dem Aufbau der Story-Entwicklung der Handlung, der Hauptfigur oder des Themas, des Stils und der dramatischen Einheit könnten die Figuren, die als Antihelden in dem einen dramatischen Kontext stehen, als Antagonisten in einem anderen dienen.

Ein Charakterzug, den Widersacher im Allgemeinen aufweisen, ist ihr Selbstverständnis, dass ihnen etwas zusteht: der bewusste oder unbewusste Glaube daran, dass sie Rechte und Privilegien haben, die andere nicht besitzen. Sie glauben, dass sie mehr als wir anderen verdienen. Das mag ein Ergebnis von Erziehung, reaktionären religiösen Überzeugungen, Ideologie, Chauvinismus, Abwehrverhalten oder dem Anspruch sein, eine Belohnung dafür zu verdienen, es »ganz nach oben« geschafft zu haben. Antagonisten sind Figuren, die gegen Veränderung sind, was auch bedeuten kann, dass sie die Veränderung zu ihren Gunsten manipulieren, sodass sie selbst außen vor bleiben. Andere wieder werden von Gier, Geiz und Bosheit gesteuert; ihr Bewusstsein ist nicht stark genug, um mit diesen psychischen Infektionen fertig zu werden.

Wer auch immer der Widersacher ist und welches Genre oder welchen Ton der Film auch haben mag, es ist Teil unserer Arbeit als Dramatiker, dieser Figur genügend Sorgfalt und Facetten zu widmen. Ein eindimensionaler Widersacher macht nämlich jeden Helden zum Klischee.

Diese Überlegungen werden in Keith Cunninghams Buch *The Soul of Screenwriting* weiter ausgeführt. Vgl. dazu die Rezension von André Georgi in den *Lesezeichen* in diesem Band.

Die thematische Entwicklung

Alles beginnt in der Tat mit dem kreativen Prozess des Autors. Der Text kommt vom Autor, und da wir alle menschlich sind, haben wir Autoren alle psychologische tote Winkel. Nach meinen Erfahrungen als Autor und als Berater liegt der Punkt, wo der tote Winkel des Autors typischerweise Konsequenzen hat, in den Dingen, die der Autor auf die Hauptfigur projiziert, was zu kreativen Blockaden oder Schwierigkeiten im zweiten Akt führen kann. Es ist ein spontaner Prozess, sich mit unserer Figur zu identifizieren oder Dinge in sie hineinzuprojizieren. Ab einem gewissen Punkt müssen wir aber einen Schritt zurücktreten, die Projektion zurücknehmen und Sorgfalt und Mitgefühl in die anderen Figuren investieren, darunter sicherlich auch in den Antagonisten.

Wir müssen mit größerer Präzision beobachten, wo und wie wir uns zu sehr mit einer Figur identifiziert haben. Indem wir uns von unseren eigenen toten Winkeln als Autoren befreien, sehen wir auch klarer, was wir wirklich mit unserer Geschichte sagen wollen. Nur dreidimensionale Figuren fesseln die Zuschauer, und dramatische Figuren haben wie wir selbst eine Vorderseite und einen Hintergrund, ein bewusstes und ein unbewusstes Moment, ihre persönlichen Tag- und Nachtwelten. Der Kern thematischer Spannung erwächst aus dieser Spannung, ebenso wie der Text selbst und der Subtext des Films. Besonders die Art des Helden, seine Ziele zu erreichen, wird von einem zentralen Wert angetrieben, der der Figur wichtig ist. Dem gegenüber, im Unbewussten oder in der persönlichen Nachtwelt, liegt ein komplementärer Wert: die universelle Notwendigkeit, etwas, das der Held über das Leben lernen muss. Dramatischer Konflikt bringt diese beiden inneren Werte ebenfalls in Konflikt und treibt die Figur in eine »Wachse-oder-Stirb«-Situation, in der sie ihre Sicht der Dinge ändern muss. Die thematische Belohnung für die Zuschauer entsteht durch die Auflösung der beiden gegensätzlichen Werte.

Was wird dem im Zeitalter des Klimawandels hinzugefügt? Die Antwort wird viel damit zu tun haben, wie der Wert der Hauptfigur mit den dominanten Werten der Gesellschaft übereinstimmt. In Genres wie dem Thriller, dem Krimi, dem Action- und dem Abenteuerfilm dient der Held als unser Double in der Gesellschaft. Der Held des Thrillers betritt beispielsweise eine Nachtwelt des Verbrechens, des Bösen und der Todesangst für uns. Wir sind Zeugen des Kampfes gegen das Böse und werden am Ende vielleicht mehr darüber wissen. In all diesen Genres dient der Held einer teilweise ikonischen Funktion. Auf einer bestimmten Ebene ist er immer der heilige Georg, der mit dem Drachen kämpft. Die grundlegende Entscheidung bei der Story-Entwicklung ist, wie man die Hauptfigur anlegen will: als positiven Helden, als Antihelden, als komischen Helden, als überlebensgroßen Helden usw.

Dies führt uns zur oben erwähnten Überprüfung unseres Heldenbildes zurück. Wenn wir unsere neuen Geschichten entwickeln, können wir uns bemühen, die zusätzliche, kollektive Spannung einzubeziehen, die durchgehend zwischen dem Leugnen des Klimawandels und unserer Verbundenheit und Solidarität miteinander und mit dem lebendigen System der Erde besteht, und wir können uns erinnern an die Notwendigkeit, aufzuwachen und Verantwortung zu übernehmen. Diese Dialektik kann im Subtext bleiben, oder sie kann auch zentral für die Handlung werden. So oder so legt sie nahe, dass es keine rein privaten Motive und keine rein privaten Konsequenzen gibt. Alles, was auf der Erde stattfindet, betrifft das Leben des Makroorganismus, den der Biologe James Lovelock *Gaia* genannt hat.

Komödie

Wo immer es Zerstörung und drohendes Chaos gibt, ist es eine gute Zeit für die Komödie, denn sie entsteht aus der Spannung zwischen Ordnung und Chaos. Die alten Griechen hielten die Komödie für größer und erhabener als die Tragödie. Grund dafür ist, dass uns die Komödie dazu anhält, einen transzendenten Standpunkt zu finden, der das übersteigt, was wir in dem Moment fühlen mögen, wenn das Chaos in unser Leben tritt. Wie Joseph Campbell sagte: »Wenn man von den Zuschauerreihen zu den Deckenlampen blickt, hat man die Wahl, entweder zu sagen, ›Die Lichter sind an‹, oder ›Das *Licht* ist an.‹ Man kann sich auf die Glühbirnen konzentrieren oder auf das eine Licht, das durch alle Glühbirnen scheint.« Und er fügt hinzu:

»Das Happy-End eines Märchens, der Mythos und die göttliche Komödie der Seele sind nicht als Widerspruch zu lesen, sondern als ein Transzendieren der universalen menschlichen Tragödie. Die objektive Welt bleibt, was sie war, aber durch eine Verschiebung des Themenschwerpunkts wird sie wie verändert gesehen. Wo zuvor Leben und Tod konkurrierten, manifestiert sich jetzt bleibendes Sein – den Zeitläufen gegenüber so achtlos wie kochendes Wasser gegenüber dem Schicksal einer Luftblase oder wie der Kosmos dem Erscheinen und Verschwinden von Galaxien. Tragödie ist das Zerstören von Formen und unserer Bindung an Formen, die Komödie die wilde, sorglose und unerschöpfliche Freude am unbesiegbaren Leben.«

Joseph Campbell: *Der Heros in tausend Gestalten* (Insel 2009)

Die Tragödie sieht das Chaos als bedrohlich an, doch die Komödie dreht sich grundsätzlich um die Erlösung durch Chaos. Wie Campbell unterstellt, mögen die dramatischen Stoffe die gleichen sein und alle Modelle und Prinzipien der Story-Entwicklung immer noch gelten, aber die unterschiedliche Erzählperspektive verändert alles: Ton, Tempo, Handlung und dramatische Einheit.

Für unsere Zwecke können wir vier Ebenen der Komödie unterscheiden. Jede von ihnen kann für das Thema Klimawandel verwendet werden.

1. Die Charakterkomödie: Diese Komödienebene konzentriert sich auf farbige, exzentrische und neurotische Figuren. Die Hauptfigur hat eine Neurose, die sie hindert, vollständig zu leben und zu lieben. Der Held ist oft ein »liebenswerter Verlierer« oder ein *fish out of water*. Beispiele sind LE FABULEUX DESTIN D'AMÉLIE POULAIN, AS GOOD AS IT GETS, ANNIE HALL oder FOUR WEDDINGS AND A FUNERAL.

2. Die Gesellschaftskomödie: Die Gesellschaftskomödie dreht sich um die Überwindung sozialer, kultureller oder gesellschaftlicher Schranken durch Chaos, besonders durch die »Herabsetzung« und komische Erniedrigung derer, die sich ganz oben wähnen. Diese Komödien reichen vom leichten bis hin zum satirisch schwarzen Humor. THE FULL MONTY, Renoirs Klassiker BOUDOU SAUVÉ DES EAUX, alle Filme von Tati und Chaplin, die meisten klassischen Screwball-Komödien und viele Filme von Buñuel passen hierher. Wie bereits festgestellt, gibt es zwangsläufig Konflikte, wo immer Menschen verschiedener Kulturen aufeinandertreffen. Jeder dieser Konflikte kann auch auf komische Weise erzählt werden. Diese Komödien können so rabenschwarz wie Renoirs LA RÈGLE DU JEU, Buñuels LE CHARME DISCRET DE LA BOURGEOISIE oder Chaplins MONSIEUR VERDOUX sein. Der Anarchismus der Gesellschaftskomödie fegt tote Formen der Gesellschaft weg, um ihre instinktiven Wurzeln wiederzubeleben. Es ist kaum zu überschätzen, wie wertvoll diese Gesellschaftskomödien in den nächsten Jahren werden könnten, um uns den Weg zu einem neuen Sinn sozialer Verbundenheit durch Lachen zu erleichtern.

3. Die Actionkomödie: Hier besteht die Verbindung in der Überwindung von Gefahr durch das Umarmen des Chaos und eine überdurchschnittliche Anpassung daran. Die klassischen Vertreter sind Buster Keaton, die Marx Brothers, Laurel & Hardy und Mel Brooks. NORTH BY NORTHWEST ist ein Meisterwerk der Actionkomödie, da sich Roger Thornhill den wachsenden Ebenen des Chaos anpassen muss, die die Identität seiner Tagwelt und die Anpassung an seinen Sicherheitsbereich überwältigen. Typischerweise greifen solche Komödien auf recht aggressive Weise gesellschaftliche Normen und Konventionen an, darunter anscheinend besonders die männliche Geschlechtsidentifikation. Roger Thornhill erntet verwunderte Blicke von anderen Männern, weil er gezwungen ist, einen Damenrasierer zu benutzen, während die Musiker in SOME LIKE IT HOT sich als Frauen verkleiden müssen, um der Gefahr zu entkommen. THREE KINGS ist ein vielschichtiges jüngeres Beispiel für eine Actionkomödie, bei der das Zusammenbrechen von kulturellen Erwartungen eine zentrale Rolle spielt.

4. Kosmische / göttliche Komödie: Diese Komödien führen uns am weitesten in die Einheit oder in den Fluss jenseits der Todesangst. Sie vermischen sehr oft tragische und komische Elemente miteinander, allerdings nicht wie die Tragikomödie. Die Strategie läuft eher darauf hinaus, die Zuschauer über eine ernsthafte Prämisse zu gewinnen.

LE FABULEUX DESTIN D'AMÉLIE POULAIN (Die fabelhafte Welt der Amélie; 2001; D: Guillaume Laurant, Jean-Pierre Jeunet; R: Jean-Pierre Jeunet)

AS GOOD AS IT GETS (Besser geht's nicht; 1997; D: Mark Andrus, James L. Brooks; R: James L. Brooks)

ANNIE HALL (Der Stadtneurotiker; 1977; D: Woody Allen, Marshall Brickman; R: Woody Allen)

FOUR WEDDINGS AND A FUNERAL (Vier Hochzeiten und ein Todesfall; 1994; D: Richard Curtis; R: Mike Newell)

THE FULL MONTY (Ganz oder gar nicht; 1997; D: Simon Beaufoy; R: Peter Cattaneo)

BOUDOU SAUVÉ DES EAUX (Boudou – Aus den Wassern gerettet; 1932; D: Jean Renoir, nach dem Theaterstück von René Fauchois; R: Jean Renoir)

LA RÈGLE DU JEU (Die Spielregel; 1939; D: Jean Renoir, Carl Koch; R: Jean Renoir)

LE CHARME DISCRET DE LA BOURGEOISIE (Der diskrete Charme der Bourgeoisie; 1972; D: Luis Buñuel, Jean-Claude Carrière; R: Luis Buñuel)

MONSIEUR VERDOUX (Der Frauenmörder von Paris; 1947; D+R: Charles Chaplin)

NORTH BY NORTHWEST (Der unsichtbare Dritte; 1959; D: Ernest Lehman; R: Alfred Hitchcock)

SOME LIKE IT HOT (Manche mögen's heiß; 1959; D: Billy Wilder, I.A.L. Diamond; R: Billy Wilder)

THREE KINGS (1999; D: David O. Russell, John Ridley; R: David O. Russell)

DR. STRANGELOVE OR: HOW I LEARNED TO STOP WORRYING AND LOVE THE BOMB (Dr. Seltsam, oder wie ich lernte, die Bombe zu lieben; 1964; D: Stanley Kubrick, Terry Southern, Peter George; R: Stanley Kubrick)

AMERICAN BEAUTY (1999; D: Alan Ball; R: Sam Mendes)

Daniel Ellsberg: *American Planning for a Hundred Holocausts. An Insider's Window Into US Nuclear Policy.* In: Common Dreams.org (www.commondreams.org/ view/2009/09/12-12)

ON THE BEACH (Das letzte Ufer; 1959; D: John Paxton, nach dem Roman von Nevil Shute; R: Stanley Kramer)

THE MOUSE THAT ROARED (Die Maus, die brüllte; 1959; D: Roger MacDougall, Stanley Mann, nach dem Roman von Leonard Wibberley; R: Jack Arnold)

Die komischen Untertöne bleiben im ersten Akt im Wesentlichen im Subtext und treten erst zum Höhepunkt hin in den Vordergrund, um uns dann bis zum Tod und in einen Zustand nach dem Tod mitzunehmen. Diese übersinnliche Perspektive der Komödie wird im Lauf des Dramas direkter in Szene gesetzt und entwickelt. Auf diese Weise funktionieren Chaplins Klassiker genau wie DR. STRANGELOVE und AMERICAN BEAUTY.

In unserem Kontext verdient DR. STRANGELOVE besondere Beachtung, weil dieses Beispiel demonstriert, dass das Drama die potenzielle Macht besitzt, die Denkweise von Millionen Menschen in ziemlich kurzer Zeit zu verändern. In den 1950er Jahren war die Einstellung gegenüber Atomwaffen und dem Atomkrieg in der amerikanischen Regierung und in der Öffentlichkeit extrem realitätsfern. Daniel Ellsberg hat vor kurzem gezeigt, dass die amerikanische Regierung einen Sammelangriff auf alle russischen und chinesischen Städte und Militäreinrichtungen plante, was unter bestimmten Bedingungen präventiv ausgeführt werden sollte, während Schulkindern muntere Filme gezeigt wurden, die ihnen beibrachten, sich im Fall eines Atomkriegs durch das Ducken unter ihre Tische zu retten. Die kühle Schätzung der Pentagon-Führung belief sich auf 600 Millionen Tote.

In den 1950er Jahren beschäftigten sich nur Science-Fiction-B-Movies mit dem Atomkrieg. Dann änderte sich etwas, als 1960 näher rückte. Eine Handvoll größerer Produktionen machten den Anfang und porträtierten und kritisierten den atomaren Wahnsinn: Das waren Filme wie ON THE BEACH und Komödien wie THE MOUSE THAT ROARED. Meiner Ansicht nach war es jedoch Stanley Kubricks schwarze Komödie DR. STRANGELOVE mit dem komischen Genie Peter Sellers in mehreren Rollen, die der Öffentlichkeit den unerträglichen Wahnsinn des Atomkriegs zuerst näherbrachte. Der Film kam heraus, als die Kubakrise noch so frisch im Gedächtnis war, dass er die Öffentlichkeit dazu brachte, hinter den Vorhang der offiziellen Geheimniskrämerei zu schauen und den Schluss zu ziehen, dass bei einer verrückten Politik die für sie Verantwortlichen wohl ebenfalls verrückt sein müssen. Die Öffentlichkeit befreite sich dann nach und nach aus der kollektiven Hypnose, und zunehmend kritische Stimmen richteten sich gegen das atomare Wettrüsten. Die ersten Atomabkommen ließen nicht lange auf sich warten.

Damit soll die Macht des Kinos, die Denkweise der Menschen zu verändern, nicht überschätzt werden. Es ist in der heutigen übersättigten Medienlandschaft wahrscheinlich auch inzwischen viel schwieriger für einen einzelnen Film, solch großen Einfluss auf die Öffentlichkeit auszuüben. Aber wie eingangs erwähnt, wurde in der Ära humanistischen Filmemachens auf die schwerwiegenden Probleme der damaligen Zeit reagiert, indem sich viele Filmschaffende einer tiefgehenden Erforschung des Wesens des Menschen und seines Potenzials widmeten.

Der Film über den Klimawandel, der Film, der die Öffentlichkeit zu einer neuen Sicht- und Verhaltensweise bringen könnte, muss erst noch gedreht werden. Vielleicht kann er gar nicht gedreht werden, denn wie wir festgestellt haben, ist der Klimawandel kein Ereignis, sondern ein Prozess. Es gibt in einigen Lagern auch eine pessimistische, defätistische Ideologie, die besagt, dass jeder Versuch, das Bewusstsein der Öffentlichkeit durch sehr direkte Bilder wie die vom Finale von DR. STRANGELOVE mit seinem Ballett atomarer Explosionen zu beeinflussen, die Zuschauer nur verschrecken und vertreiben wird. Das mag sein. Wir werden es nicht wissen, bis wir es versuchen. Dies ist eine fundamentale ethische Konfrontation für uns in den Medien Arbeitende: Was glauben wir, wie die Menschen sind? Was glauben wir von uns selbst? Wo kommen diese Ansichten her, und wie gründlich haben wir sie überprüft? Wir wissen zu diesem Zeitpunkt nicht, was herauskommt, wenn wir unsere kreativen Köpfe zusammenstecken und entschlossen sind, unseren Planeten und seine Zukunft nicht aufzugeben. Wir sind kreative Menschen, die durch eine enorme öffentliche Plattform miteinander verbunden sind. Daher habe ich das *Story Arks* www.storyarksinstitute.net *Institute* als Medium für kreative Begegnung und innovative Führung gegründet. Die Einladung, die ich allen Kollegen gegenüber aussprechen kann, ist, sich von Zukunftsangst freizumachen, das große Risiko einzugehen und die kreativen Ideen fließen zu lassen. Dann werden wir sehen, was möglich ist.

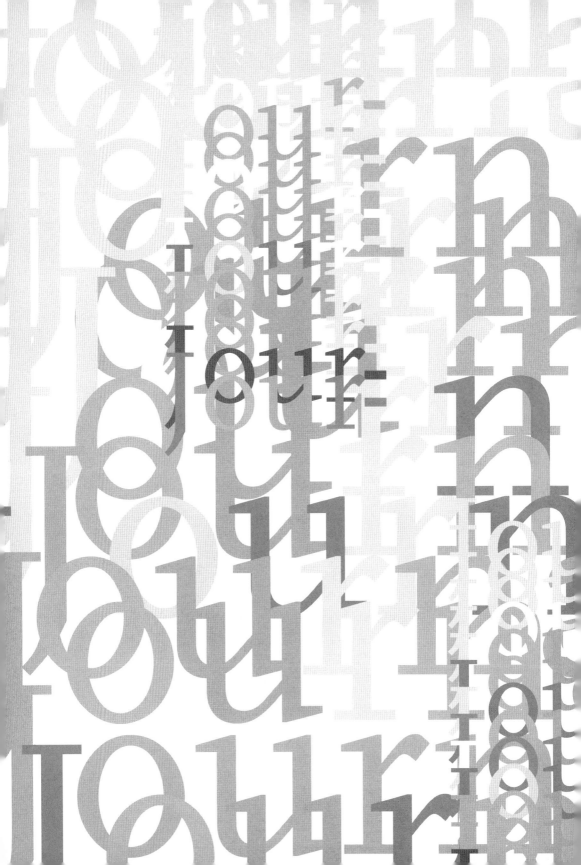

Journal

Fahrtenbuch einer Zimmerpflanze
Ein Journal

Von Dorothee Schön

5. Februar 2009

Eigentlich führe ich ja ein beschauliches Autorendasein in der schwäbischen Provinz. Was uns Drehbuchautoren mit den Filmkomponisten verbindet, ist die Tatsache, dass wir uns nicht »am Set« tummeln müssen, sondern unsere Arbeit in ausgebeulten Strickjacken am Schreibtisch machen dürfen.

Und nur alle paar Monate zwänge ich mich in stadtfeine Klamotten, um zur Berlinale oder zum Deutschen Filmpreis oder zu Sitzungen der

Filmakademie nach Berlin zu reisen. Ich genieße dann das Getümmel, drängle mich nach dem gereichten Fingerfood und rede mir unter Alkoholeinfluss den deutschen Film schön oder schlecht, je nachdem.

Diesmal bin ich auch »geschäftlich« unterwegs: Ich habe ein Produzentengespräch, in dem es um ein Kinodrehbuch gehen soll, das ich im letzten Jahr geschrieben habe. Dieses Buch habe ich mir selbst zum Geschenk gemacht, neben den Auftragsarbeiten fürs Fernsehen. Es war – dank Förderung durch die FFA – ein ungestörtes Vergnügen, mal wieder einen Kinofilm zu schreiben, ganz ohne Schere im Kopf und Redaktion im Nacken, frei und ohne Netz, bei dem ich meiner größten Leidenschaft, dem Recherchieren, hemmungslos frönen konnte.

Mein Drehbuch ERICH UND DER KLEINE DIENSTAG basiert auf einer wahren Geschichte: Es geht um die Freundschaft zwischen Erich Kästner und dem kleinen Hans Albrecht Löhr, dem Kinderdarsteller des »kleinen Dienstag« aus EMIL UND DIE DETEKTIVE. Sie beginnt Ende der 1920er Jahre in Berlin.

EMIL UND DIE DETEKTIVE (1931; D: Erich Kästner, Billy Wilder, nach dem Roman von Erich Kästner; R: Gerhard Lamprecht)

Damals eroberte der achtjährige Leser von Kästners Kinderbuch mit begeisterten Briefen an den Autor dessen Herz. Trotz des großen Altersunterschieds wuchs zwischen dem vaterlosen Jungen und dem kinderlosen Schriftsteller eine besondere Freundschaft. Hans bekam daraufhin in der UFA-Verfilmung des Kinderbuches die Rolle des »kleinen Dienstag«, jenes kindlichen Detektivs, der mit einem Dackel das Telefon bewacht und die Informationen an die anderen Jungen weitergeben muss: Parole Emil! Der Film wurde ein gigantischer Erfolg, nicht nur in Deutschland, sondern auch in England, Frankreich und Amerika.

Doch dann kam das »Dritte Reich«, und die Freundschaft zwischen Hans Albrecht Löhr und dem plötzlich verfemten und verbotenen Kästner wurde auf eine harte Probe gestellt. Man muss sich das so vorstellen: Es ist, als wenn ein kindlicher Fan von *Harry Potter* Frau Rowling Briefe schreibt, sie kennenlernt und ihr Herz gewinnt, bei der Verfilmung in der Rolle des Ron Weasley mitspielen darf – und dann ist das plötzlich alles verboten. Die Bücher werden öffentlich verbrannt, Frau Rowling darf nicht mehr schreiben, und die Mitschüler, die den kleinen Darsteller früher glühend beneidet haben, sitzen im Klassenzimmer in paramilitärischen Uniformen neben ihm und feixen gehässig ...

Aber Hans Albrecht Löhr hält trotzdem zu seinem Idol. Die Zeugnisse aus Kästners Nachlass, die ich im Literaturarchiv in Marbach ausgegraben habe, belegen es. Kästner und Hans treffen sich auf dem Weihnachtsmarkt und in Cafés. In seinen *Muttchen-Briefen* erzählt Kästner seiner Mutter davon. Als der Krieg ausbricht, wird Hans (Jahrgang 1922) ein *Primaner in Uniform*, so wie Kästner 20 Jahre zuvor. Hans fällt am 22. August 1942 in Russland und liegt neben annähernd 30.000 anderen auf dem Soldatenfriedhof Korpowo begraben. Bis auf

Erich Kästner: *Mein liebes gutes Muttchen du. Dein oller Junge. Briefe und Postkarten aus 30 Jahren* (Albrecht Knaus 1990)

Erich Kästner: *Primaner in Uniform.* In: E.K.: *Doktor Erich Kästners lyrische Hausapotheke* (dtv 1988)

Hans Albrecht Löhr in EMIL
UND DIE DETEKTIVE

eine Ausnahme hat keiner der Jungen, die in EMIL UND DIE DETEKTIVE mitspielen, den Krieg überlebt.

Um diese Geschichte geht es also. Die erste Fassung von ERICH UND DER KLEINE DIENSTAG ist fertig und harrt der Dinge, die da kommen oder nicht kommen werden. Das Gespräch mit den interessierten Produzenten verläuft schon mal recht vielversprechend.

9. Februar 2009

Die Mitgliederversammlung der Filmakademie findet heute wie alljährlich am Rande der Berlinale statt. Ich mag diese »Klassentreffen« der Drehbuch-Sektion. Ich weiß nicht, wie es in anderen Sektionen zugeht, aber wir Drehbuchautoren sind wirklich ein unglamouröses, neidfreies und chronisch melancholisches Trüppchen, das sich immer freut, die Kollegen und Leidensgenossen mal leibhaftig zu sehen. Der respektlose Umgang mit Drehbüchern ist für uns alle wie ein seelischer Juckreiz, sodass wir uns dann gegenseitig mitfühlend kratzen können.

Heute darf wieder einmal gekratzt werden, denn es gibt gerade einiges, was juckt: Der Vertreter der Autoren im Vorstand, Detlef Michel, ist unter Protest im letzten Jahr zurückgetreten. Auf der heutigen Mitgliederversammlung am Rande der Berlinale soll nun die Hälfte des Vorstandes neu gewählt werden, darunter auch ein Nachfolger für Detlef. Um die Pointe vorwegzunehmen: Wir Drehbuchautoren sind seit dieser Versammlung gar nicht mehr im Vorstand vertreten. Und das ist ein veritabler Skandal.

Wie konnte es dazu kommen? Die Umstände, die vor einigen Monaten zu Detlefs Rücktritt geführt haben, waren ziemlich turbulent. Er hatte die Entscheidung des Vorstandes, in die Vorauswahljury des Deutschen Filmpreises Kritiker, Kinobesitzer und Verleiher – allesamt nicht Mitglieder der Akademie – aufzunehmen, nicht mittragen wollen.

Nachzulesen im letztjährigen Journal von Peter Schneider in *Scenario 3*, S. 162f.

Als seine Stellvertreterin rückte ich daraufhin in den Vorstand nach. Keine einfache Übung. Mein Opa hätte das eine »kaukasische Ketscherbretschen« genannt: eine ungemütliche Position zwischen allen Stühlen. Inhaltlich war ich der gleichen Meinung wie Detlef, und meine Sektionskollegen erwarteten zu Recht von mir, dass ich diese Position im Vorstand und in der Mitgliederversammlung auch vertrete.

Dagegen erwarteten die Vorstandskollegen von einem Neuzugang wie mir, dass ich in den hitzigen Debatten, die seit Detlefs Rücktritt die Akademie in Wallung brachten, diese meine Meinung für mich behalte. Aber trotz guter Vorsätze – Schweigen ist nicht gerade meine Stärke ...

In den Aussprachen mit den Mitgliedern und einer von ihnen durchgesetzten außerordentlichen Mitgliederversammlung zeigte sich, dass auch sie hinter Detlefs Kritik an den Vorstandsbeschlüssen stehen. Daraufhin musste der Vorstand seinen Plan, Nicht-Akademiemitglieder an der Vorauswahl zu beteiligen, aufgeben. Für andere Ideen des Vorstandes, wie beispielsweise die Einführung einer großen Vorauswahljury, fand sich dagegen eine Mehrheit.

Das war im November. Inzwischen hat sich der ärgste Pulverdampf verzogen. Und heute soll nun turnusgemäß der halbe Vorstand von den Mitgliedern neu gewählt werden, darunter auch ein Nachfolger für Detlef.

Im Vorfeld hatten wir unter uns Drehbuchkollegen nach jemandem Ausschau gehalten, der bereit ist, für dieses Ehrenamt zu kandidieren. Fred Breinersdorfer ließ sich schließlich dafür gewinnen, ein Kollege mit großer Reputation und Kampfgeist, außerdem studierter Jurist und als ehemaliger Vorsitzender des Verbands deutscher Schriftsteller für diesen Job mehr als qualifiziert.

Die Unterstützung von uns Drehbuchkollegen ist ihm gewiss. So jedenfalls ist die einhellige Meinung unter uns beim Sektionstreffen, das der Mitgliederversammlung vorangeht. Auch eine Kollegin aus München, die sich ebenfalls mit dem Gedanken trägt zu kandidieren, sagt Fred ihre Unterstützung zu, um zu vermeiden, dass man sich gegenseitig kannibalisiert. Denn gewählt wird vom Plenum und nicht von der Sektion. Und nicht für alle Sektionen ist zahlenmäßig Platz im Vorstand. Das hatten die Dokumentarfilmer schon leidvoll erfahren müssen.

Alles scheint geklärt. Wir schreiten also zur Vollversammlung und zur Wahl. Zunächst werden Kandidatenvorschläge gesammelt, und zur

Überraschung der Drehbuchautoren schlägt eine Produzentin just jene Autorin vor, die gerade noch in der Sektion versichert hatte, dass sie nicht kandidieren werde. Und zur Verblüffung ihrer Kollegen lässt sie sich nun plötzlich doch aufstellen.

Wer unsere Satzung kennt, dem ist jetzt klar, wie es weitergehen wird: Die beiden Kandidaten der Autoren machen sich gegenseitig Stimmen streitig – mit dem vorhersehbaren Ergebnis, dass keiner der beiden in den Vorstand gewählt wird. Man kennt das Spiel. Es heißt: »Reise nach Jerusalem«.

Als nach der Wahl feststeht, dass kein Drehbuchautor in den Vorstand gewählt ist, folgt eine stürmische Debatte. Quer durch alle Sektionen halten Redner diesen Zustand für untragbar.

Bruno Ganz macht darauf aufmerksam, dass sich viele nicht ausreichend über die Fallstricke unserer Wahlregularien informiert fühlen. Man fordert eine Wiederholung der Wahl oder eine Änderung der Satzung. Natürlich ist in dem Tumult im Moment nichts von alledem praktikabel.

Die Sitzung wird abgebrochen, weil für die anschließende öffentliche Podiumsdiskussion der Saal geräumt werden muss. Wir Drehbuchautoren sind in einer Art verblüfften Schockstarre, während auf den Fluren und Gängen sektionsübergreifend leidenschaftlich über die chaotische Wahl gestritten wird. Wieder einmal zeigt sich schmerzlich: Wir sind Helden vorm PC, aber nicht vor dem Mikrofon.

Natürlich wird die Münchner Kollegin mit Fragen bestürmt. Warum hat sie sich entgegen ihrer Ankündigung doch zur Wahl gestellt? Sie meint, sie wisse es selbst nicht. Viele Kollegen schäumen vor Wut,

Bruno Ganz auf der Mitgliederversammlung der Deutschen Filmakademie

mir dagegen tut sie leid, denn ich glaube, sie hat wirklich nicht voraus-
gesehen, welche Folgen ihre Kandidatur haben würde.

Betäubt wanke ich an diesem Abend ins Kino. Der Film GLAU-
BENSFRAGE mit Meryl Streep als felsenfester Nonne und Philip Sey-
mour Hoffman als charismatischem Priester passt perfekt zu diesem
Tag. Das Thema: Macht und Moral, Verlogenheit und Intrige. Und ich
identifiziere mich selbstmitleidig mit der naiv-dämlichen Schwester
James alias Amy Adams.

Ich kann schließlich diesem Tag noch etwas Positives abgewinnen:
Dank dieses Debakels bin ich meinen undankbaren Posten als Stellvertreterin los. Denn wo es kein Vorstandsmitglied der Autoren gibt,
da braucht es auch keinen Stellvertreter.

12. Februar 2009

Die Drähte glühen heiß, auch nach meiner Rückkehr in die süddeutsche Provinz. Meine Familie kriegt langsam die Krise, wenn nur das
Wort »Filmakademie« fällt. Doch wie ein großer Tanker bleibe ich innerlich weiter auf Kurs, obwohl die Maschinen längst mit voller Kraft
zurücklaufen.

Auf der Homepage der Akademie steht heute eine Presseerklärung,
in der der neue Vorstand vorgestellt wird. Und flugs hat man zwei
Regisseuren und einem Produzenten auch noch das Etikett »Autor«
verpasst, damit die Lücke nicht auffällt. Eigentlich hatte ich erwartet,
dass der Vorstand das Gespräch mit uns Autoren sucht. Doch nichts
dergleichen. Man redet übereinander statt miteinander.

27. Februar 2009

Ich besuche das Set eines Films, zu dem ich das Drehbuch geschrieben habe – eine der besonderen Sternstunden in jedem Autorendasein.
FRAU BÖHM SAGT NEIN wird von Regisseurin Connie Walther mit Senta
Berger und Lavinia Wilson in den Hauptrollen in Köln gedreht, und
ich freue mich auf meine rheinische Heimat.

Besuche am Set haben für mich immer etwas Magisches. Es ist,
als wenn man in seinen eigenen Gedanken spazieren gehen könnte.
Szenen, Figuren, Orte, die bisher nur in meinem Kopf vorhanden waren, materialisieren sich. Mit viel Kraft, Liebe und auch Frust habe ich
dieses »Kind« großgezogen, jetzt verlässt es mein Haus. Ich bin stolz
und wehmütig zugleich.

Doch bei Connie Walther, die im Oktober das Projekt übernommen
hat, ist mein Kind in den besten Händen. Connie ist eine atemberau-
bend konstruktive Zweiflerin, die niemanden schont – am wenigsten

Amy Adams in DOUBT

DOUBT (Glaubensfrage;
2008; D+R: John Patrick
Shanley)

FRAU BÖHM SAGT NEIN
(2009; D: Dorothee Schön;
R: Connie Walter)

139

sich selbst. Ihr Arbeitseifer und unser Ringen um den letzten Schliff am Buch hätte um ein Haar das letzte Weihnachten gekillt.

In meinem Buch, an dem ich seit drei Jahren arbeite, geht es um die wahre Geschichte einer kleinen Angestellten, die Wirtschaftsgeschichte schrieb. Michael Töteberg, mein Agent, geistiger Sparringspartner und alter Freund im Rowohlt-Verlag, hatte mich auf den Artikel in der *Süddeutschen* aufmerksam gemacht. Er handelte von der Personalsachbearbeiterin Helga Schoeller, die sich nach der verlorenen Übernahmeschlacht bei Mannesmann weigerte, die 60 Millionen Vorstandsprämien auszuzahlen, und damit den Prozess gegen Esser, Ackermann und Zwickel ausgelöst hat.

Senta Berger in FRAU BÖHM
SAGT NEIN

Es hat mich viel Überzeugungsarbeit gekostet, Frau Schoeller zur Mitwirkung an diesem Film zu gewinnen. Sie ist die Diskretion in Person – eine *déformation professionelle*. Erst als ich ihr versprochen habe, dass es keine Abrechnung mit realen Personen wird, sondern dass es allgemein um das Geschäftsgebaren in deutschen Vorstandsetagen gehen soll, willigte sie ein. Da es seit den Mannesmann-Prämien noch viele weitere Wirtschaftsskandale gab (Veruntreuungen bei VW, 1,4 Milliarden Schmiergelder bei Siemens, Zumwinkels Steuerflucht ...), war es nicht schwer, eine fiktionale Geschichte zu schreiben als Pars pro Toto.

Anfangs war der Stoff schwer unterzubringen. Die Empörung über Ackermanns instinktloses Victory-Zeichen beim Prozessauftakt

2004 hatte sich längst gelegt, und er saß schon wieder entspannt auf den TV-Sofas der Republik und wurde als Dividenden-Rekordmeister hofiert. Es war einfach uncool, das damalige Gebaren der Wirtschaftselite zu kritisieren. Reflexhaft wurde Neid und typisch deutsche Missgunst unterstellt.

Nach vergeblichen Anläufen, Partner für mein Projekt zu finden, landete ich damit bei Mark Horyna und der Firma *Zeitsprung*, und wir gewannen Anke Krause vom WDR. Und aller wohlfeilen Fernsehschelte zum Trotz entwickelten Mark und Anke unbeirrbar diesen sperrigen Stoff mit mir.

Damals standen wir, bildhaft gesprochen, schon an einem Strand, von dem sich das Wasser gespenstisch zurückzog, und wo um uns herum noch alle ahnungslos ihren Verrichtungen nachgingen. Nachdem nun der Tsunami der schlimmsten Wirtschaftskrise seit dem Ende des Zweiten Weltkriegs über alles hinwegdonnert, schwimmt unser Film plötzlich obenauf.

Dabei haben wir dieses Desaster keineswegs vorhergesehen. So viel Fantasie hat noch nicht einmal eine Drehbuchautorin mit Hang zur Dramatik. Aber dass etwas faul war im Staate Dänemark, hätte eigentlich jeder sehen können, der versteht, warum Kettenbriefe nicht funktionieren *können*. Denn auf nichts anderem waren die Geschäfte der Gierigen in den Vorstandsetagen aufgebaut.

Und jetzt also der Besuch am Set von FRAU BÖHM SAGT NEIN. Zu meiner Freude kommt auch Frau Schoeller. Sie ist wirklich eine entzückende alte Dame, die mich wahrhaftig in ihr Herz geschlossen hat. Um ihre Gesundheit steht es nicht zum Besten. Weil sich die Realisierung meines Buches drei Jahre hingezogen hat, hatte ich manchmal Angst, sie könnte die Fertigstellung nicht erleben.

So treffen wir uns alle am Set: Lauter schnellsprechende und hyperaktive Frauen (Anke, Connie, Lavinia und ich) und zwei echte Damen (Senta und Frau Schoeller). Ich frage mich, wie Mark, der Produzent, und Peter Nix, der Kameramann, diesen quasselnden Weiberhaufen aushalten, ohne wahnsinnig zu werden.

Das Zusammentreffen von Fiktion und Wirklichkeit fühlt sich richtig an: Senta hat sich nicht nur äußerlich verblüffend mit dem fast identischen Kostüm an ihre Rolle angenähert, auch ihre ganze Haltung, ihr Sprachduktus und ihr Gang sind perfekt.

22. Februar 2009

Meine Tochter Eva und ich brechen nach München zu einer besonderen Mission auf: Wir wollen für sie ein Kleid für ihren Abiball kaufen. Und außerdem wollen wir ein Public Viewing besuchen. In München gibt es verschiedene Kneipen, in denen man sich trifft, um am Sonntagabend gemeinsam den *Tatort* zu gucken und öffentlich zu rätseln.

HERZ AUS EIS (2009;
D: Dorothee Schön;
R: Ed Herzog)

Und heute Abend läuft ein *Tatort* von mir: HERZ AUS EIS. Es ist eine Internats-Geschichte, wo Eliteschüler sich vor winterlicher Bodensee-Kulisse gegenseitig meucheln. Eva hat als Statistin mitgespielt.

Wir haben uns gegen das Großraum-Public-Viewing in der Schrannenhalle entschieden. Dort wird zwar vor dem Filmende der *Tatort* gestoppt, damit die Zuschauer einen Tipp abgeben können, wer der Mörder ist, und sich bei einer richtigen Antwort einen Prosecco verdienen. Im Fall von HERZ AUS EIS ist das ziemlich witzlos, weil es sich nicht um einen klassischen *Whodunit* handelt, sondern um einen eher seltenen *Howcatchem* ...

Also lieber ins Café *Kopfeck*, ein vegetarisch/veganes Lokal mit Wohnzimmerflair. Inkognito mischen wir uns unter die Gäste und harren der Dinge, die da kommen.

HERZ AUS EIS

Es ist mein 14. *Tatort*, aber ich bin so nervös, als wäre es mein erster. Normalerweise bleibt das Fernsehpublikum für mich eine abstrakte Größe – gut, wenn die Quote stimmt, aber anders als im Kino weiß man beim Fernsehen ja nie, ob die Zuschauer an den richtigen Stellen lachen oder bibbern oder ob sie sich langweilen und einschlafen. Doch heute kann ich endlich Mäuschen spielen.

Die erste Hälfte der Vorführung läuft tatsächlich auch so, wie ich gehofft habe: Die Kneipengäste sind still und offensichtlich gespannt auf den Fortgang der Geschichte. Bestellungen bei der Bedienung werden nur noch im Flüsterton aufgegeben, und niemand wagt es, aufzustehen und dabei anderen die Sicht zu versperren.

Eva sieht sich immer wieder neugierig zu den Nachbartischen um, um herauszufinden, ob jemandem die Ähnlichkeit zwischen ihr und dem Mädchen auf der Leinwand, einer Klassenkameradin des Mörderpärchens, auffällt. Doch zu ihrer Enttäuschung erkennt sie niemand, alles schaut auf die Leinwand.

Doch dann wird ein störendes Geräusch immer lauter: Ein sturztrunkener Gast ist auf einer Bank eingeschlafen und fängt an, schnarchend den bayerischen Wald kleinzusägen. Es ist verblüffend, wie selbst die nervenzerfetzendste Filmszene zur Lachnummer wird, wenn man sie mit einem lauten Schnarchen unterlegt.

Der Mann ist in seinem Vollrausch trotz der verzweifelten Bemühungen der anderen Kneipengäste nicht zu wecken. Und die friedliebend-hilflose vegetarisch/vegane Bedienung will auch nicht zum drastischen Mittel des Rauswurfs greifen. Und so rasselt, schnarcht und schnauft die Ein-Mann-Kapelle bis zum Abspann. Und wir verlassen das Café Kopfeck unerkannt.

Der Kauf des Abiball-Kleides dagegen verläuft am nächsten Tag ohne Störungen, wenn man vom Preisschild einmal absieht.

23. April 2009

Die Kakophonie der Filmakademie schwillt wieder mächtig an, je näher die nächste Mitgliederversammlung rückt, die traditionell vor der Filmpreisverleihung stattfindet. Fred Breinersdorfer und ich haben einen Antrag gestellt, die Satzung zu ändern, um zukünftig die Repräsentanz der Sektionen im Vorstand zu garantieren. Stefan Arndt hat mit heißer Nadel noch einen ziemlich chaotischen Gegenantrag gestellt. Nachdem alle ihr Mütchen gekühlt haben, stellt man fest, dass man eigentlich nicht unüberbrückbar weit auseinanderliegt.

Die Akademie braucht einen handlungsfähige Spitze, die kleiner und präsenter ist als der bisherige elfköpfige Vorstand. Und sie braucht einen größeren Gesamtvorstand, in dem alle Sektionen vertreten sind, ohne sich gegenseitig die Plätze streitig zu machen. Ist doch eigentlich einleuchtend. Nachdem die Platzhirsche ihr Terrain markiert haben, beschließt man, die Abstimmung zu vertagen, um einen konsensfähigen Entwurf zu erarbeiten. Ich bin mal gespannt, ob das bis zur nächsten MV auch passiert, denn die nächsten Wahlen sollten ja tunlichst schon nach einem geänderten Modus ablaufen.

Was ich aus dieser Sitzung mitgenommen habe? Dass es bei allen Streitereien doch so etwas wie einen Akademiegeist gibt. Eine Diskus-

Fred Breinersdorfer

sion zum Thema »Wer sind wir – und wenn ja, warum?«, witzig geleitet von Alfred Holighaus, hat wieder die Stärken dieses heterogenen Haufens ans Licht gebracht.

Ray Müllers Statement bringt es für mich auf den Punkt. Er habe festgestellt, dass er sich immer freue, wenn er irgendwo andere Akademiemitglieder treffe, auch wenn er sie gar nicht richtig kenne. Warum das so sei, habe er sich gefragt und sei zu folgender Antwort gekommen:

»Es gibt ja in dem jährlichen Filmpaket viele Filme, die nicht erfolgreich sind und die kaum wahrgenommen werden. Trotzdem steckt in diesen Filmen sehr viel Engagement und sehr viel Liebe von allen Beteiligten. Und doch gehen viele davon unter. Ich glaube, wir sind so etwas wie ein kollektives Gedächtnis des deutschen Filmschaffens, das ungefähr so lange leben wird wie wir. Sagen wir mal: 30 Jahre. Wir sind 1.000 Leute, die das Gedächtnis dieser Schaffensperiode lebendig verwirklichen. Und das, finde ich, ist einfach etwas sehr Schönes. Und es wird mir erst so langsam bewusst, was das eigentlich bedeutet.«

Dank dieser Aussprache ebben die schrillen Töne ab. Und es gibt über die Sektionsgrenzen hinweg viel Solidarität mit uns Drehbuchautoren, die ja weiterhin am Katzentisch sitzen. Und auch wenn es bei der Filmpreisverleihung am nächsten Tag aus Kostengründen nur Currywurst geben wird, freuen sich doch alle auf die große Party.

24. April 2009

Barbara Schöneberger führt als rotglitzernd-pralle Mettwurst durch die Filmpreisverleihung. Die Frau hat Mut, denke ich, während ich selbst neben Anno Saul im gnädigen Halbdunkel des Zuschauerraumes Platz genommen habe und mich mit ihm im rheinischen Idiom warmlästere.

Ein echtes Highlight: Loriot, der diesjährige Ehrenpreisträger.

Er bedankt sich vor der anwesenden Filmwelt für die Auszeichnung »in Gestalt einer makellosen Schönheit, wie sie in den Armen eines 85-Jährigen nur noch selten anzutreffen ist«. Dann blickt er zurück auf den Beginn seiner Filmleidenschaft:

»Im Herbst 1931 – ich war gerade acht geworden – hatte ich das Kinoerlebnis, das mir über die visionäre Kraft des Films die Augen öffnete: Ich sah EMIL UND DIE DETEKTIVE. In diesem Film zeigten die jugendlichen Hauptdarsteller auch bei ungünstiger Witterung entblößte Beine in kurzen Socken – ein stolzes Zeugnis männlicher Reife. Ich selbst hingegen war genötigt, lange graubraune Wollstrümpfe zu tragen, die oben nicht ganz in der Hose verschwanden, sodass eine unkleidsame, der Befestigung dienende Knopfschließe am unteren Ende

Loriot erhält den Ehrenpreis

eines Strumpfhalters sichtbar blieb. Diese wiederum fand ihren Halt im Hüftbereich an einem nur mit fremder Hilfe auf dem Rücken knöpfbaren Leibchen – ein damals verbreitetes Bekleidungsarrangement, unter dem ich seit Jahren litt. Nun überwältigte mich die Erkenntnis, dass nur der Film einen Traum verwirklichen kann, für den es sich zu leben lohnt: den Traum von kurzen Strümpfen. Und ich beschloss, mein Leben dem Film zu widmen. Schon 56 Jahre später beschritt ich den schweren Weg zu einer leichten Komödie.«

EMIL UND DIE DETEKTIVE

Natürlich erheitert seine Anekdote den riesigen Saal. Alle erheben sich lachend zu Standing Ovations. Für die 2.000 Gäste ist dies ein Höhepunkt des Abends. Für mich persönlich ist es ein verrückter, intimer, magischer Moment zwischen Herrn von Bülow und mir, obwohl wir uns persönlich gar nicht kennen.

Während 1931 »mein« Hans Albrecht Löhr und sein Dackel damals auf der Filmleinwand mit »Parole Emil« die eingehenden Telefonate der anderen kleinen Detektive annahmen, saß also unten im Zuschauerraum der gleichaltrige Vicco von Bülow und starrte sehnsüchtig auf die kurzen Strümpfe der Filmkinder.

Was dem kleinen Vicco sicherlich nicht klar war: Der Film war in den Sommerferien gedreht worden, und als er vor Weihnachten schließlich in die Kinos kam, trugen seine Kinderdarsteller wahrscheinlich selbst schon wieder das verhasste »Bekleidungsarrangement« jener Zeit. Aber Loriots Anekdote macht spürbar, mit welcher Unmittelbarkeit und Echtheit die Kinder dieser Zeit das Kino und besonders diesen Film erlebt haben.

All das geht mir durch den Kopf, als ich den vergnügten 85-jährigen Lausbub Vicco von Bülow mit seinen imaginierten grässlich-graubraunen Wollstrümpfen auf der Bühne sehe. Was wohl aus Hans Albrecht Löhr geworden wäre? Vielleicht wäre er nach dem Krieg beim Film geblieben und säße jetzt als betagtes und geehrtes Akademiemitglied hier mitten unter uns. Auch wenn ihn niemand kennt: Für mich ist er in diesem Augenblick im Saal …

Ich hänge eine Weile diesem Gedanken nach, als nach dem alten Kind Loriot ein junges die Bühne betritt: Markus Krojer, der Kinderdarsteller von Rosenmüllers WER FRÜHER STIRBT IST LÄNGER TOT. Als Laudator für den besten Kinderfilm ist er sein eigenes Zitat: Er soll hier den frechen kleinen Bayern geben und macht das artig. Aber mein Gott: Der Junge ist 15! Darf der nicht muffig und pubertär werden? Wie er wohl seinen Filmruhm verkraftet hat?

WER FRÜHER STIRBT IST LÄNGER TOT (2006; D: Christian Lerch, Marcus H. Rosenmüller; R: Marcus H. Rosenmüller)

Noch mehr Sorgen muss man sich wohl um den Sohn des Dokumentarfilm-Preisträgers Niko von Glasow machen, der danach mit seinem Vater auf die Bühne tritt. Der Junge fühlt sich im Rampenlicht sichtlich unwohl und versteckt sich schüchtern hinter seinem Vater. Mich befällt

NOBODY'S PERFECT (2008;
D: Andrew Emerson, Kiki
von Glasow, Niko von Gla-
sow; R: Niko von Glasow)

wieder das ungute Gefühl, dass ich auch schon beim Sichten des nominierten Films (NOBODY'S PERFECT) hatte, der die Herstellung eines
Fotokalenders mit nackten Contergan-Geschädigten zum Thema hat.

Das Projekt des selbst behinderten Regisseurs ist zwar imponie-
rend, aber warum muss sein etwa zehnjähriger Sohn daran teilnehmen?
Wenn irgendein Allerweltsvater sein Kind drängt, dass es zusieht, wenn
er sich und andere nackt fotografiert, würde sicherlich das Jugendamt
einschreiten. Tut es aber ein prominenter Behinderter, dann klatscht
das politisch sonst so korrekte Publikum.

Natürlich ist die Anwesenheit des kleinen Mandel von Glasow bei
den Dreharbeiten kein sexueller Missbrauch. Aber trotzdem wird er
»benutzt«. Sein Vater will offensichtlich mit dem blondgelockten Jungen und dessen hübschem Engelsgesicht aller Welt beweisen: Seht her
– ein missgebildeter Mensch wie ich kann etwas so Wunderschönes
wie dieses Kind hervorbringen!

Der »fröhliche kleine Ödipus«, wie Niko von Glasow seinen Sohn
nennt, drückt sich jedenfalls mit der Goldenen Lola in der Hand verschämt und keineswegs fröhlich hinter seinen Vater. Doch Niko von
Glasow will ihn präsentieren: »Das ist mein Sohn, auf den ich noch
stolzer bin als auf diesen Preis.« Die Kamera zeigt bei diesem Satz
seine Frau und seine Tochter im Publikum. Mit oder ohne Contergan-
Behinderung: Väter können schon verdammt unsensibel sein.

27. April 2009

Meine liebste Arbeitsphase: die Recherche. Gerade beginne ich mit der
Arbeit an einem neuen *Tatort*, und da kommt mir die Ausstellung *Vom
Tatort ins Labor – Rechtsmediziner decken auf* im medizinhistorischen
Museum der Berliner Charité gerade recht.

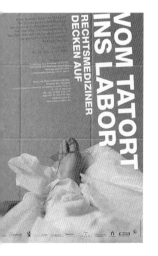

Gleich am Eingang der Ausstellung gerate ich in ein Berliner Damenkränzchen. Einmal im Monat treffen sie sich und machen irgendeine Museumsführung. Sie haben nichts dagegen, dass ich mich ihnen
anschließe, während sie sich von einem Rechtsmediziner von einem
grausigen Exponat zum nächsten lotsen lassen.

Der Mediziner ist ein echter Überzeugungstäter. Ich liebe diese
Menschen: Mit leuchtenden Augen erzählt er von seiner Arbeit und
versucht mit missionarischem Eifer die Bedeutung seines Fachs zu
vermitteln. Und bei jeder neuen Todesart, die er anhand der Exponate
erklärt, meint er mit überlegenem Lächeln: »Und das hier ist auch ganz
anders, als sich die *Tatort*-Autoren das immer vorstellen!« Wenn der
wüsste, wem er das gerade erzählt, denke ich und schweige.

Er sprach übrigens tatsächlich von den *Tatort*- und nicht allgemein
von Krimi-Autoren. Für ihn ist der *Tatort* das Synonym für den Fern-

sehkrimi schlechthin, so wie Tempo-Taschentücher und Nutella für ihre ganze Gattung stehen.

Natürlich hat der missionarische Rechtsmediziner Recht. In seinem Alltag muss es schwer sein, das Bild von seinem Fachgebiet zu korrigieren, das täglich im Fernsehen falsch abgebildet wird. Auch wenn wir Drehbuchautoren natürlich nicht die Wirklichkeit maßstabsgetreu abbilden können, so prägen wir doch bei Millionen von Menschen ihre Vorstellung von der Welt. Weil wir erzählen, dass es reicht, einen Föhn in die Badewanne der ungeliebten Ehefrau zu schmeißen, um sich ihrer zu entledigen, werden Nachahmer, die damit nur einen elektrischen Kurzschluss auslösen, dann wegen versuchten Mordes von ihren putzmunteren Gattinnen hinter Gitter gebracht.

Am Ende der Führung, als unser Rechtsmediziner davongeeilt ist, um die nächste Gruppe durchs forensische Horrorkabinett zu schleusen, gebe ich mich dem Damenkränzchen doch als *Tatort*-Autorin zu erkennen. Und tatsächlich: Ausnahmslos alle sind *Tatort*-Gucker, und einige können sich sogar an meinen letzten erinnern, der vor zwei Monaten lief.

11. Mai 2009

Als Recherche für das neue Drehbuch nehme ich an einer Polizeifortbildung teil, in dem Vernehmungsmethoden trainiert werden. Hier reinzukommen war nicht leicht, und es musste bis in die höchsten Instanzen deutscher Polizeibürokratie genehmigt werden, aber schließlich habe ich es geschafft.

Ich finde mich also mit neun Polizisten und drei Polizistinnen auf der Schulbank in der bayerischen Provinz wieder. Drei Tage lang geht es jetzt um Glaubhaftigkeitsprüfung und Vernehmung.

Sollte ich erwartet haben, dass ich hier die Tricks gerissener Cops vom Schlage eines Jack Bauer lernen werde, die jedem Schwerverbrecher ein umfassendes Geständnis entlocken, werde ich enttäuscht. Hier lernen zumeist Streifenbeamte, wie eine Vernehmung ablaufen und protokolliert werden muss, damit sie den Anforderungen deutscher Rechtssprechung genügt – und die sind glücklicherweise noch anders als die in Guantánamo.

Doch ich bekomme eine Ahnung davon, wie mühsam oft der Alltag der Gesetzeshüter ist. Während meine Mordfälle in 90 Minuten gelöst sind, haben die Polizeibeamten in dieser Zeit oft noch nicht einmal einen einzigen Zeugen befragt. Die Banalität ihres bürokratischen Alltags scheint erdrückend.

Als der Seminarleiter die überwiegend jungen Kollegen animiert, sich zumindest bei besonderen Fällen auch mal Zeit für die Befragungen zu nehmen, winkt einer der Teilnehmer ab: Besondere Fälle gebe es eigentlich so gut wie nie. Nur kleine Ladendiebstähle und ähnliches.

Der Seminarleiter lässt das nicht gelten. Nur ein kleiner Ladendiebstahl? Von einem Kind etwa? Doch warum stiehlt das Kind? Kann das nicht auch ein Hilferuf sein? Ein Fall von häuslicher Gewalt, der dahinter steckt? Oder wird es von älteren Straftätern vorgeschickt? Abgezogen vielleicht? Tatsächlich kann hinter jedem kleinen Ladendiebstahl eine große Tragödie stehen.

Ob das die jungen Polizeibeamten erreicht, weiß ich nicht. Aber die Haltung des Seminarleiters imponiert mir. Er ist ein guter Pädagoge, der lehren will, wie die jungen Beamten ihre Arbeit nicht nur vorschriftsmäßig machen, sondern auch *richtig*. Fast väterlich fühlt er sich dafür verantwortlich, dass sie die menschliche Dimension ihres oft unspektakulären Alltags begreifen.

Später erfahre ich, dass er seinen 19-jährigen Sohn vor vielen Jahren bei einem Verkehrsunfall verloren hat. Das erklärt vielleicht seine spürbare Sehnsucht nach Sinn und Begegnung.

13. Mai 2009

Am letzten Tag des Seminars werden Videos echter Vernehmungen analysiert. Plötzlich stehen sie mitten im Raum, die menschlichen Tragödien. Ein 13-jähriges Mädchen erzählt, wie sie über Jahre von ihrem Vater sexuell missbraucht wurde.

Während ich also bemüht bin, die 19 inhaltlichen Realkennzeichen nach Steller und Köhnken zu erkennen, die eine glaubwürdige Aussage charakterisieren, kriecht mir die brüchige Stimme des Mädchens unter die Haut. X-beinig sitzt sie da, knetet ihre Hände, stottert immer wieder an den schlimmsten Stellen und ist trotz des erlebten Horrors bemüht, die Anschuldigungen nicht zu dramatisieren.

Wie schwierig muss es für einen Vernehmenden sein, ein solches Opfer nach den intimsten Details zu fragen: Benutzte der Vater ein Kondom? Ein Gleitmittel? Was genau tat er? In welche Körperöffnungen ist er eingedrungen? Nur präzise Antworten auf diese Fragen führen schließlich auch zu einer Verurteilung. Trotzdem: Ich wollte so etwas nicht fragen müssen. Wie unterdrückt man den Impuls zu trösten?

Das nächste Vernehmungsvideo zeigt wieder ein Mädchen, diesmal elf Jahre. Sie lebt inzwischen bei ihrer Großmutter und beschuldigt den Freund ihrer Mutter, sie sexuell genötigt zu haben. Obwohl es mir dämmert, dass hier nach allen Regeln der Glaubwürdigkeitsbegutachtung die Realkennzeichen fehlen, widerstrebt es mir, dem Mädchen nicht zu glauben. Etwas in mir wehrt sich dagegen, den Mythos des unschuldigen Kindes aufzugeben.

Doch wie kommt das Mädchen dazu, einen Unschuldigen anzuschwärzen? War sie eifersüchtig auf den Freund? Hat ihre Großmutter sie aufgehetzt? Was immer der Grund gewesen sein mag: Auch ihr Leben ist für immer beschädigt. Ihre Falschaussage ruiniert das Leben des zu Unrecht Beschuldigten und belastet ihr Verhältnis zu Mutter und Geschwistern. Und dabei bemüht sie sich so sehr, einen guten Eindruck zu machen. Sie ist wohlerzogen, kooperativ und unauffällig.

Zuletzt gibt es noch die Vernehmung eines Doppelmörders. Der ist tatsächlich so, wie man es aus Film, Funk und Fernsehen kennt: verschlossen, kalt, ausweichend und subtil aggressiv. Er streitet alles ab. Aber plötzlich, wie aus dem Nichts heraus, kommen ihm die Tränen. Nur kurz, dann fängt er sich wieder, nicht zuletzt, weil auch der Vernehmende überrascht ist und die Situation zu schnell überspielt. Wenn ich in einem Drehbuch so etwas schreiben würde, würde es niemand glauben. So einer weint doch nicht. Schon gar nicht, wenn er gar nicht unter Druck gesetzt wurde.

Eines haben Drehbuchautoren und Lügner gemeinsam: Sie überlegen sich, wie eine Sache abgelaufen sein müsste, und konstruieren daraus die Szene, die sie beschreiben. Alles klingt kohärent und schlüssig. Die Wahrheit zeigt sich jedoch in den zugegebenen Widersprüchen, den Korrekturen, den Sprüngen und absurden Details. »Da muss ein Lügner schon ein perfekter Schauspieler sein, wenn er das imitieren will«, ist die Überzeugung des polizeilichen Fachmanns. Nein, er müsste ein perfekter Drehbuchautor sein, denke ich.

24. Mai 2009

Der Film DAS WEISSE BAND von Michael Haneke hat die Goldene Palme in Cannes gewonnen. Ich habe den Film noch nicht gesehen, aber ich kenne sein Drehbuch. Während meiner zweijährigen Amtszeit in der Spielfilmkommission der FFA habe ich neben meterhohen (ungelogen!) Stapeln von Drehbüchern auch dieses gelesen. Und ich hatte während der Lektüre dieses beeindruckenden Buches tatsächlich das Gefühl, einen großen Film »zu lesen«.

DAS WEISSE BAND (2009; D+R: Michael Haneke)

Es ist für mich immer ein Faszinosum, wie es mit relativ einfacher, schnörkelloser Sprache in einem Drehbuch gelingen kann, eine Welt im Kopf zu erschaffen, die unglaublich suggestiv und dicht ist. Warum lesen nicht viel mehr Menschen Drehbücher? Wer ein tolles Drehbuch gelesen hat, der hat in seinem Kopf bereits ein Meisterwerk gesehen, an das die Inszenierung eines Regisseurs meist nur noch mit Mühe heranreichen wird. Man kennt dieses Phänomen ja von Romanverfilmungen.

Natürlich gibt es das banale Problem, dass man die meisten Drehbücher nicht wie beispielsweise ein Theaterstück gedruckt kaufen
kann. Drehbücher sind der Rohstoff unserer Branche, der nur intern

DAS WEISSE BAND

zirkuliert. Schwierig also für Nachwuchsautoren, Rezensenten und
Filmliebhaber, überhaupt an ein Exemplar zu kommen.

Seit letztem Jahr versucht die Filmakademie deshalb Abhilfe zu
schaffen, indem sie die drei für den deutschen Filmpreis nominierten
Drehbücher druckt. Fred Breinersdorfer und ich sind die Herausgeber
dieser Reihe *Deutsche Drehbücher*.

Scenario druckt alljährlich
das mit der Goldenen Lola
ausgezeichnete unverfilmte
Drehbuch des Jahres.

Es war ein ziemlicher Kraftakt, dieses Projekt ins Leben zu rufen.
Umso erfreulicher ist es, dass bisher alle Autoren, um deren Bücher
es ging, sofort bereit waren, uns die Druckrechte umsonst zu überlas-
sen. Alle Kollegen teilen offenbar die Empfindung für den Missstand,
der nicht unerheblich dafür verantwortlich ist, dass Drehbuchautoren
praktisch so unsichtbar sind wie ihre Bücher.

25. Mai 2009

Mein morgendliches Ritual, die Lektüre der *Süddeutschen*, wird mir
mal wieder vergällt durch eine Filmkritik. Da wird einmal mehr
hymnisch ein Film rezensiert, aber genannt wird wie so oft nur
der Regisseur, der »aus dem bereits starken Drehbuch einen preis-
würdigen Film gemacht hat«. Der Name des Autors, der dieses
»starke« Drehbuch geschrieben hat: Fehlanzeige. Dabei hätte der
Rezensent über 100 Zeilen Platz gehabt, diese zwei Wörter unterzubringen. Kann man sich eine Theaterrezension vorstellen, die

bei einer Uraufführung nur den Regisseur nennt, den Autor des Stückes aber nicht?

Seit einiger Zeit bemühen wir Autoren uns, auf diese Ignoranz im Feuilleton mit Leserbriefen zu reagieren. Daher setze ich mich auch heute solidarisch und kollegial an meinen Schreibtisch, um der *SZ* zu schreiben. Aber erst einmal muss ich natürlich herausfinden, wer denn der ungenannte Autor ist, für den ich mich starkmachen will.

Das Internet präsentiert mir zwei Namen. Einen davon kenne ich. Die Kollegin hatte bereits vor Jahren schon ein Projekt auf unschöne Art von mir »geerbt«. Ein guter Freund von ihr wurde als Regisseur verpflichtet, und der bestand postwendend darauf, dass sie als seine Lieblingsautorin das Buch für ihn zu überarbeiten habe.

Bedauernd ließ mich die Produzentin wissen, dass die Redaktion nun mal unbedingt diesen Regisseur wolle, da müsse man wohl in den sauren Apfel beißen und auch seine Lieblingsautorin engagieren. Einen Blumenstrauß bekam ich als Dankeschön dafür, dass ich mich nach zwei Jahren Arbeit angewidert und geräuschlos aus dem Projekt verabschiedete. Dass es »nur« um eine Romanadaption ging und nicht um einen Originalstoff von mir, machte mir die Entscheidung leichter.

Und heute nun soll ich für diese Kollegin einen flammenden Leserbrief schreiben und mich dafür einsetzen, dass sie und ein anderer Autor in der Rezension gewürdigt werden? Wer ist eigentlich dieser zweite Autor? Muss man sich die beiden einträchtig nebeneinander am Schreibtisch sitzend vorstellen?

Die Tatsache, dass auch diesmal wieder der gleiche Regisseur wie damals am Start ist, lässt die Kollegin in meinen Augen einmal mehr als Kriegsgewinnlerin erscheinen. Ich google ihre Filmografie im Netz. Und ich stelle fest, dass sie fast nie einen alleinigen Credit als Drehbuchautorin hat. Manchmal firmieren bis zu fünf Namen als Autoren.

Mag ja sein, dass sie einfach eine begnadete Teamworkerin ist, die dem stillen Grauen vor der leeren Seite dadurch erfolgreich entflieht, dass sie sich immer mit Kollegen zu kongenialen Arbeitsbeziehungen zusammenfindet. *In dubio pro reo*. Trotzdem kann ich mich nicht mehr dazu motivieren, der *Süddeutschen* einen Leserbrief zu schreiben.

27. Mai 2009

Gute Nachrichten: Unser Film FRAU BÖHM SAGT NEIN läuft als Eröffnungsfilm des Medienforums NRW und im Wettbewerb um den Deutschen Filmkunstpreis in Ludwigshafen.

Connie hat wirklich einen intensiven Film gemacht. Ihr großes Verdienst ist es, auf die leisen Töne zu setzen, denn ich selbst neige eher dazu, ein bisschen auf den Putz zu hauen, aus Angst, vielleicht

AUF DER ANDEREN SEITE

Fatih Akin

DEUTSCHE DREHBÜCHER

Herausgegeben von Jörg Heidemann und Deutsche Sektion für die Deutsche Filmakademie

DEUTSCHE FILMAKADEMIE

KIRSCH-BLÜTEN Hanami

Doris Dörrie

DEUTSCHE DREHBÜCHER

Herausgegeben von Jörg Heidemann und Deutsche Sektion für die Deutsche Filmakademie

DEUTSCHE FILMAKADEMIE

nicht verstanden zu werden. Ein »lauteres« Werk wäre aber inzwischen angesichts der Brisanz des Themas als wohlfeiles Surfen auf der Empörungswelle missverstanden worden.

Nun also wird unser Fernsehfilm in einem Wettbewerb mit lauter Kinofilmen laufen. Das ist per se schon einmal ein Erfolg. Natürlich wird er vom Festival als »ein Film *von* Connie Walther« angekündigt. Und als Autorin hat man mich auch nicht eingeladen. Aber vielleicht fahre ich trotzdem hin ...

23. Juni 2009

Aufgrund von Connies Intervention hat man mich doch noch eingeladen. Und natürlich bin ich gefahren. Frau Schoeller ist auch zur Premiere gekommen. Ihr ist angesichts der Vorstellung, dass ihr Fall noch einmal im Rampenlicht steht, ziemlich mulmig zumute. Ich muss Händchen halten, als sie sieht, wie Senta Berger als Frau Böhm im gedeckten braunen Mantel, mit unkleidsamer Brille, bequemem Schuhwerk und rundem Rücken über die Leinwand trippelt. Ein kleines Rädchen im Getriebe, das plötzlich und zum ersten Mal nicht mehr funktionieren will.

Frau Schoeller zittert, als sie unter tosendem Applaus nach der Vorführung von Mark Horyna auf die Bühne geholt wird. Sie ist genauso verschämt und peinlich berührt wie die Filmfigur Frau Böhm, als ihre Kollegen des fiktiven »Hewaro«-Konzerns ihr in der Betriebskantine für ihre Tat applaudieren. Jetzt, bei der Filmpremiere, sind Realität und Fiktion deckungsgleich.

Unter den Journalisten tuschelt man, wer denn die Unbekannte da auf der Bühne sei. Offenbar erinnert sich angesichts der jüngsten Finanzkrise kaum noch jemand an den realen Fall Mannesmann. Zu viele unverschämte Boni und Abfindungen sind seither gezahlt worden.

Aber nicht nur Frau Schoeller und die erfundene Frau Böhm werden von Ängsten geplagt. Auch die großartige Senta Berger. Bis zuletzt fürchtet sie, dass sie in ihrer Rolle nicht überzeugt und als graue Maus verkleidet wirkt.

Ich denke, gerade diese Selbstzweifel sind in dieser Rolle ihr Kapital. Sie versagt sich jede heldenhafte Attitüde, weil sie sich tatsächlich nicht heldenhaft fühlt. In diesem Punkt ist sie der Figur Frau Böhm unglaublich nah. So fremd, wie ihr der äußere Habitus dieser Frau ist, so glaubhaft verkörpert sie ihre innere Haltung. Keine ironische Distanzierung, keine Witze auf Kosten der Figur, kein eitles »Ich bin ja selbst eigentlich ganz anders«.

Senta spielt so schüchtern und zurückgenommen, dass sie mich an Jack Nicholson in ABOUT SCHMIDT erinnert.

Senta Berger in FRAU BÖHM SAGT NEIN

ABOUT SCHMIDT (2002; D: Alexander Payne, Jim Taylor, nach dem Roman von Louis Begley; R: Alexander Payne)

Und die Zuschauer spüren ihre Integrität. In Ludwigshafen war es fast so, als fühlten sich alle »Normalos« im Publikum durch ihre Darstellung geadelt. Ihre Prominenz war plötzlich kein Handicap mehr, sondern eine positive Kraft.

28. Juni 2009

Ein fauler Sommersonntag, und ich koche Erdbeermarmelade ein, als das Telefon klingelt und sich die Stimme von Loriot meldet. Ich bin tatsächlich sprachlos. Aus einer Laune heraus habe ich ihm in der Woche zuvor mein Drehbuch über Erich Kästner geschickt und ihm in einem Begleitbrief etwas über die Geschichte dieses gleichaltrigen Trägers kurzer Strümpfe geschrieben.

Loriot bedankte sich für mein Buch, und sofort führten wir ein spannendes Gespräch über seine Kindheit Ende der 1920er Jahre in Berlin. Hellwach und klug erzählte er mir Geschichten, von denen es ewig schade wäre, wenn er sie einmal mit ins Grab nimmt. Aber er hat nicht vor, eine Autobiografie zu schreiben. Er sei »zu beschäftigt«. Nach dem einstündigen Telefonat fühle ich mich beschenkt und geadelt. Nur meine Erdbeermarmelade ist verkocht.

Jürgen Egger

1. Juli 2009

Mein Kollege Jürgen Egger ist tot. Er war zwei Jahre älter als ich und starb an Leukämie. Ich habe ihn durch die Filmakademie kennengelernt, die seinem scharfen Verstand entscheidende Diskussionen über ihr Selbstverständnis verdankt. Als er krank wurde, habe ich ihn als stellvertretendes Vorstandsmitglied abgelöst. Und trotz seiner Krankheit konnte ich ihn immer anrufen und in den oft schwierigen Entscheidungsprozessen und Abläufen der Akademie um Rat fragen.

Seine Freunde und Kollegen Matthias Dinter und Martin Ritzenhoff schreiben ihm einen wundervollen Nachruf:

»Er war stets so gnadenlos ehrlich – auch gegen sich selbst. Statt sich, wie viele seiner Kollegen, dramaturgisch zu ducken und an die Miete zu denken, tat er lieber, was er für richtig und wichtig hielt. Das bescherte uns unter anderem KLEINE HAIE, der zu einem Filmklassiker seiner Generation und einem Sprungbrett für viele andere Talente wurde. Er lebte seinen Spaß an abseitigem Humor mit THE HIGH CRUSADE und seiner eigenen Regiearbeit HARALD aus – und wenn er wirklich doch mal Geld brauchte, griff er gleich zum SUPERWEIB, nicht zu einer Vorabendserie.

Egger war schon ein *Dude*, bevor der Große Lebowski überhaupt die Leinwand erreichte. Bis heute hatte er nicht das Budget seines

KLEINE HAIE (1992; D: Jürgen Egger, Sönke Wortmann; R: Sönke Wortmann)

THE HIGH CRUSADE (1994; D: Robert G. Brown, Jürgen Egger, nach dem Roman von Poul Anderson; R: Klaus Knoesel, Holger Neuhäuser)

HARALD (1997; D+R: Jürgen Egger)

DAS SUPERWEIB 1996; D: Gundula Leni Ohngemach, Jürgen Egger, nach dem Roman von Hera Lind; R: Sönke Wortmann)

THE BIG LEBOWSKI (1998; D+R: Joel Coen, Ethan Coen)

letzten Studienfilms an der HFF abgerufen. In seiner Wohnung transportierte ein Wurmloch jeden Besucher direkt auf das WG-würdige Sofa. Seine Katzen wärmten sich am Abwind seines Macs. Sein Fernseher war sicherlich das älteste lebende Exemplar Schwabings – doch daneben stapelten sich Raritäten und Schmankerln, von denen viele bis heute nicht den Weg auf den deutschen Filmmarkt gefunden haben. [...]

Egger beherzigte, wo er konnte, Clint Eastwoods zehn Lebensregeln – auf jeden Fall aber zwei davon: *You are what you drive* und *Keep*

KLEINE HAIE

moving. Ersteres spiegelten Bertone, Carrera und bizarrerweise auch Twingo wieder – Letzteres seine Beschäftigungen in den letzten Jahren: Neben Drehbucharbeiten schrieb er HiFi-Kolumnen, gelegentlich einen Big-Band-Song, griff als Consigliere in Schnitt- und Produktionsarbeiten ein und unterrichtete Drehbuchstudenten an der Ludwigsburger Filmakademie. Die dürften ihren Spaß an dem Mann gehabt haben, der rein provokationshalber schon mal KILL BILL VOL. 2 als ›bestes Drehbuch aller Zeiten‹ hinstellte.

KILL BILL VOL. 2 (2004; D+R: Quentin Tarantino)

Und trotz seiner verschmitzten Liebesaffäre mit dem Film war das nicht sein A und O: ›Wenn ich mich noch mal entscheiden könnte, Musik zu machen oder zum Film zu gehen, würde ich die Musik nehmen.‹ Zum Glück konntest du das nicht. Zum Glück hatten wir dich lange Zeit in unserer Mitte, haben mit dir an Filmen gearbeitet, sind durch Schwabing getigert oder haben mit dir Stunden vor *Resident Evil* verzockt. Eins ist sicher: Du wirst uns fehlen.

Happy trails, Dude.«

Ich werde Jürgen schmerzlich in der Filmakademie vermissen. Trotz ihrer über 1.000 Mitglieder zeigt sich immer wieder, dass Menschen wie er, die unbestechlich sind, ein Rückgrat haben, sich angstfrei zu Wort melden und leidenschaftlich ihren Standpunkt vertreten, sehr selten sind in unserer Bussi-Bussi-Filmwelt. Er hat sich und andere nicht geschont. Und er hatte einen tollen Humor.

10. September 2009

Seit Tagen schon sitze ich mit offenem Mund vor meiner Morgenzeitung und verfolge die Demontage der NDR-Fernsehspielchefin Doris Heinze, die in ihrer Zeit als Redaktionsleiterin nicht nur neun Fernsehspiele unter eigenem Namen geschrieben hat (was ich immer schon fragwürdig fand), sondern darüber hinaus auch noch mit krimineller Energie ihrem Sender unter verschiedensten Pseudonymen weitere Drehbücher von sich untergejubelt hat.

Ich bin sicher nicht die einzige Drehbuchautorin, die jetzt vor Wut in die Tischplatte beißt. Jeder von uns hat in der Vergangenheit erlebt, wie man von mäkeligen Redakteuren von Fassung zu Fassung gehetzt wird, um dann am Ende doch aus dem eigenen Projekt gekickt zu werden. Die Vorstellung, dass die erfundenen Autoren »Niklas Becker« und »Marie Funder« einfach eine miese erste Fassung abgegeben haben sollen und dann für weitere Gespräche nicht mehr zur Verfügung standen, ist vor dem Hintergrund unseres Arbeitsalltages ein echter Hohn.

Ich selbst habe bereits zwei Fernsehspiele für Doris Heinze geschrieben. Bei beiden Projekten war sie für mich grundsätzlich nicht zu sprechen. Die inhaltliche Auseinandersetzung fand allein mit dem Produzenten statt, denn Doris Heinze hatte dafür keine Zeit. Jetzt weiß ich auch warum: Ein solches Schreibpensum will erstmal bewältigt sein.

Doris Heinzes Spezialität waren eher weichgespülte Beziehungs-Schmonzetten. Und ihre Begabung zeigte sich weniger in ausgeklügelten Dramaturgien oder ausgefeilten Dialogen, sondern in der Indienstnahme guter Regisseure, die bereit waren, aus Doris' Stoffen selbst etwas Brauchbares zu basteln. Doch was sagt diese Praxis über das Ansehen, das Drehbuchautoren hierzulande genießen? Ich fürchte die Antwort.

Mich schmerzen bei diesem Skandal weniger die Summen, die sich Doris Heinze illegal ergaunert hat, sondern die Produktionsetats von überschlägig 20 Millionen Euro. Was hätte man für tolle Filme davon machen können! Nach guten Büchern von »echten« Autoren!

Im Grunde ist die Figur Heinze schon wieder ein Filmstoff:

1. Akt: Eine Frau geht ihren Weg, und der führt steil nach oben, und dabei räumen ihr mächtige Männer dicke Steine aus dem Weg. Auf dem Höhepunkt ihrer Macht hat sie den Job, nach dem ich mich in meinen kühnsten Träumen sehne: Sie hat irgendeine Filmidee, bringt

mal flugs was aufs Papier, genehmigt dem Projekt einen ordentlichen Etat, den eine ergebene Filmproduzentin verwalten darf, und wenn's nicht reicht, sattelt Doris noch ein sattes Zubrot aus der Filmförderung obendrauf. Dann sucht sie sich unter den besten Regisseuren einen aus, der das Ganze brav ausarbeitet und dreht, möglichst mit Ferresfurtwänglerneubauer in der Hauptrolle, mit denen Doris gerne über rote Teppiche wandelt, denn somit ist mediale Aufmerksamkeit garantiert. Und nicht zuletzt bestimmt Doris für ihr eigenes Werk auch den bestmöglichen Sendetermin – da kann eigentlich gar nichts schief gehen, vor allem, da sie ja dank ihres Einflusses nicht nur für Presse, sondern auch für Preise sorgt.

2. Akt: Das System läuft wie geschmiert. Aber wenn Doris abends in den Spiegel schaut und ruft »Spieglein, Spieglein an der Wand, wer ist die mächtigste Drehbuchautorin im Land?«, dann antwortet er ihr: »Frau Königin, Ihr seid die Mächtigste hier. Aber Wiederholungshonorare kriegen alle anderen – nur nicht Ihr!« Doris findet diese Schmach zunehmend unerträglich, und Neid und Gier wallen in ihrem Busen. Da sinnt sie auf eine List: Ein »Niklas Becker« würde unbeschränkt kassieren dürfen. Und sollte jemand irgendwann einmal hartnäckig nach diesem Herren fragen, dann schreibt eben eine Marie Funder oder ein Nepomuk Schießinskraut. Aber keine Angst: Wer sollte denn fragen, denn alleiniger Redakteur ist ja schließlich Doris und sonst niemand.

Midact Climax: Doris jongliert wie Göttin Shiva mit acht Armen ihre verschiedenen Identitäten. Sozusagen als mehrfach gespaltene Persönlichkeit schreibt Niklas Becker zwischen Kanada und Afrika Mails an und über Doris Heinze, während Marie Funder mit üppigen Buy-out-Honoraren darüber getröstet werden muss, dass ihr Buch leider nicht verfilmt wird, während die echte Doris das gleiche Buch an eine Tochterfirma des ZDF verkauft ...

In diesem atemberaubenden Schleiertanz übersieht die mächtige Doris nur eines: Die Füße eines armen freien Autors, auf die sie einmal zu oft tappt. Dieser Geschundene (ich gebe zu, dass Fred Breinersdorfer für diese Rolle wohl kaum eine überzeugende Besetzung wäre) fängt an zu recherchieren – denn das können wir Drehbuchautoren ja –, und bringt mit seinen wackeren Freunden von der freien Presse die Wahrheit ans Licht. Das ganze Heinzestrobelbeckerfunderlüdinghausbenz-Kartenhaus stürzt ein und reißt auch noch den einen oder anderen Mitwisser und Kriegsgewinnler mit.

3. Akt: Heerscharen von unterdrückten Zwergen wagen sich plötzlich aus ihren Erdlöchern und schwadronieren hämisch darüber, dass sie das alles ja schon längst gewusst haben. Ein paar redliche Prinzen erklären in Talkrunden, dass jetzt alles besser werde. In jeder Krise liegt ja bekanntlich eine Chance. Unbestechliche Redakteure, aufrechte Au-

toren und respektvolle Regisseure atmen befreit auf und machen von Stund an kluges, gut gemachtes und anspruchsvolles Fernsehen!

Ein paar freie Produzenten kriegen jetzt einen Filmauftrag mehr, einfach, damit's besser aussieht. Gerade noch rechtzeitig: Da die privaten Sender ja ihre Spielfilmproduktion eingestellt haben, fühlten die Produzenten sich zuletzt wie Fische in einer Badewanne, aus der jemand den Stöpsel gezogen hatte. Es wurde verdammt eng ... Doch jetzt hebt sich gerade noch rechtzeitig der Wasserspiegel wieder.

Und Doris? Ihr wird fristlos gekündigt, sie verliert ihre Rentenansprüche, und man macht ihr den Prozess. Ins Gefängnis muss sie jedoch nicht, denn ihr Arbeitgeber beendet die Affäre mit einem juristischen Deal, um nicht weiter in den Schlagzeilen zu stehen. Auch landet Doris nicht mittellos unter einer Hamburger Brücke, denn ihrem Ehemann, der ja offiziell hinter den »Niklas-Becker«-Büchern steckt, kann man Wiederholungsgagen nicht verweigern. Aber zur Strafe ist die einst so Mächtige nun für immer ihrem Ehemann ausgeliefert, der früher allzu oft erleben musste, dass seine Doris sich nur für die Reichen und Mächtigen interessierte. Endlich muss sie zu Kreuze kriechen, weil er boshaft damit droht, der Welt zu erzählen, wer der wahre »Niklas Becker« ist.

Doch das Schlimmste ist wahrscheinlich für Doris der gesellschaftliche Tod. Ich stelle mir ein Schlussbild vor wie in den GEFÄHRLICHEN LIEBSCHAFTEN, als sich Glenn Close abschminkt. Auch Doris sitzt in meinem Film allein vor ihrem Spieglein und betrachtet erloschen ihr maskenhaftes Gesicht. Darüber läuft der Abspann.

DANGEROUS LIAISONS (Gefährliche Liebschaften; 1988; D: Christopher Hampton, nach dem Roman von Choderlos de Laclos; R: Stephen Frears)

Natürlich wird es diesen Film nicht geben. Wer sollte ihn finanzieren? Die Öffentlich-Rechtlichen wohl kaum. Das Kino auch nicht, denn das hängt bekanntlich auch am Fernsehtropf. Und die Privaten machen ja keine Spielfilme mehr. Also frei finanzieren? Das gibt's in Deutschland nicht. Außerdem sind die Banken zur Zeit ja pleite.

So sitze ich allein an meinem Schreibtisch und klopfe mir mit der rechten Hand auf meine linke Schulter und sage mir: Ich kann stolz darauf sein, dass ich von meiner Arbeit leben kann, obwohl ich nicht zur Mauschel-Mafia gehöre und mit keinem Redakteur verwandt oder verschwägert bin.

Und bei aller Genugtuung über die Enthüllungen, die im Augenblick fast täglich erscheinen, finde ich den allgemeinen Furor doch auch bedenklich. Plötzlich soll alles schlecht sein am Programm der Öffentlich-Rechtlichen? Wegen Frau Heinze will man sie gleich ganz abschaffen? Schon sind die ersten Trittbrettfahrer auf diesen Zug aufgesprungen, allen voran die Bild-Zeitung, die auch dem *Tatort* schon oft bescheinigt hat, dass die »Zwangsgebühren« rausgeschmissenes Geld seien.

Ich aber kann mit Sicherheit sagen: Einen Film wie FRAU BÖHM SAGT NEIN hätte es weder bei den privaten Sendern noch im Kino gegeben.

Doris Heinze

1. Oktober 2009

Roman Polanski ist in Zürich verhaftet worden, und die Filmwelt steht Kopf. 1977 hat er eine 13-Jährige vergewaltigt und ist vor einer möglichen Haftstrafe nach Frankreich geflohen, das ihn nicht ausliefert, weil er einen französischen Pass hat.

Roman Polanski

Reflexhaft denke ich: Hat es wirklich Sinn, 30 Jahre nach der Tat, einen 75-jährigen, hochverdienten Künstler jetzt noch vor Gericht zu bringen, wo selbst sein Opfer von damals, Samantha Gailey, inzwischen dafür plädiert, den Fall abzuschließen? Daher regt sich in mir auch zunächst mal kein Widerspruch, als ich in der Presse lese, dass die Filmakademie für Polanski öffentlich Partei ergreift.

Aber irgendwann dämmert mir, dass ich es doch als Akademiemitglied hätte merken müssen, wenn es eine solche Willensbildung der 1.000 Mitglieder gegeben hätte. Wo war die Petition, die ich hätte unterschreiben können? Wo die Rundmail aus der Geschäftsstelle, die mich zur Stellungnahme aufgefordert hat?

1977 war ich 16 und habe mich für Hollywood-Skandale nicht interessiert. Ich fange also an, die Artikel über den Fall Polanski zu lesen. Und je mehr ich lese, desto fragwürdiger finde ich nicht die Tatsache, dass die Schweiz ihn jetzt festgenommen hat, sondern eher, dass das nicht schon viel früher passiert ist. Immerhin geht es um ein Kind, von dem Polanski zugegeben hat, dass er es unter Drogen gesetzt und trotz Gegenwehr vaginal und anal penetriert hat, nachzulesen in der Abschrift seiner gerichtlichen Zeugenaussage im Internet.

Ich möchte nicht urteilen müssen, in diesem Fall und vor allem nicht nach so langer Zeit. Aber Senta Berger und Günter Rohrbach trauen sich offenbar eine Bewertung zu, die sie dann als Position der Filmakademie veröffentlichen: »Mit Empörung hat die Deutsche Filmakademie die Verhaftung Roman Polanskis durch Schweizer Behörden zur Kenntnis genommen.«

Mit Empörung? Wo denn? Nein, die Akademie schweigt und schnarcht vor sich hin. Keine Debattenkultur, keine demokratische Willensbildung und kein Gedankenaustausch, sondern leider nur Lola-Verwaltung und Film-PR. Ich jedenfalls möchte nicht, dass jemand in meinem Namen spricht, ohne mich vorher gefragt zu haben.

6. Oktober 2009

Der ehemalige Programmdirektor des NDR, Jürgen Kellermeier, ist aus dem dritten Stock seines Wohnhauses in den Tod gesprungen. Er war der langjährige Chef und zugleich Intimus von Doris Heinze (die in

Branchenkreisen nur noch »das Knast-Dorle« genannt wird). Langsam bekommt die ganze Affäre einen tragischen Zug.

8. November 2009

Passender könnte die Kulisse nicht sein, vor der sich die 180 Teilnehmer der ersten Welt-Konferenz der Drehbuchautoren treffen: auf der Akropolis von Athen bei einem dramatischen Sonnenuntergang. Gemeinsam kraxeln Autoren aus aller Herren Länder über die Felsen und betrachten von oben ehrfürchtig das Odeon des Herodes Atticus mit seinen 5.000 Plätzen. Der Genius loci ist spürbar.

Die Geschichte des Dramas nahm von hier ihren Ausgang. Den ersten dionysischen Wettstreit 534 v. Chr. gewann Thespis, als er aus dem Chor heraustrat und die Aufführung mit einer Erzählung ergänzte. Damit war die Rolle des Protagonisten geboren. Ein halbes Jahrhundert später stellte Aischylos dem Protagonisten den Antagonisten gegenüber, und die Tragödie war erfunden. Und seit Sophokles seiner Tragödie noch einen dritten Charakter hinzufügte und so den dionysischen Wettstreit gegen Aischylos für sich entschied, seitdem pilgern Heerscharen von Dramatikern in seinen Fußstapfen und versuchen, aus dieser Kunstform Nektar zu saugen und damit Blumentöpfe zu gewinnen. Auch wir Drehbuchautoren.

Christina Kallas, die umtriebige Präsidentin der Federation of Screenwriters in Europe (FSE), hat wieder ein fantastisches Programm auf die Beine gestellt. Beim Eröffnungsempfang mit dem sehr smarten und gut aussehenden griechischen Kulturminister (nichts für ungut,

Die erste Welt-Konferenz der Drehbuchautoren in Athen

159

Dorothee Schön und Jochen Grewe; im Hintergrund: Caterina d'Amico, CEO von Rai Cinema und Tochter der berühmten italienischen Drehbuchautorin Suso Cecchi d'Amico

Herr Neumann!) beschnuppern sich die Kollegen erstmals näher. Aus 30 Ländern sind wir zusammengekommen: Neben den Europäern sind US-Amerikaner, Kanadier, Australier, Neuseeländer, Argentinier und auch ein Brasilianer hier. Berühmte Oscarpreisträger plaudern mit Telenovela-Vielschreibern, und Internet-Rebellen diskutieren mit alten Leinwand-Haudegen.

In den nächsten beiden Tagen wird ein riesiges Programm abgearbeitet, in dem sich Debatten und Vorträge abwechseln. Während sich zunächst fast eine depressive Stimmung breitmacht angesichts des ungelösten Problems, wie wir Urheber zukünftig in einer Welt der vagabundierenden digitalen Nutzungen von unserer Arbeit leben sollen, so überwiegt schließlich doch der Trotz und der Glaube, dass wir auch diese Umwälzung überleben werden. Inhalte werden wohl auch noch gebraucht, nachdem sich der Pulverdampf der digitalen Revolution verzogen haben wird. Alison Taylor, amerikanische Autorin prophezeit, dass wir die letzte Generation seien, die überhaupt zwischen Fernsehen, Kino und Internet unterscheidet. In Zukunft gilt: *A screen is a screen is a screen.* Und das ist dann nur noch der *forty-five inch plasma* im heimischen Wohnzimmer.

Trotzdem mag niemand so recht den Visionen folgen, die die britische Juristin Anita Ondine, Chefin von *Seize the Media*, entwirft. In ihrer Welt werden Programme im Netz zukünftig von Firmen finanziert, die das als Werbung für sich verstehen, ohne als Gegenleistung dafür Product Placement oder inhaltlichen Einfluss zu fordern. Sie glaubt, das müsse auch keinesfalls zu kultureller Nivellierung führen. In meinen Ohren klingt das eher, als feiere jemand mehrsprachige Etiketten auf Coca-Cola-Flaschen als kulturelle Errungenschaft. Darüber hinaus ermuntert sie uns, unsere Inhalte kostenlos im Netz anzubieten. Und sollte sich dafür kein geeigneter Verteiler finden, dann würde es helfen, meint sie augenzwinkernd, mit Internet-Piraten Essen zu gehen. Dass Frau Ondine früher Riskmanagerin bei Lehman Brothers war, passt genau ins Bild ihrer windigen Heilsversprechen. Wir lauschen trotzdem artig und denken uns unseren Teil.

Wie würde wohl eine Weltkonferenz der Regisseure oder Schauspieler aussehen? Unter den Drehbuchautoren sind jedenfalls erstaunlich wenig Narzissten unterwegs, dafür viele Melancholiker. Jaqueline Woodman, die Vorsitzende der Australischen Writers Guild, reißt uns mit echtem *fighting spirit* aus unserem Selbstmitleid. Niemand wird uns etwas geben, wenn wir nicht selbst die Kraft haben, uns zu nehmen, was uns zusteht. Die listige Robin Swicord, Autorin des SELTSAMEN FALLS DES BENJAMIN BUTTON, rät dazu, in der Hierarchie so nah wie möglich an die Finanziers von Programm heranzukommen. »There should not be too much space between you and the money.«

Gegen die Zumutungen unseres Berufes helfe eigentlich nur, neben aller Lohnschreiberei an Herzblutprojekten zu arbeiten, die vielleicht weniger finanziell, aber dafür menschlich ertragreich sind. Das zu tun sei so schön wie »der Anblick einer schwangeren Frau«, schwärmt Peter Hedges, der Autor von GILBERT GRAPE und ABOUT A BOY. Von sich erzählt er, dass er ja ursprünglich Schauspieler gewesen sei, aber dann mit dem Schreiben begonnen habe, um mehr Einfluss zu haben. Da lacht der ganze Saal im griechischen Media Institut spontan auf – nicht ohne Bitterkeit.

Was also tun? Ein israelischer Kollege schildert mit großem Enthusiasmus, wie vier attraktive Autorinnen eine heimische Live-Nachrichtensendung gestürmt hätten, um für ihre Rechte zu demonstrieren. Hört sich toll an. Soll ich mit Ilse Biberti, neben mir die einzige weibliche Teilnehmerin der deutschen Delegation, demnächst die *Tagesschau* in Hamburg überfallen?

Anders als bei Festivals und anderen Branchentreffs, bei denen auf subtile Weise doch immer im Raum steht, dass man miteinander »ins Geschäft« kommen möchte, war dieser Kongress wirklich ein Treffen von Kollegen, Leidensgenossen und Reisegefährten. Die Verabredungen zur gemeinsamen Vertretung der Interessen mündeten in die Verabschiedung einer politischen Deklaration. Die Nächte auf der Dachterrasse des Hotels dagegen mit viel Retsina und einem wunderbaren Blick auf die erleuchtete Akropolis wecken in uns allen das Gefühl, Teil einer Familie zu sein – der großen Familie der Geschichtenerzähler, die es jetzt schon seit zweieinhalbtausend Jahren gibt.

THE CURIOUS CASE OF BENJAMIN BUTTON (Der seltsame Fall des Benjamin Button; 2008; D: Robin Swicord, Eric Roth; R: David Fincher)

WHAT'S EATING GILBERT GRAPE (Gilbert Grape – Irgendwo in Iowa; 1993; D: Peter Hedges; R: Lasse Hallström)

ABOUT A BOY (2002; D: Peter Hedges, nach dem Roman von Nick Hornby; R: Chris und Paul Weitz)

Robin Swicord

13. November 2009

Ein turbulentes Akademiejahr findet heute seinen Abschluss, und dass heute Freitag der 13. ist, erweist sich nicht als schlechtes Omen. In einer außerordentlichen Mitgliederversammlung geht die sechsjährige Ära unseres Vorsitzenden Stefan Arndt zu Ende. Wie immer bei solchen Anlässen macht sich milde Sentimentalität breit, und manches Kriegsbeil wird begraben.

Zu den unergründlichen Absurditäten unserer Satzung gehört, dass wir Mitglieder keinen neuen Vorsitzenden wählen (so wie es ja sogar die großen Volksparteien hinkriegen), sondern unser Vorstand im Hinterzimmer einen der ihren als Nachfolger bestimmt. Thomas Kufus, ein Dokumentarfilmproduzent, tritt also nun in Stefan Arndts große Fußstapfen.

Stefan Arndt

Doch nicht nur dieses Prozedere ist fragwürdig. Die längst überfällige Satzungsänderung, die garantieren soll, dass alle Sektionen im Vorstand vertreten sind, wird im Handstreich mit einem Textvorschlag erledigt, der erst auf der Sitzung verteilt wird. Mehr als einmal denke ich, dass dieser Verein nicht mal die simpelsten Spielregeln einhält, die jeder Kleintierzüchterverein in Hintertupfingen beherrscht.

Trotzdem sucht heute niemand den Streit. Mit wem auch? Die streitbaren Alphatiere Arndt und Rohrbach werden die Bühne endgültig verlassen, und da mag niemand nachkarten. Selbst bei aller Kritik an Rohrbachs unreflektierter Presseerklärung zum Fall Polanski will niemand mehr so recht am Lack des Präsidenten kratzen. Dass er heute sogar öffentlich einräumt, Fehler gemacht zu haben, ist vielleicht ein kleiner Schritt für einen Menschen, aber ein großer Schritt für einen Rohrbach.

Es wird schwer sein, Nachfolger für unsere Präsidenten zu finden. Vor allem Senta Berger hat ihre präsidiale Rolle immer sehr klug, taktvoll und mit integrativer Kraft ausgefüllt. Sie verbindet Offenheit und Neugier mit einem immer erkennbaren eigenen Standpunkt, und vor ihrer sanften Beharrlichkeit hat sich schon mancher Krieger gebeugt. Je mehr ich sie kennenlernen durfte, auch durch unsere Arbeit an FRAU BÖHM, desto mehr imponiert sie mir. Sie war das Gesicht der Akademie draußen in die Welt, so wie Rohrbach im Inneren der strenge und unverzichtbare Zuchtmeister einer Aufbauarbeit war, die jetzt beendet ist.

Thomas Kufus

Der Tag klingt mit einem Fest zu Ehren Stefan Arndts aus. Rohrbach hält eine letzte brillante Rede auf ihn, und Stefan steht unbeholfen, gerührt und fieberglühend (es wird doch nicht die Schweinegrippe sein?! ...) neben seinem großen Mentor. Goodbye, Stefan! Du wirst uns fehlen!

19. November 2009

Unser Film FRAU BÖHM SAGT NEIN läuft im Wettbewerb auf dem Fern-
sehfilm-Festival in Baden-Baden, und ich fahre hin. Ich freue mich auf
das Wiedersehen: Als Filmhochschulabsolventin hatte mich Hans Abich
vor 20 Jahren in die allererste Jury berufen. Als übernächtigte Kleinkind-
Mutter fantasierte ich davon, mir ein paar tolle Filme anzusehen und
nebenher den Luxus von Brenner's Park-Hotel zu genießen.

Das erfüllte sich nicht: Am ersten Tag des Festivals fiel die Mauer,
und während sich ganz Deutschland in den Armen lag, mussten wir
bemitleidenswerten Juroren von morgens bis abends Fernsehspiele sichten, die uns schmeckten wie altbackenes Brot. Und wenn wir
abends ins Hotel wankten, schalteten wir wieder den Fernseher ein,
um ergriffen das jubelnde Deutschland zu besichtigen. Die Wirklichkeit erwies sich als tausendmal spannender als jede Fiktion. Mitjuro-
rin Helma Sanders-Brahms kam aus dem Wehklagen gar nicht mehr
heraus, dass sie als Bewohnerin Berlins ausgerechnet jetzt nicht zu
Hause sei, sondern stattdessen diesen unwichtigen und unbekannten
Preis in der hintersten Filmprovinz vergeben müsse.

In den inzwischen vergangenen 20 Jahren hat sich das Festival
zum exklusiven Branchentreff gemausert. Was Davos für die Weltwirtschaft, ist Baden-Baden für das heimische Fernsehspiel. Vorm offenen
Kamin in der Lounge von Brenner's Park-Hotel verhandeln abends die
Schwergewichte unserer Zunft das vergangene Fernsehjahr. Und da
stand in diesem Jahr angesichts des Skandals um Fernsehspielchefin
Doris Heinze ja einiges an. Dachte ich.

Weit gefehlt. Es ist offenbar die Losung ausgegeben worden, dass
Frau Heinze eine kriminelle Einzeltäterin sei, ihr Fall aber kein Indiz
für systemische Korruption und Nepotismus. Das erinnert an die öffentliche Empörung über den gedopten Jan Ullrich, derweil die schein-
heilige Tour-de-France-Karawane weiter über den Bildschirm rollt. Alle
wissen, was läuft. Aber wer es offen ausspricht, steht da wie der letzte
Loser, der seine eigene schlechte Leistung mit dem Doping der anderen rechtfertigen will. Deswegen schweigt man und steigt entweder
vom Rad oder dopt selbst.

Ich habe mit vielen in Baden-Baden gesprochen: Redakteuren,
Produzenten und Kreativen. Und unter vier Augen erzählen sie bereitwillig, was sie wissen. Darüber, wie sich Redakteure von freien
Filmproduzenten schmieren lassen. Wie fragwürdige Firmenkons-
truktionen der öffentlich-rechtlichen Sender dazu benutzt werden,
Gebührengelder ohne redaktionelle Kontrolle auszugeben. Und wie
die Politik knallharten Einfluss auf Personalentscheidungen nimmt,
um ihr ganz eigenes Süppchen zu kochen. Man wähnt sich in einem

Politthriller. Öffentlich aber versichert man, dass alles mit rechten Dingen zugehe.

Plötzlich bin ich in meinem eigenen Film. Die Auseinandersetzung, die Frau Böhm und ihre junge Kollegin Ira Engel im Film darüber führen, wie man sich angesichts der korrupten Machenschaften der Chefs verhalten solle, lässt sich bruchlos auf meine Branche übertragen. Den Kreativen geht es wie Ira Engel: Sie sind abhängig beschäftigt, üblicherweise an den »Spielchen« nicht beteiligt, und wenn die Gerüchteküche ihnen etwas zuträgt, können sie nichts beweisen. Daher schweigen sie. Und sollten sie, wie die freien Produzenten, tatsächlich etwas beweisen können, dann ziehen sie es vor, mit diesem Wissen ihre eigene prekäre Situation abzusichern, statt es öffentlich zu machen.

Den nicht korrupten Redakteuren geht es wie Frau Böhm: Eigentlich unkündbar, könnten sie gefahrlos Missstände anprangern, aber sie fürchten um das Ansehen des »Unternehmens«, das dann im Strudel der Enthüllungen nicht reformiert, sondern demontiert werden könnte. Wie anfangs die treue Mitarbeiterin Frau Böhm glauben auch sie,

Lavinia Wilson in FRAU BÖHM SAGT NEIN

dass es besser ist zu schweigen. Sie lieben das Fernsehen und wollen es nicht öffentlich schlechtreden. »Manchmal ist es besser, wenn man nichts tut.« So wird alles unter den Teppich gekehrt.

Ich kann eigentlich nur hoffen, dass die Geschichte des öffentlich-rechtlichen Fernsehens nicht so endet wie mein Film: Als sich meine Frau Böhm endlich entschließt, »Nein« zu sagen, ist es schon zu spät.

Die Firma ist nicht mehr zu retten. Was das Fernsehen betrifft, hat die Presse längst Witterung aufgenommen. Und wenn erst die nächsten Skandale enthüllt werden, dann wird man den Sendern das mit dem bedauerlichen Einzelfall nicht mehr abkaufen. Wer jetzt schweigt, ist dann auch in Zukunft diskreditiert. Dabei brauchen wir gerade die seriösen und korrekten Redakteure so dringend!

Am Ende des Festivals gewinnen Senta Berger und Lavinia Wilson den Spezialpreis der Jury für ihre Darstellung in unserem Film, der 3sat-Zuschauerpreis geht ebenfalls an FRAU BÖHM. Ich kann nicht zur Preisverleihung fahren und wüsste sowieso nicht, wo und wie ich dort das sagen könnte, was mich bewegt. Also sitze ich allein am PC und verfolge den Livestream der Zeremonie im Internet. Die Branche feiert sich selbst. Wie es zu erwarten war. Kein Misston trübt den Abend. Alles scheint bestens.

23. November 2009

Hier endet mein »Fahrtenbuch einer Zimmerpflanze«. Ich genieße es, wieder zu Hause zu sein. Mein alter einäugiger Hund liegt schnarchend unter meinem Schreibtisch, und langsam sollte wieder diese langweilige Ruhe einkehren, die ich zum Schreiben brauche.

Der Blick in die heutige *Süddeutsche* jedoch bestätigt meine Befürchtungen: Auf Seite 3 wird der nächste öffentlich-rechtliche Skandal ausgebreitet. Diesmal geht es um die Degeto, diese ominöse GmbH, die mehr Macht hat als alle Fernsehspielredaktionen der ARD zusammen. Ich seufze und halte es wie Scarlett O'Hara in VOM WINDE VERWEHT: Darüber kann ich heute nicht nachdenken – verschieben wir's auf morgen.

GONE WITH THE WIND (Vom Winde verweht; 1939; D: Sidney Howard, nach dem Roman von Margaret Mitchell; R: Victor Fleming)

Denn ein Stapel von Zeitungsartikeln über den Suizid von Nationaltorwart Robert Enke wartet darauf, gelesen zu werden. Die Lektüre wird mich in mein neues Projekt für den WDR einstimmen.

scenario

Backstory

Splitter einer Geschichte des Drehbuchs

Freundschaft
Wie das war mit Lubitsch und mir

Von Samson Raphaelson

Kay Francis, Herbert Mar-
shall und Miriam Hopkins in
TROUBLE IN PARADISE

Von 1930 bis 1947 arbeitete ich an neun Tonfilmen mit Ernst Lubitsch
zusammen, aber ich hatte nie das Gefühl, dass ich ihn oder er mich
kannte, dazu waren wir viel zu sehr die Geschöpfe unserer eigenen
Karrieren. Ich war Bühnenautor. Ein Theaterstück war etwas, an dem
man ein, zwei Jahre arbeitete und womit man seiner Familie Nahrung,
Kleidung und ein Dach über dem Kopf bieten konnte. Wenn das Stück
dann noch das seltene Glück hatte, produziert zu werden und sogar
auf der Bühne zu überleben, der Erfolg einem also das Konto auffüll-

te, dann war es immer noch möglich, dass etwas Unvorhergesehenes passierte – wie etwa der Börsencrash von 1929. Deshalb konnte sich ein reiner Bühnenautor wie ich in guter Gesellschaft wiederfinden – nämlich in der anderer reiner Bühnenautoren –, wenn er ab und zu einen Hollywood-Auftrag annahm, bei dem man Woche für Woche während des Schreibens bezahlt wurde. Lubitsch dagegen war die Verkörperung des Kinos. Schon in seinen ersten Jahren als Stummfilmregisseur – erst in Berlin, dann in Hollywood – hatte er die Fantasien Europas und Amerikas eingefangen; es war die Geburtsstunde des *Lubitsch Touch*. Mit den Tonfilmen in Hollywood nahm dieser immer größere Dimensionen an, bis Ernst bald allein und ganz oben als Schöpfer einer speziellen, niveauvollen und entwaffnend warmherzigen Art von Komödie dastand, die man weder zuvor noch seitdem wieder gesehen hat. Als er 1947 starb, habe ich diesen Verlust betrauert. Die nächsten drei Jahrzehnte hielt ich mich von Kalifornien fern, schrieb allein, reiste, »lebte« – wie immer der Zukunft auf der Spur. Aber in letzter Zeit ist die Zukunft immer kalkulierbarer geworden, und die Vergangenheit – ich brauche mich nur umzudrehen – wieder lebendig, voller Rätsel, Anhaltspunkte und Herausforderungen. Lubitsch taucht wieder auf. Auch ohne die Mahnungen der brodelnden Filmkultur von heute war es höchste Zeit, dass er wieder in mein Leben trat, denn ich beginne zu spüren, dass er mir mehr bedeutete, und vielleicht auch ich ihm, als ich mir je klar gemacht habe. Rückblickend kann ich jetzt eine gar nicht so undeutliche Spur von Zeichen erkennen, die wir einander in den vielen tausend gemeinsamen Arbeitsstunden gegeben haben – Zeichen, dass wir uns menschlich etwas auseinander gemacht haben.

Lubitsch war nicht das, was ein Autor einen Autor nennen würde, und er verschwendete auch keine Zeit auf den Versuch, einer zu sein. Ich bezweifle, dass er je versuchte, eine Geschichte, einen Film oder auch nur eine Szene ganz alleine hervorzubringen. Er hatte sich selbst gegenüber keinerlei Eitelkeit oder Illusionen. Er war schlau genug, Autoren zu schätzen, und er lud die besten von ihnen ein, spornte sie an, sich selbst zu übertreffen, und trug gleichzeitig auf jeder Ebene selbst etwas bei, ohne dass ich genau sagen könnte, wie. Ich weiß nur so viel: Sein Gefühl dafür, wie gut eine Szene oder ein Film oder eine Darstellerleistung sein konnte, war das eines Genies. Solch eine Gabe ist viel seltener als bloßes Talent, das bei mittelmäßigen Künstlern schon eine Seuche ist.

Ich versuche mich zu erinnern, wie diese Tausenden gemeinsam verbrachten Stunden verliefen. Ich war Filmnovize; er war der größte Filmkünstler seiner Zeit. Wir arbeiteten immer zusammen im gleichen Raum. Das konnte sein oder mein Büro in einem Studiogebäude sein, ein Zimmer in seinem oder meinem Haus oder in einem Hotel

Samson Raphaelson, 1982

The Smart Set (1900-30; Hg.: H.L. Mencken, George Jean Nathan) war eine der bedeutendsten Literaturzeitschriften der USA. Unter anderem hat Francis Scott Fitzgerald hier seine erste Short Story veröffentlicht.

in New York oder Palm Springs. Wir arbeiteten sechs Stunden täglich, fünf Tage die Woche. Es gab kein Aufeinanderprallen unserer Egos, keinen Groll, wenn wir uns einmal wegen einer Szene oder einer Zeile nicht einig waren, was recht heftig ausfallen konnte. Egal wie laut wir uns anbrüllten, es ging immer nur um die jeweilige Aufgabe. Wir redeten beim Schreiben. Ich schrieb ohnehin immer, indem ich redete; allein an einer Schreibmaschine war ich nichts wert. Glücklicherweise redete Lubitsch ebenfalls viel, und natürlich war immer eine Sekretärin dabei. Er schrieb einige meiner besten Zeilen, und ich steuerte ein paar typische *Lubitsch Touches* bei. Ich führte nicht Buch, und ich kam niemals mit Details im Kopf von der Arbeit nach Hause. Ich hatte die tägliche Schicht absolviert und meinen kostbaren Lohn verdient. Mein Name im Abspann war nebensächlich. Sobald ich Lubitsch und den Film verließ, eilte ich zurück in mein »wirkliches« Leben – das nächste Theaterstück, das mir ganz allein gehörte. Zwar war ich auf den fertigen Film schon ein wenig neugierig, aber in den ganzen 17 Jahren war ich weniger als ein halbes Dutzend mal auf einem Filmset, und normalerweise dann, wenn Lubitsch eine Dialogzeile geändert haben wollte. Und ich blieb nie länger dort; man konnte nichts dabei lernen, wenn man zusah, wie eine drei Minuten lange Filmszene immer und immer wieder gedreht wurde.

Nach unseren ersten gemeinsamen Filmen verlangte Lubitsch fast immer nach mir, und ich kam gerne vorbei, wann immer es möglich war. Wir waren ein seltsames Paar. Er war klein gewachsen, rundlich, mit glänzenden schwarzen Augen und Haaren. Ich war groß, dünn, kurzsichtig, hatte blaue Augen, braunes Haar und trug eine Brille. Er war ein Geschöpf Berlins, vom Gymnasium direkt zu Max Reinhardts Theater, ausgebildet durch Clownereien in Stücken von Shakespeare und Molière, mit 21 ein Star in Stummfilmkomödien, fast zehn Jahre vor dem Beginn des Tonfilms ein weltberühmter Regisseur. Ich war ein Produkt Chicagos, aus der Mittelklasse der West Side. Ich hatte hehre literarische Ambitionen, aber meine Jugend hatte ich vier Jahre mit journalistischen Anwandlungen auf dem Campus der University of Illinois verschwendet, durchdrungen vom kulturellen Dunstkreis der *Saturday Evening Post*. Es zog mich bald nach New York und ins Greenwich Village, wo sich meine Kultur auf die Ebene von *The Nation, The New Republic* und auf die von Menckens und Nathans *The Smart Set* aufschwang. Dazu pendelte ich zwischen diversen Jobs als Reporter, Anzeigenschreiber und Autor unverkäuflicher Kurzgeschichten voller Integrität. Das Kino verachtete ich; für mich war es nichts als Douglas Fairbanks, der sich über Brüstungen schwingt, oder ein albern aussehender Rudolph Valentino. Ich hatte zwei oder drei Chaplin-Filme gesehen, fand sie ganz lustig, und das war's. Ich hatte keinen von Lubitschs Stummfilmen gesehen und kannte kaum seinen Namen. Ich war theaterverrückt, aber traute mich nicht, es als Dramatiker zu versuchen. Ich hatte es von O. Henry bis zu Maupassant gebracht, aber Shaw, Molnár, George Kaufman, Eugene O'Neill und Sidney Howard waren einfach unnachahmlich. Allein der Gedanke an drei aufeinanderfolgende Akte – alles, was länger als 15 Seiten war – lähmte mich. Bis 1924 wusste ich nicht, dass das Drama mein Metier war, bis ich im Alter von 28 Jahren aus heiterem Himmel das Theaterstück *The Jazz Singer* schrieb – kitschig, dramatisch und mit dem Herz auf dem rechten Fleck. Es katapultierte mich in ein Leben, das dem Ziel gewidmet war, nie wieder auf so schamlose Weise effektiv zu sein.

Zwei Jahre später lernte ich Lubitsch bei meinem ersten Aufenthalt in Hollywood kennen. Er war nur vier Jahre älter als ich, aber schon auf dem Höhepunkt seines Schaffens und mit den neuen Tonfilmen großartiger als je zuvor. Es war Ende 1930 in den Paramount Studios; ich war verheiratet, Vater zweier kleiner Kinder und erholte mich vom Börsencrash. Ich freute mich sehr, ihn kennenzulernen, denn im gleichen Jahr hatte ich zufällig THE LOVE PARADE gesehen, bei dem Lubitsch Regisseur und Produzent gewesen war – es war der erste Film, der mich vollkommen in seinen Bann gezogen hatte. Tatsächlich war ich danach laut jubelnd auf die Straße gelaufen. Ich hatte also viel für ihn übrig, als wir uns kennenlernten – das hatte THE LOVE PARADE bewirkt. Für das Drehbuch zu THE MAN I KILLED, seinem ersten Versuch eines tränenreichen Dramas, schien Lubitsch einen Autor zu suchen, der ein Stück wie *The Jazz Singer* schreiben konnte und es wirklich ernst damit meinte. Zu diesem Zeitpunkt nahmen weder er noch ich an, dass ich seine Art von Komödie schreiben konnte.

Unsere Arbeit beruhte immer auf einem Stück, das immer aus Europa kam und in den USA normalerweise unbekannt war. Lubitsch erzählte mir dann kurz die Handlung. Ich las das Stück vorher nie, weil er nicht wollte, dass ich meinen Stil von jemand anderem beeinflussen ließ. Er wählte den Stoff nach dessen Möglichkeiten aus, also Stoff, der uns die Freiheit zu wilden Erfindungen in »seinem Stil« ließ, einem Stil, den ich geliebt habe und nie aufgehört habe zu lieben – wegen ihm, nicht wegen mir selbst. Von Anfang an stellte ich fest, dass ihn eine bestimmte Art von Unsinn entzückte. Ich warf dann mit absurden Ideen um mich – »Hier ist ein schlechtes Beispiel für das, was ich meine« –, während wir mit einer Szene kämpften. Er ermutigte mich zu solchem Unsinn, und das sogar beim ersten Auftrag, dem melancholischen THE MAN I KILLED, und als wir zum nächsten kamen, dem lausbubenhaften SMILING LIEUTENANT, begann er zu meiner Überraschung sogar, das Zeug zu verwenden. Ich fand bald heraus, dass diese plauderhaften Kritzeleien ein ernsthaftes Geschäft waren. Da war zum

Samson Raphaelson: *The Jazz Singer: A Story of Pathos and Laughter* (Grosset & Dunlap Publishers 1927)

THE LOVE PARADE (Liebesparade; 1929; D: Guy Bolton, Ernest Vajda, nach dem Stück von Jules Chancel und Leon Xanrof; R: Ernst Lubitsch)

THE MAN I KILLED (Der Mann, den sein Gewissen trieb; 1932; D: Samson Raphaelson, Ernest Vajda, nach dem Stück von Maurice Rostand; R: Ernst Lubitsch)

THE SMILING LIEUTENANT (Der lächelnde Leutnant; 1931; D: Ernest Vajda, Samson Raphaelson, nach der Operette von Leopold Jacobson und Felix Dörmann und dem Roman von Hans Müller; R: Ernst Lubitsch)

Ernst Lubitsch in Hollywood; die obligatorische Zigarre fiel der Zensur zum Opfer

TROUBLE IN PARADISE
(Ärger im Paradies; 1932;
D: Samson Raphaelson,
nach dem Theaterstück
von Aladar Laszlo; R: Ernst
Lubitsch)

HEAVEN CAN WAIT (Ein
himmlischer Sünder; 1943;
D: Samson Raphaelson,
nach dem Theaterstück von
Leslie Bush-Fekete; R: Ernst
Lubitsch)

Samson Raphaelson: *Accent
on Youth* (Samuel French,
2008)

Samson Raphaelson: *Skylark*
(Random House 1939)

Samson Raphaelson: *Jason*
(Random House 1942)

Beispiel die erste Liebesszene von TROUBLE IN PARADISE in einem Hotel in Venedig: Herbert Marshall ist ein Meisterdieb, der sich als Baron ausgibt, und Miriam Hopkins ist eine mondäne Diebin, die sich als Gräfin ausgibt. Während ihres ersten Rendezvous in Marshalls Suite blüht ihre Romanze auf, als der eine den anderen demaskiert. Es zeigt sich, dass sie seine Brieftasche und seine Uhr stibitzt hat, während er ihre Juwelenbrosche gestohlen und ihr irgendwie das Strumpfband unter dem Abendkleid weggezaubert hat. Es war unecht, unglaubwürdig und nicht vereinbar mit Marshalls Image als Meisterdieb. Aber Lubitsch warf sich auf die Idee, und wir mogelten sie an aller Vernunft vorbei. Ihm gefiel mein schräger Einfall, wenn Miriam Marshall seine Uhr zurückgibt und bemerkt: »Sie ging fünf Minuten nach, aber ich habe sie für dich gestellt.«

Ein paar Jahre später hatte Lubitsch einen Herzinfarkt, und es gab wieder Anzeichen von Kontakt, zuerst hauptsächlich von meiner Seite. Das letzte Mal war ich ein Jahr zuvor bei ihm gewesen, im Frühjahr 1942, als wir unseren achten gemeinsamen Film HEAVEN CAN WAIT zu Ende brachten – eine vergnügliche Erfahrung. Vergnüglich, weil wir auf der Höhe unserer produktiven Jahre waren. (Ich hatte *Accent on Youth*, *Skylark* und *Jason* geschrieben – ein großer Schritt in Richtung Unsterblichkeit, wie ich fand; Lubitsch, dem es um das Hier und Jetzt ging, hatte weiter Lubitschfilme mit mir und ohne mich gedreht.) Vergnüglich, weil er sich nach einigen Jahren schwieriger Ehe endlich von Vivian Gaye getrennt, eine süße vierjährige Tochter hatte und in guter Verfassung war. Vergnüglich, weil wir in seinem Haus in Bel Air luxuriös entspannt an HEAVEN CAN WAIT arbeiteten, während ich häufig meine Pfeife für eine seiner besonderen Upmann-Zigarren beiseite legte. Vergnüglich, weil wir unsere individuellen Talente in diesem Drehbuch zusammenwarfen und fanden, es sei makellos. Als aber die Arbeit getan war, trennten wir uns mit dem üblichen kurzen Händedruck und wussten nicht viel mehr voneinander als zuvor.

Ein Jahr verging, in dem Lubitsch HEAVEN CAN WAIT bei 20th Century Fox auf die Leinwand brachte und meine Frau und ich uns in Pennsylvania eine Farm kauften. Im Sommer 1943 ließ ich meine Familie in der ländlichen Idylle zurück und fuhr für ein kurzes Engagement bei MGM wieder nach Hollywood. Ich wohnte im Chateau Elysée, und dort hörte ich im Radio beim Frühstück von Lubitschs Herzinfarkt. Er war am Abend zuvor bei einer Party ohnmächtig umgefallen, die in einem großen Zelt über einem beweglichen Tanzparkett auf einer großen Wiese auf Sonja Henies Anwesen stattfand. Er wurde ins Krankenhaus *Cedars of Lebanon* gebracht, wo man verzweifelt versuchte, sein Leben zu retten. Die Nachricht ging mir wirklich nahe. Meine Frau erzählte mir später, dass ich sie angerufen und sehr schockiert geklungen hätte.

Ich weiß, dass ich nicht bei Lubitsch zu Hause oder im Krankenhaus anrief und mich deswegen schrecklich fühlte. Aber ich hatte ihn ein Jahr lang nicht gesehen und war mir wie immer nicht sicher, wo ich in seinem oder er in meinem Leben stand.

Ich erinnere mich an den Tag als einen langen Morgen in meinem Büro bei MGM. Ich kam dort an und bekam die letzten Nachrichten von meiner Sekretärin Tildy Jones: Lubitsch lag im Sterben, wenn er nicht schon tot war. Tildy war bei HEAVEN CAN WAIT bei uns gewesen (die Sekretärin brachte immer ich mit), und sie ging in Hollywood weiter durch dick und dünn mit mir. Ihre Neuigkeiten waren maßgebend und stammten fast aus erster Hand: Anders als ich hatte sie sich getraut, beim Haus in Bel Air anzurufen, und hatte einfach nach ihrer Freundin Steffie Trondle gefragt, Lubitschs Privatsekretärin. Steffie, eine nette ältere Deutsche, die schon bei Lubitsch war, lange bevor ich ihn kennengelernt hatte, war gerade aus dem Krankenhaus zurück. Sie war aufgelöst, hatte aber anscheinend alles unter Kontrolle und redete mit wahnsinnig praktischer Einstellung von Särgen und Sargträgern; dabei nannte sie mich laut Tildy »einen der wenigen, die ihn nie im Stich gelassen haben«. (Ich kann mich genau an diese Worte erinnern, weil sie über die Jahre von einigen Leuten zitiert wurden – der einzige genaue Anhaltspunkt, wie Lubitsch über mich dachte. Den Rest der Unterhaltung improvisiere ich, so wortgetreu ich kann.) Tildy fuhr fort: »Steffie sagt, dass ihr bewusst ist, was für ein schrecklicher Verlust das für Sie sein muss, und dass Sie Ihrer Trauer freien Lauf lassen müssen, während sie noch am größten ist – da gebe ich ihr Recht. Sie müssen etwas Schönes schreiben, damit künftige Generationen wissen, was für ein wunderbarer Mensch Mr. Lubitsch war.«

Ich kann mich an keine Regung von Trauer erinnern. Meine Fantasie konnte und kann nicht mit dem Tod spielen; das ist alles jenseits der Bühne. Es tat mir sicherlich leid, dass er tot war. Tatsächlich muss ich mehr empfunden haben, denn obwohl ich dem MGM-Produzenten Arthur Hornblow Jr. einen Text versprochen hatte, konnte ich mich nicht daran machen. Ich konnte nichts schreiben, rein gar nichts. Ich kann mich erinnern, diverse Anrufe gemacht zu haben, und dass Tildy mich ungeduldig, vielleicht sogar vorwurfsvoll ansah.

Dann kam Hornblow Jr. vorbei – ein kultivierter und fantasievoller Mensch, und dazu einer der wenigen Produzenten mit einem Gefühl für Autoren – und sagte mir, ich solle den Auftrag vergessen. Er sagte: »Warum schreiben Sie nicht etwas über Ernst, solange Sie in dieser Verfassung sind?« Dann ging er, und ich drehte mich zu Tildy um und versuchte zu erklären, dass ich nicht wusste, was ich schreiben sollte, weil ich den Mann unglaublicherweise nicht gut kannte; ich wusste ja nicht einmal, was ich *fühlte*. Das Thema ließ mich aber nicht los, und

THE SMILING LIEUTENANT

ich deutete etwa eine Stunde lang weiter daran herum, bis ich auf einmal ein paar Worte sagte, und dann ein paar mehr, die richtig klangen. Sie schrieb sie auf. Der Rest sprudelte wie eine plötzlich reif gewordene Szene hervor. Ich kannte ihn doch. Ich fühlte doch etwas für ihn. In kürzester Zeit gab es eine erste Fassung. Hier ist sie:

»Lubitsch liebte Ideen mehr als alles andere auf der Welt, mit Ausnahme seiner Tochter Nicola. Was für Ideen, das war ihm egal. Er konnte sich in den Schlussmonolog einer Figur in einem aktuellen Drehbuch genau so hineinsteigern wie in die Qualitäten von Horowitz und Heifetz, die Ästhetik moderner Malerei oder den richtigen Zeitpunkt, um Grundbesitz zu kaufen. Dabei war seine Leidenschaft normalerweise viel stärker als die aller anderen um ihn herum, wodurch er in einer Gruppe häufig den Ton angab. Aber selbst in diesem Gebiet voller Egoisten habe ich nie jemanden gesehen, dessen Miene sich in Lubitschs Gesellschaft nicht aufhellte. Diese Freude kam nicht von seiner Brillanz oder seiner Richtigkeit – er war weit davon entfernt, unfehlbar zu sein, und sein Witz, der auch nur menschlich war, hatte seine schwächeren Momente –, sondern aus der Reinheit und der kindlichen Freude seiner lebenslangen Liebe zu Ideen.

Eine Idee war ihm beispielsweise wichtiger als die Frage, wohin seine volle Gabel gerade steuerte. Dieser Regisseur, der von der Oberfläche von Kleidern und Manieren bis hin zu den feinsten Facetten eines Aristokratenherzens ein unfehlbares Auge für Stil hatte, griff privat nach den erstbesten Hosen und Jacketts, ob sie nun zusammenpassten oder nicht; er brüllte wie ein König oder ein Bauer – aber nie wie ein Gentleman – und ging unbeleckt von feinerer Lebensart mit der Ungeschicklichkeit durchs Leben, die das Aushängeschild eines ehrlichen Menschen ist. Er hatte keine Zeit für Manieren, aber seine innere Eleganz war unverkennbar, und jeder konnte sie spüren, ob Botenjunge oder Filmmogul, Mechaniker oder Künstler. Sogar die Garbo lächelte in seiner Anwesenheit, genau wie Sinclair Lewis und Thomas Mann. Er wurde mit der glücklichen Gabe geboren, sich sofort und allen anderen gegenüber zu offenbaren.

Als Künstler war er raffiniert, als Mensch fast naiv. Als Künstler scharfsinnig, als Mensch einfach. Als Künstler sparsam, präzise, streng; als Mensch vergaß er ständig seine Lesebrille, seine Zigarren und seine Manuskripte, und fast ebenso oft konnte er sich nur mit Mühe an seine eigene Telefonnummer erinnern.

Egal wie groß ihn Filmhistoriker schließlich einschätzen werden, er war noch größer als Mensch. Er war aufrichtig bescheiden. Er sehnte sich nie nach Ruhm und strebte nie nach Preisen. Er war unfähig, die Kunst der Eigenwerbung auszuüben. Man konnte ihn niemals verletzen, indem man kritisch über seine Arbeit sprach. Und irgend-

Der Pianist Vladimir Horowitz (1903-1989) und der Geiger Jascha Heifetz (1901-1987), wie Lubitsch in die USA emigrierte Juden, gehören zu dem berühmtesten amerikanischen Musikern des 20. Jahrhunderts.

wie verletzte er mit seiner unschuldigen Geradlinigkeit auch nie seine Mitarbeiter. Wenn er einen erst einmal akzeptiert hatte, lag das daran, dass er an einen glaubte. Darum konnte er »Ach, ist das lausig!« sagen, und gleichzeitig fühlte man seine große Anerkennung dessen, was man selbst an inneren Werten zu besitzen hoffte. Selbst ein ausgezeichneter Schauspieler, war er vollkommen außerstande, in zwischenmenschlichen Beziehungen etwas vorzuspielen. Er hatte nicht ein Benehmen für die Großen und ein anderes für die Kleinen dieser Welt, und nicht einen Stil für den Salon und einen anderen für die Bar. Er war so frei von Arglist und Verstellung, wie Kinder es sein sollten, und das machte ihn grenzenlos vielfältig und liebenswert.

ONE HOUR WITH YOU
(*Eine Stunde mit Dir; 1932;
D: Samson Raphaelson, nach
dem Theaterstück von Lothar
Schmidt; R: Ernst Lubitsch*)

Es tut mir leid, dass ich ihm nie etwas von all dem sagen konnte, als er noch am Leben war.«

Ich war zufrieden – mehr als zufrieden. Es war besser als eine erste Fassung. Der Lackmustest war die Wirkung auf Tildy, ein Hollywoodprodukt von einer Sorte, die es heute wohl nicht mehr gibt: um die 30, seit ihren Teenagertagen in der Stummfilmzeit in den Studios aufgewachsen, eine Jungfrau, die sich vorgenommen hatte, keinen Geringeren als einen Kinohandlanger mit mindestens 1.000 Dollar die Woche zu heiraten, und dazu sehr, sehr drehbucherfahren. Hier trügt mich mein Gedächtnis nicht: Als ich ihr diktierte, rollte ihr eine Träne über die Wange. Nachdem Tildy es dann abgetippt hatte – lange nach der Mittagspause, was aber keinem von uns aufgefallen war –, las ich es laut vor, um sicherzugehen, dass es von Herzen kam, aber nicht überschwänglich war, zwar lobend, aber auch gerecht; ihre Reaktionen waren genau richtig. An einer Stelle bemerkte sie, dass ihr nicht klar gewesen sei, wie sehr ich Lubitsch schätzte, und natürlich war das auch mir nicht aufgegangen. Ich hatte ihn nie zuvor so klar umrissen und abgeschlossen gesehen wie im Angesicht des Todes.

Ein paar Wochen später, als ich ihn für zehn Minuten im Krankenhaus besuchen durfte, war ich tief bewegt. Er musste sehr still liegen; sogar sein ausdrucksvolles Gestikulieren hatte man ihm verboten. Ich redete ihm gut zu und erwähnte John Golden, meinen Produzenten bei *Skylark*, einen Mann über 70, dem es ein oder zwei Jahre nach einem fast tödlichen Herzinfarkt hervorragend ging. Lubitsch lächelte matt. »Ich weiß, ich weiß. Aber wenn ich sterbe, wird es hieran sein.«

Er starb aber nicht, und im Lauf der Zeit verblasste die Handschrift des Todes. Während der nächsten vier Jahre auf der Farm durchlitten meine Frau und ich das Heranwachsen unserer Kinder, und ich war mit Stücken und Geschichten beschäftigt. In Hollywood machte Lubitsch seine übliche unvergleichliche Arbeit. Wahrscheinlich wusste er, dass ein Stück von mir am Broadway lief, und ich musste von seinem nächsten Film CLUNY BROWN gehört haben. Wir waren beide wieder normal.

CLUNY BROWN (1946;
Samuel Hoffenstein, Elizabeth Reinhardt, nach dem
Roman von Margery Sharp;
R: Ernst Lubitsch)

Was meinen Nachruf anbetraf, der nun ja nicht mehr angebracht war, behielt ich das zweiseitige Manuskript – das Original und ein paar Kopien –, wo ich es immer zur Hand hatte. Ich las es noch einmal durch und entdeckte bemühte Lobhudelei, Ungenauigkeiten und einen oberflächlichen Stil. Ich ließ es dabei bewenden, aber ich wusste, dass ich wahrhaftiger schreiben würde, wenn es so weit sein würde. 1943 war ich immerhin schon 47. Ich wurde reifer. Ich konnte den blassen Mann im Krankenhausbett nicht so einfach vergessen.

Meine Veränderung bestand aus früheren, neu beurteilten Fragmenten – Beweis für Lubitschs und meine eigene Menschlichkeit. Ich hatte das Gefühl, dass einer von uns den anderen im Stich gelassen hatte. Vielleicht war der ursprüngliche Fehler mein eigener. Wie dachte er über mein offensichtliches Desinteresse am Film? Es stimmt, ich bekam zu meinen Broadway-Premieren nie ein Telegramm von ihm und fand auch nie, dass er mir eins schuldete. Aber was hielt er davon, nie von mir zu hören, wenn Filme Premiere hatten, an denen wir zusammen gearbeitet hatten? Oft hatte ich wochenlang nicht einmal davon gewusst, dass sie angelaufen waren. Ich sah mir ANGEL nicht an, bis er 20 Minuten entfernt von unserer Farm in Bethlehem lief. Das alles hätte ihn kränken können. Er hätte sich vielleicht geöffnet, wenn ich ein wahrer Filmmensch oder selbst gern Regisseur gewesen wäre. Ich bezweifle, dass es da Neid gegeben hätte. Er war zu sicher in seinem Kino-Kosmos.

Ich begann Sachverhalte neu zu interpretieren und fand Anhaltspunkte in Dingen, die mir vorher nicht aufgefallen waren. Vielleicht hatte er es versucht, und ich hatte ihn im Stich gelassen. Eines fernen Frühjahrsnachmittags 1932 – wir arbeiteten gerade in seinem Strandhaus in Santa Monica an TROUBLE IN PARADISE – bat er mich zu bleiben und mit ihm einen Strandspaziergang zu machen. Ich war mir sicher, dass er etwas Wichtiges zu sagen hatte, aber wir gingen und hielten Smalltalk, und nach einer Weile erzählte er mir von seinem Vater – ungewöhnlich, aber ich maß dem zu dieser Zeit keine große Bedeutung bei. Er mochte den alten Mann sehr und hatte ihn gut in einer Berliner Wohnung eingerichtet. Für die Wohnung war eine Haushälterin nötig, und Papa schickte dauernd Briefe mit Bitten um Geld und dazu neue Rechnungen – immer für die Reparatur der Wohnungstür. Das lag an den Haushälterinnen; bei ihnen herrschte ständiger Wechsel. Wenn sie dem alten Knaben nicht gehorchten, konnten sie gehen. Wenn sie ihm gehorchten, verlor er nach einer Weile das Interesse an ihnen, und der große Liebhaber brauchte dann ein neues Türschloss, um sich die liebestollen Frauen vom Leibe zu halten. Lubitsch erzählte das mit ungewöhnlichem Vergnügen an Bettgeschichten und mit offensichtlichem Sohnesstolz, aber rückblickend stellte ich einen Unterschied fest

ANGEL (1937; D: Samson Raphaelson, Russell Medcraft, Guy Bolton, nach dem Theaterstück von Melchior Lengyel; R: Ernst Lubitsch)

TROUBLE IN PARADISE

176

– einige Pausen, als ob er darauf wartete, dass ich etwas sagen würde, und eine Wachsamkeit, die ich aus dem Augenwinkel wahrnehmen konnte, die aber verschwand, wenn ich ihn direkt ansah. Mir aber gefiel die Geschichte, und ich lächelte und lachte nur. Am Ende war dann eine lange Stille. Es konnte gut eine Einladung gewesen sein. Es war das einzige Mal, dass er mich je nach der Arbeit eingeladen hatte zu bleiben. Wahrscheinlich versuchte er, eine vertrautere Atmosphäre zu schaffen, und als ich nicht reagierte, erzählte er diese beliebige Intimität über seinen Vater. Warum erzählte ich ihm nicht von meinem Vater? Warum stellte ich Ernst nicht mehr Fragen? Lebte seine Mutter noch? Was für Gefühle hatte er ihr gegenüber? Wie stand es zwischen Vater und Mutter? Hatte Ernst Brüder oder Schwestern? Wir waren beide Juden. Darüber konnte man sich unterhalten. Vor zwei amerikanischen Generationen besaß oder pachtete oder bearbeitete meine Familie Wein- oder Obstgärten nahe Jerusalem. Wie weit reichte die deutsche Geschichte seiner Familie zurück? Und davor – Polen? Spanien? Palästina? Ich hatte von anderen gehört, dass sein Vater Schneider gewesen war. Ein kleiner Schneider in einer Werkstatt? Ein eleganter Schneider, der den Reichen Kleider anmaß? Ich beschloss, dass wir uns gleich am ersten Tag der nächsten Zusammenarbeit großartig über unsere Kindheit austauschen würden.

Ernst Lubitsch, 1928

Ich fing auch an, mein eigenes Verhalten noch einmal unter die Lupe zu nehmen. Wenn ich von Lubitsch sprach, hatte ich oft gesagt: »Ich liebe diesen Kerl!« In Hollywood war das gang und gäbe – eine alltägliche Phrase. Man sagte das über jemanden, der dem zustimmte, was man sagte, oder über jemand, den man nicht einmal kannte, der etwas geschafft hatte, was einem gefiel. Aber vielleicht war er mir wirklich wichtig.

Als mich Lubitsch 1947 wegen THAT LADY IN ERMINE aus Hollywood anrief, war ich gerade durcheinander von einem ganzen Jahr Arbeit an einer frustrierenden Komödie über ein junges Paar, das den Weltuntergang überlebt, und ich sehnte mich so sehr nach einer Abwechslung, dass ich den Auftrag annahm, ohne nach der Geschichte zu fragen. Lubitsch sagte: »Sie wird dir gefallen«, und ich nahm ihn beim Wort. Ich warf das überfrachtete Komödienskript weg. Es fiel mir nicht ein, es mitzubringen und ihm zu zeigen (und – wer weiß? – fünf lebensrettende Minuten zu bekommen). Ich nahm allerdings den fast vergessenen Beerdigungstext mit, in der vagen Hoffnung, dass alles passieren könnte und dass er mit ein paar Kürzungen und sorgfältigem Redigieren repariert und weniger glatt werden könnte. Mir graute vor der Formulierung »Verliebt in Ideen«.)

THAT LADY IN ERMINE (Die Frau im Hermelin; 1948; D: Samson Raphaelson, nach der Operette von Rudolph Schanzer und Ernst Welisch; R: Ernst Lubitsch)

Meine Frau und ich kamen an einem Sonntagmorgen im Februar in Hollywood an, riefen Lubitsch von unserer angemieteten

Wohnung aus an und fuhren nachmittags zu seinem Haus in Bel
Air. Er sah lebhaft und fit aus. Wir begrüßten einander wie immer –
zwei Kollegen, die sich an eine neue Arbeit machten. Wir umarmten
uns nicht. Anders als viele Mitteleuropäer küsste er Damen nicht die
Hand und begrüßte Männer auch nicht mit einer Umarmung und
einem Kuss auf beide Wangen. Wir gaben uns wie üblich die Hand,
nicht mit dem langen eisenharten Griff samt Augenkontakt des echten Amerikaners, sondern mit einer flüchtigen Berührung, um es
hinter uns zu bringen.

Er hatte sich verändert. Er hatte sich im Leben eines Junggesellen
eingerichtet, aber die jetzt neunjährige Nicola war da, und er vergötterte sie. Er hatte jetzt engeren Kontakt mit einer Handvoll europäischer
Freunde, die in der Filmwelt verwurzelt waren – Deutsch sprechende
Kumpane wie Walter Reisch, Willie Wyler, Billy Wilder und Henry
Blanke. Und wohl zum ersten Mal in seinem Leben gab es eine echte
Kameradschaft mit einer hübschen Frau. Es war Mary Loos, die Nichte
von Anita Loos – jung, schön, glänzend hochgewachsen, ein blaublüti-
ges Wesen mit kalifornischen Pionierahnen –, und Lubitsch erwiderte
ihre platonische Ergebenheit zum allgemeinen Erstaunen mit Dankbarkeit und Zuneigung. Dazu schien er ein gesteigertes Bewusstsein
von mir als Familienmensch zu haben. Meine Frau und ich merkten
das am ersten Abend, als wir mit ihm aßen. Er fragte, wie es unseren
Teenagern in der Schule ging, und nach dem Leben auf der Farm. Nachdem wir es ihm erzählt hatten, kamen allerdings keine weiteren Fragen.
Und irgendwie kamen wir nicht auf seine und meine Kindertage zu
sprechen, weder dann noch irgendwann sonst. Es gab außerdem Veränderungen in seinem Arbeitsleben, und ich fand mich bald in ihnen
wieder. Zwei weitere leichte Herzinfarkte im vergangenen Jahr waren
irgendwie geheim gehalten worden, vor allem vor Darryl Zanuck, der
ihn verehrte, aber durchaus gezögert haben könnte, ihm einen Blan-
koscheck für diese teure Produktion zu geben. Um Zanuck zu impo-
nieren, arbeiteten wir auf dem Studiogelände, und zwar in Lubitschs
Suite, in der ich ein benachbartes Büro bekam.

Am Morgen, an dem wir mit der Arbeit anfingen, wusste ich noch
nichts von all diesen Entwicklungen. Ich sah, dass Lubitsch nicht mehr
seine Upmanns rauchte, sondern auf billigeren Zigarren herumkaute;
abgesehen davon war er gut in Form, spielte jede Rolle vor und verkaufte
mir seine Herangehensweise an die originale alte deutsche Operette,
während seine Sekretärin kein Risiko einging und wie wild mitschrieb.
(Sie war neu; Tildy lebte inzwischen in Seattle und war wohl mit einem
Kinobesitzer verheiratet.) Ich fand von dem Moment an etwas auszuset-
zen, als ich merkte, was er vorhatte – schon wieder eine Variation der
alten Lubitsch-Spaß-im-Schloss-Dreiecksgeschichte. Er fand den Stoff

Jeanette MacDonald in THE MERRY WIDOW (Die lustige Witwe; 1934; D: Ernest Vajda, Samson Raphaelson, nach dem Theaterstück L'attaché d'Ambassade von Henri Meilhac; R: Ernst Lubitsch)

großartig, und ich fand, dass er sich etwas vormachte. Wir hatten also eine unserer typischen lautstarken Sitzungen.

Zur Mittagszeit, als wir übers Studiogelände zum Produzentenspeisesaal gingen – es stellte sich heraus, dass dies ein Teil seiner Masche war, jeden Tag gesehen zu werden –, sah er sich um, um sicherzugehen, dass niemand in Hörweite war, verpflichtete mich zur Verschwiegenheit und erzählte mir von den zwei Herzinfarkten, »ganz kleinen, glaub mir«. Er fügte hinzu: »Und du siehst ja, Sam, ich passe gut auf mich auf. Ich bin gut in Form. Ich habe heute morgen nicht geraucht – ich habe nur auf der Zigarre herumgekaut. Ist dir das aufgefallen?« Er erzählte weiter von Spaziergängen, vom frühen Zubettgehen und wenigen Essen – »Das kannst du beim Mittagessen sehen.«

Und das konnte ich. Als ich diesem ehemaligen Scheunendrescher dabei zusah, wie er vor einer Tasse Brühe und einem langweiligen Stück gekochtem Huhn saß, entschied ich mich, ab sofort nicht auf meiner üblichen Integrität zu beharren (in dieser Zeit wurde »Integrität« genau wie »Wahrheit« andauernd von den Ostküstenautoren verwendet; wir versuchten es in jeder Geschichte unterzubringen, egal was es mit ihr anstellte). Am Nachmittag tat ich nach einer Reihe von angemessen widerstrebenden Rückzügen von meiner kompromisslosen Haltung dann so, als ob ich die Qualität seines Vorschlages einsehen würde. Dann würde es eben ein aufgewärmter Lubitsch von 1930 sein, entschied ich mich; das war immer noch gut. Ich machte dabei mit und entwickelte alles auf seine Weise – was kein Kinderspiel war

179

und nichts, dessen man sich schämen müsste. Wenn ich zurückdenke, glaube ich, er wusste ganz genau, was wir taten, teilte meine Ansicht, zog dem Ruhm aber das Überleben vor. Dieser lautstarke erste Morgen hatte ihn wahrscheinlich zu Tode erschreckt.

Nichts in seinem Verhalten – kein Blick, kein Wort, keine Geste – verlangte nach einer besonderen Behandlung. Es gab keinen schwachen Moment, in dem diese glänzenden Augen ihre Unmittelbarkeit verloren und eine unterschwellige Unterredung mit dem Tod verrieten. Wenn ich mich recht erinnere, hatte ich auch keine erneuten Anwandlungen ihm gegenüber, die ich aus 3.000 Meilen Entfernung gespürt hatte. Da war er; wir hatten eine Aufgabe; seine Tage waren gezählt; und da war kein Platz für Freundschaftsfantasien in der begrenzten Zukunft des Arbeitsalltags.

Ich war nie ein Fotosammler gewesen und hatte auch nie daran gedacht, nach welchen zu fragen oder sie zu verschenken. Aber ich sah eins auf seinem Schreibtisch liegen und bewunderte es. Er fragte: »Möchtest du es haben?« Ich sagte: »Sehr gern.« Er nahm das Foto, als wolle er es mir geben, und dann zögerte er kurz, wie ich fand – darum blieb mir dieser Moment in Erinnerung. Ich erinnere mich, dass ich dachte, wird er nicht eine Widmung schreiben? Erwartet er, dass ich ihn danach frage? Dann sagte er, nachdem ich das vielleicht fälschlich für ein Zögern gehalten hatte: »Möchtest du, dass ich es signiere?« »Na klar«, sagte ich. Ich dankte ihm herzlich für die Widmung: »Für Raph, in Freundschaft, Ernst.« Ich war nicht überwältigt; es schien wie eine routineartige, vorsichtige, angemessene Widmung. Aber ich wusste, »Freundschaft« ist auf Deutsch ein bedeutungsschweres Wort, das das Privileg des intimen »Du« anstelle des formellen »Sie« mit sich bringt. Und er hatte »Raph« geschrieben (seine Schreibweise von »Rafe«), wie meine Frau und meine amerikanischen Freunde mich nannten. Es ist denkbar, dass die Widmung ein Zeichen war, eine Botschaft der Sympathie.

Ich fuhr zum Haus in Bel Air, wo Lubitsch und ich eine typische Arbeit auf typische Weise fertigstellten, indem wir gemütlich das vervielfältigte Skript überprüften. Ich hatte schon lange das Gefühl eines bevorstehenden Todes hinter mir gelassen, und ebenso lange hatte ich schon die Ahnung eines Sympathiebeweises zu den Akten gelegt. Ich dachte nur an den kommenden Abend mit dem Kofferpacken und dem Erledigen von letzten Pflichten. Auch Lubitsch schien alles leicht zu nehmen. Keine Nostalgie. Kein »Tja, Sam, das ist jetzt unser neunter gemeinsamer Film«. Wir aßen zu Mittag; ich kann mich nicht daran erinnern, ob Nicola dabei war. Wir gingen zurück ins Arbeitszimmer und machten wie üblich eine halbe Stunde lang ein Nickerchen in unseren Sesseln. Dann korrigierten wir die letzte Sequenz, während ich eine Gäste-Upmann rauchte und er an einer weniger exklusiven Zigarre kaute.

Wir waren etwa um drei Uhr fertig und standen beide auf. Er schien in bester Form zu sein – sonnengebräunt, lebhaft, auf Kurs. Er legte seinen Kopf ein wenig schief und maß mich mit seinem Blick. Dann sagte er: »Ach übrigens, Sam, ich habe gehört, dass du vor ein paar Jahren etwas geschrieben hast, als ich krank war – du hast etwas sehr Nettes über mich geschrieben, und das weiß ich zu schätzen.«

Marlene Dietrich in ANGEL

Es kam ganz nebenbei, als Teil der Verabschiedung – mehr als eine Kleinigkeit, sogar etwas, um innezuhalten, etwas, das nach einem erstaunten und erfreuten Murmeln verlangt, und dann raus mit dir, ich hab meine Freundespflicht erfüllt, auf Wiedersehen und viel Glück. Aber ich stand betroffen da. Er fragte: »Was ist los, Sam? Du fragst dich, wie ich davon hören konnte? Komm schon, du solltest doch wissen, wie etwas in dieser Stadt durchsickert. Na und? Ich sage dir nur, ich weiß es zu schätzen.«

Irgendetwas fehlte, und während wir immer noch im Arbeitszimmer standen, in dem wir HEAVEN CAN WAIT geschrieben hatten, wandte ich mich automatisch von ihm ab, wie ein Autor mit einem Problem, und fing an, im Zimmer auf und ab zu gehen. Es war nicht schwer zu erraten, dass Tildy die undichte Stelle gewesen war. Er gab es ohne große Umschweife zu – von Tildy über Steffie zu ihm. Und dann – natürlich. Jetzt kam er heraus, mein schrecklicher Verdacht: »Du hast es gelesen!« Sein schuldiges Grinsen verriet ihn, und er erzählte mir die kleine Geschichte, machte eine lustige Anekdote aus ihr und ritt mit sarkastischer Nachsicht auf den gebrochenen Versprechen von Tildy und Steffie und auf seinem eigenen herum. »Bitte, Sam, erzähl es niemals Steffie, dass ich etwas gesagt habe.«

Als er fortfuhr, stellte ich mir vor, wie ich diesen Text durch seine Augen sah, und seine Mängel wurden beängstigend. Mein Gott, es ging nur um ihn, er war das Thema – sein *Leben*, komplett und vollständig. War das das Beste, was ich schreiben konnte oder wollte, sobald er einmal nicht mehr da war, um darüber zu urteilen?

Er schien aber nur daran interessiert zu sein schien, das Ganze hinter sich zu bringen, und er wurde ernst und forsch. »Was macht

Margaret Sullivan und James Stewart in THE SHOP AROUND THE CORNER *(Rendezvous nach Ladenschluß; 1940; D: Samson Raphaelson, Ben Hecht, nach dem Theaterstück* Parfumerie *von Miklós László; R: Ernst Lubitsch)*

das schon?«, fragte er. »Mir gefiel, was du geschrieben hast, Sam. Ich wusste es wirklich zu schätzen.« Und das von einem Mann, der die Jahre hindurch immer wieder sagte, wenn ich zuvor über einer Szene gebrütet hatte, die er dann las: »Sicher, sie ist gut. Aber gut ist nicht gut genug – das weißt du doch. Für *uns* muss sie *großartig* sein.« Und nun »gefiel« es ihm, er »wusste es zu schätzen«. Es war unheimlich. Es war ironisch. Dieser Mann hasste mich.

Ich musste das ausfechten. »Das ist nur eine erste Fassung!«, rief ich und quälte mich bruchstückhaft weiter; ich sagte und sagte wieder nicht und sagte beinahe, dass ich die Schwächen dieser beiden Seiten mit Sicherheit gleich am nächsten Tag gesehen hätte, wenn er erwartungsgemäß gestorben wäre. »Du weißt verdammt gut, welche Sprünge ich von der ersten zur zweiten oder dritten Fassung machen kann«, sagte ich. Ich schleuderte ihm seine Worte zurück – »Dir *gefiel*, du *wusstest zu schätzen*« – und warf ihm vor, meine Intelligenz zu beleidigen. Ich nannte ihn praktisch ein Ungeheuer, weil er vier Jahre gewartet hatte, es mir zu sagen, ob er es wirklich »zu schätzen wusste« und es ihm »gefiel«, was ich geschrieben hatte, und ein viel größeres Ungeheuer, weil er es erst jetzt aussprach. Ich forderte ihn heraus, ehrlich zu sein und die Schwächen hervorzuheben, und dass ich wohl mehr davon finden würde als er selbst, und irgendwann fing er an, über mich zu lachen, und ich lachte mit. Natürlich war es komisch, aber ein Teil meines Lachens kam durch meine Erleichterung herauszufinden, dass er nicht im geringsten empfindlich wegen seines eigenen Todes war und auch nicht wegen des Kirchen-und-Friedhofs-Brimboriums, das er mit sich bringen würde – dass für ihn also das gesamte Thema komisch war. Ich lachte, aber ich kam darauf zurück, was ich in meinem Autorenstolz wirklich sagen wollte: dass der Text, wenn er wirklich starb, korrigiert und perfektioniert werden würde, bildhaft und genau – ein wahres Denkmal.

Nach meinen Aufzeichnungen kam es dazu, dass er ernsthaft sagte: »Ich glaube dir, Sam. Ich bin absolut sicher, dass du ihn aufpolieren wirst, wenn ich morgen tot umfalle, und zwar so, dass ich aus dem Häuschen wäre, wenn ich ihn vorab lesen würde.«

Weder er noch ich lächelten, und plötzlich sahen wir einander auf sehr vertraute Weise an. Ich dachte mir: »Mein Gott – er und ich gemeinsam, jetzt gleich, das würde nur eine Stunde dauern, mehr nicht!« Und in seinen Augen sah ich genau den gleichen Gedanken.

Und unvermeidlicherweise passierte das dann auch. Wir begannen, an dem Text zu arbeiten, als sei es ein Filmmonolog. Nein, so war es nicht. Ich komme noch dazu. Ich mache nur eine Pause, um vor falschen Erwartungen zu warnen. Es muss klar sein, dass dies nicht zu einer großen, höhepunktartigen, enthüllenden oder funkelnden Szene wird. Immerhin eine Szene, die das Erzählen lohnt, denn in ihrer ungeschickten Weise kam sie einer Freundschaft zwischen Lubitsch und mir am nächsten; jetzt, mit 85, glaube ich, dass sie vorhanden war und nur darauf wartete, entdeckt zu werden.

In diesem Moment, als sich unsere Blicke trafen, muss ich gemerkt haben, dass wir sozusagen in unsere private Arbeitssphäre versetzt wurden – zwei Veteranen, kampferprobt und aufrecht, königlich entspannt, die zusammen alles aus dem Reich der Worte zu Papier bringen konnten. Es erschien einfach und natürlich, als ich aufsprang und sagte: »Ich habe den Text zu Hause – ich bin in zehn Minuten wieder da.« Und es schien genauso natürlich – zu diesem Zeitpunkt kam es keinem von uns komisch vor –, als Lubitsch sagte: »Warte – ich glaube, ich habe hier eine Kopie.« Er ging zu seinem Schreibtisch, machte eine Schublade auf, und als nächstes erinnere ich mich an die altgewohnte Szene: Lubitsch am Schreibtisch, die Brille auf der Nase, den Bleistift in der Hand, die Zigarre im Mund; er geht Zeile für Zeile einen Text durch, und ich sitze ihm gegenüber und beobachte das Gesicht, das ich so gut deuten kann.

Nach der ersten halben Seite strich er etwas mit dem Bleistift an und zitierte es dann: »Eine Idee war ihm beispielsweise wichtiger als die Frage, wohin seine volle Gabel gerade steuerte.« Sein Ton war unpersönlich und redakteurhaft, als er über seine Brille hinweg aufsah. Er sagte: »Mir gefällt es, wie du meine schlechten Tischmanieren beschreibst, Sam.«

Der Mann lobte offensichtlich nicht meinen Stil, sondern stieß sich an der einen unvorsichtigen vollen Gabel. Ich muss eine blitzartige Änderung gemacht haben. Das war leicht, denn ich sagte außerdem die Wahrheit. Ich sagte: »Nun, *mir* gefällt es nicht. Das habe ich aus Effekthascherei übertrieben. Deine Tischmanieren sind zu 99 Prozent verdammt gut.«

Lubitsch antwortete: »Jetzt sei mal genau, Sam. Ich sehe mir nämlich nicht selber zu – und wo wir schon mal beim Thema sind ...«

Ich meinte: »Dann sagen wir 98.«

Er wandte sich wieder dem Text zu. Ich stellte meinen Stuhl neben seinen und folgte ihm durch diesen gefährlichen Absatz. Er murmelte vor sich hin und hielt sich an Wendungen auf wie »Aristokratenherz«, »erstbeste Hosen und Jacketts, ob sie nun zusammenpassten oder nicht«, »brüllte wie ein König oder ein Bauer«. Ich zitterte vor »Aristokrat« und »Bauer« und betete, dass Vivian meinen unpassenden Kommentar in keinem verirrten Moment zum unglücklichen Wortschatz ihrer Ehe hinzugefügt hatte.

Offensichtlich hatte sie das nicht getan, denn er murmelte bis zum Ende des Absatzes vor sich hin. Dann hielt er inne und fragte im selben

aufgesetzten Arbeitston nach den sich beißenden Hosen und Jacketts, und fügte hinzu, was denn mit Hemden und Krawatten sei? Ich glaube, er war einen Moment lang tatsächlich wegen des Bildes besorgt, das er abgeben könnte, wie er in unpassenden Anzügen die Zeitläufe durchwandert. »Unsinn«, sagte ich. Ich stellte fest, dass seine Hemden und Krawatten viel zu gedeckt für einen schreienden Kontrast waren, und ich gab mein Wort darauf, dass sein Jackett und seine Hose nur manchmal nicht genau zusammenpassten. Er nagelte mich fest: »Wie oft?« Ich antwortete: »Seit 1930 vielleicht zweimal.« Ich schwor, dass all dies nur dazu diente, um ihm ein sympathisches Image zu geben, um ihn zu »humanisieren«, was er doch als Erster verstehen sollte. Er kam wieder zu sich und grinste mich an. Ich möchte unterstreichen, dass Lubitsch ein bescheidener und unprätentiöser Mensch war, und wenn irgendetwas hiervon charakterfern klingt, dann ist das eben so.

Dann kam er zu »Egal wie groß ihn Filmhistoriker schließlich einschätzen werden«, und sein Tonfall änderte sich. Mit einem Hauch von Bitterkeit sagte er: »Welche Historiker? Sie werden dich auslachen. Ein Film – jeder Film, ob gut oder schlecht – endet in einer Blechdose in einer Lagerhalle; in zehn Jahren wird er zu Staub.« Das glaubte er wirklich, ich hatte es ihn schon einmal sagen hören. Zu meinem Erstaunen sagte er auch: »Du bist schlau, weil du beim Theater bleibst, Sam. Welches College unterrichtet schon Film? Aber das Drama ist Literatur. Deine Stücke werden veröffentlicht. Irgendwann entdeckt ein Student auch einmal dich – die Chancen stehen nicht schlecht.« Ich stimmte ihm insgeheim in beidem zu und machte mir eine Notiz, seine Größe umzuformulieren.

Am Ende wurde er unruhig, als er zur Passage über die Arglosigkeit kam. Er war immer denen gegenüber misstrauisch, die als Männer ihres Wortes galten. Er meinte: »Du weißt es besser, als mich ehrlich zu nennen, Sam«, und im Dunstkreis Hollywoods wusste ich es tatsächlich besser. Wir waren uns einig, dass er und ich – ich schloss mich vernünftigerweise hierbei ein – *vergleichsweise* ehrlich waren. Wahrscheinlich ehrlicher als Josef von Sternberg und nicht so ehrlich wie Abraham Lincoln – oder sogar Samuel Hoffenstein, ein großartiger Mensch, den wir beide bewunderten. Vollständig von seinem Standpunkt durchdrungen, machte ich weiter. Ich kehrte zum ersten Abschnitt zurück und verurteilte ihn als irreführend. Wie wir beide wussten, war er in Wirklichkeit so gut wie nie die tonangebende Figur in einer Gruppe und wollte es auch nie sein. Er fand immer, dass das Gesellschaftsleben für angenehmen Gesprächsfluss da ist, und er war beispielsweise dagegen, dass Chaplin eine Party mit seinen Pantomimen an sich riss – »Das soll er sich für die Leinwand aufheben!« An all das erinnerte ich ihn und versprach, seine gesellschaftliche Unaufdringlichkeit in mildem Licht erscheinen zu lassen. Er nickte, sagte aber nichts dazu.

Ich glaube, es gab dann eine Pause. Dann sah er mich über seinen Brillenrand hinweg an, griff nach einer neuen Zigarre und sagte etwas Ähnliches wie Tildys Bemerkung vor vier Jahren: »Ich wusste nicht, dass du solche Gefühle für mich hast, Sam.« Und ich antwortete so etwas wie: »Nun, das wusste ich auch nicht, aber als ich dachte, du seiest tot, war das für mich ...« Ich erinnere mich daran, dass ich zögerte und er das passende Wort beisteuerte: »Ein Sprungbrett?« »Genau«, sagte ich – und wir lächelten beide. Er fragte sich, ob solche Gefühle bei ... vorhanden wären und nannte einen oder zwei Autoren, mit denen er zusammengearbeitet hatte. Ich sagte ihm, er sei kindisch, und dass er selbstverständlich sehr beliebt sei, und ich fügte noch einige Namen mehr hinzu. Es schien ihn nicht zu beeindrucken.

Das war in etwa alles. Es versandete. Vielleicht hatte er gar nicht gewusst, dass sich unsere Augen begegnet waren. Und was konnte ich auch erwartet haben? Bestenfalls ein paar glückliche Minuten, in denen einer von uns, vorzugsweise er selbst, praktischerweise vor Geist sprühen würde – eine Kleinigkeit, eine Formulierung, ein Wort –, und der Raum würde sich aufhellen und Lubitsch ein lautes »Fantastisch!« von sich geben, um das widerwillige »Ich weiß es zu schätzen« auszulöschen.

Nach meinen Aufzeichnungen sah ich ihn und er mich an – angespannt, wie es schien; aber ich machte mir nicht vor zu glauben, seine Gedanken lesen zu können. Ich stand auf. Ich war immer noch dabei, mich zu verkaufen, und sagte so etwas wie: »Nun, es freut mich, dass wir diese Unterhaltung hatten, Ernst. Eine Sache wie die, da verliert man die Perspektive. Aber jetzt fange ich wirklich an, die Möglichkeiten zu erkennen ...«

Er sagte: »Geh noch nicht, Sam.« Er hatte jetzt einen tief nachdenklichen Gesichtsausdruck. Er setzte die Brille wieder auf und griff nach dem Text. »Weißt du was?«, fragte er. »Ich fange an, mich an den Text zu gewöhnen. Genau wie er ist – jedes Wort, von A bis Z.«

Ich hörte leicht betäubt zu, als er weiterredete und vernünftig darlegte, dass da eine Spontaneität der ersten Fassung sei, die ihre eigene Wahrheit habe und die buchstäbliche Wahrheit durchdringe. (Ich erinnere mich nicht, ob es mir damals auffiel, aber heute vermute ich, er bekam plötzlich Angst, dass ich eine lausige Überarbeitung abliefern könnte.) Nun stand ich immer noch da und sah wahrscheinlich nicht vertrauenswürdig aus, und plötzlich stand er auf und kam um den Schreibtisch herum. »Hör zu, Sam«, sagte er, »das hier ist etwas anderes, als wenn wir an einer *Szene* arbeiten«, und er setzte lebhaft auseinander, dass ich hierbei nicht für literarische Fehltritte verurteilt würde und dass genau diese Fehltritte bei einem Menschen von meinem Geschmack der stammelnde, entscheidende Beweis waren, dass nicht der Kopf, sondern das Herz sprach. Was die Ungenauigkeiten über ihn anbetraf, meinte er: »Wer kann daran etwas aussetzen? Das ist deine Meinung.«

Don Ameche und
Gene Tierney in
HEAVEN CAN WAIT

Die Sache war für ihn ganz offen persönlich und wichtig geworden – viel mehr, als sie es für mich je hätte sein können. Schließlich war es seine Sache. Ich sah es ein und hatte keine Probleme damit, ihm zuzustimmen. Er hatte Recht. Es sei allerdings gesagt, dass ich ihn sorgfältig auf seine vielen eigenen kritischen Beobachtungen hinwies. Er verwarf sie und erinnerte mich seinerseits an meinen felsenfesten Glauben, dass, wenn man bei kreativer Arbeit der ganzen Wahrheit nachginge und jedes bisschen würdige, man ein Beamter und kein Künstler sei. Auch das nahm ich hin, obwohl es nicht genau passte. Doch er war sich meiner immer noch nicht sicher. »Versprich mir, Sam «, sagte er, »dass du *kein einziges Wort* ändern wirst.« Ich versprach es natürlich sofort. Ich war nah dran, einen Eid zu schwören, aber das ließ ich bleiben; Eide gab es dieser Tage wie Sand am Meer. Jedenfalls glaubte er mir schließlich, und alles war gut.

Es war fast fünf Uhr, als wir uns kurz zum letzten Mal verabschiedeten; wir liefen beide unseren Terminen hinterher und machten uns Sorgen, alles fertig zu bekommen. Als ich aber in meinem Mietwagen zu unserem gemieteten Haus fuhr, war mir klar, dass ich ihn höchst-

THE LADY IN ERMINE

MONTE CARLO (1930;
D: Ernest Vajda, Vincent
Lawrence, nach Stücken von
Hans Müller und Evelyn
Greenleaf Sutherland und
dem Roman von Booth Tar-
kington; R: Ernst Lubitsch)

wahrscheinlich nie wiedersehen würde und dass diese letzte Stunde wirklich verrückt gewesen und in alle Richtungen aus dem Ruder gelaufen war, voller Implikationen, die später vielleicht einmal etwas bedeuten würden. Ich versuchte, mich an die Höhepunkte zu erinnern – Formulierungen, seine Gesichtsausdrücke, meine eigenen Gedanken zu einem bestimmten Zeitpunkt. Zu Hause stimmte meine Frau mir zu, dass das Packen warten konnte, und ich diktierte ihr alles, woran ich mich erinnern konnte. (Ich konnte weder damals noch später verstehen, ob sein »Ich weiß es zu schätzen« zum Ende hin ein »Fantastisch!« wurde.)

Ich hörte die Nachricht von Lubitschs Tod auf der Farm in Pennsylvania im Radio. Das war Ende November desselben Jahres, 1947. Ich bin mir sicher, dass ich Blumen, Telegramme und Briefe schickte. Ich steckte mitten in einer Reihe von Kurzgeschichten, und bis zum Dezember konnte ich nicht viel anderes tun, als ein Brief von Richard English eintraf, dem Chefredakteur von *The Screen Writer*. Er veröffentliche gerade eine Sammlung von Gedenkartikeln über den Meister, und ob ich nicht auch einen schreiben wolle. English berichtete kurz von der Beerdigung. Sie war eindrucksvoll und ohne Pomp gewesen. Lubitsch ruhte nicht in einer bombastischen Krypta, sondern unter freiem Himmel – ein einfacher Grabstein, nicht gedrängt, zugänglich und angenehm. English bewunderte die Grabrede von Charles Brackett, die er mir beilegte. Ausführlich lobte er auch Jeanette MacDonalds Interpretation von *Beyond the Blue Horizon* und fügte hinzu, es sei schade, dass sie es ursprünglich in MONTE CARLO nicht so gut für Lubitsch gesungen hatte.

Ich hielt mein Versprechen an Lubitsch und schickte die unveränderte erste Fassung – unverändert abgesehen von einer kurzen Verbeugung vor Charles Bracketts eleganter und peinlich genauer Trauerrede. Ansonsten hatte ich weder Punkt noch Komma darin geändert. Ich zögerte beim kurzen Nachsatz, in dem ich bedauerte, dass ich meine Gefühle dem Verstorbenen gegenüber nicht hatte zeigen können, solange er noch am Leben war. Lubitsch und ich hatten diesen Punkt übersehen. Ich entschied mich dafür, mein Versprechen wörtlich zu nehmen, ließ den heuchlerischen Nachsatz intakt und schrieb nicht einmal die schlampige Wortwahl um. Ich wusste natürlich gleich, dass ich mich damit zum Lügner stempeln würde, falls ich in Zukunft jemals Anlass hätte zu schreiben, was ich jetzt im Jahr 1981 schreibe, in dem Lubitsch beinahe 90 und meiner Meinung nach ein höchst umgänglicher Zeitgenosse gewesen wäre.

Hurra, wir leben noch

Oder: Die seltsamen und nicht immer vergnüglichen Abenteuer des Drehbuchautors Johannes Mario Simmel im deutschen Kino

Von Michael Töteberg

Nachruf auf einen Bestsellerautor (alte Bundesrepublik)

Neujahr 2009: Der Schriftsteller Johannes Mario Simmel ist gestorben. Das Erste änderte sein Programm und zeigte den Film DER STOFF, AUS DEM DIE TRÄUME SIND. Damit versorgte der populäre Autor zuverlässig seine Kundschaft – Gesamtauflage 75 Millionen Exemplare. Alle zwei Jahre ein neues Buch: Simmel-Romane kamen mit einer Startauflage von 200.000 Exemplaren heraus, lagen in Stapeln an der Kasse und beherrschten monatelang die Bestsellerlisten. Viele Jahre lebte der Buchhandel davon, während das Feuilleton Simmel mit Missachtung strafte; allenfalls beschäftigten sich ein paar Germanisten mit dem »Phänomen Simmel« unter dem Stichwort Trivialliteratur. Nach immer gleichem Strickmuster aufbereitet mit Sex und Crime, hanebüchenen Agentenstorys und klebrigen Liebesgeschichten, griffen seine Bücher stets aktuelle Themen wie Umweltverschmutzung oder Neofaschismus auf. Irgendwann war Simmels Zeit vorbei, die Welt hatte sich geändert und der früher ungemein produktive Autor sich ausgeschrieben. Es wurde still um ihn, zugleich bekam er nun, in ironischer Umkehrung, Anerkennung und Ehrungen, zuletzt das Bundesverdienstkreuz 1. Klasse.

»Simmel«, das war einst eine Marke wie »Konsalik«. Beide standen für Kitsch und Kolportage, billige Reißer in massenhafter Verbreitung. Groschenhefte zwischen Buchdeckeln. Konsalik jedoch war ein Revanchist, der Landser-Romane wie *Der Arzt von Stalingrad* veröffentlichte; Simmel dagegen ein aufrechter Sozialdemokrat, der gegen alte und neue Nazis anschrieb. »Dieser Roman ist ein Riesen-Drehbuch, aber so bildhaft, dass man den Film nicht mehr braucht«, schrieb ein

DER STOFF, AUS DEM DIE TRÄUME SIND (1972; D: Manfred Purzer, nach dem Roman von Johannes Mario Simmel; R: Alfred Vohrer)

Heinz G. Konsalik: *Der Arzt von Stalingrad* (Neuer Kaiser Verlag 2003)

Johannes Mario Simmel, 2005

Johannes Mario Simmel: *Und Jimmy ging zum Regenbogen* (Welt Edition 2009)

LIEB' VATERLAND, MAGST RUHIG SEIN (1976; D+R: Roland Klick, nach dem Roman von Johannes Mario Simmel)

Johannes Mario Simmel: *Lieb' Vaterland, magst ruhig sein* (Knaur 1983)

MIT DEN CLOWNS KAMEN DIE TRÄNEN (1990; D: Horst Vocks, Thomas Wittenburg; R: Reinhard Hauff)

Johannes Mario Simmel: *Doch mit den Clowns kamen die Tränen* (Knaur 1990)

Johannes Mario Simmel: *Ich über mich*. In: W.R. Langenbucher (Hg.): *Johannes Mario Simmel und seine Romane. Eine Dokumentation* (Droemer Knaur 1978)

UM THRON UND LIEBE (1955; D: Robert Thoeren; R: Fritz Kortner)

NACKT, WIE GOTT SIE SCHUF (1958; D: Johannes Mario Simmel; R: Hans Schott-Schöbinger)

Kritiker zu *Und Jimmy ging zum Regenbogen*. Die Produzenten sahen dies anders, und mit der Verfilmung dieses Romans begann eine beispiellose Erfolgsserie des bundesdeutschen Kommerzkinos der 1970er Jahre, angerichtet von denen, die damals das Geschäft beherrschten: Regisseur Alfred Vohrer, Produzent Luggi Waldleitner, Drehbuchautor Manfred Purzer. Simmel-Filme, das war wie Edgar-Wallace- oder Karl-May-Filme fast schon ein eigenes Genre. Für Cineasten waren sie schlicht indiskutabel, sie taugten nicht einmal als kultiger Trash. Erstaunlicherweise interessierten sich jedoch auch die Vertreter des Autorenfilms für Simmel: Roland Klick drehte LIEB' VATERLAND, MAGST RUHIG SEIN, Reinhard Hauff als Fernseh-Dreiteiler MIT DEN CLOWNS KAMEN DIE TRÄNEN. Fassbinder wollte immer Simmel verfilmen, und Zadek scheiterte daran. Weniger überraschend, fast schon unvermeidlich: Das Fernsehen versucht, auch diese Erfolgsserie vergangener Kintopp-Zeiten für sich auszubeuten. Oliver Berben kaufte die Rechte an allen Simmel-Romanen und startete eine Remake-Reihe (mit dem – ebenfalls offenbar unvermeidlichen – Heino Ferch).

Vom Illustriertenautor zum Bestseller-Fabrikanten, so liest sich diese Schriftstellerkarriere. Doch bevor Simmel Simmel wurde, war er zwischen 1950 und 1960 auch ein vielbeschäftigter Drehbuchautor. Der Legende nach schrieb er vormittags für die *Quick* (unter diversen Pseudonymen, bestens bezahlt), nachmittags am Roman (mit literarischem Ehrgeiz, also schlecht honoriert) und abends für die Filmbranche (bezahlte Auftragsarbeit). 36 Drehbücher nach eigenen oder fremden Stoffen, so steht es in seiner offiziellen Vita *Ich über mich*, hat er in diesen Jahren verfasst. Die Online-Datenbanken IMDB und Filmportal führen knapp zwei Dutzend Titel auf. Bei so manchem Film mag Simmel aus gutem Grund nicht mit seinem Namen gezeichnet haben, und nicht jedes Projekt wurde realisiert, verschwand in der Schublade oder tauchte in anderen Kontexten wieder auf. In dem *CineGraph*-Artikel über Robert Siodmak findet sich der Hinweis: »Die deutsch-jugoslawische Co-Produktion Sarajewo (Buch: Johannes Mario Simmel) stößt auf politische Zwistigkeiten, sie wird von Leopold Lindtberg übernommen, schließlich von Fritz Kortner als UM THRON UND LIEBE realisiert.« Und zwar ohne den Autor Simmel.

Aber auch die Liste seiner Drehbuch-Credits in den Datenbanken ist eindrucksvoll, obwohl uns die Titel heute nichts sagen: In die Filmgeschichte eingegangen ist keine dieser Produktionen. Das Kino war damals, das Fernsehen steckte noch in den Kinderschuhen, ein alltägliches Unterhaltungsmedium mit einem Programmangebot, in dem Trivialitäten überwogen und Filme mit künstlerischem Anspruch selten waren. Vieles atmet das muffige Fuffziger-Jahre-Klima: NACKT, WIE GOTT SIE SCHUF (kein Sexfilm, sondern ein Melodrama vor dem Hintergrund eines Konflikts zwischen Klosterbrüdern und Bauarbeitern), LIEBE, DIE DEN KOPF VERLIERT (eine harmlose Klamotte um einen charmanten Heiratsschwindler) oder DIE HEXE (eine tragische Liebesgeschichte, angesiedelt im österreichischen Hochadel der Vorkriegszeit). Anderes klingt interessant, allein schon aufgrund der Namen der beteiligten Künstler: ES GESCHEHEN NOCH WUNDER, ein unbekannter Film von Willi Forst, mit Hildegard Knef. MADELEINE UND DER LEGIONÄR, ein Staudte-Film von 1957, ebenfalls mit der Knef. Aus demselben Jahr UNTER 18, ein laut Filmportal sozialkritischer Film, Regie Georg Tressler (und produziert von Paula Wessely). Oder, das letzte Originaldrehbuch von Simmel, ein DEFA-Fernsehfilm von 1960, GERICHTET BEI NACHT, was das wohl sein mag?

1960 endet die Filmografie des Drehbuchautors Simmel. In diesem Jahr erlebte der Schriftsteller seinen Durchbruch mit einem Doppelerfolg: Der Roman *Es muss nicht immer Kaviar sein*, ursprünglich in Fortsetzungen in der *Quick* erschienen, wurde zum Bestseller, und das Schauspiel *Der Schulfreund*, aus einem Dramen-Wettbewerb hervorgegangen, eroberte die Bühnen. Beides wurde bald auch verfilmt. Danach war Simmel nur noch der Bestsellerautor, der die Vorlagen für die Simmel-Filme lieferte. Er hatte es nicht mehr nötig, nach den Vorgaben von Produzenten und Verleihern Filmstoffe zu entwickeln oder die eigenen Romane zu adaptieren. Und er konnte den Stress der frühen Jahre auch nicht mehr durchhalten: Nach einer schweren Krankheit fasste Simmel den Entschluss, sich aus dem Drehbuchgewerbe zu verabschieden. Das Leben erschien ihm zu kurz, um sich mit den Geschäftemachern dieser Branche herumzuärgern. Nun veröffentlichte er nur noch Romane, die allesamt verfilmt wurden, denn über Bande schrieb Simmel weiter für den Film. Und auch so gab es genug Ärger.

Im Bücherregal steht ein 30 Jahre altes Taschenbuch: *Der Schulfreund*, rororo 642, »179.-188. Tausend, April 1976«. Ein Theaterstück: die Geschichte eines Briefträgers, der seinem ehemaligen Schulfreund Hermann Göring schreibt, er möge doch bitte dem Krieg ein Ende machen ... Auf dem Taschenbuch-Umschlag ein Filmfoto: Heinz Rühmann in Robert Siodmaks Verfilmung von 1960. Dem Theatertext vorangesetzt ist eine Stab- und Besetzungsliste des Films, darunter steht die Anmerkung: »Die Bearbeitung des Stückes für den Film brachte Veränderungen der Handlung mit sich, insbesondere, was das Grundmotiv und das Ende betraf. Man verlegte Orte des Geschehens und führte neue Personen ein. Dem Verfasser des Stückes wurde erklärt, dass derlei Veränderungen unbedingt nötig wären.« Und dann schlägt man die Seite um, und es folgt Stab- und Besetzungsliste des Fernsehfilms, drei Jahre später 1963 in der ARD gesendet, Regie Rainer Wolffhardt. Darunter steht die Anmerkung: »Die Bearbeitung des Stückes für das Fernsehen

LIEBE, DIE DEN KOPF VERLIERT (1956; D: Emil Burri, Johannes Mario Simmel; R: Thomas Engel)

DIE HEXE (1954; D: Emil Burri, Johannes Mario Simmel, Gustav Ucicky; R: Gustav Ucicky)

ES GESCHEHEN NOCH WUNDER (1951; D: Willi Forst, Johannes Mario Simmel; R: Willi Forst)

MADELEINE UND DER LEGIONÄR (1958; D: Emil Burri, Werner Jörg Lüddecke, Johannes Mario Simmel; R: Wolfgang Staudte)

UNTER 18 / NOCH MINDERJÄHRIG (1957; D: Emil Burri, Johannes Mario Simmel, Georg Tressler; R: Georg Tressler)

GERICHTET BEI NACHT (1960; D: Günter Kaltofen, Hans-Joachim Kasprzik, Johannes Mario Simmel; R: Hans-Joachim Kasprzik)

Johannes Mario Simmel: *Es muss nicht immer Kaviar sein* (Droemer Knaur 2003)

Johannes Mario Simmel: *Der Schulfreund* (Rowohlt 1987)

DER SCHULFREUND (1960; D: Robert A. Stemmle, nach dem Stück von Johannes Mario Simmel; R: Robert Siodmak)

DER SCHULFREUND (1963; R: Rainer Wolffhardt)

hielt sich engstens an die Handlung des Schauspiels – insbesondere, was das Grundmotiv und das Ende betraf. Dem Verfasser des Stückes wurde erklärt, dass Veränderungen durchaus nicht nötig wären.«

Wenn später das Gespräch auf seine Zeit als Drehbuchautor kam, blockte Simmel ab. Darüber wollte er »lieber nicht reden«, beschied er Interviewern. Die Recherche gestaltet sich schwierig: Auf DVD erhält-

SCHULMÄDCHEN-REPORT 1–13 (1970-1980; D: Günther Heller u.a.; R: Ernst Hofbauer u.a.)

ROBINSON SOLL NICHT STERBEN (1957; D: Emil Burri, Johannes Mario Simmel, nach dem Theaterstück von Friedrich Forster-Burggraf; R: Josef von Baky)

KITTY UND DIE GROSSE WELT (1956; D: Emil Burri, Herbert Reinecker, Johannes Mario Simmel, nach dem Theaterstück von Stefan Donat; R: Alfred Weidenmann)

KITTY UND DIE WELTKONFE-RENZ (1939; D+R: Helmut Käutner, nach dem Theaterstück von Stefan Donat)

lich ist lediglich MEIN SCHULFREUND, wohl wegen Heinz Rühmann. Es gibt eine Doku mit dem neckischen Titel VON SEX BIS SIMMEL, doch dabei handelt es sich nur um Bonusmaterial zu einer Box mit SCHULMÄDCHEN-REPORT 1–13. Über eBay bekommt man das Video ROBINSON SOLL NICHT STERBEN, denn es ist ein Film mit Romy Schneider. Doch schon der zweite Romy-Schneider-Film KITTY UND DIE GROSSE WELT (ein Remake von Helmut Käutners KITTY UND DIE WELTKONFERENZ) ist als Film nicht mehr vorhanden, es existiert nur noch ein Sendeband fürs Fernsehen. Gar keine Kopie gibt es mehr von Willi Forsts ES GESCHEHEN NOCH WUNDER, lediglich ein 18-minütiges Fragment ist erhalten. Manches schlummert in den Archiven der Filmmuseen, anderes lässt sich über dubiose Internet-Tauschbörsen organisieren. (Dazu muss man den Code dieser Gemeinschaft erst kennen, dann bekommt man – als »Sicherungskopie«, gegen Bargeld im Briefumschlag, bitte ohne Nennung des Filmtitels – Raritäten zugeschickt.) Sekundärliteratur: Fehlanzeige. Die Filmwissenschaft hat diese Produktionen ignoriert; zeitgenössische Kritiken beschränken sich auf Geschmacksurteile. Die ausführlichsten Inhaltsangaben findet man in den Heften des *Illustrier-*

ten *Film-Kuriers* (die überlebt haben, denn sie waren Sammel-Objekt für ganze Generationen).

Die Recherche nach dem Drehbuchautor Simmel wird zu einer Expedition in ein Filmland, das uns heute unendlich fern erscheint. Papas Kino wurde von den Oberhausenern begraben, ohne Grabstein, ein anonymes Massengrab, über das Gras gewachsen ist. Die Dekade ist derart in Verruf geraten, dass man schon eher von einer zubetonierten Müllhalde sprechen muss. Eigentlich tiefer liegende Schichten – die 1920er Jahre, ja sogar das Nazi-Kino – sind viel bekannter und präsenter. Der Archäologe weiß nie vorher, ob er wirklich fündig wird, aber die Kultur dieses verdrängten Jahrzehnts (vom Nachkrieg zum Wirtschaftswunder) könnte eine Ausgrabung lohnen.

Drehbuch-Querelen oder Gerangel um ein Wunder

Ich gestehe alles, ein Roman von 1953; das Exemplar der Universitätsbibliothek trägt den Stempel: »Entsäuert 1997«. Inhalt: die Beichte eines amerikanischen Autors vieler Hollywoodfilme, der in einer Lebenskrise steckt und in Deutschland in Betrügereien, Intrigen und einen Mord verstrickt wird. Gewidmet ist der Roman »Willi Forst in Dankbarkeit«.

Simmel lebte in Wien, seiner Geburtsstadt; er war Dolmetscher der amerikanischen Militärregierung in Österreich und jüngster Kulturredakteur des Landes bei der *Welt am Abend*. Gleich nach dem Kriege erschien sein erster Novellenband *Begegnung im Nebel* (1947), kurz darauf der Roman *Mich wundert, dass ich so fröhlich bin* (1949). Willi Forst wollte Opus Nr. 3, den Roman *Das geheime Brot* (1950), verfilmen; aus dem Projekt wurde nichts, aber der Regisseur machte den Autor mit Filmleuten bekannt. Nachdem er bei einer Vicki-Baum-Adaption – VERTRÄUMTE TAGE – mitgearbeitet hatte, engagierte ihn die Wiener Nova-Film für ein Filmvorhaben von Georg Jacoby, den unermüdlichen Regisseur von mehr als 200 Spielfilmen, Spezialität: Revuefilme. Simmels Drehbuch zu FRÜHLING AUF DEM EIS lieferte, mehr war sicher auch nicht gewünscht, eine recht dürftige Rahmenhandlung für die glitzernden Revueszenen der Schlittschuh-Läuferinnen. Die paar Zeitungsausschnitte, die man zu dem Film findet, werfen ein Schlaglicht auf den Kalten Krieg. Der völlig unpolitische Streifen kam parallel in Wien und in Ost-Berlin zur Uraufführung; die DDR-Presse inszenierte eine regelrechte Kampagne gegen die Eiskunst-Revue. »Warum werden im Demokratischen Sektor eigentlich solche Filme gezeigt?«, fragte eine Leserin in der *Berliner Zeitung*. Kitschfilme dieser Art seien verantwortlich dafür, dass »das Bewusstsein vieler Kinobesucher hinter der politischen Entwicklung zurückbliebe«, konstatierte ein Leser aus Treptow und wurde grundsätzlich: »In der Deutschen Demokratischen

Johannes Mario Simmel: *Ich gestehe alles* (Droemer Knaur 1997)

Johannes Mario Simmel: *Begegnung im Nebel* (Droemer Knaur 1997)

Johannes Mario Simmel: *Mich wundert, dass ich so fröhlich bin* (Droemer Knaur 1996)

Johannes Mario Simmel: *Das geheime Brot* (Droemer Knaur 1997)

VERTRÄUMTE TAGE (1951; D: Erich Kröhnke, Emil E. Reinert, Johannes Mario Simmel, nach dem Roman von Vicki Baum; R: Emil E. Reinert)

FRÜHLING AUF DEM EIS (1951; D: Johannes Mario Simmel; R: Georg Jacoby)

Republik sind die Zeiten, in denen kapitalistische Filmunternehmen die Hirne der Menschen mit sogenannten Unterhaltungsfilmen verkleisterten, endgültig vorbei.« Nur war die Produktionsfirma gar kein kapitalistisches Unternehmen, wie ein paar Monate später offenbar wurde: Als der Film in westdeutschen Kinos herauskam, gab es in der bundesdeutschen Presse Aufregung über den »illegalen Einfuhrversuch« eines »sowjetisch-österreichischen Films«, dessen Farbkopien zudem noch »in der sowjetisch-deutschen Kopieranstalt der *Linsa* in Berlin-Köpenick« gezogen wurden. Die Kinobesitzer waren gezwungen, den Film wieder abzusetzen. Von solchen politischen Hintergründen dürfte der Verfasser des Filmskripts, ein 24-jähriger Neuling in der Branche, nichts geahnt haben.

Der eigentliche Start der Drehbuch-Karriere Simmels war die Zusammenarbeit mit Willi Forst. Nach dem Skandalerfolg von DIE SÜNDERIN plante der Regisseur von MASKERADE und BEL AMI ein beschwingtes Kinomärchen – witzig, frech, charmant und vor allem originell. ES GESCHEHEN NOCH WUNDER verhieß der Titel, und natürlich ging es um ein Liebespaar, das durch eine nur für die beiden Liebenden hörbare Melodie zusammengeführt wird. Das zentrale Motiv stammte zweifellos aus Simmels Erzählung *Die Melodie* aus dem Band *Begegnung im Nebel*. Die Erwartungen waren hoch, nicht zuletzt durch die Ankündigungen. »Ein heiterer Spielfilm mit Musik« wurde versprochen, in den »Hauptrollen: Hildegard Knef, Willi Forst und eine Melodie«, und der Trailer verkündete vollmundig: »Ein Regisseur und Darsteller von Weltformat, Willi Forst, setzt seine unvergessenen Welterfolge mit einer besonderen Überraschung fort und übertrifft sich selbst mit der Einmaligkeit seiner neuartigen Idee.« Hochmut kommt bekanntlich vor dem Fall. Nach der Uraufführung am 18. Oktober 1951 titelte das *Hamburger Abendblatt*: »Ein Wunder ging daneben« und berichtete: »Die Premierenbesucher schienen ziemlich fassungslos; einige gingen, einige pfiffen, und am Ende war betretenes Schweigen.« Das Desaster wurde auch dem Drehbuch angelastet: »Das Buch, geschwätzig, unentschieden und zäh, hat nichts mehr vom Charme der Idee«, urteilte der Kritiker. Verrissen wurde der Film nicht nur in den konfessionellen Blättern, für die Forst seit der SÜNDERIN zur Persona non grata geworden war; auch die *Zeit* sprach von »einer giftigen Mischung von rührendem Kitsch und überspitzter Ironie«, mit der Forst sein Publikum verprelle. ES GESCHEHEN NOCH WUNDER verschwand rasch wieder aus den Kinos, der Verleih unternahm noch einen Versuch mit einer gekürzten Fassung – vergeblich. Der Misserfolg war so total, dass keine einzige Filmkopie mehr existiert.

Produzent des Films war die Junge Film-Union, beheimatet in dem Heidedorf Bendestorf unweit von Hamburg. Hier hatte Forst

DIE SÜNDERIN (1951; D: Willi Forst, Georg Marischka, Gerhard Menzel; R: Willi Forst)

MASKERADE (1934; D: Willi Forst, Walter Reisch; R: Willi Forst)

BEL AMI (1939; D: Hans Fritz Beckmann, Axel Eggebrecht, Willi Forst, nach dem Roman von Guy de Maupassant; R: Willi Forst)

In der Forst-Literatur dagegen wird als Vorlage die Erzählung *Salzburger Symphonie* von Georg Fraser genannt.

schon DIE SÜNDERIN realisiert. Kurz nach der Pleite mit ES GESCHE-
HEN NOCH WUNDER (Produktionskosten DM 820.000) ging die Junge
Film-Union Konkurs. Die Firmenunterlagen liegen in Hannover, früher in der Landesmedienstelle, heute im Kulturarchiv der Fachhochschule. Die Adresse ist Expo-Plaza 12, im Europa-Haus rechts neben
dem Deutschen Pavillon, Ecke Weltausstellungsallee. Der Taxifahrer
fragt: »Welche Firma?« »Archiv. Kulturarchiv.« »Na, wenn man sich
für Kultur interessiert ...«

Betreut wird das Archiv von Peter Stettner, der sich bestens aus-
kennt, hat er doch vor 15 Jahren über die Junge Film-Union geforscht
und ein Buch geschrieben. 19 Spiel- und sieben Kurzfilme hat die Firma
in den fünf Jahren ihres Bestehens produziert: 1947 lizenziert, waren
es zunächst zeitnahe Trümmerfilme, nach der Währungsreform und
dem Aufbau eigener Ateliers starbesetzte Unterhaltungsfilme, darunter
auch SENSATION IN SAN REMO und DIE CSARDASFÜRSTIN, beide inszeniert von Georg Jacoby, in der Hauptrolle seine Frau Marika Rökk. Rolf
Meyer war kein Geschäftsmann, sondern ein Hasardeur – die Junge
Film-Union war stets gefährdet und stark überschuldet, abhängig von
Bürgschaften und Verleihern. Der Firmen-Nachlass ist bemerkenswert
umfangreich: Drehbücher, Produktionsmaterialien, Bilanzen, Verträge,
Briefwechsel, sogar Quittungen und hausinterne Aktennotizen. Der
Konkurs zog sich über Jahre hin, erklärt Stettner, deshalb musste alles
dokumentiert und fein säuberlich aufgehoben werden.

Die Drehbuchentwicklung zu ES GESCHEHEN NOCH WUNDER lässt
sich anhand der Korrespondenz rekonstruieren. Auf der Suche nach
einem Stoff für seinen neuen Film erinnerte sich Willi Forst an ein altes Exposé von Georg Fraser, Nach dem Krieg von dem ihm der frühere
Chefdramaturg der Wiener Scala vor gut zehn Jahren erzählt hatte, und
Jochen Huth, Forsts Drehbuchautor bei ALLOTRIA und BURGTHEATER
erhielt den Auftrag, Überlegungen zu einer möglichen Adaption an-
zustellen. Es war eine recht konventionelle Geschichte: Ein bekannter
Schlagerkomponist verliebt sich in die junge Pianistin; zwei Welten
treffen aufeinander (U- und E-Musik; er ist aus Salzburg, sie aus Hamburg etc.), doch nach mancherlei Missverständnissen und Hindernissen
finden sie sich. Huth machte dramaturgische Vorschläge, wie die Story
angereichert und spannender gestaltet werden könnte. Seinen Bemerkungen setzte er einen prinzipiellen Hinweis voran: »Gefahr im Auge
behalten, dass die dicken Schablonen-Pfeiler nicht Handlung und Stil
des Films bestimmen.« Tatsächlich konnte diese Vorlage den künstlerischen Ambitionen des Regisseurs Willi Forst nicht genügen. Auf seine
Weisung wurde Fraser von der Produktionsfirma Junge Film-Union
hingehalten, bis Forst die Katze aus dem Sack ließ und Fraser telegrafierte: »Weil von *Salzburger Symphonie* nichts übrigblieb Stoff wieder

SENSATION IN SAN REMO
(1951; D: Kurt Werner, nach
dem Roman von Curt J.
Braun; R: Georg Jacoby)

DIE CSARDASFÜRSTIN (1951;
D: Bobby E. Lüthge, Georg
Jacoby, nach dem Libretto
von Béla Jenbach und Leo
Stein; R: Georg Jacoby)

Georg Fraser war ein Pseudonym des dt. Schriftstellers August Hermann
Zeiz (1893-1964; 1935-1938
Chefdramaturg des Wiener
Scala-Theaters). Er führte in
der NS-Zeit eine Doppel-
existenz als erfolgreicher
Bühnenautor und führender
Kopf des österreichischen
Widerstands. 1943 flog
er auf und wurde nach
Dachau deportiert, seine
jüdische Frau wurde 1944
in Auschwitz ermordet.
Nach dem Krieg konnte er
als Theaterautor nicht mehr
Fuß fassen. Mehr über ihn
unter http://www.uni-graz.
at/uarc1www_zeiz.pdf.

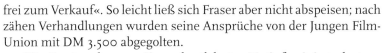

ALLOTRIA (1936; D: Willi
Forst, Jochen Huth; R: Willi
Forst)

BURGTHEATER (1936;
D: Willi Forst, Jochen Huth;
R: Willi Forst)

frei zum Verkauf«. So leicht ließ sich Fraser aber nicht abspeisen; nach zähen Verhandlungen wurden seine Ansprüche von der Jungen Film-Union mit DM 3.500 abgegolten.

Was Forst an dem von Simmel entlehnten Motiv faszinierte, legte er in einem zweiseitigen Papier über die »metaphysischen Hintergründe« dar. »Zwischen Robert und Inge ist die Melodie zunächst ein zu Ton gewordenes Zeichen ihrer Liebe«; sobald ihre Beziehung aber gestört, ihre Liebe gefährdet ist, verschwindet die Melodie. Um die Menschheit zu beglücken, baut der Komponist Robert sie in seine Sinfonie ein, doch als diese feierlich in Salzburg uraufgeführt werden soll, sind plötzlich auf mysteriöse Weise die Noten verschwunden: Die Melodie verweigert sich, sie bleibt unhörbar für die Allgemeinheit, kehrt aber zu den beiden Liebenden zurück. »Moral: Wir tragen unser Glück und unsere Melodie alle in uns.« Solche philosophischen Reflexionen gingen über Simmels Vorlage weit hinaus, zudem eignete sich die Novelle nur bedingt als Filmstoff. Für die Rechte an seiner Geschichte musste sich, da Fraser nicht billig abzufinden war, Simmel mit DM 1.500 zufrieden geben. Seine Drehbucharbeit brachte dem jungen Autor magere DM 5.000 ein, in drei Raten ausgezahlt. Die Zahlen sprechen eine deutliche Sprache: Forst erhielt (neben seiner Regiegage von DM 42.500) für Lieferung des Stoffes, Abtretung der Rechte und Drehbuchmitarbeit DM 25.000.

Am 15. März 1951 ging in Bendestorf ein Telegramm aus Wien ein: »arbeit mit forst geht wunderbar stop drahten sie wie vereinbart einzelheiten ueber auszahlung meiner ersten rate stop herzliche gruesse johannes simmel«. Ein ausführliches Treatment, 78 Seiten stark, lag im April vor. Aus Bendestorf kam Lob für die »ebenso reizvolle wie originelle Story«: Die Autoren hätten »auf wirklich neuartige Weise einen schönen poetischen und menschlich wertvollen Gedanken mit einer handfesten Lustspielgeschichte« verbunden. Doch dann folgten die Bedenken: Die Dialoge seien zwar »witzig, niveauvoll und geistreich zugleich«, aber doch »manchmal ein wenig zu anspruchsvoll für unser Kinopublikum«. Es folgte wieder ein Absatz, in dem in den höchsten Tönen von dem Projekt geschwärmt wurde, um dann die Autoren, die nun mit der Abfassung des Drehbuchs begannen, noch einmal zu warnen: »Und wenn ich zum Schluss noch eine Bitte äußern darf, so ist es diese, dass Sie beide daran denken, dass der allergrößte Teil unseres Publikums sich in der Provinz befindet und dessen geistige Aufnahmefähigkeit seine Grenzen hat. Und wenn ich Ihnen dieses schreibe, so werden Sie verstehen, dass ich Ihrem Gedankenflug keine Schranken setzen will, sondern nur hin und wieder an die menschliche Beschränktheit der Masse im Großen mit leisem Memento erinnern möchte.«

Der Brief von Produzent Rolf Meyer richtete sich an den »lieben Meister Forst«. Der Co-Autor galt nur als ein Adlatus. »Ich bitte Sie herzlich, auch Herrn Simmel von mir zu grüßen und ihm von diesem Brief Kenntnis zu geben.« Unbeirrt machten sich die Autoren an die Arbeit; das Drehbuch werde sich, kündigte Forst an, nicht allzu sehr vom Treatment unterscheiden, und bereits einen Monat später telegrafierte er aus Wien: »Drehbuch heute fertig«. Produzent und Verleih – die

Herzog-Film GmbH trug die Hälfte der Produktionskosten – lasen und waren sich einig: »zu intellektuell«. »Es ist erforderlich, einige Partien erheblich zu straffen und darauf zu achten, dass der Text von der breiten Masse verstanden wird«, befand Verleiher Herbert Tischendorf. »Die freimütigen, ja anzüglichen Dialoge müssen nochmals überprüft werden.« Rolf Meyer bekam die undankbare Aufgabe, dies dem Regisseur beizubringen. Er konnte sich offenbar nicht durchsetzen. Mit Forst sei besprochen, »dass die Dialoge teilweise zu geistvoll vertrallt sind, in der Art, wie nur eine ganz besondere und kleine Schicht von Menschen miteinander sprechen und scherzen«, teilte er im Anschluss Tischendorf mit. Forst habe erwidert, dass die Dialoge beim Lesen nicht ihren eigentlichen Charme offenbaren, »und außerdem sollte alles mit einer feuerwerksartigen Brillanz gesprochen werden«. Den Verleihchef beruhigten solche Versicherungen nicht, er wandte sich direkt an den Regisseur, der inzwischen mit den Dreharbeiten begonnen hatte. Forst wehrte auch ihn ab: Er achte schon darauf, dass das Publikum »niemals ellenlang hypergescheite Sätze vorgesetzt bekommt«, andererseits ließen sich – »im Sinne einer exakten Pointierung und des Stils des Films« – einige »Geistreicheleien« nicht gänzlich vermeiden, diese würden aber sehr dosiert gesetzt.

Ein sonniger Frühlingstag in Hamburg, so beginnt der Film. Anita fährt durch die Stadt; sie ist jung, fröhlich, unbekümmert, das Haar weht ihr wild ins Gesicht. Durch die Windschutzscheibe des Autos sieht man die Straße mit ihren Geschäften, eilige Passanten und die Straßenbahn. An der großen Kreuzung steht die Ampel auf Rot, Anita muss warten. Sie lehnt sich zurück, und nun geschieht etwas Seltsames: Alle Geräusche, der Großstadtlärm, die Stimmen und Schritte, sind plötzlich weg, und es wird vollkommen still, bis eine wunderschöne Melodie erklingt, zuerst nur leise, dann lauter. Versonnen pfeift Anita mit. Als sie abbricht, ist der Pfeifenklang jedoch noch da; sie sieht sich erstaunt um und entdeckt im Wagen, der neben ihr gehalten hat, einen jungen Mann, der dieselbe Melodie pfeift. Die Ampel springt um auf Grün, die hinter ihnen stehenden Autos hupen, die Melodie ist weg und die normale Geräuschkulisse wieder da. – Ein paar Stunden später im Eiscafé. Der junge Mann setzt sich zu Anita. Er ist der Melodie gefolgt und hat sie so gefunden. Nur sie beide hören die Melodie, ein sonderbares Phänomen, das erforscht werden will. Dazu muss der junge Mann Anita wiedersehen: »Wann darf die Wissenschaft mit der Wiederaufnahme der Arbeit rechnen?«

Besonders sophisticated klingt das nicht, eher nach einer Romantic Comedy à la Hollywood. Doch einen Film, der nicht mehr existent ist, allein nach der Papierform (Treatment, Dialogliste) zu beurteilen ist schwierig. Tischendorf behielt jedenfalls recht: Beim Publikum fiel ES

GESCHEHEN NOCH WUNDER durch. »Was hat sich Herr Forst eigentlich dabei gedacht, als er diesen Film drehte?«, empörte sich Direktor Billerbeck von den *Weltspielen*, Hannover. Ähnliche Stimmen kamen aus allen Verleihbezirken. Herr Dreher vom *Filmpalast Ebingen* berichtete: »Besucher schimpfen: ›So etwas wagt man uns vorzusetzen! Haben lange nicht solchen Blödsinn gesehen.‹« *Wittekind-Lichtspiele*, Herford: »Herr Maack ruft an: ›Leute steinigen uns beinahe, wollen Geld wieder haben ... Ich setze am Montag ab.‹« *Odin-Palast*, Wuppertal-Barmen: »Herr Klausner ruft soeben an. Statt WUNDER richtiger Krawall. Während jeder Vorstellung verlassen ca. 20 Personen unter Protest das Theater.« Das Resultat im Lübecker *Delta*: 1.132 Plätze, bei drei Vorstellungen nur 552 Zuschauer. Im *Capitol* in München-Gladbach kamen zur ersten Vorstellung 27 Besucher, zur zweiten 43. Ähnlich verheerende Resultate wurde aus vielen Kinos vermeldet: Von Prolongation war nirgendwo die Rede, meist wurde nicht einmal die vertraglich vereinbarte Laufzeit von sieben Tagen eingehalten. Auf vier Seiten listete Tischendorf ausnahmslos negative Stimmen der Kinobetreiber auf, schickte diese Zitatenschau an Meyer mit der Bitte, sie auch Forst zu übermitteln.

ES GESCHEHEN NOCH WUNDER verstand Forst als Experiment, das von den Kinozuschauern nicht angenommen wurde. Um die Scharte auszuwetzen, drehte er ein kassenträchtiges Remake der Operette IM WEISSEN RÖSSL und wollte auch bei der Wahl des nächsten Originalstoffs auf Nummer sicher gehen. »Ich habe mir diesmal fest vorgenommen, die Erwartung, die sich für Millionen mit einem ›Forst-Film‹ verbindet, auf keinen Fall zu enttäuschen«, versicherte er. Das neue Projekt führe ihn »zurück in ein Milieu, in dem ich absolut zu Hause bin, und von dem Kritik und Publikum in der Vergangenheit gleichermaßen begeistert waren.« KABARETT beschwor die Atmosphäre des Wiener Vorkriegskabaretts, schwelgte in prächtigen Dekors und Garderoben und zitierte beschwingte Melodien: Nostalgie pur, mit Eleganz und Esprit serviert. Während der Dreharbeiten in den Bavaria-Studios Geiselgasteig gab Forst Journalisten Gelegenheit zu Atelierbesuch und Interviews. »Das Drehbuch schrieb ich zusammen mit dem jungen Autor Simmel. Ich lese so ungern Drehbücher, darum mache ich sie lieber selber«, diktierte er dem Reporter der *Welt* in den Stenogrammblock. *Ein Film von Willi Forst*, heißt es im Vorspann, danach als Einzeltitel: *geschrieben von Johannes Mario Simmel*.

Die Geschichte ist nicht neu, wird aber in der ersten Hälfte mit Dialogwitz und Ironie erzählt. Conrad, bekannter Komponist von Chansons, ist ein notorischer Schürzenjäger; er ist regelmäßig mit der Sängerin seiner Lieder liiert – bis zum Programmwechsel. Bei Leonie soll es anders werden, sie ist seine große Liebe. Doch Conrad kann es nicht lassen, sich »um den Nachwuchs zu kümmern«. Leonie verlässt

Mönchengladbach hieß bis 1960 München-Gladbach

IM WEISSEN RÖSSL (1952; D: Horst Budjuhn, Erik Charell, Harry Halm, nach dem Libretto von Erik Charell und Hans Müller und dem Theaterstück von Oskar Blumenthal und Gustaf Kadelburg; R: Willi Forst)

KABARETT / DIESES LIED BLEIBT BEI DIR (1954; D: Willi Forst, Johannes Mario Simmel; R: Johannes Mario Simmel)

ihn, und ihm bricht das Herz: Aus der heiteren Salon- und Tingeltangel-Komödie wird nun ein dick aufgetragenes Melodrama. Der Erste Weltkrieg bricht aus, Conrad meldet sich und kommt an die Front nach Polen; Leonie reist ihm mit dem Fronttheater nach. Als sie sich in den Armen liegen, schlägt eine Granate ein. Leonie wird verwundet und stirbt. In der zweiten Hälfte wird nur noch auf die Tränendrüse gedrückt, alle Originalität und Leichtigkeit ist verflogen, der Film unterscheidet sich nicht von konfektionierter Dutzendware. »Der kleine Schuss Sentimentalität, der Forsts Filme in oft liebenswerter Weise zierte, wird hier nachgerade zu einer Tunke, die, wahllos über die Handlung ausgegossen, ihr Geschmack und Aroma nimmt«, urteilte die *Süddeutsche Zeitung*. Der Film fiel durch, bekam nachträglich ein Happy End verpasst und einen neuen Titel: MEIN LIED BLEIBT BEI DIR, doch auch dies half nichts.

So endete eine einstmals glanzvolle Karriere. Den erneuten Misserfolg konnte Willi Forst nicht verwinden, er fühlte, dass er den Kontakt zum Publikum verloren hatte. In deutschen Kinos sah man ihn bald nur noch als Schauspieler in österreichischen Filmen. So an der Seite von Paula Wessely in Karl Hartls WEG IN DIE VERGANGENHEIT, Drehbuch: Emil Burri und Simmel.

WEG IN DIE VERGANGEN-HEIT (1954; D: Emil Burri, J.M. Simmel; R: Karl Hartl)

»Mein Name auf diesem Stück deutscher Scheiße«

Der junge Drehbuchautor arbeitete in einer Industrie, die von alten Männern beherrscht wurde. Simmel war ein unbescholtener Neuling; die Regisseure und Produzenten, die ihn engagierten, aber hatten eine Vergangenheit. Georg Jacoby, für den er schon FRÜHLING AUF DEM EIS geschrieben hatte, war seit 1913 im Filmgeschäft tätig, und sein größter Erfolg KORA TERRY datierte von 1940. Jacoby holte Simmel wieder für DAS HERZ EINER FRAU. Drehbuchbuch-Co-Autor war Friedrich Schreyvogl, dessen Filmografie Titel aufweist wie DIE LEUCHTER DES KAISERS, UNSTERBLICHER WALZER, TANZ MIT DEM KAISER, KAISERWALZER und EWIGER WALZER. Es herrschte eine seltsame Kontinuität, als hätte es weder den Faschismus noch den Zweiten Weltkrieg gegeben: Der Wiener Walzerseligkeit schien all dies nichts anhaben zu können. (OPERETTENKLÄNGE – geschrieben von Schreyvogl, inszeniert von Theo Lingen – war dann auch ein sogenannter Überläufer: 1944 gedreht, erlebte der Film 1950 seine Uraufführung.) Jacobys DAS HERZ EINER FRAU war erneut eine Produktion der Wiener Nova-Film, und als der Regisseur kurz darauf in der Bundesrepublik bei der Jungen Film-Union arbeitete, musste er ausdrücklich versichern, dass er künftig nicht mehr für »östlich lizenzierte Filmfirmen« tätig sein werde. Im Übrigen erklärte er schriftlich für sich und seine Frau Marika Rökk: »Wir

KORA TERRY (1949; D: Lotte Neumann, Walter Wassermann, nach dem Roman von Hans Caspar von Zobeltitz; R: Georg Jacoby)

DAS HERZ EINER FRAU (1951; D: Friedrich Schreyvogel, J.M. Simmel; R: Georg Jacoby)

DIE LEUCHTER DES KAISERS (1936; D: Karl Hartl, Friedrich Schreyvogl; R: Karl Hartl)

UNSTERBLICHER WALZER (1939; D: Karl Köstlin, Friedrich Schreyvogl; R: E.W. Emo)

TANZ MIT DEM KAISER (1941; D: Géza von Cziffra, Friedrich Schreyvogl, François Llenas; R: Georg Jacoby)

HOTEL ADLON

beide sind niemals Mitglied der kommunistischen Partei irgendeines Landes gewesen.« Dass er Mitglied der NSDAP gewesen war, danach fragte 1951 in Deutschland niemand.

Die Routiniers der 1950er Jahre hatten ihre große Zeit im Nazi-Kino gehabt. Und es waren nicht alles unpolitische Unterhaltungsfilme gewesen. Gustav Ucicky, der Simmels Drehbuch DIE HEXE verfilmte, hatte am Ende der Weimarer Republik mit patriotischen Ufa-Filmen wie DAS FLÖTENKONZERT VON SANSSOUCI und MORGENROT den Nazis den Weg bereitet und später im »Dritten Reich« mit HEIMKEHR einen äußerst wirkungsvollen Propagandafilm gedreht. Eduard von Borsody, der nach einem Drehbuch von Simmel VERLORENE MELODIE inszenierte, war der Regisseur und Autor des Durchhaltestreifens WUNSCH-KONZERT. Emil Burri, mit dem Simmel ab 1953 ein festes Autorenteam bildete – sie schrieben 13 Drehbücher zusammen –, war noch in den 1920er Jahren Mitarbeiter von Brecht gewesen. 1933 war er aber nicht emigriert, sondern hatte die Chance genutzt, in Babelsberg Karriere zu machen; in seiner Filmografie gibt es zahlreiche Abenteuerfilme, die wie FEINDE, KAMERADEN und WASSER FÜR CANITOGA offen oder unterschwellig Nazi-Ideologie transportieren.

Die Generation, die schon zu Ufa-Zeiten das Kino bestimmte, war wieder im Geschäft. Altmodisch in ihren stilistischen Mitteln, rückwärtsgewandt in der Auswahl ihrer Sujets: Die deutsche Filmindustrie zeichnete sich nicht gerade durch Risikobereitschaft aus; man vertraute auf alte Erfolgsrezepte und begnügte sich nicht selten mit Remakes. Das Theaterstück *Kitty und die Weltkonferenz* von Stefan Donat hatte 1939 schon einmal Helmut Käutner verfilmt; nun diente der Stoff

KAISERWALZER (1953; D: Franz Antel, Jutta Bornemann, Gunther Philipp, Friedrich Schreyvogl; R: Franz Antel)

EWIGER WALZER (1954; D: Alexander Lix, Friedrich Schreyvogel, Paul Verhoeven; R: Paul Verhoeven)

OPERETTENKLÄNGE (1945; D: Theo Lingen, Friedrich Schreyvogel; R: Theo Lingen)

DAS FLÖTENKONZERT VON SANSSOUCI (1930; D: Walter Reisch, nach dem Roman von Johannes Brandt; R: Gustav Ucicky)

MORGENROT (1933; D: Gerhard Menzel; R: Gustav Ucicky)

HEIMKEHR (1941; D: Gerhard Menzel; R: Gustav Ucicky)

als Starvehikel für Romy Schneider. Die Adaption von Burri/Simmel leistete sich einige aktuelle Anspielungen, wich ansonsten kaum von der Vorlage ab: Eine Maniküre hat eine unschuldige Romanze mit dem britischem Außenminister; um einen Skandal zu vermeiden, gibt sich Robert, der Neffe des alten Herrn, vor der Öffentlichkeit als ihr Verlobter aus. Und ist natürlich, wir haben es geahnt, der richtige Mann für das Mädchen. KITTY UND DIE GROSSE WELT litt darunter, dass noch während der Dreharbeiten diese Rolle ständig ausgebaut wurde: Karlheinz Böhm spielte Robert, und der Verleih setzte auf das SISSI-Traumpaar. Das Drehbuch wurde von Herbert Reinecker umgeschrieben, der dann auch den Credit erhielt (während die ursprünglichen Autoren nur noch als Verfasser der Manuskript-Vorlage genannt wurden). Regie führte Alfred Weidenmann. Es war nicht seine erste Zusammenarbeit mit dem Autor Reinecker: Noch kurz vor Kriegsende hatten sie im Auftrag der Reichsjugendführung mit dem Luftwaffen-Film JUNGE ADLER (das Filmdebüt der Nachwuchsdarsteller Hardy Krüger und Dietmar Schönherr) die Hitlerjugend ideologisch eingeschworen. In den 1950er Jahren realisierten sie u.a. CANARIS und DER STERN VON AFRIKA. Weidenmann galt als versierter Handwerker, in allen Genres zu Hause; schließlich landete er beim Fernsehen, wo er unzählige Folgen von Derrick und Der Alte drehte, wieder nach Drehbüchern von Reinecker.

Der Regisseur, mit dem Burri/Simmel kontinuierlich zusammenarbeiteten, hieß Josef von Baky. Der Spielleiter von MÜNCHHAUSEN, dem von Erich Kästner unter Pseudonym geschriebenen Farbfilm zum 25-jährigen Ufa-Jubiläum, hatte mit DER RUF, einem zeitkritischen Drama des Remigranten Fritz Kortner, sich in der Nachkriegszeit ungewöhnlich exponiert. Sechs Drehbücher verfasste das Autorenduo für von Baky, drei Filme seien kurz erwähnt. TAGEBUCH EINER VERLIEBTEN lebte von dem pointenreichen Dialog, den Eifersüchteleien eines von O.W. Fischer und Maria Schell gespielten Ehepaares. In zwölf Episoden erzählte HOTEL ADLON die Geschichte der Nobelherberge von 1907 bis 1947. DUNJA war ein Remake, die zweite Verfilmung von Puschkins Novelle Der Postmeister, konnte sich jedoch nicht aus dem Schatten des berühmten Films mit Heinrich George lösen (auch weil man weitgehend Gerhard Menzels Drehbuch des alten Films folgte). Das beispielhafte Stück einer gelungenen Adaption lieferten Burri/Simmel mit ihrer Bearbeitung von Friedrich Forsters Robinson soll nicht sterben. Es war ein Lieblingsprojekt Josef von Bakys. Sechs Jahre lang hatte er sich um eine Finanzierung bemüht – vergeblich, bis es ihm glückte, einen Star zu gewinnen, der seinerseits auf einen Verleih Druck ausübte: Romy Schneider. Sie wollte sich von dem ihr aufgezwungenen Rollenklischee der Märchenkaiserin befreien, da kam ihr das bekannte

Bühnenstück, 1932 in Leipzig von Detlef Sierck uraufgeführt, gerade recht. Der aufsässige Jungstar rang ROBINSON SOLL NICHT STERBEN Verleih-Chef Tischendorf ab als Zugeständnis für ihre Einwilligung, die SISSI-Fortsetzung zu drehen.

Wenn man eine literarische Vorlage für den Film aufbereite, erläuterten die beiden Drehbuchautoren in einem launigen Brief im Presseheft, erweise sich manchmal »ein anfangs prächtig schillernder und funkelnder Kolossalstoff« als Niete. Unangenehm, keine Frage. »Erweist der Stoff sich als vollendete Niete, dann wird der Film manchmal noch rechtzeitig abgeblasen. Solches ist angenehm! Die Autoren bekommen ihr Geld – und der Produzent behält das seine. Meistens erweist sich der Stoff aber nur als halbe Niete, und der Film wird gedreht. (Mit den bekannten Resultaten.)« Verständlich, dass die Autoren im Presseheft das Theaterstück (und die spätere Prosafassung) von Forster als die große Ausnahme lobten: ein Stoff, der in der Bearbeitung erst zeigte, was an Kraft, Abenteuer und echtem Leben in ihm steckt. In Wahrheit zeigt jedoch eine vergleichende Lektüre von Vorlage und Adaption: Forsters Stück ist kaum mehr als ein Weihnachtsmärchen, das eine schmale Geschichte holzschnittartig skizziert und im historischen Gewand das Grundmotiv von Kästners zeitgleich entstandenem Buch *Emil und die Detektive* variiert: Eine Kinderbande verfolgt einen Schurken, statt »Parole Emil« heißt das Losungswort »Robinson soll nicht sterben«, denn der Bösewicht ist der missratene Sohn des Dichters Daniel Defoe und hat seinem Vater das Original-Manuskript von *Robinson Crusoe* gestohlen und es beim Trödler versetzt. In einer abenteuerlichen Aktion nimmt die Kinderbande ihn mitten in einer Räuberhöhle fest und dringt bis zum König vor, der sich als gütiger Herrscher erweist und alles wieder in Ordnung bringt.

Die Drehbuchautoren haben die Geschichte in den sozialen Kontext gestellt. Natürlich, Romy Schneider konnte nicht, wie im Stück, ein kleines Mädchen sein, sondern im Film ist Maud Cantley eine 16-Jährige und Tom Defoe (Horst Buchholz) nicht bloß ein Saufbold, der seinen Vater beklaut, sondern ein gegen den übermächtigen Vater aufbegehrender Sohn. Maud verehrt den lebensklugen alten Mann, der bei ihnen zur Untermiete wohnt, aber sie ist auch ein bisschen verliebt in den jungen, auf Abwege geratenen Rebellen. Im Stück ist Daniel Defoe ein verarmter Schriftsteller, im Film der mutige Kritiker des Königs, der »seine Freiheit nicht verkaufen« wollte, deshalb in Ungnade gefallen ist und nun im Elend lebt. In seinen Schriften klagt er Kinderarbeit und Ausbeutung an, und der Film zeigt die sozialen Verhältnisse gleich in den ersten Bildern. Zersaust und verschwitzt steht Maud in der Baumwollfabrik und rührt in einem dampfenden Bottich. Sie ist die Älteste und kümmert sich fürsorglich um die kleinen Jungen, die unter drako-

TAGEBUCH EINER VERLIEBTEN (1953; D: Emil Burri, Johannes Mario Simmel, nach dem Roman von Dina Melken; R: Josef von Baky)

HOTEL ADLON (1955; D: Emil Burri, Johannes Mario Simmel, nach dem Buch von Hedda Adlon; R: Josef von Baky)

DUNJA (1955; D: Gerhard Menzel, nach dem Buch von Alexander Pushkin; R: Josef von Baky)

Alexander S. Puschkin: *Der Postmeister und andere Erzählungen* (dtv 1997)

Friedrich Forster: *Robinson soll nicht sterben* (Reclam 1986)

SISSI – DIE JUNGE KAISERIN (1956; D+R: Ernst Marischka)

Erich Kästner: *Emil und die Detektive* (Dressler 1929)

Daniel Defoe: *Robinson Crusoe* (Arena 1999)

nischer Aufsicht Wolle zupfen müssen und unter der schweren Arbeit fast zusammenbrechen. Es sind nicht bloß Dumme-Jungen-Streiche, wie bei Forster, wenn die Kinder nachts ihren Arbeitsplatz verwüsten, bevor sie bei einem Seelenverkäufer anheuern wollen, um der Not zu entfliehen. Die paradiesische Gegenwelt, in die sie sich hineinträumen, ist die Südseeinsel aus dem verbotenem Buch *Robinson Crusoe*.

Auch im Film gibt es den Märchenschluss. Am Ende große Versöhnung: zwischen Vater und Sohn – Tom Defoe erhält noch eine Chance und nutzt sie –, zwischen dem König und Daniel Defoe. Aber wenn der Herrscher sich herablässt, den alten Schriftsteller in seiner Kaschemme aufzusuchen, ist er nicht einfach der gütige Onkel, der als Deus ex machina der Geschichte ihr Happy End verschafft. Sondern er hat eine Schuld zu begleichen: an dem unbeugsamen Kritiker sozialer Missstände, für die der König verantwortlich ist, und an den Kindern, die schon in frühester Jugend als billige Arbeitskräfte ihre Gesundheit ruinieren. ROBINSON SOLL NICHT STERBEN habe, berichtete Romy Schneider, den Leuten im Verleih den Angstschweiß auf die Stirn getrieben, »weil eben nicht alles auf Glanz und Gloria aufgebaut ist«. Der Film verbindet Romantik und Abenteuer mit Sozialkritik und politischer Aufklärung, und dies ist das Verdienst der Drehbuchautoren. Selbst der Verleih erkannte dies und ließ das Drehbuch vervielfältigen, um es den Kritikern zur Verfügung zu stellen.

Das war die positive Ausnahme. Die Normalität im Filmgewerbe sah anders aus. »Die Bedenkenlosigkeit, mit der heute jede Art von geistigem Eigentum umgemodelt wird, macht es einem Autor wirklich schwer, seine eigene Handschrift zu zeigen«, klagte Emil Burri, als er sich gemeinsam mit Co-Autor Simmel von MADELEINE UND DER LEGIONÄR öffentlich distanzierte. Der Film war mit Spannung erwartet worden: die erste Produktion der wieder auferstandenen Ufa, Regie Wolfgang Staudte, in der Hauptrolle die aus Amerika zurückgekehrte Hildegard Knef. Es wurde ein Desaster. Die Kritiker gossen ihren Spott über das missratene Kinowerk aus. »Fehlbesetzt und fern der Heimat marschiert der deutsche Film, der erste Film der neuen Ufa, durch Sand und Wüste: erst verwegen, dann verlegen, dann, trotz allerlei Geknatter, immer matter. Ende: absolute Flaute. Und man fragt sich: das war Staudte?«, dichtete Gunter Groll in der *Süddeutschen*. Dem Ufa-Boss Arno Hauke hatte ein Legionärsabenteuer vorgeschwebt, der Regisseur wollte gegen die französische Algerienpolitik Stellung beziehen, und Knef sollte eine Französin spielen, die sich in einen desertierenden Legionär aus Deutschland verliebt – nichts ging zusammen, und am Ende war niemand mit dem Ergebnis glücklich. In einem Punkt aber war sich die gesamte Presse, von der *Zeit* bis zum *Hamburger Abendblatt*, einig: »Es liegt am Drehbuch.«

ROBINSON
SOLL NICHT STERBEN

EIN JOSEF VON BAKY · FILM
NACH DEM GLEICHNAMIGEN THEATERSTÜCK
VON FRIEDRICH FORSTER

DREHBUCH
EMIL BURRI UND JOHANNES M. SIMMEL

PROD. NEUE DEUTSCHE FILMGESELLSCHAFT · FARBE AGFACOLOR
WELTVERTRIEB HERZOG FILMVERLEIH

```
            2. B i l d
            =============

        In der Baumwollspinnerei
        des Mr. Gilles zu London

            (Innen - Abend)

Überblenden

Zögernd wird das Bild
wieder hell,
aber nur wenig.

Wir sehen:


17. Nah

Nebeneinander drei Jungen:

Charly, Ben und Jim.

Charly
ist der Älteste:
15 Jahre alt,
kräftig und temperamentvoll.

Jim
ist erst 13,
aber der Klügste.

Ben
ist 11 Jahre alt,
der Kleinste,
blaß, mager,
mit fiebrigen Augen
und hektisch geröteten
Wangen,
immer frierend,
sichtlich krank.

Alle drei Jungen
sind schlecht gekleidet
und arm.

Ihre Stimmen kennen wir schon.

Nun hören wir sie  r e a l .

Es ist der kleine Ben,
der Besitzer
der dritten Kinderstimme
aus dem Vorspann,
welcher nun flüsternd
weiterspricht:              ... Du hast gesagt,
                            es war immer warm auf der Insel,
                            das ganze Jahr !
```

Eine Seite aus dem Drehbuch zu ROBINSON SOLL NICHT STERBEN

Burri/Simmel gingen an die Öffentlichkeit: »Der Film, so wie er gedreht wurde, stammt nicht von uns«, erklärten sie, »höchstens der allererste Anfang«, ansonsten sei ihr Buch während der Dreharbeiten von Staudte und dem Autor Werner Jörg Lüddecke bis zur Unkenntlichkeit umgeschrieben worden. Freunde in der Filmbranche würden sich die Autoren mit dieser Erklärung sich nicht machen, meinte die Münchner *Abendzeitung* und erwartete eine Stellungnahme der Ufa, die jedoch ausblieb. Später erinnerte sich der Regisseur »nur noch ungern« an den Film, Knef nannte ihn gar »grauenhaft« und »entsetzlich«. In einem Brief an den Knef-Biografen Christian Schröder 2004 schilderte Simmel seine Sicht der Dinge aus zeitlichem Abstand: Man habe versucht, aus Haukes kruder Idee etwas zu machen, aber festgestellt, dass dies einfach nicht möglich sei. »Es war Herr Hauke, der damals mit Geld um sich schmiss wie ein Irrer und auf einer Verfilmung bestand«, und Staudte – »aus Verzweiflung darüber, dass er dieses Projekt angenommen hatte« – habe deshalb durch Umschreiben und Neuschreiben den Film retten wollen. »Ich und die beiden anderen ›Script-Doktoren‹ unternahmen alles Menschenmögliche, um nicht im Vorspann genannt zu werden. Das wurde uns von der Firma versprochen, aber natürlich nicht gehalten. So kommt es, dass sich mein Name auf diesem Stück deutscher Scheiße findet.«

Zweimal ging Jimmy zum Regenbogen

Der Plot scheint weit hergeholt und arg ausgedacht, doch es gab ihn wirklich, den Postboten, der seinen einstigen Schulkameraden Hermann Göring einen Brief schrieb mit der Aufforderung, den unsinnigen Krieg und das Morden sofort einzustellen, daraufhin aber nicht vor dem Volksgerichtshof landete, sondern sich vor dem KZ rettete, indem er sich für verrückt erklären ließ. Nachdem die Nazi-Zeit überstanden war, hatte er die größten Schwierigkeiten, den »Jagdschein« wieder loszuwerden. Simmel kaufte dem inzwischen pensionierten Briefträger seine Lebensgeschichte ab und machte daraus ein Theaterstück, das über viele Bühnen im In- und Ausland ging. *Der Schulfreund* wurde bald auch verfilmt. In der ersten Szene des Stücks wird Ludwig Fuchs (das reale Vorbild hieß Erhard Bär) damit konfrontiert, dass seine Tochter Rosi ihren Freund Paul bei ihnen zu Hause versteckt: Paul ist Jude, seine Eltern wurden abgeholt, die Gestapo sucht ihn bereits. Fuchs, ein kreuzbraver Staatsbürger und nicht zum Helden geboren, ringt mit sich, nimmt den Gesuchten aber bei sich auf. In der Verfilmung MEIN SCHULFREUND ist Paul ein desertierter Flakhelfer, der vom Blockwart entdeckt wird und aus Panik auf die Straße stürzt, mitten in einen Granatenhagel. Diese Änderung blieb nicht unbemerkt: Die *Allgemeine Wochenzeitung der Juden* nannte den Film »Der arisierte Schulfreund«.

Das Stück, das deutliche Worte für das Unrechtsregime der Nazis fand, wurde entschärft, um es für das Kinopublikum der 1950er Jahre goutierbar zu machen. Während der Dreharbeiten rechtfertigte sich Regisseur Robert Siodmak: »Im Stück wurde zu viel geleitartikelt, wir brauchten mehr Emotion.« Schon durch die Besetzung biederte sich der Film bei einem Publikum an, das am Feierabend nichts von wirklicher Vergangenheitsbewältigung wissen wollte: Heinz Rühmann, als kleiner Mann die Identifikationsfigur der Deutschen schlechthin, verkörperte den Briefträger. Er ist der gebeutelte Mitläufer, der unter Druck Parteigenosse wurde, andererseits doch seine Menschlichkeit bewahrt hat. Weil er ausspricht, was der kleine Mann vom Krieg hält, gilt er als unzurechnungsfähig; am Ende kann er mit einem kleinen Akt des Widerstands (er demoliert ein Postamt und wird in der Gerichtsverhandlung für schuldfähig erklärt) alles wieder ins Lot bringen. Dass aus seinem »Anti-Nazi-Stück« eine »rührselige Belanglosigkeit« (Simmel) wurde, dafür machte der Autor, der zusammen mit R.A. Stemmle selbst das Drehbuch schrieb, den Produzenten verantwortlich, der bis 1945 ein hochrangiger Nazi gewesen sei. »Mein alter Freund Siodmak ließ damals, ein wenig resigniert, ein wenig krank und ein wenig feige, mich bei meinem Kampf gegen den SS-Mann-Produktionschef völlig im Stich«, klagte Simmel drei Jahrzehnte später in einem Leserbrief. Allerdings erlebte er die Genugtuung, dass sein Original, drei Jahre nach der Kinoversion, als Fernsehspiel neu inszeniert wurde.

Das Muster sollte sich wiederholen: Simmel fand fast alle Verfilmungen seiner Romane »einfach grausig«. Die Simmel-Filme spiegeln die Entwicklung des deutschen Kommerzkinos (alte Bundesrepublik). Der erste große Bestseller-Erfolg kam als Kino-Zweiteiler auf die Leinwand: Am Ende von ES MUSS NICHT IMMER KAVIAR SEIN mit O.W. Fischer stand das Insert: *Es ging natürlich weiter ... und diese weiteren Abenteuer des Thomas Lieven sehen Sie ... demnächst in diesen Theater,* nämlich in dem Film DIESMAL MUSS ES KAVIAR SEIN. (Wegen eines Unfalls während der Dreharbeiten fiel der Regisseur Géza von Radvanyi wochenlang aus, sodass ungenannt erst Helmut Käutner, später Georg Marischka als Interims-Regisseure fungierten.)

Die eigentliche Serie der Simmel-Filme begann mit Alfred Vohrers UND JIMMY GING ZUM REGENBOGEN. Mit der Uraufführung 1971 in Hamburg eröffnete Heinz Riech das *Kinocenter,* den Prototyp seines Konzepts, traditionelle Filmtheater in triste »Schachtelkinos« umzuwandeln. Boxoffice-Erfolge aus jener Dekade des deutschen Films, als eine marode Industrie sich durch billige Klamauk- und Sexfilme vor dem Untergang zu retten versuchte und dadurch nur noch tiefer in den Morast versank. Simmel-Filme funktionierten nach dem immer gleichen Rezept: eine Mixtur aus Agenten- und Liebesgeschichten, Action- und Sexszenen, im Hintergrund finstere Mächte, seien es Nazis oder Geheimdienste, als deren Spielball der Protagonist erscheint. Der Autor mochte überzeugt sein, mittels reißerischer Kolportage politische Aufklärung massenwirksam zu betreiben, doch über Trivialitäten geht die Message nicht hinaus. »Werbefilme für alle Vorurteile

ES MUSS NICHT IMMER KAVIAR SEIN (1961; D: Paul Andréota, Jean Ferry, Henri Jeanson, nach dem Roman von Johannes Mario Simmel; R: Géza von Radványi)

DIESMAL MUSS ES KAVIAR SEIN (1961; D: Paul Andréota, Jean Ferry, Henri Jeanson, nach dem Roman von Johannes Mario Simmel; R: Géza von Radványi)

UND JIMMY GING ZUM REGENBOGEN (1971; D: Manfred Purzer, nach dem Roman von Johannes Mario Simmel; R: Alfred Vohrer)

DIE WILDEN FÜNFZIGER

Es muss nicht immer Kaviar sein (BRD 1977)

Johannes Mario Simmel: *Hurra, wir leben noch* (Droemer Knaur 1981)

und Klischees dieser Welt«, schrieb ein Filmkritiker damals, »ein parfümierter Politseich, der Freudenhäuser ins gleiche mysteriöse Licht taucht wie die Nazivergangenheit.« Es reichte nicht einmal zu einem ordentlichen Genrefilm.

Eine Meldung aus dem *Hamburger Abendblatt*, 9. Juli 1975: »Curd Jürgens' Lieblingsprojekt, die Verfilmung des Simmel-Bestsellers *Lieb' Vaterland magst ruhig sein*, wird nun doch realisiert. Allerdings ohne Curd Jürgens. Jürgens kaufte die Rechte vor zehn Jahren für 120.000 Mark von seinem Freund Johannes Mario Simmel. Er wollte selbst produzieren, das Drehbuch schreiben, Regie führen und eine der Hauptrollen spielen. Doch mit seinen Drehbuchentwürfen fand er bei Simmel keinen Anklang. Für 200.000 Mark kaufte Ralph E. Cotta darauf die Rechte von Jürgens und ließ den jungen Regisseur Roland Klick ein Buch schreiben. Simmel war entzückt.« Der Nachzügler der Serie ist zugleich ein Zwischenglied, ein Scharnier zwischen Altbranche und neuer Filmindustrie: Begonnen hatte es als Abschreibungsunternehmen, doch über den Regisseur klickte sich Bernd Eichinger in das Projekt ein. Damals hieß seine Firma noch Solaris und produzierte Filme von Wenders, Reitz und Syberberg; der Verleih von Klicks LIEB' VATERLAND MAGST RUHIG SEIN war Constantin, die Eichinger kurz darauf übernahm.

Am Ende steht das Fernsehen. Schon 1977 wurde *Es muss nicht immer Kaviar sein* neu verfilmt als 13-teilige Fernsehserie. Die aktuelle Remake-Reihe – die Rolle des Gespanns Luggi Waldleitner / Alfred Vohrer haben jetzt Oliver Berben und Carlo Rola übernommen – verlegt die Geschichten aus der Zeit des Kalten Kriegs und des Fortlebens alter Nazi-Seilschaften in die Zeit nach der Wende und der RAF-Nachfolger. Doch dieser Transport will nicht recht gelingen: Simmel ist ein Phänomen aus vergangenen Tagen. Kein Stoff, der für den deutschen Film wieder produktiv werden könnte, sondern ein lohnendes Objekt, die Mentalitätsgeschichte der Bundesrepublik aufzuarbeiten.

Auch von *Hurra, wir leben noch* gibt es zwei Filmversionen, eine allerdings nur auf dem Papier. »1. Autobahn. In einer Schlucht ein brennendes Auto, das offensichtlich gerade verunglückt ist. In einem Baum über der Schlucht hängen Jakob und sein Chauffeur Otto.« Die krakelige Handschrift ist unverkennbar – Rainer Werner Fassbinder. Er hat nicht nur davon gesprochen, Simmels Roman *Hurra, wir leben noch* verfilmen zu wollen. Ein komplettes Drehbuch, 139 Blatt, rote, blaue und schwarze Schrift auf kariertem Papier. Irgendjemand hat das Manuskript abgetippt, und da zeigt sich, dass diese erste Fassung viel zu lang war: 307 Seiten. Vielleicht gibt es deshalb im (nicht zugänglichen) Fassbinder-Nachlass auch noch eine Version als Dreiteiler, verfasst von Peter Märthesheimer und Pea Fröhlich, vorliegend als Szenario und als

ausgeschriebenes Drehbuch. Das Projekt war offenkundig recht weit
gediehen; in einem Spiralblock hat Fassbinder Storyboard-Bildchen
gekritzelt und Notate zu einzelnen Einstellungen festgehalten. Die
Figur des Wirtschaftwunder-Helden Jakob Formann faszinierte ihn,
und Fassbinder wusste auch schon die Besetzung: Götz George. Doch
über Buch und Konzept wurde er sich nicht einig mit dem Produzenten Günter Rohrbach. Hatte man früher so schwierige Großprojekte
wie BERLIN ALEXANDERPLATZ gemeinsam durchgezogen, endete ausgerechnet mit dem Scheitern der Simmel-Verfilmung abrupt Fassbinders Zusammenarbeit mit der Bavaria.

BERLIN ALEXANDERPLATZ
(1980; D: Rainer Werner
Fassbinder, nach dem Ro-
man von Alfred Döblin;
R: Rainer Werner Fassbin-
der)

Hurra, wir leben noch wurde trotzdem gedreht, Peter Zadek übernahm das Projekt und setzte in den Vorspann die Widmung: *Für Rainer Werner Fassbinder*. Allerdings trug der Film einen anderen Titel
als der Roman: DIE WILDEN FÜNFZIGER, denn der Autor hatte gegen
diese filmische Zurichtung seines Werkes protestiert. *Sehr frei nach
Motiven eines Romans von Johannes Mario Simmel*, darauf einigte man
sich nach heftigen Auseinandersetzungen, und damit ist die Methode der Adaption durchaus korrekt gekennzeichnet. Zadek nutzte die
literarische Vorlage als Steinbruch, als – in seinen Worten – »Riesen-
Mülleimer, in dem eine Unmenge Material gesammelt ist«, aus dem er

DIE WILDEN FÜNFZIGER
(1983; D: Robert Muller,
nach dem Roman von Jo-
hannes Mario Simmel;
R: Peter Zadek)

*Paul Esser und Eva Matthes
in DIE WILDEN FÜNFZIGER*

sich ziemlich wahllos bediente. Fassbinder hatte in seinem Drehbuch
aus dem 650-Seiten-Schinken eine stringente Erzählung destilliert und
mit politischen Akzenten versehen; er nahm Simmel ernst, während
Zadek den Roman als Spielmaterial für grotesk überzeichnete Szenen
ausbeutete. Der Film wurde mehrfach umgeschnitten, blieb jedoch

eine verworrene Geschichte. Nichts als eine »geschmacklose Anein-
anderreihung flacher und schlaffer Szenen«, schäumte Simmel. Die
Verantwortung dafür wollte keiner übernehmen. Im Presseheft werden
die Credits einschließlich Fahrer und Catering aufgeführt, aber kein
Autor. *Drehbuch Wolfgang Bornheim* steht im Vorspann. Der wirkliche
Autor Robert Muller hatte seinen Namen zurückgezogen.

Der mit enormen Aufwand und großem Budget realisierte Film
wirkt wie ein missglücktes Satyrspiel zur recht trostlosen Erfolgsserie
»Simmel im Kino«. Seinen Jakob Formann besetzte Zadek mit Juraj
Kukura, ansonsten ist der Film eine reine Starparade: Boy Gobert, Peter
Kern, Sunnyi Melles, Christine Kaufmann, Eva Mattes, Hermann Lau-
se, Ilja Richter, Christa Berndl, Ingrid Caven, Brigitte Mira, Burkhard
Driest, Ivan Desny, Dominique Horwitz, Udo Kier, Charles Regnier,
Ulrich Wildgruber, Margit Carstensen und, und, und, eine Mischung
aus Theaterschauspielern, vornehmlich der Zadek-Truppe, und Mit-
gliedern der Fassbinder-Family, ergänzt um ein paar Altstars wie Willy
Millowitsch oder Freddy Quinn. Klaus Doldinger schrieb die Filmmusik,
Milva sang den Titelsong. Eine in opulenten Kulissen – gedreht wurde
unter anderem auf Schloss Neuschwanstein – verpflanzte Klamotte.
Diesem Konzept entsprach Zadeks Inszenierungsstil, der im Interview erklärte: »Es gibt eine Art von Komik, die so übertrieben ist, dass
man eigentlich nur noch kotzen kann.« Am Schluss stand ein absurd
verkitschtes Happy End: Formann ist wieder bei seinem »Häschen«,
das er bei seinem Aufbruch ins wilde Unternehmertum in der Provinz
zurückgelassen hatte.

In Fassbinders Drehbuch endet die Geschichte anders: Die Anfangs-
szene wird wieder aufgenommen, Jakob und Otto hängen nach dem
Unfall im Baum. Ein paar zufällig vorbeifahrende Türken befreien sie
aus ihrer misslichen Lage und nehmen Jakob mit nach Frankfurt. So
kommt er gerade noch rechtzeitig zu seinem Termin bei der Bundesbank, und wer steht ihm dort gegenüber – Udo von Herresheim, der
ehemalige Wehrwirtschaftsführer, sein ewiger Widersacher, der es zum
Präsident der Bundesbank gebracht hat und nun zum vernichtenden
Schlag ausholt. Der scheinbar unverwüstliche Zampano des Wirtschafts-
wunders verliert alles, die Getreuen ziehen sich zurück, sein Imperium
bricht zusammen, der Offenbarungseid scheint unvermeidlich, und
doch lässt Jakob sich nicht unterkriegen und triumphiert noch in der
Niederlage. Er bedankt sich bei seinem Feind, dass dieser ihm »diese
ganze Scheiße« abnimmt: »Jetzt können Sie sich damit herumschlagen,
und ich bin endlich wieder ein freier Mensch ohne Sorgen.«

Pat Hobby's Babelsberg-Stories
Erlebnisse eines Drehbuchautors

Von Thomas Knauf

Ein Film bringt die Mauer zum Einsturz

Wie immer seit zehn Jahren fuhr ich auch an diesem Tag mit einer Mischung aus Vergeblichkeits- und Pflichtgefühl nach Babelsberg. Auf halber Strecke stotterte der Motor meines VW 1300, Baujahr 1972, und starb kurz hinter Teltow. Ich stellte den Wagen, den ich vor kurzem für 23.000 DDR-Mark von einem Bekannten gekauft hatte, am Straßenrand ab und hielt Ausschau nach einem Taxi. »Warum kaufst du auch immer uralte Westautos«, meinte mein Begleiter, der Regisseur Peter Kahane. »Weil ich erst seit elf Jahren auf einen Lada angemeldet bin und im August 1990 dran. Wer weiß, ob wir dann noch bei der DEFA arbeiten«, lächelte ich gequält. Die Frage war durchaus nicht geschichtspessimistisch, sondern tagesaktuell. Sie würde in einer Stunde beantwortet werden beim Studiodirektor, der uns zu sich bestellte wegen der Produktionsfreigabe unseres Filmprojektes DIE ARCHITEK-TEN. Das fertige Drehbuch lag seit Monaten beim Chefdramaturgen, ohne dass es irgendwelche Beanstandungen oder Änderungsvorschläge gab. Keine Reaktion, weder für noch gegen den zugegeben unerhörten Stoff über das Scheitern junger Architekten an der DDR-Baupolitik. Als sei dies noch nicht genug, gab es in dem Drehbuch zwei Ausreiseanträge, einen Stasispitzel und eine dubiose Figur, die unschwer als der Erbauer der Stalinallee, Hermann Henselmann, zu erkennen war. Er hatte mich zum Schreiben des realen Falles ermutigt, sich dann aber aus Zeitmangel absentiert. Von der Ideenskizze bis zum Drehbuch gab es im Studio keine Probleme, was ungewöhnlich war. Denn etliche meiner Filmideen landeten schon mit Exposé oder Treatment als »abgebrochen« im Archiv des Lektorats.

Die Arbeit an DIE ARCHITEKTEN begann ich Anfang 1988, doch die Geschichte verfolgte mich seit Mitte der 1970er Jahre. Sie basiert auf wahren Ereignissen und passierte einer Gruppe junger Architekten in Berlin, dessen Leiter Michael Kny war. Sie sollten im Auftrag der FDJ die kulturellen und gastronomischen Bauten für die fertige »Schlafstadt«

DIE ARCHITEKTEN (1990; D: Peter Kahane, Thomas Knauf; R: Peter Kahane)

GESTERN ERHIELT DER JUNGE OSTBERLINER THOMAS KNAUF AUF EINEM FESTAKT IN DER USA - BOTSCHAFT DEN DIESJÄHRIGEN OSCAR FÜR DAS BEMERKENSWERTESTE FILMDREHBUCH DES JAHRES 1981 VERLIEHEN. U. BILD ZEIGT: TH. KNAUF UNMITTELBAR NACH VERLASSEN DER BOTSCHAFT, WENIGE MINUTEN VOR SEINER VERHAFTUNG DURCH 4 VOPOS. (ASSOSIATED PRESS INTERNATIONAL REPORT)

Zeichnung: Grischa Meyer

RABENVATER (1986; D: Karl-Heinz Heymann, Thomas Knauf; R: Karl-Heinz Heymann)

Marzahn entwerfen. Das Projekt wurde als zu kühn und ökonomisch untragbar erst verstümmelt, dann ganz beerdigt. Kny blieb im IHB, die anderen glorreichen 17 stiegen größtenteils aus dem Architektenberuf aus, der sie durch eine nur auf Quantität orientierte Politik zu Bauingenieuren degradierte.

Ich war Zeuge dieses finsteren Umgangs der Politiker mit jungen, engagierten Kadern, deren Studium den Staat viel Geld kostete. Nach fünf Jahren vergeblicher Mühe als Szenarist der DEFA debütierte ich 36-jährig mit dem Film RABENVATER über einen Bauskandal in Halle, der vom Generalstaatsanwalt der DDR untersagt wurde, weshalb ich das Drehbuch auf eine rein private Geschichte reduzierte. Der Film wurde von der Kritik zerrissen, obwohl das Hallenser Publikum ihn mochte, weil die »Diva in Grau« im Chemiedreieck zwischen Buna und Bitterfeld der eigentliche Held war.

Danach hatte ich gelernt, dass man solche Kompromisse nicht ungestraft macht, und plante nach dem erfolgreichen Jugendfilm VORSPIEL des Regisseurs Peter Kahane einen Streifen über die ungeliebte Generation der 1950er, denen man auf allen Leitungsebenen politisch misstraute, weil sie als Kinder den Westen noch kannten.

VORSPIEL (1987; D: Peter Kahane, Thomas Knauf; R: Peter Kahane)

Der Film war gedacht als Autobiografie einer Generation, wie der ungarische Regisseur István Szabó seine frühen Werke nannte. Ich hatte meine Diplomarbeit an der HFF über ihn geschrieben und war 1980 sein Regieassistent bei MEPHISTO für die Dreharbeiten in Babelsberg. Von »Piszto« Szabó habe ich gelernt, dass man keine Kompromisse beim Erzählen der eigenen Geschichte machen darf, aber auch eine Form finden muss, um gesellschaftliche Prozesse zu subjektivieren. Denn Film ist keine Geschichtswissenschaft, sondern Drama handelnder Figuren. Szabós formale Originalität war das Lyrische im Drama, die Innenwelt seiner Helden im Konflikt mit der Außenwelt. Seine in der DDR nicht oder nur im Studiokino (für Filmklubmitglieder) gezeigten Filme VATER, FEUERWEHRGASSE 25, LIEBESFILM, BUDAPESTER LEGENDE waren meine Universitäten. Ich liebte sie wie Songs von den Beatles, Gedichte von Fernando Pessoa, Bilder von Yves Klein. Trotzdem konnte ich beim Drehbuchschreiben seine poetische Methode nicht einfach übernehmen. Der »ungarische Gulaschkommunismus« von Janósz Kadar war dem »real existierenden« Sozialismus des Erich Honecker ungefähr so ähnlich wie die Nibelungen den Hunnen. Ich wählte für DIE ARCHITEKTEN die lyrische Form des Kinderreims *Zehn kleine Negerlein* und erzählte, wie ein Architekt nach dem anderen aus dem Marzahner Jugendprojekt aussteigt, bis zuletzt nur noch einer übrigbleibt – der Gruppenleiter Daniel Brenner, mein Freund Michael »Jimi« Kny. Über ihn allein könnte ich ein ganzes Kapitel schreiben. Nur so viel: In Meißen geboren, studierte er an der Bauakademie Weimar, sah aus wie ein Indianer mit langem schwarzem Haar, redete wenig, malte surreale Bilder von Städten und kannte alle wichtigen Science-Fiction-Romane. Jeden Morgen im Büro las er seinen Mitarbeitern ein Gedicht von Brecht vor. Wenn er nach den Stones oder Roxy Music tanzte, was wir in den 1970ern exzessiv taten, schüttelte er sein langes Haar, und alle Frauen waren am Rand des Nervenzusammenbruchs. Doch Jimi war mit dem Mannequin Petra verheiratet, die wie die Zwillingsschwester von Jane Birkin aussah, und ist es noch heute.

MEPHISTO (1981; D: Péter Dobai, István Szabó, nach dem Roman von Klaus Mann; R: István Szabó)

APA (Vater; 1966; D+R: István Szabó)

TÜZOLTÓ UTCA 25 (Feuerwehrgasse 25; 1973; D: Luca Karall, István Szabó; R: István Szabó)

SZERELMESFILM (Liebesfilm; 1970; D+R: István Szabó)

BUDAPESTI MESÉK (Budapester Legende; 1976; D+R: István Szabó)

Wer, wenn nicht ich, hätte sich bei der auf typische DDR-Helden fixierten DEFA einen Film über so einen Mann ausgedacht.

Peter Kahane, Thomas Knauf

Peter Kahane kannte Michael Kny und bewunderte ihn für seinen Mut, die sozialistische Plattenbau-Architektur aufzumischen. Mein Entwurf für einen Film über ihn gefiel ihm jedoch nicht. Er fand die parabelhaft-poetisch erzählte Story zu pessimistisch und wollte sie geradeheraus als Drama des Scheiterns an objektiven Problemen verfilmen. Ich hatte meine Lektion von RABENVATER nicht vergessen, sah aber ein, dass der Drehbuchautor den Regisseur bedienen muss. Bei der Bucharbeit zu VORSPIEL hatten wir uns heftig in der Wolle, das Ergebnis war aber mehr als befriedigend. Film ist Teamwork, und wer Streit nicht aushalten kann, ist falsch in dem Beruf.

Im Sommer '88 schrieben wir das Drehbuch zu DIE ARCHITEKTEN. Kahane behauptet heute, wir hätten uns nur gestritten, doch ich habe eine Erinnerung von höchst intensiver, trotz aller Gegensätze einhelliger Arbeit. Wussten wir, dass wir an etwas sitzen, was größer war als unser Frust mit den DDR-Verhältnissen und das uns ein Leben lang anhängen wird? Ja und nein. Weil wir uns die Freiheit nahmen, die innere Zensur zu ignorieren. Weil wir nicht glaubten, dass daraus je ein Film entsteht.

Im Oktober ließ man mich mit einem Visum des Schriftstellerverbandes für drei Monate nach England reisen, nachdem ich bisher weder zu Filmfestivals noch privat in den Westen fahren durfte. Zu Weihnachten rief ich Kahane aus einer einsamen Telefonzelle auf den Klippen der Antrimküste in Nordirland an und versicherte ihm, dass ich im Januar wiederkomme. Im Kulturministerium hatte man wohl gchofft, dass ich nicht wiederkomme und selbst dafür sorge, dass der ungeliebte Film nicht gedreht wird. Jetzt war Februar '89. Kahane und ich wollten nicht länger warten. Wir hatten beschlossen, unsere relativ erfolgreichen DEFA-Karrieren zu beenden, wenn DIE ARCHITEKTEN nicht gemacht wird. Peter Kahane war bis dato als »Lubitsch der DDR« mit melancholischen Komödien hochgelobt worden, durfte aber seinen ersten unkomischen Film über seinen Vater im Spanischen Bürgerkrieg nicht machen und war verbittert. Ich hatte mit einem Dutzend vergeblicher Filmstoffe und zwei Kino-Premieren nach neun Jahren die Nase voll und wollte durch ein völlig unmögliches Drehbuch die Studiotür hinter mir zuknallen. Doch es kam anders. Der DEFA-Direktor, gelernter Friseur und Theaterregisseur, erklärte uns, er werde Ende des Monats aus gesundheitlichen Gründen aus dem Amt scheiden, die Produktionsfreigabe für DIE ARCHITEKTEN liege dann in den Händen seines Stellvertreters. Er lobte das Drehbuch und uns beide als seine besten jungen Pferde im Stall, ermahnte uns aber dringend, gerecht mit den SED-Genossen im Film umzugehen. Sie hätten es nicht leicht und seien auch nur Menschen.

Der neue DEFA-Direktor Golde erklärte, er könne unserem Filmprojekt aus politischen Gründen nicht zustimmen und verwies die Sache an den Filmminister. Monatelang wurde die längst freigegebene Produktion mit der Begründung aufgehalten, es gebe nicht genug disponierbare Fahrzeuge im Studio. Ende September '89 dann fiel die erste Klappe zu DIE ARCHITEKTEN. Am 10. November kam der halbe Stab trunken vom Mauerfall und *Henkell Trocken* aus Westberlin zum Drehort. Die vorletzte Szene des Films wurde im Drehplan als offener Posten zurückgestellt, weil der Drehort Brandenburger Tor der Genehmigung des Verteidigungsministeriums bedurfte, was so wahrscheinlich war wie ein Auftritt von Wolf Biermann im *Kessel Buntes*. Vier Tage vor Öffnung des Tores für Fußgänger konnte die wichtigste Szene des Films, ein »Weißer Elefant« (dick aufgetragene Szene, die der Zensur zum Opfer fallen soll, damit die subtileren Gemeinheiten übersehen werden), noch gedreht werden. Doch schon während des Drehs war uns allen klar, dass die seit dem Mauerbau erste bildliche Darstellung der Berliner Mauer im DEFA-Film Geschichte ist. Als DIE ARCHITEKTEN im Mai 1990 auf dem letzten Nationalen Spielfilmfestival mit Preisen gefeiert wurde, war klar, dass niemand sie im DDR-Kino sehen wollte, wo jetzt die neuesten Hollywoodfilme liefen. Im Westen wurde der Streifen wegen seiner verspäteten Premiere als Wendefilm gesehen und als bitterer Abgesang auf die DDR-Planwirtschaft gewürdigt. Erst zehn Jahre nach der Wiedervereinigung lief der Film erstmals im Deutschen Fernsehen, und weitere fünf Jahre später kam er auf DVD heraus. Inzwischen steht er in jeder Videothek als DDR-Klassiker, alle

Ein Kessel Buntes (DDR 1972-1990; BRD 1991-1992)

215

Goethe-Institute haben ihn im Regal, und das Museum of Modern Art in New York erwarb eine 35-mm-Kopie für sein Filmarchiv. Ich sage das nicht aus selbstgefälligem Stolz, sondern aus der späten Genugtuung, dass Kompromisslosigkeit und Sturheit manchmal zum Erfolg führt. Allzu oft freilich nicht.

Abschied von Golgatha

Ich behaupte, Geschichte wiederholt sich doch. Nur die Zeiten ändern sich. Ein Blick in die Zeitung ist wie Kino, alles schon da gewesen. Und der Mensch? Je mehr er versucht ist, sich und seine Welt zum Guten zu ändern, desto mehr Mitmenschen enden in Umerziehungslagern. Wieso, frage ich mich, machen wir alle die immerselben Fehler im Leben, wo wir doch einmalig sind?

In der DDR war ich mir selbst so fremd, dass ich mich öfters danach sehnte, jemand anderer zu sein. Im Schatten der Berliner Mauer träumend, stellte ich mir vor, der russische Dichter und Drehbuchautor Viktor Schklowski zu sein, der vor der Oktoberrevolution Reißaus nahm und eine Weile im Berlin der 1920 Jahre lebte. Viktor liebte Elsa Triolet, die später den Franzosen Louis Aragon heiratete. Sie war die Schwester von Lilja Brik, die mit Ossip Brik verheiratet war und Wladimir Majakowski liebte. Beide Schwestern hatten einen Hang zum Literarischen, vor allem aber, Männer zum Schreiben anzutreiben.

Der arme Viktor wohnte 1922 in einer Pension in Marzahn, damals noch ein stilles Dorf, und schrieb traurig-komische Liebesbriefe, in denen das Wort LIEBE nicht vorkam. Elsa hatte ihm dieses »bourgeoise Gejammer« verboten. Sämtliche Schilderung seines Daseins in der Fremde wurde somit zur Metapher über die Liebe. Viktor floh seine Heimat wegen einer Frau, die ihn nicht wollte, und einer Revolution, die darauf aus war, ihn an die Wand zu stellen.

Ich gab Jahre später die deutsche Heimat auf für eine Frau, die mich wollte. Eine Revolution fand 1989 bei uns nicht statt, nur eine Revision alter Besitzstände. Immerhin ermöglicht mir die Neue Zeit, wegzugehen und wiederzukommen nach eigenem Gutdünken.

Schklowskis Rückkehr nach Moskau bedurfte der Fürbitte Maxim Gorkis bei Lenin. Mit Glück und etlichen Verrenkungen überstand er die finsteren Jahre des Stalinismus. Obwohl er dem russischen Formalismus, jener neben dem Futurismus politischsten Kunstbewegung des 20 Jahrhunderts, abschwor, sind seine *Schriften zum Film* noch heute interessant. In den erst 1965 im Westen erschienen Essays aus den 1920er Jahren liefert der Mitbegründer der »Gesellschaft zum Studium der poetischen Sprache« Grundlegendes über das Verhältnis von Poesie, Prosa, Drama im Film. An der Filmhochschule Babelsberg, wo

216

ich 1976-80 Filmwissenschaft studierte, standen uns die in der DDR nicht erschienenen Texte der Formalisten zur Verfügung. Wir lasen Boris Eichenbaum, Jan Mukarovsky, Roman Jakobson, Michael Bachtin, aber auch Siegfried Kracauer, Walter Benjamin, Roland Barthes, Jean Cocteau und Umberto Eco. Es gab keine Einschränkungen, keine verbotenen Bücher, solange es um Theorie ging. Sobald wir FiWis aber anfingen, Filmübungen mit Regiestudenten zu machen, sah die Sache anders aus. Filmmaterial zu belichten war ein potenzieller Angriff auf die Sicherheit des Staates. Deshalb trug der Chefdramaturg der Schule jedes noch so unfertige Exposé, jedes hingeschmierte Drehbuch zur Zentrale des MfS in Potsdam. Falls es dort abgesegnet wurde und die Filmübung vom künstlerischen Rat als realisierbar in Produktion geschickt wurde, wachte mindestens ein Dozent, der Parteigenosse war, darüber, dass der Student exakt das drehte, was im Drehbuch stand. Trotzdem gab es nicht selten Ärger bei der Rohschnittabnahme, weil im Film 1+1 nicht 2 ist, sondern 3 oder 4. Gewollt oder ungewollt schlichen sich selbst in harmlose Alltagsbeobachtungen Dinge ins Bild, die geeignet waren, das Ansehen der DDR zu schädigen. Das konnte eine Ratte auf einem Müllkübel sein, ein Frank-Zappa-Poster in einem Zimmer oder ein aus dem vorbeifahrenden Auto gefilmtes Haus, in dem die Stasi wohnte. Solche Einstellungen fielen dann der Zensur zum Opfer, und der Film war gerettet. Aber es gab auch Fälle, hauptsächlich im Dokumentarischen, wo das gedrehte Material »tendenziell staatsgefährdend« war. Zum Beispiel der Diplomfilm der Inderin Chetna Vora, die Frauen in Berlin nach ihrem Alltag, ihren Wünschen und Sehnsüchten befragte. Was Maxie Wander, Rainer Kirsch und andere in der DDR-Literatur und Fotografen wie Helga Paris, Ulrich Wüst oder Gundula Schulze durchgesetzt hatten – die ungeschminkte Wirklichkeit der Gesellschaft im privaten und öffentlichen Raum –, galt nicht für den Film als »wichtigster aller Künste« (Lenin). Wir Babelsberger Studenten sollten gar nicht erst in Versuchung kommen, das Medium als Möglichkeit zur kritischen Aneignung der Realität zu verstehen, sondern als ideologisches Kampfmittel zur Erhaltung und Ausgestaltung der führenden Rolle der Arbeiterklasse. Wer die undiskutierbare Lektion gefressen hatte und sich schlitzäugig wie ein Nordkoreaner verhielt, konnte Karriere machen. Talent war zweitrangig, wurde aber von den Dozenten, zumeist gescheiterten Filmpraktikern, gern als bedauerliche Mangelerscheinung der Schule bemängelt. Sie wussten genau, dass kleine Hechte, die man in einem zu kleinen Becken züchtet, auch kleine Hechte bleiben, und machten diese dann dafür selbst verantwortlich.

Ende der 1970er Jahre war die HFF der Hinterhof des osteuropäischen Kinonachwuchses. 1977 durfte ich die Schule beim Internati-

DIE ARCHITEKTEN

onalen Festival der Filmschulen in Karlovy Vary vertreten. Dort hing ich mit den Studenten aus Lodz und Prag herum, die die besten Filme boten. Als sie das Babelsberger Programm ansahen, meinte der Prager Regiestudent Emir Kusturica herablassend: »*Ten nemeckie filmy, to je jedna wielka katastrofa*«. Wie wahr! Unsere Filme waren, gemessen am Weltniveau, eine Katastrophe, doch die Auswahl der Schulleitung zeigte nicht die besten Arbeiten, vielmehr das gepflegte Mittelmaß. Was drüber hinauswuchs, wurde mit pädagogischer Macht niedergehalten und, wenn das nicht half, auf Weisung der Staatssicherheit demotiviert.

Einer machte nicht mit bei der kontrollierten Aufzucht von kleinen Fischen in kleinen Behältnissen. Er kannte Lenins ursprüngliche Devise »Kontrolle ist gut, Vertrauen ist besser« und hielt sich daran. Professor Vito Eichel, Synchronregisseur der DEFA und nach politischen Querelen als künstlerischer Leiter an die HFF abgeschoben, verstand es, die Studenten zu ermuntern statt zu entmutigen. Ihm verdanke ich die Möglichkeit, als FiWi-Student einen Kurzspielfilm in Eigenregie ge-

EINE NUMMER ZU KLEIN
(1979; D+R: Thomas Knauf)

dreht zu haben. EINE NUMMER ZU KLEIN erzählt vom Scheitern zweier junger Clowns, die vom Zirkus zum Varieté wechseln, um ins Fernsehen zu kommen. Dort erleben sie, wie die Kunst, komisch zu sein, auf blöde Unterhaltung programmiert wird. Die Parabel auf Größenwahn und kleine Verhältnisse war als ironisches Porträt meiner Generation gemeint und wurde von den Dozenten als stilistisch misslungene Satire kritisiert. Zu Recht, denn der Regieversuch war kein Meisterwerk, obwohl er im Fernsehen lief und von der Presse gelobt wurde.

Das Entscheidende war, ich konnte mir einen 200.000 Mark teuren Traum erfüllen und ohne Fremdbestimmung erfahren, dass ich zum Regisseur nicht tauge, aber als Autor. Auch das gehört zu einer Filmschule – man muss lernen dürfen, was man am besten kann. Denn Film ist Kollektivarbeit mittelbarer Kompetenzüberschreitungen. Dem war durch das betriebsgebundene Delegierungsprinzip in der DDR ein Riegel vorgeschoben. Deshalb gingen viele Studenten nach dem Diplom zurück in ihre Studios und in den falschen Beruf. Heute glänzen sie mit Abschlussfilmen sogar in Hollywood und bekommen trotzdem nicht leicht Brot und Rosen bis zur Rente. Wir wussten wenigstens, dass man uns, egal wie begabt oder bockig, irgendwo beschäftigen wird. Ich kündigte nach dem Diplom beim Fernsehen, weil ich nicht als Dramaturg für die Programmvorschau versauern wollte. Damit war meine Zukunft in den DDR-Medien obsolet.

Es kam anders. Der Chefdramaturg der DEFA, Professor Jürschik, suchte einen jungen Szenaristen und las meine Filmstoffe, die ich aus purer Langweile – eine Drehbuchausbildung existierte an der HFF noch nicht –, im Unterricht schrieb. Bei der Festanstellung als DEFA-Szenarist gab er mir den freundlichen Rat: »Solche elitären Geschichten schreibst du hier nicht!« Heute betreut der Philosophieprofessor bei einer Westberliner Filmfirma meine populären Fernsehstoffe. Wir reden selten über die Vergangenheit, weil wir keine Zeit haben und uns gegenseitig nichts vorwerfen.

Durch die zehnjährige Studioerfahrung bei der DEFA, wo man sozial abgesichert war und übrigens beim Drehbuchschreiben thematisch und inhaltlich weniger bevormundet als heute, habe ich einen Lebensberuf. Nicht den, den ich mir erträumte. Aber einen, der mich bis 1990 vorzüglich, heute mehr oder weniger gut ernährt. Für ein Drehbuch mit Ideenskizze, Exposé, Treatment pro Jahr zahlte man mir 1.250 Mark monatlich. Alles darüber hinaus wurde auf Honorarbasis entlohnt, sodass ich manches Jahr das Doppelte meines Monatslohns raus hatte. So viel verdiente ein Berufsoffizier der NVA im Rang eines Majors. Dafür musste ich elf Jahre auf ein privates Telefon warten. Als ich es durch etliche Bittbriefe des DEFA-Direktors genehmigt bekam, war ich gerade umgezogen. Die Ummeldung dauerte weitere drei Jahre.

Noch Jahre nach der Wiedervereinigung sagte ich, wenn jemand nach meiner beruflichen Vergangenheit fragte: Ich gestehe, ich hänge an der DEFA. Sie hat mich ernährt und vieles gelehrt. Vor allem, dass Kino die schönste Nebensache der Welt ist. Ich habe die Studios nie gemocht, ihr roter Backstein wirkte auf mich wie preußische Garnisonsbauten. Dass die Fredericus-Rex-Filme hier gedreht wurden, hat seine Logik. Der Geist von Dr. Goebbels spukte in der Chefetage, wohin man nicht ging, wenn man nicht gerufen wurde. Aber wie zur UFA-Zeit war man als Arbeiter der Filmfabrik ein Herr im Lande. Unter uns »nützlichen Idioten« (Lenin) herrschte der Wille zur Kunst. Pure Propaganda war verpönt, dialektische Negation der Negation nur im ML-Unterricht erwünscht. Wer Genosse war, machte keinen Hehl aus seinem inneren Vorbehalt gegenüber den unnützen Idiotien der Partei. Solange er mit seinen Filmen nicht allzu kritisch auf unser Land schaute, brauchte er politisch nicht fanatisch sein. Wer ideologisch auf die schiefe Bahn geriet, wurde zur Parteischule delegiert. Der Grand Chef liebte jene, die leicht schieflagen, mehr als die ewigen Jasager. Er hatte einen untrüglichen Sinn für Begabte und bog sie zurecht, sofern sie sich biegen ließen. Protegierte Kinder von Funktionären mochte er nicht. Er war als Mitglied des ZK der SED selbst einer. Wer hochmütig war, hatte keinen Kredit. Man musste beweisen, ob man zwei Millionen Mark und einen 60-köpfigen Drehstab erfolgreich verwalten konnte. Experimente waren den Genossen ein Gräuel. Fehlplanung störte sie nicht, solange sie planbar war. DEFA-Filme waren Außenhandelsposten, Devisenbringer ohne Weltniveau. Hätte man sie im Inland verheimlichen können, wäre uns vielleicht erlaubt worden, antisozialistische Filmkunst für Westgeld zu produzieren.

Emir Kusturica

Mit 950 Spielfilmen ging die DEFA nicht mit leeren Händen in die Wende des DDR-Kinos, dessen Ende jedoch keinen neuen Anfang verhieß. Wie der Pianist auf der *Titanic* spielten wir weiter, bis unser Narrenschiff auf Grund lief. Die Besatzung (Regisseure, Kameraleute, Szenaristen, Dramaturgen) ging als Erstes von Bord. Der Kapitän meldete sich vorzeitig in Rente, nur Erste Offiziere blieben an Deck und steuerten das stolze Schiff mehr recht als schlecht durch die Untiefen der Marktwirtschaft.

Jeder, der in all den Jahren auf der Babelsberger Staatsjacht anheuerte, muss sich heute fragen, warum er sich einspannen ließ in das kulturpolitische Joch des Kleinen Steuermanns Erich, der ein Dachdecker aus dem Saarland war und am liebsten Pornofilme sah. Wir hatten ja nur die Wahl, *Filme zu machen* oder *keine*. Wir konnten rüber gehen wie Egon Günther, Jurek Becker, Klaus Poche oder dableiben und drüben arbeiten wie Frank Beyer und Ulrich Plenzdorf. Wir anderen konnten nichts tun, als unter restriktiver Verwaltung Ideen in Kompromisse verwandeln, wenn wir bleiben wollten, weil wir hier geboren sind. Dass dabei Filme herauskamen, die sich in Story, Stil und Milieu fatal ähnlich sahen, hat viele Gründe. Einer war der eklatante Mangel an Mut zur Hässlichkeit im DDR-Selbstbild. Ein von Kleinbürgern regiertes Land reproduziert mit Vorliebe Idylle. Fast jeder Absolvent der idyllisch gelegenen Babelsberger Filmschule trat mit dem Willen in die geheiligten DEFA-Hallen, etwas Säure auf das polierte Gruppenporträt des real existierenden Sozialismus zu spritzen.

Die Filmstudios Babelsberg, 2006

Ich tadle niemanden dafür, dass er vom Bilderstürmer zum -tüncher wurde. Einige Kollegen freilich tauschten die bittere Lauge der Jugend in Zuckerguss ein, ohne je Not zu leiden. Andere machten nie den Mund auf, sahen keinen Sinn in konzertierten Aktionen, wie der Kampf um ein DEFA-Nachwuchsstudio nach dem Vorbild des Budapester Balász-Studios. Sie melden sich heute umso lauter zu Wort in Westgazetten als Opfer einer Diktatur. Ein DEFA-Regisseur, der bis 1989 ein Dutzend Dokumentarfilme drehte, behauptet, er durfte in der DDR nicht arbeiten.

Niemand in Deutschland ist mehr gewillt, sich an bestimmte Grundregeln zu halten. Fairness und Solidarität, wenn es sie je gab, wurden aus dem wiedervereinten Sprachschatz gestrichen. Worte wie Treue und Hand verloren ihren semantischen Code. Sie lassen nicht mehr an Schützendes denken, eher an Gegenteiliges: Verrat, Diebstahl. Ich verstehe, dass manche meiner älteren Kollegen Jammertiraden auf das verlorene DEFA-Paradies anstimmen. Sie mussten in den Vorruhestand gehen und ihre kitschigen Babelsberger Villen an Erben abtreten, deren jüdische Großeltern sie ans Reich verschenken mussten, um zu emigrieren. Arische UFA-Größen zogen dort ein, und deren Enkel wollten den Besitz nun zurück von den Kommunisten.

Ich studierte in der Villa vom »blonden Hans« Albers. Ein anderes Schulgebäude gehörte Marika Rökk. Sie übernahm die Villa des jüdischen Filmproduzenten Zickler, der als armer Mann in New York starb. Weil sie in Babelsberg »die schönste Zeit meines Lebens verbrachte«, wollte sie die Villa zurück, erhielt sie aber trotz einer rührigen *Bild*-Zeitungskampagne nicht. Warum, weiß ich nicht.

Ich wohnte nie in Babelsberg, fuhr nur selten raus. Mit der Bahn eine Reise durch die DDR-Provinz über Schönefeld, Rehbrücke, Potsdam Hbf, Babelsberg. Dann mit dem Trolleybus vorbei an der Hochschule für Staat und Recht, wir nannten sie »Schule für Staatsunrecht«, zur HFF oder zum DEFA-Studio. Es war ein gemütliches Golgatha, wo man langsam am Kreuz des Mittelmaßes verdurstete. Aber man wurde gesehen und schaute mit verklärtem Blick von oben auf die Dinge herab. Soweit ich ins Land meiner Väter blicken konnte, sahen die Menschen nicht allzu unglücklich aus. Sie aßen zu viel und schliefen zu lang. Sie fürchteten sich vor Krieg und Krankheit und dass der Nachbar ein größeres Auto per Sonderzuteilung bekommt. Sie verlernten es, öffentlich für ihre Überzeugung zu streiten, und flohen zu Beginn der *Tagesschau* über die innerdeutsche Grenze. Wir DEFA-Filmemacher mühten uns redlich, das Interesse am eigenen Land wachzuhalten. Wir hatten keine Chance gegen Fernsehen und Hollywood. Auch nicht mit Problemfilmen, Historienschinken oder banalen Komödien. Unsere treue Zuschauergemeinde war stets eine Sekte. Wir haben sie mehr und mehr verprellt, weil wir gegen den Ostwind der Perestroika segeln mussten.

Seit ich 1990 in die Neue Welt hinaussegelte, ging ich nur ein paar mal durch die verwaisten Studios von Babelsberg. Alles schien wie immer, mehr oder weniger vergammelt. Nur die vertrauten Gesichter fehlten. Nicht alle. Wer noch Arbeit hatte, hielt krampfhaft seinen Schreibtisch in Ordnung. Oder mistete ihn vorsorglich aus. Ich ging ins Lektorat, um ein Drehbuch von mir zu bekommen, das beim Umzug abhanden gekommen war. Alle Bücher von nicht realisierten Filmen warteten auf den Abtransport ins DEFA-Archiv. Ideengut als Meterware, gebündelt und verschnürt für die Ewigkeit. Wer dereinst sich die Mühe macht, das ganze Zeug zu lesen, ob er den wahren, europäisch-sehenswerten DEFA-Film findet?

Zum Jahresende 1990 erhielt ich als festangestellter Drehbuchautor der DEFA die fristlose Kündigung mit den Worten: »Wir danken für Ihr langjähriges künstlerisches Wirken in der Filmproduktion.« Da wohnte ich schon ein halbes Jahr in New York, wo es mich wegen der Liebe zu einer Frau hinzog, nicht wegen der ungeliebten Wiedervereinigung Deutschlands. Bei der Einreise in die USA fragte mich der *immigration officer*, als er meinem blauen DDR-Reisepass entgegennahm: »Dee-Dee-aR. What country is this?« Ich antwortete: »A country that does not exist anymore, never has.«

Pat Hobby geht nach Hollywood

»What's the going price on integrity this week?« (Orson Welles)

Im Januar 1991 lief DIE ARCHITEKTEN im Rahmen der ersten gesamtdeutschen Filmreihe im New Yorker MoMA und der American Cinematheque Los Angeles. Weil ich in Manhattan wohnte und als Autor mit zwei DEFA-Filmen vertreten war, lud mich die Export-Union des deutschen Films München ein, obwohl nur Regisseure auserkoren waren. Einer hatte die Idee, ich glaube, es war Reinhard Hauff, abends im *Apollo Theater* in Harlem die legendäre *Amateur Night* anzusehen, eine Talentshow von schwarzen Sängern, wo das Publikum durch Applaus einen Gewinner bestimmt. Wer ausgebuht wird, den kehrt ein Ansager mit einem großen Besen von der Bühne. Selbst der schlechteste Kandidat hätte Chancen, *Deutschand sucht den Superstar* zu gewinnen. Nach der Show verließen die Touristen das Theater unter Polizeischutz und fuhren in Bussen davon. Wir acht Regisseure und ein Autor wollten in einer Bar auf der 125. Straße noch etwas trinken. Wir waren die einzigen Weißen und wurden wie Außerirdische angesehen. Im Fernseher über dem Bartresen lief live die nächtliche Bombardierung von Bagdad. Die Regisseurin Helga Reidemeister meinte, das sei der Beginn des Dritten Weltkrieges, und verfluchte die Amerikaner. Deprimiert verließen wir um Mitternacht die Bar und suchten ein Taxi. Ich meinte, es sei besser, die Subway zu nehmen, denn nicht mal schwarze Taxifahrer trauten sich nachts nach Harlem. Zwei Straßen weiter stellten sich uns drei Männer in den Weg, verlangten mit gezogener Klinge unser Geld und Michael Gwisdeks neue Lederjacke. Während Reinhard Hauff mit den betrunkenen Räubern diskutierte, sagte ich den anderen, sie sollen in verschiedene Richtungen weglaufen. Doch niemand wich von der Stelle. Zum Glück bog eine Polizeistreife um die Ecke und nahm die Männer fest. Danach gingen wir schweigend Richtung Central Park, vorbei an ausgebrannten Häusern und an Obdachlosen, die in den Ruinen hausten. Man rief uns zu: »Get out of our neighborhood, you white shit!« Ohne weitere Zwischenfälle erreichten wir die 90. Straße, wo die *yellow cabs* auch nachts fuhren und der Fahrer nicht sagt: »I'm not going there!«

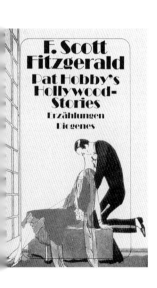

TREFFEN IN TRAVERS (1988; D: Michael Gwisdek, Fritz Hofmann, Thomas Knauf; R: Michael Gwisdek)

Michael Gwisdek, Regisseur von TREFFEN IN TRAVERS, wohnte bei mir und filmte alles, was er sah, mit seiner Videokamera. Am Tag fuhren wir mit dem Auto durch Harlem, ohne dass uns jemand als *white shit* beschimpfte. Am Ende hatte Michael 18 Stunden bewegte Bilder von New York aus dem Autofenster gedreht. Der erste Film im Stil des *cinéma direct* eines Babelsberger Regisseurs.

In Los Angeles schaffte Gwisdek, was noch niemandem gelang – im Büro von Arnold Schwarzenegger zu filmen. »Arnie« sang und tanzte vor laufender Kamera und fuhr mit Micha auf seiner Harley Davidson über den Hollywood-Boulevard. Neidisch waren wir alle, als Gwisdek auch noch eine Einladung zur Golden-Globe-Verleihung erhielt. Ich schwamm derweil im Pool des *Roosevelt Hotel*, den David Hockney ausgemalt hatte, und dachte: Mit 40 fängt das Leben an, Spaß zu machen.

Nach der Vorführung von TREFFEN IN TRAVERS, der 1989 in Cannes einen Journalisten von *Variety* beeindruckt hatte, scharten sich Agenten, Anwälte und Immobilienmakler um mich. Ich bedauerte, dass ich nicht ins sonnige Kalifornien ziehen wolle, lieber im kalten New York bleibe. Ein Makler fragte mich, wie viel Miete ich zahle für mein 35-qm-*railroad-apartment* in Greenwich Village. »1.150 Dollar im Monat.« Für 1.500 Dollar bot er mir ein Haus mit Pool am Mulholland Drive an. Ich sagte ihm nicht, dass ich mit gerade 3.000 DM auf dem Konto nach Amerika ausgewandert bin und meine Miete mit Drehbüchern fürs deutsche Fernsehen verdiene, was beim derzeitigen Wechselkurs 1:1,85 ein unsicheres Geschäft ist, sondern versprach, mir das Haus beim nächsten Mal anzusehen.

Bei der Pressekonferenz im *Roosevelt Hotel* vermasselte ich die Chance, in Hollywood Karriere zu machen. Neben mir auf dem Podium saßen John Frankenheimer, Robert Altman, Alan Rudolph, Paul Bartel, Sandra Locke und Maximilian Schell. Zum Reden kamen wir zehn deutschen Filmemacher kaum, weil Max die ganze Zeit in seinen Erinnerungen an das deutsche Kino schwelgte. Also plauderte ich mit John Frankenheimer, den ich sehr bewundere. Als man uns Kaffee reichte, war ich so ungeschickt, meinen Becher über sein cremefarbenes Cordsakko zu gießen. Einige Hollywood-Journalisten kicherten schadenfroh, vermutlich, weil sie Johns Filme nie leiden konnten. Danach redete der Regisseur von DER MANCHURIAN KANDIDAT, 52 PICK-UP, DER ZUG, FRENCH CONNECTION II, RONIN nicht mehr mit mir. Wohl aus Mitleid lud mich Paul Bartel zum Essen ein und schenkte mir eine VHS seines bitterbösen Films EATING RAOUL. Der Agent Paul Kohner riet mir, lieber in New York zu bleiben, weil seit Monaten die Writers Guild gegen die Studios streikt und außerdem Hunderte osteuropäische Screenwriter jetzt in Hollywood Arbeit suchen. Die zweitgrößte Künstleragentur TRIAD, bei der auch meine New Yorker Freundin unter Vertrag war, bot mir einen Job als *rewriter* oder *scriptdoctor* von Drehbüchern an mit der Bedingung, dass ich in L.A. wohne und auf meine *credits* auf dem Abspann verzichte. Bei der DEFA hatte ich keine

Michael Gwisdek

THE MANCHURIAN CANDI-DATE (Botschafter der Angst; 1962; D: George Axelrod, nach dem Roman von Richard Condon und dem Theaterstück von George Axelrod; R: John Frankenheimer)

52 PICK-UP (1986; D: Elmore Leonard, John Steppling, nach dem Roman von Elmore Leonard; R: John Frankenheimer)

THE TRAIN (Der Zug; 1964; D: Franklin Coen, Frank Davis, nach dem Roman von Rose Valland; R: John Frankenheimer)

FRENCH CONNECTION II (1975; D: Alexander Jacobs, Robert Dillon, Laurie Dillon; R: John Frankenheimer)

RONIN (1998; D: J.D. Zeik, David Mamet; R: John Frankenheimer)

EATING RAOUL (1982; D: Paul Bartel, Richard Blackburn; R: Paul Bartel)

Maggie Greenwald

Iwan Gontscharow: *Oblomow*. (S. Fischer 2009)

Strawberry Fields im Central Park

Gelegenheit, mich als Doktor Namenlos zu beweisen, dort galt das Autorenrecht des Schriftstellerverbandes, egal, ob man festangestellt oder freischaffend war. Weil ich keine Greencard besaß und keine 6.000 Dollar, die ein Anwalt verlangte, um sie unbürokratisch zu bekommen, fuhr ich nach New York zurück und nahm erst mal einen Kredit bei meiner Berliner Bank auf, um die Miete zu zahlen. Keiner meiner Freunde und Kollegen aus dem Village hatte Geld. Jeden Tag saßen wir im *Time Café* auf der Lafayette Street, wo die Uhr an der Wand rückwärts ging, und tranken American Coffee, eine Plörre so schwarz wie Michael Jackson. Der Autorenfilmer Michael Almereyda träumte davon, mit einer 35-Dollar-Videokamera von *Fisher Price* für Kinder einen Film zu drehen; der Schauspieler Viggo Mortensen sah keine Hoffnung mehr für sich als Star und malte abstrakte Bilder, um seine Familie zu ernähren; die Regisseurin Maggie Greenwald probte ein Stück im Actors Studio, um irgendwas zu tun. Seit drei Jahren wartete sie auf die Finanzierung ihres neuen Films. Der Musiker Arto Lindsay war in Gedanken immer in Bahia, wo man ohne Geld glücklich sein kann. Ansonsten fieberten alle das ganze Jahr dem Tag entgegen, an dem der Amerikaner seine Steuern zahlen muss. Dann hieß es wieder jemanden anpumpen, der es geschafft hatte. Ich hatte andere Sorgen. Ich war mit einer Performance-Künstlerin liiert, die kein Talent fürs Privatleben hatte. Nie wusste ich, ob sie nicht für einen neuen Song probte, wenn sie mit mir sprach. Sie hielt mich für Superman, der alle ihre Probleme löst, Aerobic und Psychiater für unverzichtbar hält und 18 Stunden täglich auf dem Karrieretrip ist. Als Osteuropäer war ich aber von Natur aus faul und lag am liebsten träumend auf dem Sofa wie Oblomow, der russische Gutsbesitzer, oder ging hinunter zum Battery Park, um Richtung Europa zu schauen. Das Gefühl von Heimweh war mir in der DDR nie in den Sinn gekommen. Jetzt sehnte ich mich nach einem Land, das es nicht mehr gab, typisch deutsch. In den zu Ehren John Lennons angelegten *Strawberry Fields* im Central Park gibt es einen Findling, auf dem unter 130 Ländernamen trotz Wiedervereinigung bis heute *Federal Republic of Germany* und *German Democratic Republic* stehen. Nachdem ich 1990 mit meiner Freundin auf Europa-Tournee war, 57 Städte und 17 Länder in drei Monaten, war klar, dass ich in diesem Leben kein Amerikaner werden würde. »Vielleicht im nächsten«, meinte Allen Ginsburg, der mich jeden Dienstag im Haus von Philip Glass in die Lehren des Buddhismus einführte. Jeder namhafte Künstler in New York war ein Fan des Dalai Lama. Als er den Alternativen Nobelpreis erhielt, wurde ich von ihm gesegnet und begriff, warum die Amerikaner ihn so lieben. Er und sein Hofstaat waren die größten Entertainer seit Frank Sinatra. Mir bereitete das Meditieren gewisse Schwierigkeiten. Als Drehbuchautor hing ich zu sehr am Realitätsprinzip und interessierte mich mehr für das Physische als das Seelische. Aber was für Filme konnte ich in Amerika schreiben, dessen Realität mir so fremd war wie einem Eisbären der Berliner Zoo? Ein befreundeter Journalist vom *Esquire* riet mir, Polizeistreife zu fahren, um auf Ideen zu kommen. Also bewarb ich mich beim Polizeipräsidenten für die South Bronx, Precinct 77, auch *Fort Apache* genannt. Der haarsträubende Film mit Paul Newman lief in den DDR-Kinos, die Wirklichkeit war nicht weniger aufregend, doch sehr lehrreich. Ich erfuhr, dass Samstagabend die meisten Ladenüberfälle passieren; die schlimmsten Gewaltdelikte innerhalb der Familien verübt werden; Drogendealer, die für die Cops arbeiten, mit einem Schuss ins Knie bestraft werden; das Eintrittsloch einer 9-mm-Kugel im Körper so winzig ist, dass meist kein Blut fließt; dass die New Yorker Cops mehr Sozialarbeiter als *bad lieutenants* sind, aber im Einsatz wie Gene Hackman in FRENCH CONNECTION im Gegenverkehr fahren und Autos rammen. Einmal fuhr ich Streife mit einem Officer namens McCarthy, der deutsch sprach. Eine Woche später war er tot, außer Dienst erschossen von zwei Schwarzen, die *Benny's Drugstore* ausraubten. Einer von 2.500 Opfern von Gewalt in New York Anfang der 1990er Jahre. Nach drei Monaten quittierte ich meinen »Dienst« bei der Polizei, weil ich fürchtete, zum Adrenalin-Junkie zu werden. Zur selben Zeit lernte ich Jeffrey Lew, Galerist und Filmproduzent von KOYAANISQATSI kennen. Weil er hellseherische Fähigkeiten besaß und kraft seiner Begabung zwei spektakuläre Mordfälle in der New Yorker Kunstszene aufklärte, engagierte ihn das FBI als *undercover agent* in der Drogenszene. Als ich beim Chef des DDA (Drug Departement) um die Erlaubnis bat, über Jeffrey für den *Stern* zu schreiben, erhielt ich die Antwort: »If you want your friend to be dead soon ...« Jeffrey Lew sah ich nie wieder, sein Loft bezog der Maler Anselm Kiefer. Der Regisseur Godfrey Reggio erzählte mir auf dem Telluride Film Festival, dass Jeffrey bei einem Einsatz in Long Island angeschossen wurde, aber wohlauf sei.

Inzwischen hatte ich mich in New York eingelebt und war fast, wie meine Freundin, zum *workoholic* mutiert. Ich schrieb ein paar Filme auf Englisch, ließ sie aber, bevor ich sie in der Washingtoner Library of Congress urheberrechtlich schützte, von meiner Freundin korrigieren, was ihr keinen Spaß machte. Dafür half ich ihr bei ihren Videoarbeiten und übersetzte ihre Songtexte, ohne einen Cent zu verdienen oder *credits* zu bekommen. Auch für die Moderation von Filmretrospektiven der TV-Show *Cinema Then, Cinema Now* erhielt ich vom Kabelsender CUNY TV kein Geld. Dafür grüßten mich auf der Straße alte deutsche Emigranten mit den Worten: »Hi, sweetie! I've seen you on TeeVee.«

Nach einem Konzert der Pet Shop Boys in der Radio City Music Hall saß ich auf einen Drink mit Freunden bei *Castellano's* in der 46th Street. Dort war 1985 der Mafiaboss Paul Castellano erschossen wor-

FORT APACHE – THE BRONX (The Bronx; 1981; D: Heywood Gould, R: Daniel Petrie)

FRENCH CONNECTION (Brennpunkt Brooklyn; 1971; D: Ernest Tidyman, nach dem Roman von Robin Moore; R: William Friedkin)

KOYAANISQATSI (1982; D: Ron Fricke, Michael Hoenig, Godfrey Reggio, Alton Walpole; R: Godfrey Reggio)

Godfrey Reggio

Arthur Miller

BEING THERE (Willkommen,
Mr. Chance; 1979; D: Jerzy
Kosinski; R: Hal Ashby)

Jerzy Kosinski: *Cockpit*
(Fischer 1980)

den, als das Restaurant noch *Sparks Steak House* hieß. 1992 wurde der
Auftraggeber des Mordes, John Gotti, zu lebenslänglich verurteilt. Je-
den Mittwoch traf sich der Pate der New Yorker Müll-Mafia mit seinen
Unterbossen zum Essen in einem Lokal bei uns um die Ecke Canal /
Watts Street. Dann sah es dort aus wie in einem Film von Martin Scor-
sese; Stretch-Limosinen und jede Menge Kapos. Als wir bei *Castellano's*
aßen, bemerkte ich an der Bar einen schönen Mann im Gespräch mit
einer schönen Frau. Ich erkannte sofort, dass es Jerzy Kosinski war, der
Autor von Hal Ashbys Film WILLKOMMEN, MR. CHANCE. Ich hatte alle
Bücher des polnischen Schriftstellers gelesen, dem Ende der 1950er
Jahre eine spektakuläre Flucht gelang und in Amerika eine einmalige
Karriere als Dandy und Bestsellerautor. Seinen Roman *Cockpit* wollte
ich seit Langem für den Film adaptieren. Also sprach ich ihn an, während er mit der Sängerin Basia turtelte. In schlechtem Englisch sagte
Kosinski, dass Roman Polanski den Stoff in Hollywood drehen wollte,
aber wegen der Sache mit dem minderjährigen Mädchen nach Paris
floh. Wir verabredeten uns für nächsten Dienstag bei seinem Anwalt,
um den Optionsvertrag aufzusetzen. Übers Wochenende fuhr ich mit
meiner Freundin nach Montauk. Dort kaufte ich eine *New York Times*
und erfuhr, dass Jerzy Kosinski sich umgebracht hat. Auf dieselbe Weise wie das Ehepaar Koestler, in der Badewanne mit einer Plastiktüte
überm Kopf. Als Grund für den Freitod des passionierten Skiläufers
und Polospielers wurden Herzrhythmusstörungen vermutet bzw. die
Vorwürfe der *Village Voice*, dass der Erfolgsautor keinen seiner Romane
selbst verfasst hatte, weil er nur schlecht Englisch sprach. Nach Jerzys

Tod bat ich seine Witwe Kiki Fraunhofer um die Rechte an *Cockpit*, erhielt sie aber nicht.

An Tagen, wo ich keinerlei Ideen hatte, ungefähr 15 pro Monat, hing ich im MoMA herum, sah mir alte Filme von D.W. Griffith an oder schlenderte durch die Ausstellungsräume. Am letzten Tag einer Rodschenko-Werkschau stürzte eine korpulente Frau durch die Räume, blieb vor einem Foto von Wladimir Majakowski stehen und rief: »That's my daddy!« Ich hielt die nicht mehr junge Frau für eine dieser absonderlichen Museumsphobiker und sprach sie an. Helen Patricia Thompson war alles andere als verrückt, als Familienpsychologin hatte sie sich mit etlichen Bestsellern einen Ruf in Amerika erworben. Tatsächlich war sie die uneheliche und bis 1990 in der Sowjetunion verheimlichte Tochter des Dichters der Revolution. Das war der Filmstoff, den ich so lange gesucht hatte. In zwei Wochen schrieb ich ein Drehbuch über die sechs Monate, die Majakowski 1925 in der Metropole des Kapitalismus verbrachte. Er kam nach New York, um die Stadt zu hassen, und ging als Liebender, der sich die Zuneigung nicht eingestehen konnte. Darum wurde seine »Entdeckung Amerikas« ein schmales Buch voller Auslassungen. Meine Idee war, die heutigen Darsteller in dokumentares Archivmaterial von New York der 1920er Jahre einzukopieren, wie Woody Allen es in ZELIG getan hatte. Der polnische Videoartist Zbigniew Rybczynski, der mit unglaublichen technischen Tricks berühmt wurde und meine Freundin für eine TV-Show mit sich selbst klonte, fand die Idee toll, war aber gerade auf dem Sprung nach Berlin-Adlershof, um dort ein HDV-Studio zu eröffnen. 1992 kam Volker Schlöndorff nach New York, um seine Wohnung aufzulösen. Er war inzwischen künstlerischer Leiter des Studios Babelsberg geworden und lockte mich mit einem lukrativen Vertrag als dramaturgischer Mitarbeiter. Ich sagte, ich könne nicht dorthin zurückkehren, wo ich zehn Jahre gelitten habe. Er erwiderte, dass er in Amerika nichts geworden sei und ich es auch nicht schaffen würde. Vier Wochen schrieben wir in seiner Luxussuite im *Ritz Carlton* an einem Drehbuch über Neonazis in Hoyerswerda. Volker kaufte mir teure Kugelschreiber und Notizbücher bei *Spalding's* am Broadway und war wie ein Bruder zu mir. Dass ich mit Arthur Miller und seiner Frau verkehrte, imponierte ihm, trotzdem verfilmte er mein Drehbuch nicht und knauserte mit der Bezahlung. Dasselbe Pech hatte ich mit Wim Wenders. Wann immer er in New York war, saß er stundenlang mit Solveig Dommartin bei uns in der Fabriketage mit Blick auf den Hudson. Er bewunderte meine Freundin, redete mit mir aber kaum ein Wort, vor allem nicht über Drehbücher. Auch mit seiner Liebsten redete er kaum, vor allem nicht, wenn sie betrunken war. Einmal saßen wir mit Harvey Keitel, Robert De Niro und Lou Reed bei *Bubby's*, dem Treffpunkt der Filmstars am West Broadway. Lou schenkte mir seine

ZELIG (1983; D+R: Woody Allen)

Wladimir Majakowski

227

neueste CD *Magic and Loss*. Als ich sie im Tonstudio meiner Freundin anhörte, wurde sie fuchsteufelswild und sagte: »I hate this music!« Zwei Jahre später wurde Lou Reed mein Nachfolger, als ich mich von meiner Freundin getrennt hatte und aufs Land zog. In Pomona, Rockland County, 45 Minuten *upstate* von Manhattan am Hudson River, wohnte ich die nächsten zwei Jahre allein in einem malerischen Fünf-Zimmer-Haus aus dem Jahr 1650. Meine Nachbarn waren ein iranischer Millionär, die Witwe des Hollwood-Regisseurs Anthony Mann, eine ehemalige Miss Germany, der Tänzer Mikhail Baryshnikov, John Cage und sein Freund Merce Cunningham. Sie hausten in zwei blauen Beton-Iglus im Wald des Harriman State Parks. Das bescheidene Haus von Lotte Lenya und Kurt Weill war einen Steinwurf entfernt, im Nachbarort Nyack wohnte einst Dennis Hopper. Ab und zu ging ich dorthin zum Aktzeichnen, weil es außer Billardspielen sonst nichts zu tun gab. Trotzdem oder deshalb war die Zeit in Pomona eine glückliche. Ich schrieb pro Jahr drei, vier Drehbücher fürs deutsche Fernsehen, die bezahlt, aber nicht verfilmt wurden, oder wenn verfilmt, dann bis zur Unkenntlichkeit. Wie das opulente Biopic BRENNENDES HERZ in der Regie von Peter Patzak, in dem vier Dialogsätze von mir übrigblieben, weshalb ich nur als ein Dramaturg unter anderen genannt wurde. Die Begründung, warum der Saarländische Rundfunk mein komplettes Drehbuch verwarf, hieß: Ich hätte die Geschichte der DKP geschrieben statt das Leben von Gustav Regler. Er war aber der Lieblingsschriftsteller der deutschen Kommunisten und überall dabei, wo 1920-45 linke Geschichte geschrieben wurde. Der SR wollte jedoch vor allem das turbulente Sexleben des Renegaten Regler ins Fernsehen bringen. Der Film wurde einer der teuersten Flops der ARD-Geschichte. Auf dem Abspann stand mein Name unter vier Dramaturgen mit dem Zusatz »Mitarbeit«. Auch der von mir geschätzte Autor und Schauspieler Hanns Zischler wurde dort genannt, doch begegnen sollten wir uns erst Jahre später.

Als ich wieder mal ohne Ideen und Geld den Broadway hinaufschlenderte, entdeckte ich bei *Shakespeare & Co*, meinem Lieblingsbuchladen, einen Band von Neil Postman mit dem Titel *Die Verweigerung der Hörigkeit*. Ich setzte mich ins *Time Café* und las die süffisanten Texte des Medienhassers, dessen Bestseller *Wir amüsieren uns zu Tode* mir ganz aus der Seele sprach. Im Kapitel *Zukunftsschritt* schildert Mr. Postman, der Postmoderne, wie er den Produzenten der TV-Serie *Peter der Große* interviewte. Der Mann verteidigte sich auf den Einwand gravierender historischer Ungenauigkeiten mit dem Hinweis, dass eine trockene, getreue Schilderung der Historie niemanden interessiert. »Es sei besser für die Zuschauer, wenn sie etwas Unrichtiges lernten, das unterhaltsam sei, als wenn sie überhaupt nichts lernen.« Genauso argumentierte der deutsche Produzent von BRENNENDES HERZ, der wie Maximilian

BRENNENDES HERZ (1995; D: Georg Bense, Peter Patzak, nach dem Roman von Gustav Regler; R: Peter Patzak)

Neil Postman: *Die Verweigerung der Hörigkeit* (S. Fischer 1988)

Neil Postman: *Wir amüsieren uns zu Tode* (S. Fischer 1988)

Peter the Great (Peter der Große; USA 1986)

Schell in der Rolle Peter des Großen nicht an historische Wahrheit glaubte. Statt noch deprimierter zu sein über die globale Trivialisierung des filmischen Diskurses, die laut Postman unser Bewusstsein dazu konditioniert, die Welt in Gestalt bruchstückhafter Bilder wahrzunehmen, fühlte ich mich besser als zuvor. Ich begriff einmal mehr, dass ich zwar Teil dieser Verblödungsmaschine war, die behauptet, der Mensch könne nichts aus seiner Vergangenheit lernen, weil die faktische Wahrheit keinen Unterhaltungswert besitzt. Aber zugleich war ich auch ihr Opfer und nicht notgedrungen unfähig, wie man mir suggerierte, weil ich als Drehbuchautor versucht hatte, das Leben von Gustav Regler mit all seinen politischen Illusionen, charakterlichen Widersprüchen und privaten Banalitäten als Ganzes aufzuzeigen. Am Ende hatte ich die Hörigkeit verweigert, freilich auf Kosten meines Bankkontos und etlicher Selbstzweifel.

Gustav Regler

Obwohl meine Vermieterin Noel Fernandez, weil sie mich mochte, die Miete für mein Haus um die Hälfte herabgesetzt hatte, bangte ich jeden Monat, die Rechungen bezahlen zu können. Allein die Telefonkosten beliefen sich auf 400 Dollar, weil ich wegen der Arbeit dauernd mit Deutschland kommunizieren musste. E-Mail gab es in den USA, nicht aber in Hamburg, Köln und Berlin. Deshalb flog ich im Schnitt alle drei Monate nach Europa zu Drehbuchsitzungen. 1993 quartierte mich einer der neuen Chefs in Babelsberg, der Regisseur Peter Fleischmann, für zwei Wochen im Hotel *Savoy* ein, um mit ihm ein Drehbuch zu schreiben. Der Vertrag sah vor: 60 Prozent des Honorars für den Regisseur, 40 Prozent für mich. Die Idee von vier Seiten stammte vom Macher des Films JAGDSZENEN AUS NIEDERBAYERN und ging so: Ein schönes Mädchen aus Cottbus wird nach der Wende arbeitslos. Sie beschließt, das nicht hinzunehmen, und schläft sich in die nobelsten Gesellschaftskreise hoch, um dann vollends abzustürzen. DAS MÄDCHEN ROSEMARIE auf Neudeutsch. Die tägliche Drehbucharbeit in der Maria-Callas-Suite des Hotels bestand darin, dass der Regisseur mir seine nicht jugendfreien Erfahrungen mit Ostfrauen schilderte. Nach zwei Wochen warf ich das Handtuch und sollte 9.000 DM Hotelkosten bezahlen. Volker Schlöndorff rettete mich aus der Bredouille und gab mir einen Vertrag für die ZDF-Serie *Babelsberg-Story*, die Hans C. Blumenberg ausgedacht hatte. Eine Familiensaga über fast 100 Jahre deutsches Kino. Ich schrieb in Berlin das Exposé des vierten Teils über das Ende der Nazi-Ära und den Anfang der DEFA. Weil Schlöndorff es ohne Einwände abnahm, beklagte sich Hans C. Blumenberg über die Ungleichbehandlung, denn er hatte seine drei Teile mehrmals überarbeiten müssen. Die ganze Aufregung war umsonst, weil das ZDF den Stoff als zu teuer ablehnte. Ich sagte, das habe ich alles schon vor zehn Jahren erlebt, und flog nach New York zurück.

JAGDSZENEN AUS NIEDERBAYERN (1969; D: Peter Fleischmann, Martin Sperr; R: Peter Fleischmann)

DAS MÄDCHEN ROSEMARIE (1958; D: Jo Herbst, Erich Kuby, Rolf Thiele, Rolf Ulrich; R: Rolf Thiele)

Peter Fleischmann

BASQUIAT (1996; D: Julian Schnabel, nach der Geschichte von Lech Majewski und der Kurzgeschichte von John F. Bowe; R: Julian Schnabel)

Im idyllischen Pomona fragte ich mich wie Bruce Chatwin: »Was mache ich hier?« Obwohl ich täglich schrieb, hatte ich keinen Film im Fernsehen oder Kino, nur jede Menge Schulden, eine Freundin, die nur am Wochenende aus New York kam, und einen Schäferhund namens Cody, der nachts schnarchte. Als meine Freundin, eine Schweizer Filmproduzentin, in Paris eine neue Firma gründete und mich fragte, ob ich mitkommen möchte, zögerte ich. Was sollte ich als *boche* ohne Französisch-Kenntnisse in der teuersten Stadt Europas? Hätte ich geahnt, dass Chantal die erfolgreichste Produzentin von Arte France wird und ich Paris noch lieben lernen würde, wäre aus mir vielleicht noch ein zweiter Jean-Claude Carrière geworden. Jahre später lernte ich den »Weltmeister« im Drehbuchschreiben durch Margarethe von Trotta kennen. Doch das ist eine andere Geschichte.

Bevor ich 1995 die Zelte in New York abbrach, traf ich meinen polnischen Freund Lech Majewski wieder. Wir lernten uns 1977 auf dem 2. Internationalen Studentenfilmfestival in Karlovy Vary kennen. Er war eines der Aushängeschilder der Filmschule Lodz, ich ein namenloser Babelsberger Student der Filmwissenschaft, der nicht Regie studieren durfte. Von da an sahen wir uns häufig in Polen, wohin ich in jeder freien Minute fuhr, um den engen heimischen Verhältnissen zu entfliehen. 1980 erlaubte mir das DDR-Kulturministerium, für ein Jahr nach Lodz zu gehen. Ich hatte dem Rektor der polnischen Filmschule Wojciech Has meinen Stundentenfilm EINE NUMMER ZU KLEIN gezeigt und durfte mich bei ihm für das Fach Regie einschreiben. Auf der Abendschule machte ich einen Schnellkurs in Polnisch und konnte es kaum erwarten, im September an der berühmten Schule anzufangen. Im Juni 1980 verhängte General Jaruzelski wegen der *Solidarnócsc* das Kriegsrecht, kein DDR-Bürger durfte von da an die Grenze passieren. Mein Freund Lech verließ noch im selben Jahr Polen und ging nach London, später nach Los Angeles, wo er zwei Kinofilme drehte. Als wir uns in New York wiedersahen, arbeitete er gerade an BASQUIAT, einem Spielfilm über den von Andy Warhol entdeckten und früh verstorbenen Maler. Lech machte mich mit seinem Produzenten Peter Brant bekannt. Er war der Boss des Andy-Warhol-Estate und einer der reichsten Männer Amerikas. Bei einem Essen im *Café des Artistes* am Central Park, wo einst Wladimir Majakowski mit dem Maler David Burljuk zu speisen pflegte, weihte mich Peter Brant in die Geheimnisse des Verkaufes eines Drehbuchs ein. Wie in der Finanzwelt und der Diplomatie basierte das Geheimnis auf einem raffinierten Sprachcode, der dazu diente zu erkennen, ob der Verhandlungspartner eingeweiht war in die Materie, somit ernst zu nehmen, oder ob man nur seine Zeit vergeudet. Im Folgenden gebe ich sinngemäß wieder, was mir Peter Brant aus Mitleid wegen meiner ostdeutschen Ahnungslosigkeit erklärte.

1. Selling a screenplay is like selling hot air.

Am besten verkauft man eine Filmidee, die man in wenigen Sätzen erzählt, nicht vorliest oder aufgeschrieben dem Geldgeber zu lesen gibt. Halte das fertige Drehbuch so lange wie möglich zurück, denn wird es erst gelesen, hast du verloren. Niemand versteht es, Drehbücher objektiv zu lesen, jeder wird sich einen anderen Film vorstellen. Erzähle dein Vorhaben so kurz wie möglich, die Story, welches Genre, was für ein Konflikt, wer ist die Hauptfigur. Das kann sich jeder vorstellen. Lass den Geldgeber in der Gewissheit, du machst seinen Film, nicht deinen. Niemand gibt dir einen Cent für deinen Film, nur für den, den er sich vorstellt, den du schreiben sollst oder/und inszenieren. Beherzige die drei Grundregeln eines Treffens mit Finanziers, Produzenten, Verleihern.

2. Say very little and then fall into silence.

Viele Worte sind ein Zeichen von Unsicherheit oder der Unfähigkeit, einen Gedanken auf den Punkt zu bringen.

3. Be prepared like a lawyer in the courtroom.

Komm nie unvorbereitet zu einem Meeting. Erfahre so viel wie möglich über deine Gesprächspartner, denn sie wissen alles über dich. Konzentriere dich vorher darauf, was du sagen willst, was dein Ziel ist. Höre fünf Minuten vorher auf deinen Atem, dein Herz, deine innere Stärke. Verwirf alle schlechten Gefühle und vertraue der Kraft positiven Denkens. Jeder Tag ist eine Aufgabe, die gemeistert werden will, und das Ziel ist nicht, Fehler zu wiederholen, sondern durch Erfahrung zu wachsen.

Lech Majewski

4. Listen and learn.

Sprich zuerst über die Hobbys deines Gegenübers und tue so, als ob sie dich interessieren. Lass sie/ihn reden, Leute reden gern über sich. Wirke nicht unsicher, wirke hilflos, Leute helfen gern.

5. Never talk about money!

Erwähne nie den wahren Grund deines Hierseins. Das Wort GELD ist in Geldkreisen tabu, denn es stinkt, wenn man es hochriskant ausgeben soll.

6. Throw the porcupine back.

Peinliche Fragen sind wie stachelige Igel, die man nicht erklären soll, sondern zurückgeben. Wenn du die Antwort auf eine entscheidende Frage nicht weißt oder unsicher bist, stelle eine Gegenfrage. Zum Beispiel: »Wie viel wird Ihr Film kosten?« – »Sie sind der Experte. Sagen Sie, wie viel er kosten wird.« Oder: »Wie viel werde ich mit Ihrem Film verdienen?« – »Wie viel wollen Sie verdienen?« Nenne Filme, die das Vielfache ihres Budgets einspielten, wie ROCKY, an dem die Geldgeber das Siebenfache ihrer Einlage verdienten. Sei niemals um eine Antwort verlegen. Frage lieber zurück.

7. Never take NO for the definite answer.

Ein NEIN ist nie endgültig, denn die Dinge ändern sich vielleicht schon morgen.

8. Believe in your idea but don't promise things you cannot achieve.

Lass dir deine Idee nicht ausreden, aber versprich nichts, was du nicht halten kannst. Mache neugierig auf dein Script, rede dich aber nicht in selbstherrliche Begeisterung, sprich nicht im Superlativ. Zeige dein Script niemandem, bevor du nicht sicher bist, dass es das ist, was du wolltest. Dann verkaufe es teuer, aber nicht so teuer wie möglich, sondern angemessen. Die Geldgeber wollen ein Geschäft machen und wieder mit dir zu tun haben, wenn du erfolgreich bist.

Lech, der mit seinem polnischen Charme für seine Hollywoodfilme FLIGHT OF THE SPRUCE GOOSE und PRISONER OF RIO neun Millionen Dollar bei privaten Geldgebern lockergemacht hatte, seinen letzten Film GOSPEL ACCORDING TO HARRY aber, statt in der Wüste von Arizona, in den Wanderdünen von Leba (nahe Danzig) *low budget* drehte und in Hollywood fast zum Alkoholiker wurde, sollte mit Peter Brant eine noch größere Niederlage erleiden. Das Drehbuch zu BASQUIAT konnte er nach langen Verhandlungen zwar verkaufen, aber die Regie durfte er nicht machen. Die übernahm der Maler Julian Schnabel, Star der New Yorker Kunstszene, und machte damit 1996 als Regisseur Furore. Lech kehrte Amerika den Rücken, trank nur noch alkoholfreies Bier und begann mit 40 Jahren eine erstaunliche Karriere als Theater und Opernregisseur, Videokünstler und Autorenfilmer. Er erhielt zahlreiche internationale Preise, wie den Premio Fellini und Prix Don Quichotte, schrieb Romane und komponierte eine Oper.

ROCKY (1976; D: Sylvester Stallone; R: John G. Avildsen)

FLIGHT OF THE SPRUCE GOOSE (Kohlenstaub und Glitzerträume; 1986; D: Chris Burdza, Lech Majewski; R: Lech Majewski)

PRISONER OF RIO (Gefangen in Rio; 1988; D: Ronald Biggs, Julia Frankel, Lech Majewski; R: Lech Majewski)

GOSPEL ACCORDING TO HARRY (1994; D+R: Lech Majewski)

Ich hatte meine *Rhapsody in Blue* 1995 ausgespielt, packte meine Sachen, verschiffte sie im Container von New Jersey nach Hamburg und zog in meine alte Wohnung in der Schönhauser Allee vis-à-vis dem *Colosseum*, das jetzt ein Multiplex-Kino war. Dass ich in Amerika gescheitert war, nahm ich weniger tragisch als meine Sachbearbeiterin vom Arbeitsamt, die ein Fan meiner DEFA-Filme war. Ich sagte ihr, dass von 30 Millionen Auswanderern 20 Millionen nach Europa zurückgekehrt waren, weil sie die Neue Welt nicht als das irdische Paradies erlebten.

Julian Schnabel

Der Fluch der Architekten

»*You have to think about one shot. One shot is what it's all about*«
  (Robert De Niro zu Christopher Walken in THE DEER HUNTER)

THE DEER HUNTER (Die durch die Hölle gehen; 1978; D: Deric Washburn; R: Michael Cimino)

Erfolg im Filmgeschäft ist eine zwiespältige Sache. Man kann ihn im Voraus schlecht planen, im Nachhinein erscheint er wie ein perfekt inszenierter Bankraub oder der kalkulierte Lottogewinn für den Systemspieler. Nicht selten wird der Lohn zum Fluch, ein Vergnügen zwischen Glücksfall und Katastrophe, der die Mühe anderer, vielleicht wichtigerer Erfolgsmeldungen übertönt.

Der DEFA-Film DIE ARCHITEKTEN wurde 1998 zu den 100 bedeutendsten Werken des deutschen Films gewählt. 2006 erwarb das New Yorker Museum of Modern Art eine Kopie für seine Sammlung (Danke, Larry!) und in der Neuausgabe des Klassikers *Film verstehen* von James Monaco widmet der Autor sowohl TREFFEN IN TRAVERS wie den ARCHITEKTEN einige Sätze. Eine Ehre, die den Autor zwar freut, aber als nomineller Posten in keinem Verhältnis zum Publikumsinteresse steht, das im Kino gering war. Vom Ertrag für die Macher ganz zu schweigen. Trotz Preisen und Festivals konnte sich Peter Kahane im Westen erst Jahre später als Regisseur etablieren. Im deutschen Fernsehen wurden DIE ARCHITEKTEN zehn Jahre nach ihrer Entstehung nicht gezeigt, weil DEFA-Außenhändler die TV-Rechte ins Ausland verkauft hatten. Doch seit 1990 läuft der Film im Lehrprogramm jeder deutschen Architekturschule, in DEFA-Retrospektiven, Filmklubs, Symposien. Das Drehbuch wurde gedruckt, es gibt Bücher, politische Bildungsbroschüren, Doktorarbeiten, eine DVD und zahlreiche Ausschnitte in Filmdokumentationen über die DDR. Mit keinem anderen meiner Filme kam ich so viel zwischen Kiel-Konstanz, Paris-Texas herum. Inzwischen kann ich die Umstände seiner Entstehung samt der Baupolitik in der DDR im Schlaf herbeten. In letzter Zeit lädt man mich gar zu Veranstaltungen, die den Rahmen filmischer Ausdrucksmöglichkeiten sprengen. So war ich 2007 auf einem Bürgerforum in Leipzig, wo es um die zukünftige Stadtplanung der Messe-Metropole ging. Zuvor lief DIE ARCHITEKTEN,

James Monaco: *Film verstehen. Kunst, Technik, Sprache, Geschichte und Theorie des Films und der Neuen Medien* (Rowohlt 2009)

dann gab es eine Diskussion über die Frage, was die »Heldenstadt« seit dem Ende des Kommunismus gewonnen hat. Der Leipziger Bürgermeister sparte nicht mit Erfolgen und Eigenlob. Ich gab meine Eindrücke wieder, fand, dass die einst pariserische Innenstadt aussieht wie Köln – Kaufhäuser, Banken, Apotheken, fast keine Kinos, zu wenige Cafés, zu viele teure Restaurants, kein Ort für normale Menschen zum Verweilen. Als der Bürgermeister protestierte, fielen die Bürger über ihn her und verwandelten das Forum in eine Beschwerdestelle für Baugenehmigungen, Zwangsenteignung und Behördenschlamperei. »Hier ist alles wie in dem Film, nur noch schlimmer«, fand eine Frau aus Connewitz, die lange vergeblich um Zuschüsse für ihr marodes Mietshaus kämpfte. Als Autor freute es mich, dass mein Film von gestern die Zuschauer heute bewegt, als Gast eines städtischen Forums schien es mir unpassend, mich einzumischen. Mir fiel der Satz von Steve Martin ein: »Talking about music is like dancing about architecture.« Ähnlich ist es, über Film zu reden, man landet zwangsläufig in anderen Künsten und damit in der Realität. DIE ARCHITEKTEN ist ein Drama der politischen Kommunikationsstörung von oben und unten. Insofern hat er über sein Zeitbild hinaus eine anschauliche Existenz in der Zukunft bewahrt.

Trotzdem wünschte ich manchmal, den Film nicht mehr sehen und kommentieren zu müssen. Ist er doch auch ein Abbild dafür, was ich als Drehbuchautor nie mehr schaffte – die Einheit von persönlicher Gereiztheit, gesellschaftlichem Unbehagen und Beruf. Der Mut, für eine Überzeugung seine Existenz aufs Spiel zu setzen, den manche Architekturstudenten den Filmhelden und ihren Machern bescheinigten, war eher Verzweiflung und eine gehörige Portion Sturheit, um nicht zu sagen, Überheblichkeit. Filmemacher denken ja oft, dass die Realität sich nach ihren Wünschen verändert. Ich dachte das nie, wusste aber, dass jedes Drehbuch, das ich für die DEFA schreibe, ein kulturpolitisches Problem darstellt, auf das im Filmministerium reagiert werden muss. Darum waren die Gehälter der Szenaristen für DDR-Verhältnisse üppig. Man bezahlte uns gut, damit wir nicht so viel schreiben oder die Realität schönschreiben. Gezwungen war man nicht, gegen die eigene Integrität gewünschte Propagandafilme zu schreiben. Auch im Babelsberg des Dr. Goebbels gab es solche Zwangsmaßnahmen nicht. Genügend Autoren und Regisseure boten sich gern an, nicht wenige flüchteten ins seichte Gewässer der netten Kleine-Leute-Geschichten oder, wie Erich Kästner, in waghalsige Münchhausen-Abenteuer. »Sklavensprache« nennt Volker Schlöndorff diese Babelsberger Filme in Zeiten der Diktatur und hat damit nicht unrecht, aber auch nicht recht. Denn er verachtet ein Kino, in dem er nie aktiv war. Er hasst etwas, dass ihn nie quälte. Deshalb ist sein Film über Anna Walentynowicz, die kleine Kranfahrerin der Danziger Werft mit dem großen Traum von freien Gewerkschaften, Kino der Herrschaftssprache und hart am Rande des Polit-Kitsches, auch Sozialistischer Realismus genannt. Das Gegenteil von einer Sache ist eben nur die Kehrseite davon, nicht die Kritik der Sache mit anderen Mitteln. Wie Wittgenstein sagte: Wovon man nicht sprechen kann (weil man nicht dabei war), darüber muss man schweigen.

DIE ARCHITEKTEN waren für mich und Peter Kahane als Ultima Ratio unserer DEFA-Existenz eine Notwendigkeit, um unsere Integrität als Sprecher einer verlorenen Generation zu wahren. Dass auch das Land verloren war, fürchteten wir, konnten aber nicht vorhersehen, wie schnell es zu Ende gehen würde. Heute glauben wir, dass der Kapitalismus ewig währt, und haben uns eingerichtet. Von der Wüste Sahara weiß ich, dass *ewig* ein relativer Begriff ist. Auch dort verändert sich alles immerzu. Wir haben die DDR eingehen sehen, zugeschaut, wie im gesamten Osten das Wort *Kommunismus* aus der Verfassung gestrichen wurde, waren Zeuge, wie man die D-Mark einstampfte und deutsche Soldaten wieder in den Krieg zogen. Jetzt krachen die Börsen, und Banken werden verstaatlicht. Wann beende ich endlich DIE ARCHITEKTEN II? Schon 1995 hatte ich die Fortsetzung skizziert, doch Peter Kahane glaubte nicht an ein erfolgreiches Sequel, da kaum jemand das Original kannte. Ich schrieb trotzdem ein Treatment über den Architekten Daniel Brenner, wie er auf dem freien Markt seine Ideen verwirklicht bzw. nicht. Das Vorbild für den Filmhelden war der DDR-Architekt Michael Kny, einer der außergewöhnlichsten Menschen, die ich je traf. Nach der Wende machte er sich mit einem Partner selbstständig und behauptete sich mit großen und kleinen Berliner Projekten. In der Baukrise Anfang 2000 musste er seine 25 Mitarbeiter entlassen, hielt aber durch. Hier begann meine Fortsetzungsgeschichte. Ich wollte an dem Konzept des tragischen Helden festhalten, fand aber in der Gegenwart nur prosaische Konflikte mit sturen Bürokraten, kriminellen Bauunternehmern und windigen Anwälten. Deshalb erfand ich ein privates Drama, den tragischen Tod der Tochter des Architekten. Ich bin nicht abergläubisch, doch inzwischen vorsichtig mit Worten und Ideen. Als das Drehbuch fast fertig war, verunglückte der Sohn des Teilhabers des Architektenbüros von Kny & Weber tödlich, zwei Jahre später nahm sich der Sohn des anderen das Leben. Die reale Doppel-Katastrophe wäre in einem Film als unwahrscheinlich und übertrieben vom Zuschauer nicht akzeptiert worden. Deshalb und aus Pietät verwarf ich das Drehbuch.

Einige Jahre später meinte mein Freund Laurens Straub, dass der Stoff als Drama uninteressant sei, als Komödie aber brauchbar, weil »im Kapitalismus sich alles menschliche Streben nach Erfolg und

Laurens Straub

Wohlstand ins Komische verkehrt«. Das leuchtete mir als Kind einer Ideologie mit tragischem Grundgefühl ein, und so schrieb ich DIE AR-CHITEKTEN als Berliner Ballade zweier bankrotter Partner, die irrtümlich als Schwulenpaar gelten und dann Karriere machen. Sie müssen zusammenziehen, verlieben sich beide in eine junge Praktikantin und sind am Ende so pleite wie zuvor, haben aber etwas gelernt über Partnerschaft, Freundschaft, Liebe und was es heißt, heutzutage ein Mann zu sein. MARMOR, STEIN UND EISEN BRICHT ... sollte der Film heißen, und mehrere Berliner Regisseure interessierten sich dafür. Nicht Peter Kahane, der meinen politisch unkorrekten Humor nie teilte. Aus fördertaktischen Gründen (wo Komödie draufsteht, muss auch Komödie drin sein) reichte der Produzent den Stoff unter dem Titel ZU HEISS GEBADET bei mehreren Gremien ein. Ohne Erfolg. Die Sache war wohl politisch etwas zu unkorrekt, weil suggeriert wurde, Berlins Baugeschehen werde von Schwulen regiert.

So bleibt mir nur, mit den alten ARCHITEKTEN über Land zu ziehen und wie Sheherazade dieselbe Geschichte immer neu zu erzählen, um meinen Ruf als ernsthafter Drehbuchautor nicht zu verlieren. Meine Auftraggeber von ARD und ZDF haben dazu keine Meinung oder sagen auf Englisch: *We give a shit about it!* Sie sind überzeugt, dass die Realität sich danach verhält, was im Fernsehen gezeigt wird. Ein Arzt in der Virchow-Klinik beklagte sich mir gegenüber bitter, dass sich seit der Krankenhaus-Serie *Für alle Fälle Stefanie* die Patienten beschweren, das Personal sei nicht so nett ist wie Kathrin Waligura als Stationsschwester Stefanie. Wir Deutschen haben seit der Zeit des Sturm und Drang ein pädagogisches Verhältnis zur darstellenden Kunst. Sie soll uns erziehen und bilden. Auch wenn das Fernsehen heute vor allem unterhalten will, weil wir ja alle am Tag so schrecklich gefordert sind, hält es gerade in den Spielgenres an seinem politischen Bildungsauftrag fest, unterschlägt sympathische Nazis, verlogene Juden, fanatische Türken, saudumme Polizisten und antikapitalistische Wirtschaftsbosse als untypisch. Die Einschaltquote ist der Zensor des demokratischen Mediums.

Für alle Fälle Stefanie
(D 1995-2004)

Der Sprung in der Schüssel

Kurz vor Weihnachten 2005 dachte ich daran, mich umzubringen. Seit Wochen hatte ich keine Zeile mehr geschrieben, lag nachts wach und aß kaum. Den Tag verbrachte ich damit, statt mich um Arbeit zu kümmern, meine 800 Filme von VHS auf DVD umzuspielen. Meine zweijährige Beziehung mit einer Fotografin war gescheitert, obwohl ich mit ihr alt werden wollte. Sie hatte meine chronischen Depressionen nicht ertragen, meinte, ich gebe mir nur keine Mühe, glücklich zu sein. Recht hatte sie. Seit meinem fünften Lebensjahr litt ich unter der

236

mysteriösen Krankheit, doch meine Mutter, Chefsekretärin eines Krankenhauses, war der Meinung, wenn es nicht weh tut und kein Fieber angezeigt wird: »Man ist nicht krank. Man tut nur so.«

Obwohl ich als Erwachsener Phasen relativer Zufriedenheit und nach dem Ende der DDR auf Reisen oder in der Arbeit Momente echten Hochgefühls erlebte, war ich nun restlos abgestürzt.

Ich ging zu einem befreundeten Psychiater und sagte: »Doktor, hilf mir!« Er hörte sich meine Probleme an, fragte nur dies und das. In einem Punkt war ich nicht ehrlich. Ich gab nicht zu, dass ich seit Monaten nicht mehr mit meiner Geliebten schlief. Daraufhin nahm der Psychiater meine Hand und schrieb mit Filzstift darauf: *Das geht vorbei.* Ging es aber nicht, und so ließ ich mich in eine Klinik im Grunewald einweisen. Dort wollte ich mich auf ein Antidepressiva einstellen lassen. Nach einer Woche Schlaftherapie schämte ich mich, hier zu sein. Die anderen Patienten auf Station VI waren im Gegensatz zu mir schwerst und manisch Depressive. Ich fing an, sie aufzumuntern, indem ich den Entertainer spielte. Die Psychodrogen, die man mir verabreichte, Melporon, Benperidol, Fluoxetin, Citalopram, wirkten so stark, dass sie das fröhliche Kind, das ich einmal war, aus dem Dornröschenschlaf erweckten. Bislang lehnte ich Antidepressiva ebenso wie alle Drogen strikt ab. Dass sie längst nicht mehr impotent und dick machen, wusste ich nicht. In den vier Wochen der Therapie schrieb ich keine Zeile, spielte nur Tischtennis, las viel und versuchte, die Patienten aus ihrer Lethargie zu reißen.

Nach meiner Entlassung aus der Psychiatrie nahm ich mir vier Dinge vor. 1. – Bis auf Weiteres keine Drehbücher zu schreiben, sondern einen Roman. 2. – Zum Arbeitsamt zu gehen und von 345 Euro im Monat zu leben, also nicht mehr zu reisen, sondern zu schreiben und sonst nichts. 3. – Mich von meiner Familie zu trennen und nur für meine eigene, inzwischen erwachsene Tochter da zu sein, die ein angeborenes Talent zum Glücklichsein besitzt. 4. – Alles zu vermeiden, was mich daran hindert, noch ein zufriedener, freundlicher älterer Herr zu werden.

Francis Scott Fitzgerald, der talentierteste Autor seiner Zeit, schrieb nach seinem Zusammenbruch als Folge von Alkohol-, Ehe-, Geldproblemen und Frust als Drehbuchautor das autobiografische Fragment *The Crack-Up* (Der Knacks). Es erschien 1936 im Modeblatt *Esquire* und machte den Autor zum Sündenfall für die puritanische Gesellschaft. Als Scottie vier Jahre später mit nur 44 Jahren starb, war er eine Legende – der Mann, der zu gut aussah, mit einer zu schönen Frau verheiratet, zu erfolgreich und talentiert war, »muss schon deshalb untergehen, weil sein Leben eine Provokation für all jene ist, die unterrichten oder unterrichtet werden« (Gore Vidal). Für mich ist *Der Knacks* das scho-

F. Scott Fitzgerald: *Der Knacks* (Merve 1984)

Zu Fitzgeralds wechselvoller Laufbahn vgl. auch Ralph Eues Besprechung der *Pat Hobby's Hollywood-Stories* in diesem Band

F. Scott Fitzgerald

nungsloseste, klügste, uneitelste und am wenigsten larmoyante Stück Literatur in meinem Bücherschrank. Der Baedecker für die Erkenntnis, dass alles Leben ein Prozess des Niedergangs ist, ein Lehrbuch über Freud und Leid des Schriftstellers als Drehbuchautor. Man muss sich am Besten orientieren, wenn man über seine Erfahrungen gut schreiben will. Ich war Autor von Filmen, Journalist und Gelegenheitsregisseur, wollte aber immer Schriftsteller sein. Wie bei meinem ersten Langstreckenflug nach New York war ich überzeugt, die Arbeit an einem 500-Seiten-Roman niemals zu überstehen. Aber, was hatte ich als Empfänger des Senders HARTZ IV noch zu verlieren? Nach 50 Jahren Dornröschenschlaf meines deprimierenden Daseins konnte mir nichts mehr passieren, was mir im Traum nicht schon passierte.

Den Roman über die guten und schlechten Seiten der Krankheit *Depression* schrieb ich in weniger als einem Jahr, danach einen Erzählungsband und zwei Essay-Bücher. Kein Verlag wollte sie drucken, weil ich trotz diverser Veröffentlichung in Anthologien und Büchern über Film und Fotografie keinen Namen hatte und angeblich zu alt war als *Newcomer*. Doch ich gab nicht auf und begann die erste einer Reihe von Detektivgeschichten aus dem Prenzlauer Berg zu schreiben. Dafür interessierten sich namhafte Verlage. Ich frage mich, warum ich nicht viel früher auf die Idee kam, aus meinen nichtgedrehten Fernsehkrimis Bücher zu machen. Die Liebe zum Kino hatte mich zum Drehbuchautor gemacht, weil ich zum Regisseur nicht taugte. Ins Kino ging ich aber immer seltener, da ich die Popcorn fressenden, endlos quasselnden Zuschauer kaum mehr ertragen kann. Fernsehen hielt ich für eine Erfindung des Verderbens, an der ich notgedrungen mitarbeitete, als Journalist war ich nie scharf auf eine feste Redakteursstelle. Der Steinbock ist entweder Chef von's janze oder sein eigener Herr. Mit Drehbuchschreiben war ich so viel Herr meiner selbst wie ein galizischer Schneider im Scheunenviertel, der für Wertheim Anzüge von der Stange näht. Dabei hatte ich mir nach dem Ende der DDR geschworen, nur noch zu tun, was mir Spaß macht. Nach 15 Jahren wurde es Zeit, ein wirklich freier Autor zu sein und kein Dienstleistungsunternehmen. Den Produzenten, die noch ab und zu anriefen, um mir eine Folge für *SOKO-Castrop-Rauxel* oder *Süd-Schweden-Klinik* anzubieten, sagte ich, dass mein Therapeut mir das Fernsehen verboten hat. In Wahrheit fühlte ich mich zu alt für die immerselben Geschichten aus der Murckserei. Auch wenn noch mehr Leute immer weniger Bücher lesen, Thriller von Henning Mankell, Dan Brown, Charlotte Link; Selbsterfahrungstrips von Hape Kerkeling und anderen multiplen Persönlichkeiten; den neuen Roman von Ingo Schulze – was ging es mich an. Ich *schreibe*, also *bin* ich. Wer mit mir kein Geld verdienen will, soll es bleiben lassen. Das Internet hat mehr Leser als Günter Grass und Uta Danella.

Einer meiner Freunde, Journalist und Drehbuchautor, veröffentliche ein Dutzend spannende Bücher und ist trotzdem weder reich noch berühmt. Die ganze Idee, für die Mühe, die es macht, einen Roman zu schreiben, belohnt zu werden, ist falsch. Die Welt braucht nicht noch jedes Jahr eine Million neuer Bücher, alles Wichtige wurde schon gesagt. Wer trotzdem jeden Tag Seite um Seite schreibt, schreibt für sich, weil die Gewissheit, etwas Gelungenes zu Papier gebracht zu haben, so viel Adrenalin und Dopamin freisetzt wie guter Sex oder trizyklische Serotonin-Wiederaufnahmehemmer.

Schreiben oder Leben

»Live! Otherwise you have nothing to talk about in the locker room.«
(Ruth Gordon)

»How do you live?« – *»I steal.«* (Paul Muni)

Der Schriftsteller Christopher Isherwood wurde mit seinem Roman *Goodbye to Berlin* (1939) berühmt. Mit den Worten »Ich bin eine Kamera« begann der vornehme *Englishman in Berlin* seine Erlebnisse, die Jahrzehnte später als Vorlage für das Musical *Cabaret* die Bretter der Welt eroberten, dank des genialen Choreografen Bob Fosse auch das Kino. Ich sah den von der bürgerlichen Kritik gehassten Film (weshalb er in der DDR lief) viermal hintereinander und wusste, ich will zum Kintopp. Isherwood ging wie Scott Fitzgerald als Erfolgsautor nach Hollywood, überlebte aber die gut bezahlten Qualen von *Tinseltown* und starb als Ikone der Schwulenbewegung im hohen Alter. Wegen der ersten vier Worte seines Berlin-Romans wurde er oft als naturalistischer Autor und verhinderter Filmregisseur abgetan und vielfach kopiert. »Herr Issywoo ist kein dummer Ochse«, schrieb ein neidischer Kollege, »aber er ist viel weniger subtil, intelligent und artikuliert, als er sein könnte.« Der abgebrochene Cambridge-Student antwortete in seiner noblen Unvoreingenommenheit, die weder hassen noch lieben konnte, »ich war der geborene Kinogänger ... bin immer noch unendlich interessiert an der äußerlichen Erscheinung von Menschen – an ihrem Gesichtsausdruck, ihren Gesten, ihrem Gang, ihren Tricks.« Deshalb war der distinguierte Erzähler prädestiniert fürs Drehbuchschreiben und fand, »wer von Hollywood zerstört wurde, war es auch nicht wert, gerettet zu werden«. Die Studiobosse hatten früh begriffen, dass es ausgewiesene Schriftsteller braucht, um aus dem Stummfilm eine sprechende Kunst zu machen. *Action und romance* kann jede Sekretärin schreiben, gute Dialoge nur Dramatiker und Romanciers. Isherwood, Odets, Vidal, Miller konnten beides zugleich und haben den starken Realismus der amerikanischen Kinos geprägt. In Deutschland waren sich bis auf Kästner, Goetz, Zuckmayer, Kluge, Kirchhoff, Krausser Schriftsteller

Christopher Isherwood: *Leb' wohl, Berlin* (Ullstein 2004)

CABARET (1972; D: Jay Presson Allen, nach dem Roman von Christopher Isherwood, dem Stück von John Van Druten und dem Musical von Joe Masteroff; R: Bob Fosse)

Christopher Isherwood

lange zu fein, fürs plebejische Medium zu arbeiten. Wem es als Literat widerfuhr, *verfilmt* zu werden, der verfuhr nach der Devise *Take the money and run!* Der amerikanischste deutsche Nachkriegserzähler Jörg Fauser meinte auf die Frage, was er von dem Drehbuch nach seinem Roman *Der Schneemann* hält: »Ich kenne das Drehbuch. Das Drehbuch ist – na ja, mein Gott – Film. Das ist eine andere Branche als der Roman, im Film gibt es ein Happy End. Meine Figur, der Blum, ist ein Paranoiker, ... weil der Mann weiß, er ist allein auf der Welt. Im Film, hat man mir gesagt, ist das nicht möglich. Im Film muss es ein *Boy meets Girl* geben.« Entsprechend war der Film von Peter F. Bringmann mit Marius Müller-Westernhagen 1985 ein Kinoerfolg. DER SCHNEEMANN ist aber, im Gegensatz zum 1987 verstorbenen Jörg Fauser, heute vergessen.

Bei der DEFA wurden die Drehbücher wie Literatur behandelt, aber nur wenige Szenaristen, mich eingeschlossen, waren bekannte Literaten. Die Furcht vor der besonderen Schreibtechnik wie die panische Angst vor kollektivem Kunsthandwerk ließ sie den Weg nach Babelsberg lieber durch dramaturgische »Übersetzer« gehen. Wenn dann der Film *nach dem Roman von ...* ins Kino kam, bei kritischen, aber bekannten Werken erst Jahre später oder nie, waren sie meist enttäuscht, weil sie als Dichter und Denker nicht begriffen, dass Kino immer Verlust bedeutet, der Gewinn gerade darin besteht, nichtalltägliche Sprache in allgemein verständliche, sprechende Bilder zu verwandeln. Das Kino der 1960er Jahre hat die Filmsprache von ihrer zwanghaften Liebe zum naturalistischen Theater befreit und – Bergman, Pasolini, Resnais, Godard, Szabó, Konwicki, Lilienthal, Straub sei Dank – das Feld für literarische Erzählweisen geebnet. Heute wundert sich niemand mehr über Rück- und Vorblenden, surreale Träume, Ich-Kommentare oder wechselnde Erzählperspektiven, wenn er ins Kino geht. Literarische Drehbücher gibt es seit Carl Mayers expressionistischen Lichtspieldichtungen, literarische Bildsprache seit der französischen Filmavantgarde. Noch heute staunen wir über die rätselhafte Syntax von Buñuels UN CHIEN ANDALOU und Cocteaus LE SANG D'UN POÈTE. Der beeindruckendste literarische Film jener Jahre ist für mich LIMITE des Brasilianers Mario Peixoto. Ich sah das in Europa kaum bekannte Meisterwerk des Stummfilms in der Cinemathek von Sao Paulo und glaubte mit offenen Augen zu träumen. In verschachtelten Rückblenden fast ohne Zwischentitel wird das Leben dreier Schiffbrüchiger erzählt, das jeweils von einer persönlichen Niederlage überschattet ist. »Neben dem außergewöhnlich gesteigerten Rhythmusgefühl wird der Film von einer konstruktiven Bildkomposition getragen. Der teilweise südländisch melodramatische Zug in den Geschichten wird vollständig von dieser Grundstruktur dominiert« (Peter Weiss). In keinem Film sah ich je eine prosaischere Darstellung des Meeres, vergleichbar mit

DER SCHNEEMANN (1985; D: Matthias Seelig, nach dem Roman von Jörg Fauser; R: Peter F. Bringmann)

UN CHIEN ANDALOU (Ein andalusischer Hund; 1929; D: Salvador Dalí, Luis Buñuel; R: Luis Buñuel)

LE SANG D'UN POÈTE (Das Blut eines Dichters; 1930; D+R: Jean Cocteau)

LIMITE (Limit; 1931; D+R: Mario Peixoto)

240

den nautischen Romanen eines Joseph Conrad oder Hermann Melville. Der Autor/Regisseur Pixoto war ein Komet am Leinwandhimmel, der nach nur einem Film für immer verschwand. Als ich LIMITE 1998 sah, lebte der 1910 geborene Fabrikantensohn noch, zurückgezogen auf einer Insel vor Rio. Er wollte keine Auskunft über sein Leben geben.

Auch ich gebe nicht gern Auskunft über mein Privatleben. Alles, was ich über meine Arbeit als Drehbuchautor hier niederschrieb, dient dem Zweck, jungen Kollegen und sonstigen Filminteressierten ein paar Illusionen zu rauben, ohne ihnen die Große Illusion Kino zu nehmen. Wie Pat Hobby, Francis Scott Fitzgeralds Alter Ego, habe ich mich vom Drehbuchschreiben zurückgezogen, um nur noch mich selbst und die Zeit, in der ich lebe, zu beschreiben. Wenn das Kino die Menschen unters Mikroskop legt, wie Christopher Isherwood sagte, um sie anzustarren, zu untersuchen, als wären sie Insekten, so tue ich dasselbe jetzt mit den Mitteln der Literatur. Vielleicht werde ich auch wie Herr Issywoo als verhinderter Regisseur, als gefühllose Kamera oder kruder Naturalist verachtet – aber ich kann nicht anders schreiben als mit den Augen, nichts anderes sein als ein Spiegel im Spiegel, ein *auteur du cinéma,* der sich selbst beim Filmen zusieht, um dem unvermeidlichen Realismus des fotografischen Mediums wenigstens teilweise zu entgehen. Es geht doch beim Schreiben um die Selbstvergewisserung, dass man existiert, die -ermutigung, nicht aufzugeben, auch wenn man die Welt nicht ändern kann. Um nicht anderes geht es. »Schreiben ist keine Sozialarbeit« (Jörg Fauser). Filme schreiben auch nicht. Es ist ein Job, um Geld zu verdienen. »Ist ein Filmautor frei?«, fragte mich kürzlich ein Journalist. Genauso gut könnte er fragen: Ist ein Gefängniswärter frei? Drehbuchautoren sind die Schließer und Wärter der Realität. Wir sperren Wirklichkeit (auch perverse Fantasien sind wirklich, weil alles, was geträumt oder gedacht werden kann, auch getan werden kann) für 100 Minuten in einen dunklen Raum, aus dem die Zuschauer dann beseelt oder terrorisiert ins Leben zurückkehren.

Jörg Fauser

Meine praktischen Ratschläge an angehende Drehbuchautoren können und sollen ernst genommen werden. Sie entspringen der 25-jährigen persönlichen Erfahrung eines Hilfsarbeiters zweier mächtiger Brüder – des einäugigen *Kinemachos,* der rückwärtsblickend die Seele der Dinge schaut, und des Geistes des Menschen; des stets informierten *Telemachos,* der alles gleichzeitig sieht, aber das Wesentliche nicht erkennt – den Zusammenhang von allen Dingen jenseits der Zeit und allen Menschen, die jemals lebten.

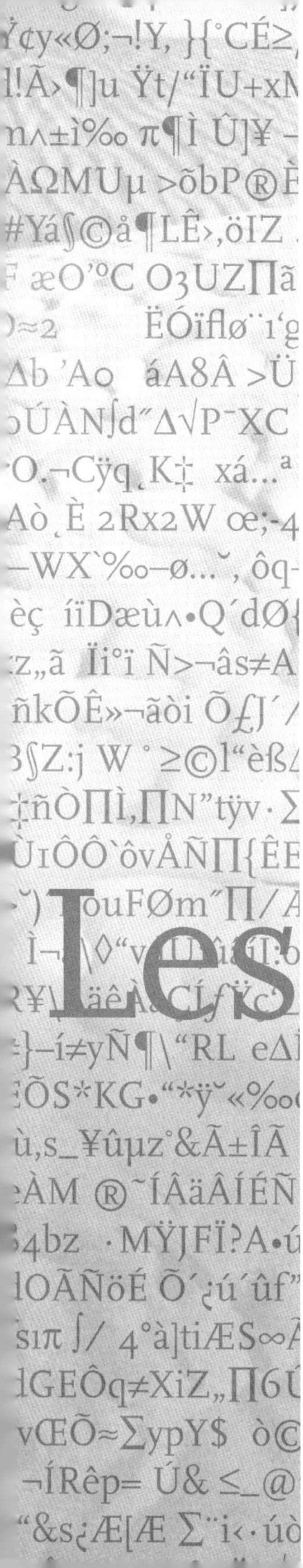

Lesezeichen

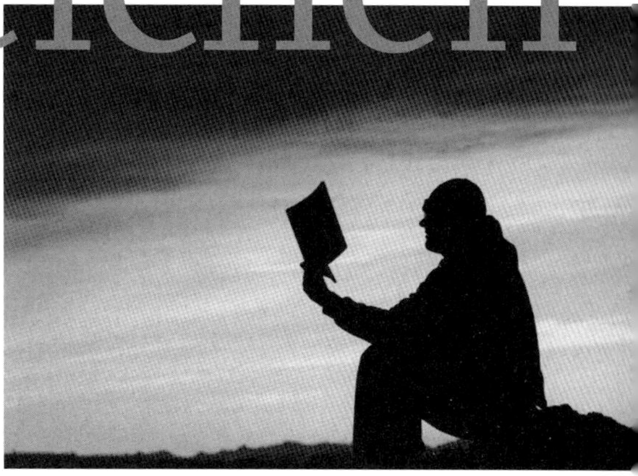

Es ist schwer, tapfer zu sein, wenn man nur ein sehr kleines Tier ist

F. Scott Fitzgerald und *Pat Hobby's Hollywood-Stories*

Von Ralph Eue

F. Scott Fitzgerald: *On the Trail of Pat Hobby* (*Esquire*, Januar 1941)

»Der Tag hatte schon dunkel begonnen, und ein kalifornischer Nebel kroch in jede Ritze. Er war Pat auf seiner überstürzten hutlosen Flucht durch die ganze Stadt gefolgt. Sein Ziel, seine Zuflucht war das Studio, in dem er zwar nicht fest angestellt war, das ihm aber in den letzten Jahren ein Heim geboten hatte.« (*Auf den Spuren von Pat Hobby*)

★

Vgl. Thomas Knaufs von den originalen *Pat Hobby Stories* angeregte jüngere Betrachtungen über das Filmgeschäft in diesem Band

Die 17 *Pat Hobby Stories* erschienen zwischen Januar 1940 und Mai 1941 im US-amerikanischen Monatsmagazin *Esquire*.

Was die Literatur angeht, so waren es erst die Existenzialisten, die in Fitzgerald einen ganz Großen sehen mochten, vielleicht weil er ihnen als artverwandter Tagfalter erschien, der der Düsternis ihrer Wahrnehmungen einen raffinierten und schillernden Sehnsuchtsakkord aufzusetzen vermochte.

Januar 1940: Als Francis Scott Fitzgerald die Figur des Pat Hobby erfand und ihn als Held einer Kurzgeschichtenserie der Zeitschrift *Esquire* das Licht der amerikanischen Öffentlichkeit erblicken ließ, waren die 1920er Jahre, Fitzgeralds große Zeit und darüber hinaus jenes Jahrzehnt, das mal als röhrend, mal als golden – gelegentlich auch als Jazz Age – bezeichnet worden war, gründlich in Vergessenheit geraten: Die Weltwirtschaftskrise der Jahre 1929 bis 1931, die von vielen Damaligen auch als schreckliche Apotheose des Mythos der Roaring Twenties verstanden wurde, hatte erheblichen Anteil daran, dass über dieser Dekade, und damit auch über Fitzgerald als deren Herold, für das ganze Folgejahrzehnt – und darüber hinaus – eher ein Mantel des Schweigens lag.

The Great Depression hatte auch bei Fitzgerald mächtig ins Kontor geschlagen: Ständige Geldprobleme aufgrund eines ausschweifenden Lebensstils, Alkoholexzesse und der bittere Geschmack, schon zu Lebzeiten nur noch vom eigenen Nachruhm zu zehren, setzten ihm zu und bewirkten, dass die Depression im Großen auch in des Autors persönlicher Existenz Wurzeln schlug: Seine Ehe mit Zelda war gescheitert, jener Frau, mit der zusammen er nach dem überwältigenden Erfolg seines Debütromans *This Side of Paradise* (1920) als schaumweingeborenes Traumpaar galt. Für Zelda hatte sich Scott in glamouröse Posen geworfen, rauschende Feste gefeiert, war mit ihr von New York nach Paris gezogen, dann an die Riviera und wieder zurück. Ab 1930 jedoch hatte Zelda mehrere schwere Nervenzusammenbrüche. Ihr Leben danach spielte sich überwiegend in Kliniken ab. Für die Kosten kam der Schriftsteller bis zu seinem eigenen Tod auf, erteilte seiner Frau aber, die selbst literarische Ambitionen hatte, ein strenges Schreibverbot. Über dessen Einhaltung wachte er eifersüchtig und entwendete sogar Zeldas Tagebücher, um daraus Honig für sein eigenes Werk zu saugen: »Ich bin der professionelle Schriftsteller«, erklärte er ihr gegenüber rigoros. »Ich bin dein Ernährer. Das ganze Material gehört mir.«

Nachdem sich *Tender Is the Night* (1934), sein erster Roman nach *The Great Gatsby* (1925), in kommerzieller Hinsicht als komplette Katastrophe erwiesen hatte, verfiel Fitzgerald in tiefe Depressionen. Während die Alkoholsucht ihn fest im Griff hatte, suchte er verzweifelt nach Einnahmequellen, um über die Runden zu kommen und auf lange Sicht auch einen neuen Roman in Angriff nehmen zu können. 1937 bekam er einen Vertrag als *Screenwriter* beziehungsweise *Script Doctor* für Metro-Goldwyn-Mayer, schrieb ein einziges Drehbuch, das auch verfilmt wurde (THREE COMRADES), wurde wegen Trunkenheit am Arbeitsplatz gefeuert und begann schließlich *The Love of the Last Tycoon*. Es ist jener Roman, der als sein Vermächtnis gelten kann und darüber hinaus als eine objektivierende Vision dessen, was Hollywood immer zu werden gedachte und in romantischer Verzweiflung behauptete zu sein. *The Love of the Last Tycoon* musste ein Torso bleiben. Bis zu seinem Tod hat Fitzgerald daran gearbeitet: Er starb 44-jährig am 21. Dezember 1940 nach zwei Herzinfarkten in einer Bungalow-Siedlung namens Belly Acres in Hollywood.

The Love of the Last Tycoon wurde, wie Peter Körte es in seiner Besprechung der Neuerscheinung des Romans beschrieb, die Innenansicht eines Betriebs, in dem nur die Hauptfigur des Romans, Monroe Stahr, *the whole equation of the film*, die ganze Gleichung des Films im Kopf hatte: »Fitzgerald erzählt davon wie von einem augusteischen Rom, das dem Untergang geweiht ist. An seinen Verleger schrieb Fitzgerald, es sei ›ein Ausweichen in eine üppige, romantische Vergangenheit, die wir in unserer Zeit wohl nie wieder erleben werden‹. Und je länger er schrieb, desto tiefer sickerte die Melancholie ein ins Manuskript, in die Geschichte einer unerfüllten Liebe, die mitten in Hollywood spielt und doch so ganz anders ist als die Liebesgeschichten, die Hollywood sonst erzählte. Monroe Stahr ist der letzte jener fragilen Fitzgerald-Männer, leuchtender, erfolgreicher und verlorener als seine Vorgänger; man muss bei ihm ständig an den Satz von Walter Benjamin denken: ›Nachdem ihm einmal das zum Leben Wesentliche missglückt war,

F. Scott Fitzgerald: *Diesseits vom Paradies* (Diogenes 2007)

Nancy Milford: *Zelda – A Biography.* (New York: Harper and Row 1970, S. 367)

F. Scott Fitzgerald: *Zärtlich ist die Nacht* (Diogenes 2007)

F. Scott Fitzgerald: *Der große Gatsby* (Diogenes 2006)

THREE COMRADES (1938; D: F. Scott Fitzgerald, Edward E. Paramore Jr., nach dem Roman von Erich Maria Remarque; R: Frank Borzage)

F. Scott Fitzgerald: *Die Liebe des letzten Tycoon* (Diogenes 2007). Über das Romanfragment und Elia Kazans Verfilmung nach Harold Pinters Drehbuch schrieb Norbert Grob in *Scenario 1*, S. 184-200.

Der Band *Der letzte Kuss* enthält *Pat Hobby's Hollywood-Stories*

Peter Körte: *Als er schon fast verschollen war. Zum Abschied: Die Liebe des letzten Tycoon.* In: Frankfurter Allgemeine Sonntagszeitung, 28.5.2006.

ging alles andere wie von selbst‹.« Den diamantenen Schliff der Geschichte von Kathleen Moore und dem Produzenten Monroe Stahr, dessen Züge so unübersehbar der früh verstorbenen Hollywood-Legende Irving Thalberg nachgebildet waren, hatte Fitzgerald seinem Dämon, dem Gin abgerungen.

★

»Die meisten Autoren sehen aus wie Autoren, ob sie wollen oder nicht. Schwer zu sagen, warum das so ist; denn sie trimmen ihr Äußeres grillenhaft auf Wall-Street-Börsianer, Rinderkönige oder englische Entdeckungsreisende hin. Trotzdem hat das nur den Erfolg, dass sie wie Autoren aussehen und zwar so unverwechselbar typisiert wie ›die Öffentlichkeit‹ oder ›die Kriegsgewinnler‹ in politischen Karikaturen. Pat Hobby war die Ausnahme. Er sah nicht aus wie ein Autor. Und nur in einem einzigen Winkel der Republik hätte man ihn als Mitglied der Welt des Entertainment identifizieren können. Und sogar dort wäre die erste Vermutung gewesen, es handle sich bei ihm um einen vom Pech verfolgten Komparsen oder um eine Charge, die sich auf die Art Vater spezialisiert, die niemals hätte nach Hause kommen sollen. Ein Autor aber war er: er hatte bei mehr als zwei Dutzend Drehbüchern mitgearbeitet, von denen allerdings, wie wir zugeben müssen, die meisten vor 1929 datierten«. (*Pat Hobby, vermeintlicher Vater*)

F. Scott Fitzgerald: *Pat Hobby, Putative Father* (*Esquire*, Juli 1940)

★

War *The Love of the Last Tycoon* der prachtvolle Hauptweg, über den Fitzgerald sich der Nachwelt, ja der Ewigkeit empfehlen wollte, so müssen die zeitgleich entstandenen *Pat Hobby Stories*, worin der Schriftsteller vom ausgelaugtesten und schäbigsten *Screenwriter* erzählte, der sich nur denken lässt, als der beschwerliche Nebenweg gesehen werden, über den sich Fitzgerald ein paar regelmäßige Einkünfte sicherte, um von Tag zu Tag und von der Hand in den Mund weiter existieren zu können. Jede neue *Pat Hobby Story*, die Fitzgerald an Arnold Gingrich, den Herausgeber des *Esquire* schickte, war begleitet von verzweifelten Bitten, *schnell* das Geld zu kabeln und am besten gleich auch noch einen Vorschuss für die nächste. Immerhin widmete Frances Scott Fitzgerald, die einzige Tochter von Scott und Zelda, Pat Hobby später einen liebevoll-ironischen Dank, da sie es letztlich ihm zu verdanken habe, dass sie ein College besuchen konnte.

Der Einleitung von Arnold Gingrich, dem Herausgeber des *Esquire*, die er zur Buch-Erstausgabe der *Pat Hobby Stories* schrieb, ist zu entnehmen, dass Fitzgerald zwischen 250 und 350 Dollar pro Geschichte als Honorar erhalten hat. In: F. Scott Fitzgerald: *The Pat Hobby Stories*. (New York: Charles Scribner's Sons 1962, S. X)

Eleanor Lanahan: *Scottie, the Daughter of ...: The Life of Frances Scott Fitzgerald Lanahan Smith.* (New York: Harper Collins 1995, S. 185)

Von den eingefleischten Fitzgerald-Fans werden die *Pat Hobby Stories* seit jeher gering geschätzt. Zum großen Teil vermutlich, weil sie so ganz anders sind als alles, was sich mit den Titeln seiner Romane oder auch den früheren Kurzgeschichten – etwa *The Diamond as Big as the Ritz* (1922), *The Rich Boy* (1926) oder *The Ice Palace* (1922) – verbindet. Sie fühlen sich porös an statt geschlossen, sie sind wild fluktuierend statt magisch elegant, und dass Fitzgerald mit der Erschaffung von Pat Hobby womöglich auch ein bitter-ironisch gefärbtes Alter Ego desjenigen geschaffen hatte, der er selber in den letzten zwei Jahren seines Lebens war, ist eigentlich noch das Beste, was Rezensenten einfiel, als die Storys 1962 erstmals in Buchform erschienen. Ein solches Zugeständnis ging meist allerdings mit Bemerkungen einher, dass man es so genau gar nicht habe wissen wollen, oder mit Fragen, was diesen einst brillanten Schriftsteller eigentlich getrieben habe, dass er mit solcher Inbrunst an seinem eigenen Mythos gekratzt habe.

Gewiss liegt es nahe, die Erfindung des Pat Hobby als Reflexion seines Erfinders zu sehen. Aber ist die bloße Tatsache einer wie auch immer zutreffenden Selbstspiegelung des Schriftstellers hinreichend, um sich der lesenden Begegnung mit Pat Hobby als einer bereichernden Erfahrung zu erinnern?

Milton R. Sterne: *Will the Real Pat Hobby Please Stand Up?* In: Jackson R. Bryer: *New Essays on F. Scott Fitzgerald's Neglected Stories.* (Columbia: University of Missouri Press 1996, S. 312)

✳

»Pat war neunundvierzig. Er war zwar Autor, aber er hatte nie viel geschrieben, geschweige denn die ›Originale‹ gelesen, nach denen er arbeitete, weil vieles Lesen bei ihm einen Brummschädel verursachte. In der guten alten Stummfilmzeit nahm man sich einfach von irgendjemandem die Handlung und eine gescheite Sekretärin, welche man sechs bis acht Stunden pro Woche unter Benzedrin mit einer ›Handlungsstruktur‹ quälte. Der Regisseur sorgte dann für die Gags. Nachdem der Tonfilm aufgekommen war, hatte er sich immer mit jemandem zusammengetan, der Dialoge schreiben konnte. Ein junger Mensch musste es sein, der gut arbeiten konnte.« (*Ein Mann steht im Wege*)

F. Scott Fitzgerald: *A Man in the Way* (*Esquire*, Februar 1940)

✳

Was Pat Hobbys Qualität ausmacht oder vielmehr ausmachte, ist sein *good sense of structure*, sein gutes Gespür für Strukturierung einer Handlung. Eigentlich müsste man jegliche Beschreibung der positiven Eigenschaften dieses Hollywood-Kauzes ins Imperfekt setzen, denn für die Bewältigung seiner Gegenwart war ihm nicht viel geblieben, außer dass sein Atem fortwährend von Whisky umschmeichelt ist, dass er Vorgesetzten und Kollegen als Meister der Prinzipien- und Ideenlosigkeit gilt, als korrupter Plagiator sowieso, von seiner fatalen Neigung zu grapschen gar nicht zu reden. Wenn sich Gelegenheit zur Erpressung eines ehemaligen Kollegen ergibt, ist Pat Hobby der Erste, der sie ergreift. Immer häufiger vergehen Wochen, in denen er gerade zwischen zwei Filmen steht, und gelegentlich vergisst er morgens gar, sich einen Scheitel durch das graue, dünne Haar zu ziehen. Seinem Arbeitgeber Gingrich gegenüber nannte Fitzgerald die Figur des Pat Hobby einmal *a complete rat*.

Im Vergleich zu Pat Hobby sind Ratten allerdings deutlich fähigere Überlebenskünstler.

F. Scott Fitzgerald

In einer knappen Nachbe-
merkung zur deutschen
Ausgabe und deren Titel
– nämlich *Pat Hobby's
Hollywood Stories* – schreibt
der Übersetzer Harry Ro-
wohlt: »Das ›Hollywood‹
hat der Verlag aus schnö-
den Gewinst-Erwägungen,
gegen den ausdrücklichen
Willen des Übersetzers,
in den deutschen Titel
geschmuggelt«.

Elizabeth M. Varet-Ali: *The
Unfortunate Fate of Seventeen
Fitzgerald ›Originals‹:
Toward a Reading of* The Pat
Hobby Stories ›*On Their
Own Merits Completely*‹. (In:
Journal of the Short Story in
English, No. 14, S. 89)

ISCH KANDIDIERE (2009;
D: Angelo Colagrossi, Hape
Kerkeling, Jens Teutsch-
Majowski; R: Angelo Cola-
grossi)

Elizabeth M. Varet-Ali: *The
Unfortunate Fate* (a.a.O.,
S. 94)

Die *Pat Hobby Stories* mit ihrem direkten *Sound*, ihrer komödianti-schen *Verve* und ihrem sardonischem *Grip* befinden sich in unmittelbarer Nachbarschaft zum Genre der Groteske oder des Sketches – dicke Stri-che statt feiner Linien. In dieser anderen, für Fitzgerald ungewohnten Tonart aber sind die *Pat Hobby Stories* sorgfältig gearbeitete erzählerische Werkstücke. Sie sind Metaphern der Dünnhäutigkeit amerikanischer Identität(en), wobei Hollywood für Fitzgerald als Nukleus dient, worin die *templates* und *mechanics* für solche Identitäten einerseits angerührt, andererseits dekonstruiert werden. Die Amerikanistin Elizabeth Varet-Ali bezeichnete Pat Hobby »als ein genuines Produkt der Studios, welcher sich eilfertig den Regeln des herrschenden Systems unterwirft, sie ver-innerlicht und auch, allerdings glanzlos, nach außen vertritt, obwohl er ihnen selbst mit Pauken und Trompeten zum Opfer gefallen ist. Die un-erhörten Fettnäpfchen, in die er beim nutzlosen oder gar unberechtigten Herumhängen auf dem Studio-Gelände tritt, das heißt seine Inkompetenz, sind lediglich ein Replikat dessen, was sich jeden Tag um ihn herum ab-spielt«. Nur: Es gibt einen Riesenunterschied zwischen Fettnäpfchen, in die solche treten, die sich innerhalb des Systems bewegen, und Fettnäpf-chen, die für jene aufgestellt sind, die von außen kommen. Pat Hobby ist so sehr außerhalb des Studiosystems wie Hape Kerkelings Kunstfigur Horst Schlämmer außerhalb der Politik, und wie Horst Schlämmer im Wahlkampagnen-Film ISCH KANDIDIERE, so sagt auch Pat Hobby: »Was die anderen nicht können, das kann ich schon lange.« Eine der Sachen aber, die Pat Hobby am besten nicht kann, oder zumindest im Verlauf der Storys nie tut, ist schreiben. Fatal für einen Schreiber.

Das bleibende Zentrum der 17 Geschichten um den immer weiter fortschreitenden Niedergang des ehemaligen Schreibsklaven Pat Hobby ist eine raffinierte Überblendung zwischen dem Flehen von Pat Hobby, geliebt zu werden, und der unbarmherzigen These, dass Hollywood, »das populärste Symbol der amerikanischen Nation, und vielleicht bald der Hauptzugang zu allem, was nur irgendwie mit Kultur zu tun hat, nichts anderes hervorbringt als abgedroschene Variationen banaler The-men. Das Studiosystem als Ort, wo aus umfassendstem Analphabetismus und niedrigsten Beweggründen plumpester Illusionsmuckefuck angerich-tet wird. Kein Wunder, dass dort Ignoranten, ›mentale Kadaver‹, ›submikro-skopische Urtierchen‹ und Ratten in der Art von Pat Hobby beste Lebens-bedingungen finden – nur dass Hobby von seinesgleichen eben nicht als Gleicher angesehen wird.«

★

»Pat Hobby saß in seinem Büro im Autorentrakt und betrachtete die Ausbeute eines Vormittags, die gerade aus der Script-Abteilung zurück-geschickt worden war. Er ›redigierte‹, und das war der einzige Job, den er heutzutage noch bekam. In Blitzesschnelle sollte er eine völlig verhauene Sequenz reparieren, aber das Wort ›Blitzesschnelle‹ konnte ihn weder inspirieren noch einschüchtern, denn Pat war bereits seit seinem dreißigsten Lebensjahr in Hollywood; und jetzt war er neunundvierzig. Die ganze Arbeit, die er an diesem Vormittag geleistet hatte (wenn man davon absieht, dass er einige Zeilen vertauscht hatte, um sie als die seinen ausgeben zu können, alles also, was er bisher erfunden hatte, war ein einziger imperativer Satz, von einem Arzt ausgesprochen: ›Kochend heißes Wasser – jede Menge kochend heißes Wasser.‹ Das war eine gute Zeile. Sie war ihm – bereits völlig ausgereift – in den Sinn gekommen, als er das Script zum erstenmal gelesen hatte«. (*Kochend heißes Wasser – jede Menge kochend heißes Wasser!*)

F. Scott Fitzgerald: *Boil Some Water – Lots of It* (*Esquire*, März 1940)

✶

Es ist ungerecht, den *Pat Hobby Stories* fehlenden Ehrgeiz des Autors vorzuwerfen. Auch dass sie zwar ein hohes Maß an *desperation* zum Ausdruck bringen würden, aber wenig *inspiration*. Sie waren nie dafür gedacht, hintereinander weg als Buch zu erscheinen. Sie sollten sich darin erfüllen, in sich abgeschlossene Geschichten eines Zeitschriften-Zyklus zu sein, in den ein Leser an jeder beliebigen Stelle einsteigen könnte. Aus diesem Grunde gibt es auch, liest man sie wie Kapitel eines in sich geschlossenen Buches, viele Wiederholungen wie Erläuterungen zu Pat Hobbys Äußerem und seiner Vorgeschichte, eine Reihe von Redundanzen etc. Ja, sie sind *rushed creations* und unter dem Druck von *Deadlines* produziert. Zuerst mögen sie Fitzgerald wirklich nur als ein Auftrag vorgekommen sein – gut für wenig, aber immerhin schnelles Geld. Im Lauf der Zeit aber scheinen sie für den Schriftsteller indes ihren Charakter und ihr Gewicht verändert zu haben, sind zu einem Anliegen geworden, dem er ein erhebliches Maß an *plotting*, *planning* und *rethinking* zukommen ließ. Milton R. Stern rekonstruierte die Produktionschronologie der *Pat Hobby Stories* im Zusammenhang mit Fitzgeralds anderen beiden Aufgaben der Jahre 1939 und 1940 – also seiner Arbeit als Freelance Script Doctor für die Universal Studios und seiner Arbeit an *The Love of the Last Tycoon* – und kommt zu folgender Aufstellung: »Die Geschichten entstanden an den Wochenenden. Am 16. September 1939 kam die erste der Storys, *A Man in the Way* [*Ein Mann steht im Wege*], bei *Esquire* an. Am 21. September schickte Fitzgerald nicht nur eine Überarbeitung, sondern auch eine zweite Episode: *Boil Some Water – Lots of it* [*Kochend heißes Wasser – Jede Menge kochend heißes Wasser*]. Am 27. September schickte er eine Überarbeitung der zweiten Episode, und am 2. Oktober die dritte Geschichte, *Teamed With Genius* [*Pat Hobby und das Genie*]. Am 6. Oktober kam die Überarbeitung dieser Geschichte, sowie eine zweite Überarbeitung von *Boil Some Water – Lots of It*. Am 14. Oktober ging der vierte und fünfte Hobby auf den Weg: *Pat Hobby's Preview* [*Pat Hob-*

Milton R. Sterne: *Will The Real Pat Hobby Please Stand Up?* (a.a.O., S. 312)

bys Premiere] und *Pat Hobby's Christmas Wish* [*Pat Hobbys Wunschzettel*].
Letztere erschien als erste *Pat Hobby Story* in der Weihnachtsausgabe
von *Esquire*, die mit Januar 1940 datiert war. Die weiteren Eingangsda-
ten, entweder bei Gingrich persönlich oder in der *Esquire*-Redaktion,
waren: *No Harm Trying* [... *So ist doch der Wille zu loben*] am 27. Oktober,
Pat Hobby's College Days [*Pat Hobby geht aufs College*] am 8. November.
Fünf Tage später kam *Pat Hobby's Young Visitor*, die einzige Story, deren
ursprünglicher Titel geändert wurde in *Pat Hobby, Putative Father* [*Pat
Hobby, vermeintlicher Vater*]. Dann gab es eine Zeit der Funkstille, während der Fitzgerald krank war und sich entschuldigte, sehr im Verzug zu
sein. Am 19. Dezember lieferte er dann *Two Old Timers* [*Zwei Oldtimer*]
und an Weihnachten *Mightier Than the Sword* [*Die Macht des geschriebenen
Wortes*].« Die letzte Geschichte, in deren Zusammenhang Fitzgerald auch
erklärte, dass er sich seiner neuen Schöpfung gegenüber *rather attached*
fühle, lieferte er am 25. Juni 1940 an Gingrich. Im Sommer 1940 führte
er auch eine lebhafte Korrespondenz mit seinem Herausgeber über die
Reihenfolge der Geschichten.   ✴

*Milton R. Sterne: Will The
Real Pat Hobby Please Stand
Up?* (a.a.O, S. 312)

»›Verschwinden Sie!‹ schrie Dick Dale. ›Sie stehen nicht mehr auf der
Gehaltsliste. Verlassen Sie das Studiogelände.‹ Das Schicksal hatte Pat
keine Farm in Neu-England beschert, aber gegenüber gab es ein Café,
in dem auf Flaschen gezogene bukolische Träume blühten, wenn man
das nötige Geld hatte. Er wollte das Studiogelände nicht ganz verlassen,
hatte es ihm doch durch so viele Jahre hindurch ein Heim gegeben.
Also kam er um sechs zurück und strebte seinem Büro zu. Es war abgeschlossen. Er sah, dass es bereits einem anderen Autor zugewiesen war.
[...] Er verbrachte eine Stunde in der Intendanzkantine, stattete der Bar
einen neuerlichen Besuch ab, und dann ließ er sich von irgendeinem
Instinkt in ein Studio führen, in dem gerade an einer Schlafzimmer-
Szene gearbeitet worden war. Er verbrachte die Nacht auf einer Couch,
deren gekräuselter Flaum noch am Nachmittag von Claudette Colbert
mit Beschlag belegt worden war. Der Morgen stellte sich ihm etwas trü-
ber dar, aber er hatte noch etwas in seiner Flasche sowie fast hundert
Dollar in der Tasche. [...] Als er das Studiogelände verließ, stockte er
vor dem Friseursalon, fühlte sich aber zu nervös für eine Rasur.« (*Die
Macht des geschriebenen Wortes*)   ✴

Mightier Than the Sword
(*Esquire*, April 1941)

Fitzgerald war der Schriftsteller der gerade erlebten Gegenwart und
machte sich doch genau in der Beschreibung dieses Erlebens zu einem
Schriftsteller des Zeitlichen und damit Vergänglichen.
     »Die Zeit ist etwas«, schrieb Georg Diez in einem Essay zur Neu-
Herausgabe der Romane von Fitzgerald, »das sein Schreiben durchweht
wie ein trügerischer warmer Windhauch am Abend: Alle warten auf

diesen längsten Sommertag, alle spüren den Wind auf den Wangen, alle reagieren erst, wenn der Wind schon weitergegangen ist. Leben ist Erinnerung, sagt Fitzgerald, und das ist keine tröstliche Botschaft. Es gibt das Leben nur im Verstreichen und nie im Augenblick – wobei, und das ist die perfide Logik dieses Verlustes, die Vergangenheit nie nur Paradies ist, sondern immer auch Plage.«

Auch die Prosa der *Pat Hobby Stories* – der satirische Überschwang einerseits, die massive Deprimiertheit andererseits, und vor allem der ungefederte Wechsel zwischen beidem – ist ein ewiger Widerklang. »Sie verbreitet«, so noch einmal Georg Diez, »dieses Gefühl, dass alles zum ersten Mal passiert, und trägt gleichzeitig diese ungeheure Müdigkeit in sich, diese Überlebtheit und Schwere. Sie trägt mit jedem Satz das Gewicht der Welt, und es wirkt wie die leichteste Übung überhaupt.«

Georg Diez: *Scott Gott. Die Neuausgabe seiner Romane zeigt, warum der amerikanische Schriftsteller F. Scott Fitzgerald unsterblich ist*. In: Die Zeit, 27.5.2006.

Georg Diez: *Scott Gott* (ebenda)

★

»›Ich wusste, was auf mich zukommt, als ich Sie anforderte‹, sagte Jack Berners, »aber es geht hier um einen Job, bei dem Sie sich möglicherweise nützlich machen könnten.« (*Pat Hobby und das Genie*)

F. Scott Fitzgerald: *Teamed with Genius* (*Esquire*, April 1940)

★

Pat Hobby ist das Musterbeispiel für eine prekäre Existenz, lange bevor dieses Wort auch nur gedacht, geschweige denn irgendwo niedergeschrieben wurde. In der Beschreibung von Pat Hobbys Schäbigkeit, die aber nichts Boshaftes hat, legte Fitzgerald ein großes Verstehen (oder Erfühlen) der Welt und was sie ausmacht hinein. Vielleicht die Einsicht, wie sie Ferkel in Harry Rowohlts *Pu der Bär* formuliert: »Es ist schwer tapfer zu sein, wenn man nur ein sehr kleines Tier ist.«

Harry Rowohlt hat die *Pat Hobby Stories*, als sie 1978 zum ersten Mal auf Deutsch erschienen sind, übersetzt. Irgendwann später (1995) fing er an als Penner in der *Lindenstraße* aufzutreten, noch später (2007), als er an Polyneuropathie erkrankte und man befürchten musste, dass die Serie eines ihrer wenigen Highlights verliert, schrieb er an den Produzenten Hans W. Geißendörfer: »Ich will weiterspielen. Zur Not eben nur noch im Sitzen.«

Fitzgerald hat die Geschichten von Pat Hobby möglicherweise »auch nur noch im Sitzen« geschrieben. Aber er liebte diese Ratte namens Pat Hobby doch sehr. So wie Harry Rowohlt seine Penner-Rolle liebt.

Andere Zeiten, andere Sitten.

Alan Alexander Milne: *Pu der Bär*. Aus dem Englischen von Harry Rowohlt. Dressler 2009.

Lindenstraße (BRD 1985ff)

F. Scott Fitzgerald: *Pat Hobby's Hollywood-Stories*. Aus dem Amerikanischen von Harry Rowohlt. In: F.S.F.: Gesammelte Erzählungen. Band 4: *Der letzte Kuss*. Zürich: Diogenes 2009. 2976 S., Euro 89,00 (Kassette mit 4 Bänden); 544 S., Euro 24,90 (Band 4 einzeln).

Der Kinoträumer

Eine Reise durch das Werk von Patrick Roth

Von Manuela Reichart

Patrick Roth

Patrick Roth: *Zur Stadt am Meer* (Suhrkamp 2009, S. 29-30)

Roth: *Zur Stadt am Meer* (a.a.O., S. 31)

Es gab diesen Traum, den Patrick Roth inmitten seines enervierenden Chaos zwischen neuer und alter Wohnung, Umzug und Abschied von langjährigen Nachbarn in Los Angeles träumte: »Ich war wieder an der Filmhochschule – in einem stillen schattigen Raum des Cinema Departement, das ich 1975 an der USC in Los Angeles besucht hatte. Ich hatte gerade eine Frage an einen alten Kameramann gerichtet. Statt mir Antwort zu geben, trat der Alte auf die Filmkamera zu, die nur ein paar Schritte neben uns in Augenhöhe – ihr Objektiv nach links gerichtet – aufgebaut war. Rasch öffnete er ihr Gehäuse und ließ mich, an seiner Schulter vorbei, hineinsehen: Der Film war eingelegt, die Kamera scheinbar ›ready to shoot‹. Er aber zog einen längerem Streifen unbelichteten Materials aus dem Kasten und hielt ihn vor sein Gesicht, als wolle er betrachten, was doch noch gar nicht aufgenommen war: Bilder, die sich dem Film, der Emulsion, erst noch einschreiben müssten – wir hatten ja noch gar nichts gedreht. Da sah ich, dass er nicht mit Augen betrachtete, sondern – ich höre noch sein langsames Ein-, sein langsam-nebliges Ausatmen – ihn behauchte, den Film, ihn auf beiden Seiten mit seinem Atem bestrich.«

In seinen Heidelberger Poetikvorlesungen erzählt Patrick Roth, wie er beim Aufwachen gebannt war, wie er in diesem Traum sofort einen Schatz erkannte, der aus der Unterwelt für ihn gehoben worden war, ein »dem Unbewussten entrissener ›Stoff‹«, den er beim Erwachen festhalten wollte und musste. Er erinnert sich an die Filmhochschule, die er damals besuchte. Eigentlich war er mit einem Amerikanistik-Stipendium in die USA gereist, hatte aber rasch das Fach gewechselt, sich mit Leidenschaft dem Film verschrieben. Drei Jahrzehnte später holt er sich beim Aufwachen den Geruch »jener alten Holzbaracken der Schule« wieder ins Gedächtnis, »die damals, 75, im Viereck um den kleinen *patio* standen, den lichten Innenhof mit dem riesigen Dosenautomaten, in dessen Schatten wir *Dr. Pepper* tranken, wenn die Jungs im *stock room* uns zu lange auf Lampen und Stative warten ließen.« Er spürt wieder die

Ungeduld beim Warten auf das Equipment, die Anspannung, ob man alles bekommt, was man braucht, die gewünschte Kamera, die nötigen Stative, die Anzahl der Lampen. Er weiß plötzlich auch, wer der alte Mann aus dem Traum gewesen sein könnte, seine Gestalt erinnert ihn an »einen alten amerikanischen Kameramann, den ich 75, kurz nachdem ich in L.A. eingetroffen war, ja, eben: in einer der Holzbaracken des USC-Cinema-Departement, einem kleinen Projektionsraum, in dem sonst nur Klassen über Sound abgehalten wurden, kennengelernt hatte. Er zeigte einer Handvoll Leuten und mir – ich war während der Semesterferien, als der Campus fast leer war, eher zufällig in den *Soundroom* hineinspaziert –, er zeigte uns den letzten großen Stummfilm, den er 1927 mit Murnau gedreht hatte. Der Film hieß SUNRISE.«

Aus dem Unbewussten, in das wir durch unsere Träume Einblick haben, bezieht der Schriftsteller Patrick Roth (der sich auf C.G. Jung und seine »aktive Imagination« bezieht), immer wieder Stoff und Motive seines Schreibens: Woran denkt man nach und in den Nachtbildern und warum, was will der Traum uns mitteilen, wohin führt er denjenigen, der sich ihm beim Erwachen öffnet? Roth verfolgt die Szenen des Unbewussten, er macht sie lebendig, holt sie in die Gegenwart, findet ihren Sinn. Benutzt sie, erzählt von ihnen und literarisiert sie. Er haucht ihnen – wie im Traum – Leben ein. Aus dem scheinbar sinnlosen Traum entwickelt sich Erkenntnis, aus dem narrativen Dunkel entsteht Licht: SUNRISE.

Nicht allein Erinnerung, nicht die Beschäftigung mit dem Abgeschlossenen, dem Vergangenen sei – schreibt Roth – der wahre Grund der Literatur, sondern »Schreiben ist Totensuche. Im Autor, im Leser, wenn er zur Mitsuche verführt wird, wenn der Mut des Autors im Geist des Erzählten auf ihn übergeht. Schreiben ist Totenerweckung. Im Leser, im Autor.« Literatur wird so zum hilfreichen, zum einzigen Mittel gegen den Tod, eine Waffe, mit der seine Macht zu brechen ist. Die Literatur kann das und – das ist das zweite zentrale Motiv dieses Autors, der seit 35 Jahren in der Nähe von Hollywood lebt, der sich wie kein anderer deutscher Gegenwartsautor dem Film verschrieben hat – das Kino. Von der Filmkritikerin Frieda Grafe stammt der schöne Satz: »Im Kino ist die Zukunft Gegenwart.« Patrick Roth würde hinzufügen: Im Kino ist Vergangenheit Gegenwart und Zukunft zugleich und mehr noch, im Kino wird der Lauf der Zeit ebenso angehalten wie der Tod. Es gibt für den Kinogeher kein Gestern und kein Morgen, immer ist es die Präsenz des Augenblicks, die ihn in den Bann zieht. In diesem Sinn arbeitet Patrick Roth an der Verschriftlichung der imaginären Kraft der Kino-Bilder und Kino-Geschichten. Er schreibt über das, was zwischen Traum und Wachen, zwischen Wirklichkeit und Imagination, zwischen Film und Zuschauer passiert und darüber, dass es keine Hierarchie zwischen diesen Existenzformen gibt und geben darf.

Roth: *Zur Stadt am Meer* (a.a.O., S. 35)

SUNRISE (Sonnenaufgang; 1927; D: Carl Mayer, nach der Erzählung von Hermann Sudermann; R: F.W. Murnau)

Patrick Roth: *Ins Tal der Schatten* (Suhrkamp 2005, S. 14)

ALL ABOUT EVE (Alles über Eve; 1950; D+R: Joseph L. Mankiewicz, nach der Geschichte von Mary Orr)

THE MAGNIFICENT AMBERSONS (Der Glanz des Hauses Amberson; 1942; D: Orson Welles, nach dem Roman von Booth Tarkington; R: Orson Welles)

Roth: *Ins Tal der Schatten* (a.a.O., S. 49)

Roth: *Ins Tal der Schatten* (a.a.O., S. 50)

Auf einer Hochzeitsfeier erzählt der Vater der Braut vom größten Augenblick in seiner nicht gerade bedeutenden Schauspielerkarriere: In einer Theaterproduktion habe er Anne Baxter geküsst. Während der Autor sofort an die betrogene Bette Davis in ALL ABOUT EVE denkt, wo Ann Baxter ein scheues Reh gibt, das in Wahrheit ein hinterhältiges Biest ist, und an Orson Welles verstümmelten THE MAGNIFICENT AMBERSONS, wo Anne Baxter in Ohnmacht fällt, weil sie nicht sagen konnte, was sie hätte sagen müssen, und damit das eigene und das Leben des Geliebten ruiniert – während diese Kinoerinnerungen im Kopf ablaufen, gleichsam als Bildspur zur Tonspur des älteren Herren, der berichtet, Anne Baxter habe ihm damals auf der Bühne sogar Zungenküsse gegeben –, endet die Erzählung in der Mitteilung, die Schauspielerin sei vor ein paar Jahren in New York ganz plötzlich gestorben, auf der Straße zusammengebrochen. »Unter dem Bild vom Kuß, dem ich gerade noch nachgegangen hatte, war ein anderes Bild, eine andere Szene auf- und hervorgetaucht. Eine Zeitlang – ein paar Sekunden vielleicht, die Dauer eines durchschnittlichen Filmdissolves – hatten sich die Bilder in mir die Waage gehalten, als lebte eins im anderen: die letzten Momente im Leben der Schauspielerin Anne Baxter in diesem Kuß, mit dem sie Mr. Tenbrook einst küßte.«

Patrick Roth beherrscht sie eindrucksvoll – die Fähigkeit, die filmische Form in die literarische zu übertragen, er macht den Dissolve, die Überblendung lesbar. Das deutsche Wort – schreibt er – gefalle ihm nicht, der Akzent im Deutschen liege auf »blenden«, auf »blind«, aber »hier, im Dissolve, scheint etwas durch, scheint durch ein zunächst ›Hartes‹, Faktisches hindurch, durch eine Wirklichkeit, in der wir bisher lebten, löst dieses Harte auf – ›dissolviert‹ es also ... Denn der Dissolve suggeriert eben nie nur ›the passage of time‹, das Vergehen der Zeit oder das Wechseln des Ortes, sondern entdeckt uns, dass, was hier langsam sichtbar wird, eigentlich schon immer unterm anderen, jener ersten Schicht zu sehen gewesen wäre ... und jetzt nur stärker und immer stärker durchscheint, sich zu erkennen gibt.« Zukunft, Gegenwart, Vergangenheit muss man sich also – als Leser, als Kinozuschauer – nicht als eine Linie, eine Zeitleiste vorstellen, vielmehr als verschränkte Ringe, als ineinander verwobene Kreise, die immer schon gleichzeitig existieren.

In der Geschichte *Die Nacht der Zeitlosen* ist es jedoch gerade dieser Glauben an die Aufhebung einer linear verlaufenden Zeit, der den Erzähler ratlos macht. Auf seiner eigenen Geburtstagsparty entdeckt er plötzlich fasziniert einen Zusammenhang zwischen vier Gästen, die einander nicht kennen. Es eint sie, dass sie alle in einer merkwürdigen Beziehung stehen zum Mord an John F. Kennedy. Der eine war 1961 »Rausschmeißer in der *Pearl Harbour Bar* auf dem Hollywood Boulevard« und liiert mit einer Stripperin, die früher einmal für Jack Ruby, den Mörder von Lee Harvey Oswald, gearbeitet hatte. Schließlich war sie zu Ruby nach Dallas zurückgekehrt, um ihre Schulden bei ihm abzuarbeiten, weil ihr neuer Freund die nicht begleichen konnte. Wäre sie jedoch bei ihrem Rausschmeißer geblieben, hätte Ruby den säumigen Zahler damals vielleicht erschossen, wäre dafür ins Gefängnis gegangen und hätte den Mörder Kennedys nicht umbringen können. Es hätte also eine wichtige Figur gefehlt am 22. November 1963, und alles wäre möglicherweise anders gekommen. Der zweite beziehungsreiche Gast ist eine junge Polin, die in dem Oliver-Stone-Film JFK Marina, die Frau von Lee Harvey Oswald gespielt hatte, und die dritte eine Schauspielerin, die 1963 in einem Off-Broadway-Stück auftrat, in dem ihr Partner sie in einer Szene ohrfeigen musste. Gegen alle Absprachen schlug er jedes Mal so fest zu, dass sie mit blauen Flecken und geschwollener Backe nach Hause ging. Schließlich suchte sie ihn kurz vor dem nächsten Auftritt in seiner Garderobe auf und zeigte ihm zwei Fotos. Auf dem einen sah man ihre geschwollene Wange und die blauen Flecken, auf dem anderen saß sie als Kind auf dem Schoß eines älteren Italoamerikaners. »›Wenn du heute abend mit deiner Hand auch nur in die Nähe meiner Backe kommst‹, hat sie zu ihm gesagt, ›dann schick ich meinem Onkel das Polaroid.‹« Der Mann auf dem Foto war Santos Trafficante, der »Florida-Mafiaboß, der zusammen mit Sam Giancana den Auftrag zur Ermordung Kennedys gegeben haben soll.« Die Vierte im Bunde ist an diesem Abend die Frau, die Oliver Stone als Jacqueline Kennedy in JFK besetzt hatte, weil sie der Präsidentengattin ähnlich sah und hieß wie sie: Jackie. Mit dieser schönen Unbekannten sitzt der Ich-Erzähler auf dem Bordsteinrand, schaut auf das Treiben seines Geburtstagsfests und fragt sie nach ihrer Geschichte, von der er schon gehört hat. Am Tag, als der Mord im offenen Wagen gedreht werden sollte, hatte man einen Dummy neben Jackie gesetzt und sie instruiert, sich genau so zu verhalten, wie die echte Jackie es an jenem Tag getan hatte. Nach den Schüssen sollte sie auf den hinteren Wagenteil kriechen, damit Stone später von seinem Material auf den berühmten Amateurfilm umschneiden, die nachgestellte Sequenz mit dem alten Acht-Millimeter-Film würde verschränken können. Als dann jedoch die Schüsse fielen, hatte die Statistin sich keineswegs wie die echte Jackie verhalten, vielmehr hatte sie »die Puppe mit beiden Händen am Kopf ergriffen und nach unten auf den Sitz hinabgezogen.« Der Erzähler will wissen, was sie damals gefühlt, ob sie geglaubt habe, die echte Jackie Kennedy gewesen zu sein, aber nein, sie »habe nicht wie Jackie Kennedy gehandelt. Ich habe mit dem Wissen gehandelt, das ich damals hatte. Es war, als sei ich mit diesem Wissen in jene Zeit zurückversetzt worden. Ich sah die Kamera-Crew nicht mehr. Ich sah die beiden Polizisten, die auf ihren

Patrick Roth: *Die Nacht der Zeitlosen* (Suhrkamp 2005, S. 101)

JFK (1991; D: Oliver Stone, Zachary Sklar, nach dem Buch von Jim Garrison und dem Buch von Jim Marrs; R: Oliver Stone)

Roth: *Die Nacht der Zeitlosen* (a.a.O., S. 108)

Roth: *Die Nacht der Zeitlosen* (a.a.O., S. 114)

Motorrädern neben uns herfuhren. Ich sah den Brückentunnel, nicht allzu weit vor uns, und dachte noch: Wie wirklich heiß es ist heute, und dass es nicht die Filmlampen sind, die diese Hitze erzeugen, sondern dieselbe Sonne, die damals, siebenundzwanzig Jahre zuvor, auch auf Dealey Plaza in Dallas fiel und den Lincoln, in dem wir saßen, beschien ... Und da, als ich das dachte, mischte sich, so unglaublich schmerzhaft, dass es mir fast die Sinne raubte, das Vorwissen ein, dass er jetzt jeden Augenblick sterben würde und dass ich ... die einmalige Chance

Roth: *Die Nacht der Zeitlosen* (a.a.O., S. 116-117)

hätte, was geschehen war, zu verhindern.« Die Vergangenheit wird zur Gegenwart, in der die Akteurin glaubt, die Zukunft, den Mord verhindern zu können. Die Präsenz der Kino-Wiederholung hätte das zurückliegende Verbrechen auslöschen können, davon ist sie überzeugt. Sie fühlt sich schuldig, weil sie nicht schnell genug gehandelt habe, weil sie die Wirklichkeit nicht habe verschieben können. Sie weiß, dass es diese Chance gab.

Der Protagonist dieser Geschichte erinnert sich an einer anderen Stelle, wie er als Kind seinem Freund beim Kinobesuch oft die Eintrittskarten gab, die Augen schloss und sich von ihm blind zu seinem Platz führen ließ. »Ich ließ die Augen geschlossen, bis die Vorstellung begann, und verstärkte dadurch den mir angenehmen Eindruck, der Film gehöre zur selben Wirklichkeit und sei durch nichts als einen einzigen verlangsamten Wimpernschlag von mir getrennt.«

Roth: *Die Nacht der Zeitlosen* (a.a.O., S. 94)

Patrick Roth, der 1953 in Freiburg geboren wurde und in Karlsruhe aufwuchs, der sich seiner Biografie immer wieder vergewissert, in dem er sich an die Filme erinnert, die er gesehen hat, lässt beinahe jeden seiner Protagonisten in *Die Nacht der Zeitlosen* durch Kinoerfahrungen erschüttern. Da erwacht (in der Nacht vor dem Erdbeben des 16. Januar 1994) ein Fieberkranker aus einem wüsten Traum und gleitet in die schreckliche Wirklichkeit eines Films von Mervyn LeRoy aus dem Jahr 1942, der gerade im Fernsehen läuft, aus dem er bald jedoch wider Willen in seine eigenen Träume gerissen wird. Amnesie ist das Verderben in RANDOM HARVEST, wo Ronald Colman tatsächlich vergisst, dass er Greer Garson liebt.

RANDOM HARVEST (Gefundene Jahre; 1942; D: Claudine West, George Froeschel, Arthur Wimperis, nach dem Roman von James Hilton; R: Mervyn LeRoy)

Wie in LeRoys Film ist das Buch *Die Nacht der Zeitlosen* in drei Phasen aufgeteilt: Sind es im Kino die erste, dann die zweite Amnesie, schließlich das Happy End der Erinnerung, sind die fünf Geschichten des Bandes unterteilt in den Abstieg, *sundown*, den Aufenthalt in der Nacht und schließlich in den Aufstieg, *sunrise*. Die Menschen wandern »hinab und kommen aus der Tiefe hervor«. Es geht einmal mehr um die verborgenen Schichten des Unbewussten, die sich immer wieder mit Kinobildern und Kinoerfahrungen paaren. In der Geschichte *Der Stab Moses* kauft ein angehender Filmregisseur bei einem *garage sale*, dieser sehr speziellen amerikanischen Art des Trödelverkaufs, zu einem

Roth: *Ins Tal der Schatten* (a.a.O., S. 123)

überteuerten Preis einen Holzprügel, weil der Verkäufer versichert, es handle sich dabei um den Stab, der Charlton Heston als Moses in DIE ZEHN GEBOTE gehörte. Der frisch in L.A. Angekommene erinnert sich, wie er die Cecil-B.-DeMille-Produktion einst in der Karlsruher *Schauburg* gesehen und verachtet hatte. Trotzdem kann er sich der seltsamen Ausstrahlung des Requisits nicht entziehen – und kauft das Relikt aus der großen alten Studiozeit. »Damit hatte Charlton Heston Pharao Yul Brynners Palastteich blutgefärbt. Diesen Stab hatte er John Carradine, dem alten John-Ford-Schauspieler, der als Aaron neben ihm stand, überreicht, bevor Carradines Aaron den Stab zu Boden warf und das Zeichentrickdepartement der Paramount Pictures Corporation den starren braunen Prügel vor den Augen der Höflinge in ein für Sekundenbruchteile kümmerlich Schlängelndes und das Tierdepartement des nämlichen Studios das kümmerlich Schlängelnde in eine richtige Schlange verwandelte. *Den* Trick kopierten die Zauberer des Pharaos zwar gleich und ohne weiteres. Aber unnachahmbar war doch, wie Heston, keine zwanzig Minuten später, kurz bevor er das Volk in die Wüste führte, seine Arme in ganzer VistaVisions-Breite ausstreckte und mit seinem Stab, mit *diesem Stab*, den ich jetzt hielt, das Rote Meer in grünrotschimmernde und leinwandhoch sich aufbäumende Technicolorhälften teilte.«

Dieser Stab, von dem man nicht weiß, ob er Fälschung oder Original, ob er wirklich Filmrequisit oder nur ein *garage sale*-Trick war, wird dem Helden und seiner neuen Freundin das Leben retten. Er wird für ihn nicht das Meer teilen, aber ihm den Weg aus einer Feuersbrunst weisen. Die Kraft der Imagination wird sich im realen Leben entfalten; das Kino mit seinen mächtigen Wunder-Bildern reicht plötzlich in die Wirklichkeit.

Als 22-Jähriger war Patrick Roth – davon erzählt er eindrucksvoll in *Meine Reise zu Chaplin* – zum Schweizer Anwesen des bewunderten Regisseurs gepilgert, weil er das Gefühl hatte, nur in der »Gleichzeitigkeit-mit-ihm« könne sich sein Leben erfüllen, nur wenn er oder wenigstens der Brief, den der junge Filmstudent an den bewunderten Kino-Gott geschrieben hatte, ihm unter die Augen kommen, wenn er von ihm gesehen würde, könne er an ein eigenes Ziel gelangen. In einem heruntergekommenen Kino in Los Angeles hatte er CITY LIGHTS gesehen. Hier fand eine Bekehrung des Filmbegeisterten statt, der bis dahin wie seine Kommilitonen der Formlust anheim gefallen war, der werden wollte wie die bewunderten berühmten Filmregisseure. Nach diesem einen Kinobesuch war jedoch »alles Suchen nach Form [...] wie weggesprengt. Das Unnachahmbare konnte nur angestaunt werden.« Die Begegnung mit CITY LIGHTS, das Erkennen im dunklen Kino, die Tränen angesichts des alles überströmenden Gefühls: eine quasi

THE TEN COMMANDMENTS (Die Zehn Gebote; 1956; D: Æneas MacKenzie, Jesse L. Lasky Jr., Jack Gariss, Fredric M. Frank, nach den Romanen von J.H. Ingraham, A.E. Southon und Dorothy Clarke Wilson; R: Cecil B. DeMille)

Roth: *Ins Tal der Schatten* (a.a.O., S. 74-75)

Patrick Roth: *Meine Reise zu Chaplin* (Suhrkamp 2002)

CITY LIGHTS (Lichter der Großstadt; 1931; D+R: Charles Chaplin)

Roth: *Meine Reise zu Chaplin* (a.a.O.)

religiöse Initiation – die fortan sein Leben und seine Liebe zum Kino bestimmen sollte.

UNDERCURRENT (Der unbekannte Geliebte; 1946; D: Edward Chodorov, nach dem Roman von Thelma Strabel; R: Vincente Minnelli)

Als in UNDERCURRENT Katharine Hepburn nicht glauben will, dass der elegante und reiche Robert Taylor sie und keine andere heiraten will, fasst ihr Vater in Worte, was jeder leidenschaftliche Kinogeher weiß – und also auch Patrick Roth, in dessen Werk so viele empfindungsreiche und kluge Kinoverweise vorkommen, der für deutsche Zeitungen immer wieder Interviews mit bewunderten Regisseuren geführt hat: »Gehst du nie ins Kino, da passiert das alle Tage.«

Von der Kraft, das Ungewöhnliche und Unwahrscheinliche zu glauben (obwohl Katharine Hepburn besser ihren Zweifeln hätte vertrauen sollen, aber das ist eine andere Geschichte), den Traum ernst zu nehmen wie das Leben – davon handeln die Geschichten dieses Schriftstellers, der ein Kinoträumer ist.

LE RAYON VERT (Das grüne Leuchten; 1986; D: Marie Rivière, Eric Rohmer; R: Eric Rohmer)

Am ersten Januar 2004 trifft sich Patrick Roth mit Freunden am Strand von Santa Monica. Er erzählt dem Paar von LE RAYON VERT, in dem ganz am Ende des Sonnenuntergangs ein grünes Leuchten zu sehen ist. Die beiden halten dieses Phänomen für einen cineastischen Trick, der mithilfe eines speziellen Filters erreicht worden sein könnte. Jedenfalls gab es bei den vielen prächtigen Sonnenuntergängen, die sie in ihrem Leben gesehen haben, noch nie einen grünen Strahl kurz vor der Dunkelheit. Das Gespräch dreht sich um Hollywood, um das »gesegnete Grün« der Alchimisten, um Eric Rohmer, und dann geht die Sonne unter. Sie bleiben stehen. »Und da, in der letzten Sekunde vor dem völligen Eintauchen der Sonne im Meer, erschien er. Der grüne Strahl.«

Roth: *Zur Stadt am Meer* (a.a.O., S. 101)

Roths Heidelberger Poetikvorlesungen enden mit dieser Geschichte. Könnte man also vom Kino – fragt der Autor – lernen? Und nicht nur Kino?

»*Is it true?* hat man Orson Welles oft gefragt – und der Zauberer in ihm war angesprochen, das war klar. Die Psyche aber ›zaubert‹ nicht. Die Natur zaubert nicht.

Roth: *Zur Stadt am Meer* (ebenda)

It's all true.«

Die Gruppe Fehlfarben sang vor Jahren: »Ich kenne das Leben, ich bin im Kino gewesen.«

Fehlfarben: *Grauschleier*; vom Album *Monarchie und Alltag* (1980)

Patrick Roth: *Meine Reise zu Chaplin.* Frankfurt/Main: Suhrkamp 2002. 98 S., Euro 5,99.
Patrick Roth: *Ins Tal der Schatten.* Frankfurter Poetikvorlesungen. Frankfurt/Main: Suhrkamp 2005. 174 S., Euro 9,-.
Patrick Roth: *Die Nacht der Zeitlosen.* Frankfurt/Main: Suhrkamp 2005. 147 S., Euro 6,50.
Patrick Roth: *Zur Stadt am Meer.* [Heidelberger Poetikvorlesungen.] Frankfurt/Main: Suhrkamp 2009. 112 S., Euro 9,-.

Die lange Reise des Helden zu sich selbst

Keith Cunningham: *The Soul of Screenwriting. On Writing, Dramatic Truth, and Knowing Yourself.* New York, London: Continuum 2008. 478 S., ca. Euro 20.

Die Gretchenfrage der Filmdramaturgie ist die Frage nach dem Verhältnis von Figur und Plot. In ihrer Sturm-und-Drang-Zeit in den 1980er Jahren waren die Werke der Filmdramaturgie stärker an Plot- und Strukturmodellen interessiert – in den letzten Jahren hat sich die Aufmerksamkeit eher der Figurenentwicklung zugewandt. Das Verhältnis von Figur und Plot aber wurde nicht wirklich geklärt, trotz der ständig wiederholten Behauptung der Dramaturgen – die bislang eben nur eine Behauptung geblieben ist –, dass die Figur im Grunde Plot sei und der Plot Figur.

Keith Cunningham

Nun stellt Keith Cunningham mit seinem Buch *The Soul of Screenwriting* einen Ansatz vor, der zum ersten Mal ein plausibles Modell bietet, mit dem sich das Verhältnis von Figur und Plot klären lässt. Zwar mag es bessere Modelle der Figurenentwicklung als das von Cunningham geben, ebenso ausgefeiltere Plot- und Strukturmodelle. Aber ich kenne keine Dramaturgie, die ähnlich gelungen eine Synthese von Figur und Plot versuchen würde.

Cunninghams Grundidee ist zunächst dramaturgischer Mainstream und wenig aufregend. Primat der Figur oder Primat des Plots? Cunningham schlägt sich auf die Seite des Primats der Figur – aus ihr heraus will er den Plot sich entwickeln lassen und wird damit vermutlich ein beifälliges Nicken der werten Gemeinde der Filmdramaturgen bekommen. Das Problem aber ist: Wie lässt sich der Plot plausibel aus einer Figur heraus entfalten?

Hier ist der in der Branche übliche Zehn-Sekunden-Pitch, diesmal eines spannenden Buches mit 478 sehr vollen Seiten: Eine interessante Figur ist grundsätzlich eine zerrissene Figur. In ihr herrscht eine ungelöste Spannung – je größer der Kontrast, desto besser. Um diese figureimmanente Spannung zu dramatisieren, müssen Autoren sie »externalisieren« – das heißt, sie müssen den inneren Konflikt der Figur zu einem äußeren Konflikt mit anderen Figuren werden lassen. Aus diesem äußeren Konflikt entsteht nun die äußere Handlung des Filmes.

Nun gut – wo liegt die Pointe?

Bisherige filmdramaturgische Modelle konnten das Verhältnis von Figur und Plot nicht überzeugend klären, weil sie nur in der Doppelung von Figur und Plot denken und weil ihnen daher die Brücke zwischen diesen beiden Pfeilern fehlt. Cunninghams einfache Antwort auf die Gretchenfrage der Dramaturgen besteht darin, den Übergang von der Figur zur Handlung in der *Figurenkonstellation* zu suchen – das konventionelle binäre Modell (Figur und Plot) also durch ein ternäres Model aus Figur, Figurenkonstellation und Plot zu ersetzen. Die Brücke zwischen den bislang isolierten Pfeilern Figur und Plot ist also die Figurenkonstellation – »Externalisierung« ist das geheime Zentrum von Cunninghams Ansatz. Hier also die Logline seines Buches zum Simsen an die Mitstreiter in Produktion und Redaktion: Der *Plot* trägt die als *Figurenkonstellation* externalisierte innere Spannung einer *Figur* aus. Andere Figuren sind primär Externalisierungen innerer Spannungen unserer Hauptfigur, die sich im Plot entladen.

Folgen wir diesem Dreischritt aus Figur, Konstellation und Plot etwas genauer. Zu jedem der Entwicklungsschritte präsentiert Cunningham eine Reihe von aufeinander aufbauenden, paradigmatischen Modellen.

Das Modell der Heldenreise ist für Cunningham die Basis aller weiteren Modelle – es ist genreunabhängig und unterliegt als Fundament jedem Drama.

Cunninghams Rezeption der Heldenreise unterscheidet sich aber grundsätzlich von Christopher Voglers und Stuart Voytillas Adaption der Mythentheorie von Joseph Campbell. Wer die Heldenreise als »model of plot structure« verstehe, greift Cunninghams Lesart zufolge zu kurz und bildet das mythische Modell nur oberflächlich in die Struktur eines Drehbuchs ab. Tatsächlich sei die Heldenreise essenziell ein Modell, das den Tiefenprozess psychischen (und moralischen) Wachstums abbilde – ein Modell also, das primär nicht den *Plot* strukturiert, sondern eine fundamentale Aussage über die *Figur* trifft.

Die Botschaft der – mythischen – Heldenreise sei: »without breakdown there is no breakthrough«. Im Kontext des Dramas ist der Kern der mythischen Botschaft: »growth through crisis«. In der mythischen Grundstruktur durchwandere eine Figur die Tagwelt, tauche in eine Nachtwelt ab und kehre schließlich zurück in die Tagwelt. In der Adaption dieses mythischen Modells durch das Drama bedeuteten Tag- und Nachtwelt zum einen – psychologisch – den Gegensatz von Bewusstem und Unbewusstem und zum anderen – moralisch – den Gegensatz zweier grundsätzlich verschiedener Werte.

Im Klartext: Eine Figur kann nur dann wachsen, wenn sie in eine Krise gerät – in der Krise wiederum wird die Figur einerseits mit ihrem Unbewussten konfrontiert und andererseits mit moralischen Werten, die ihr eigentlich völlig fremd und entgegengesetzt sind. Die Heldenreise in Cunninghams Lesart ist also ein Modell, in dem

psychisches und moralisches »Wachstum« untrennbar ineinander verschränkt sind.

Die eigentliche Arbeit an einer Figur beginnt Cunningham mit seinem zweiten Modell, das auf der Grundlage seines Verständnisses der Heldenreise und der ihr inhärenten Idee eines Wachstums durch eine Krise, die die Figur in eine ihren bisherigen Überzeugungen entgegengesetzte Welt führt, beruht. Die Grundidee: Eine interessante Figur durchzieht ein Riss – ein »inner split«: auf der einen Seite das Selbstbild der Figur, das »who I think I am«, ihr Bewusstsein. Cunningham nennt diesen Teil der Figur ihren »mode«. Auf der anderen Seite steht das Unbewusste der Figur, das, was sie noch nicht über sich weiß – ihr »need«. In dieser Spannung zwischen »mode« und »need« besteht das »central dilemma«, das »central paradox«, die »juxtaposition« einer Figur.

Ihrem Selbstverständnis nach neigt eine Figur zu einer Überbetonung eines Wertes oder einer Eigenschaft und vernachlässigt das Gegenteil. Für diese Vernachlässigung gibt es zwar Gründe in der Biografie der Figur. Die Figur aber, die sich in ihrem »mode« einigelt, gerät in eine Sackgasse, die ihr selber häufig nicht bewusst ist. Mit ihrem »need« konfrontiert, hat die Figur eine Chance zum Wachstum, die sie nutzen oder verfehlen kann.

Cunninghams »mode« und »need« entsprechen nicht ganz der bekannten Unterscheidung von »want« und »need«. Das »want« – Cunningham nennt es »desire« – erwächst aus dem »mode« einer Figur, ihrem Selbstverständnis. Das Ziel, das eine Figur im Verlauf eines Films erreichen will, sollte also immer ihr vereinseitigtes Selbstverständnis mittragen.

Die gegenteiligen »core virtues« im »mode« und »need« sind einerseits figurenspezifisch, andererseits aber gibt es grundlegende genrespezifische »mode«/»need«-Paarungen: Im Melodrama beispielsweise gehe es dem Selbstverständnis einer Figur (ihrem »mode«) nach immer um Zugehörigkeit und Familie. Das, was die Hauptfigur in diesem Genre vernachlässige, sei Freiheit und Selbstverantwortlichkeit. Wachstum durch Krise heißt für eine Hauptfigur des Melodramas dann, die Einseitigkeit des Wunsches nach Zugehörigkeit zu erkennen und diese Einseitigkeit abzulegen, indem sie lerne, mehr Selbstverantwortung zu übernehmen und die Freiheit als Wert in ihr Leben aufzunehmen.

Der eigentlich entscheidende Schritt in Cunninghams Dramaturgie ist der Schritt von der Figur zur Figurenkonstellation. In einem normalen 90-Minüter sei die Entfaltung von nur drei Figuren möglich. Und das sind – neben der Hauptfigur – der Antagonist und die »primary relationship«, die nicht zwangsläufig ein »love interest« sein muss.

Die Pointe der Unterscheidung von »mode« und »want«/»desire« wird deutlich, wenn Cunningham das Verhältnis der Hauptfigur zum *Antagonisten* zu fassen versucht: Bisherige Dramaturgien begründen den Konflikt von Protagonist und Antagonist häufig damit, dass beide dasselbe »want« haben. Für Cunningham ist der Antagonist aber nur dann gut gewählt, wenn er die Einseitigkeit des »mode« der Hauptfigur attackiert. Der Antagonist wird so im Grunde zur Extension der Hauptfigur selbst – eine Externalisierung ihrer Schwäche und nicht nur äußerlich jemand, der dasselbe will wie die Hauptfigur. Ein guter Antagonist zwingt die Hauptfigur immer wieder zur Auseinandersetzung mit den Defiziten ihres »modes«, den »blind spots«, die sie nicht sehen will. Und entsprechend finden Autorinnen und Autoren einen guten Antagonisten, indem sie die blinden Punkte des »modes« der Hauptfigur gespiegelt, verzerrt und überhöht in einer anderen Figur abbilden.

So wie der Antagonist die Externalisierung der blinden Flecken im »mode« der Hautfigur ist, ist die »primary relationship« eine Externalisierung des »needs« der Hauptfigur: Mit der »primary relationship« begegnet der Hauptfigur eine Verkörperung dessen, was sie selbst aus ihrem »mode« ins Unbewusste verdrängt hat. Die Attraktion eines »love interest« ist also eigentlich die Attraktion unbewusster komplementärer Eigenschaften; die Hauptfigur liebt im »love interest« die Eigenschaft, die sie aufgrund ihrer Backstory verdrängen musste.

Immer wieder geht es in der Konstellationenanalyse um Externalisierung: Die Begegnungen der Hauptfigur mit anderen sind nur dann prägend und dramatisch relevant, wenn sie im Grunde Begegnungen der Hauptfigur mit sich selbst, mit ihrem Verdrängten, mit dem Gegenteil ihres Selbstbildes sind.

Cunningham präsentiert ein Plotmodell, das Strukturmomente der Heldenreise und der Dreiaktstruktur verbindet – das Modell der »16 Story Steps«. Cunninghams Haupteinwand gegen andere Plotmodelle ist, dass diese Modelle zu einseitig an der äußeren Handlung orientiert sind. Gegen diese Einseitigkeit setzen die »16 Story Steps« die Idee, dass die Handlung nicht von einem Strang getragen wird (der äußeren, am »want« orientierten Handlung), sondern von drei Strängen, die sich wie Einzelstränge eines Seiles ineinander verflechten. Der erste Strang orientiert sich an der »relationship of opposition« – der Beziehung zum Antagonisten – und meint den »outer plot«. Der zweite Strang meint die Handlung in der »relationship of transformation«, der Beziehung der Hauptfigur zur »primary relationship«. Der dritte Strang schließlich ist die Selbstbeziehung der Hauptfigur – der »inner conflict« –, in der diese ihr »need« ergreift oder nicht. Die Handlung also begreift Cunningham als ein Ineinander dreier »relationship arcs«

– der Beziehung zum Antagonisten, zur »primary relationship« und zu sich selbst. Je nach Genre ist einer dieser Stränge wichtiger – Thriller oder Actionfilme akzentuieren den »outer plot«, Charakterdramen sind primär an der Transformationsbeziehung der Hauptfigur zur »primary relationship« orientiert. Zumindest rudimentär sind die drei Stränge aber in jedem Plot enthalten.

»Growth through crisis« – der eigentliche Höhepunkt des Plots ist tatsächlich ein essenzieller Wendepunkt für die Figur: Wenn ihr durch die Begegnung mit dem Antagonisten ihr blinder Fleck bewusst geworden ist – das, wovon sie sich absetzen sollte – und in der Begegnung mit der »primary relationship« ihr »need« – das also, wo sie sich hin entwickeln sollte –, steht sie vor einem »double bind«, vor der Entscheidung, sich zu verändern und das »need« zu ergreifen oder an der Veränderung zu scheitern und im »mode« zu verharren. Die Stränge der Handlung sind also Entfaltungen von Beziehungen, die wiederum auf dem »mode« und dem »need« der Haupfigur aufbauen und die darauf angelegt sind, die Hauptfigur mit ihrem Unbewussten (im »need«) und ihrem »blind spot« (in ihrem »mode«) zu konfrontieren.

Die Professionalisierung der Filmdramaturgie in den letzten Jahren hat zur Folge, dass sich ein eigener, neuer Berufsstand herauszubilden beginnt: *script consultants* (USA), *script editors* (Großbritannien) – Dramaturgen, die selbst keine Autoren mehr sind, sondern die Serien- oder Einzelfilmentwicklung begleiten. Diese Entwicklung ist zweischneidig. Einerseits können kompetente Dramaturgen ein Segen sein – gerade weil sie keine Autoren sind, sondern einen an Paradigmen und dramaturgischen »Tricks« geschulten Blick auf den Stoff haben. Andererseits aber wissen Dramaturgen, die selbst nicht schreiben, nicht mehr, was der Entwicklungsprozess für Autorinnen und Autoren tatsächlich bedeutet, wie sich die Strecke zwischen der sechsten und achten Drehbuchfassung anfühlen kann. Keith Cunningham ist der seltene Fall eines Dramaturgen, der zugleich auch als Autor erfolgreich ist. Seine Anmerkungen zum kreativen Prozess des Drehbuchschreibens, die rund ein Fünftel des Buches ausmachen, wirken – im Gegensatz zu den Ratgebern mancher amerikanischer Dramaturgenkollegen – nicht wie Hauruck-Methoden mit den entsprechenden Durchhalteparolen, die auch in Ratgebern über das erfolgreiche Abspecken stehen könnten, vielmehr beruhen sie offenkundig auf Selbsterlebtem: Der Mann weiß, wie es sich anfühlt, Talsohlen zu durchschreiten und – manchmal – auf dem Gipfel zu stehen, wenn eine Fassung gelungen ist. Seine Botschaft: So wie es in der Figur Tag- und Nachtseiten geben muss, gibt es auch im Schreibprozess selbst die dunklen Seiten – unumgänglich und wertvoll, denn hier wird das eigentliche Fundament für die Reise ans Licht gelegt. Und so wird die Heldenreise unter Cunninghams Händen nicht nur zum Modell für die Figuren- und Plotentwicklung, sondern auch zum Kreativitäts- und Stoffentwicklungsmodell.

Cunninghams Aufwertung der Figurenkonstellation gegenüber Figur und Plot, sein Ansatz, die Vermittlung zwischen Figur und Plot in der Figurenkonstellation zu suchen, seine Ideen zur Psychologie der Kreativität bieten neue Einblicke und sehr gute Anregungen zur Fortentwicklung der Filmdramaturgie. Und er verklärt seine Überlegungen nicht – wie so manche andere Autoren – zur reinen und einzigen Lehre.

Es bleibt zu wünschen, dass die Verfasser von Dramaturgien nicht in jedem Buch wieder von vorne beginnen, sondern aufbauend auf bestehenden Systemen argumentieren und somit zu einer Verwissenschaftlichung der Dramaturgie beitragen würden.

André Georgi

Traurige Tage

James Agee: *Ein Todesfall in der Familie.* Roman, aus dem Amerikanischen von Gerda von Uslar, in der Überarbeitung von Ingo Herzke, mit einem Nachwort von Blake Morrison. München: C.H. Beck 2009; 400 S., Euro 19,90.

Man meint, den Erzähler zu hören, die Stimme, die die Bilder begleitet – dieser Roman beginnt wie die Anfangssequenz in einem Schwarzweiß-Film der 1950er Jahre: Der Held und sein Ort werden eingeführt, »die Häuser: mittelgroße, mit hübschem Schnitzwerk verzierte Holzhäuser, Ende des 19. oder Anfang des 20. Jahrhunderts erbaut, mit schmalen Vorgärten, einer Veranda an der Rückseite und großen, mit Bäumen bestandenen Gärten hinten.« Man sieht das Viertel vor sich, die Pappeln, die Gärten, die ineinander übergehen, die Mittelschichten-Mütter und -Väter, die alle zwischen 30 und 45 Jahre alt sind in »Knoxville, Sommer 1915«. So lautet der Titel des lyrischen Prosatextes, in dem die Sommerabende in einer Kleinstadt in Tennessee beschworen werden. Dort wurde James Agee 1909 geboren, dort war er »erfolgreich als Kind verkleidet«, dort wuchs er auf inmitten von Handwerkern und kleinen Geschäftsleuten. Niemand ist in dieser Gegend arm genug, um auf enge Nachbarschaft bauen zu müssen, jede Familie bleibt für sich, aber man grüßt sich und plaudert über den Gartenzaun. Die beschaulichen Abende verlaufen in jeder Familie, in jedem Haus, in jedem Garten gleich. Man fühlt sich bei der Lektüre dieses großartigen Textes erinnert an Louis Malles Dokumentarfilm GOTTES EIGENES LAND (1986),

GOD'S COUNTRY (Gottes eigenes Land; 1986; R: Louis Malle)

der mit einer virtuos geschnittenen Rasenmäher-Sequenz beginnt. Was für Malle jedoch ironisches Vorspiel ist – die öde Austauschbarkeit der Häuser, der Tätigkeiten, letztlich der Biografien in der amerikanischen Vorstadtidylle am Ende des 20. Jahrhunderts –, das rückt Agee in seiner Beschwörung an deren Anfang voller Empathie ins Zentrum. Er zeichnet eine Geborgenheit, die nur ohne Veränderungen und Unterscheidungen existiert. Niemand will hier anders sein als die anderen. Das Glück liegt in der berechenbaren Wiederholung, in der Ähnlichkeit. Familienväter wässern mit dem Gartenschlauch den Rasen und die Hecken: vor jedem Haus das gleiche Bild. Der Autor beschreibt den Rhythmus, die Kontemplation und Ernsthaftigkeit, mit der sich diese Männer ihrem Tun hingeben. Eine Rasenschlauch-Sinfonie: »Von der nassen Sprengdüse in der Hand tröpfelte das Wasser auf den rechten Unterarm und den zurückgeschobenen Hemdsärmel, darüber aber zischte es in langgestrecktem, niedrigem Bogen und mit sanftem Laut dahin. Zuerst hörte man ein wildes, verrücktes Geräusch, dann ein noch immer unregelmäßiges Blubbern, wenn die Sprengdüse zurechtgedreht wurde, und dann schmolz das alles zusammen zu Gleichmäßigkeit und nahm eine so genau auf Umfang und Stärke des Strahls abgestimmte Tonhöhe an wie bei einer Violine.«

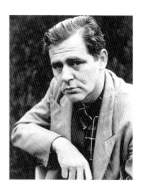

James Agee

Der Autor hat diesen fulminanten Prolog nicht selbst gewählt, er starb 1955, zwei Jahre bevor *Ein Todesfall in der Familie* erschien. Die Herausgeber haben ihn (ebenso wie zwei andere Passagen) eingefügt. Ein Glücksfall ist diese sechsseitige Introduktion, denn sie zeigt nicht nur die rhythmische Virtuosität James Agees, der als Lyriker begonnen hatte, sondern auch die szenischen Fähigkeiten des erfolgreichen Filmkritikers und Drehbuchautors (AFRICAN QUEEN und DIE NACHT DES JÄGERS).

James Agee: *Ein Todesfall in der Familie* (C. H. Beck 2009)

Eine vermeintliche Familienidylle im Süden Amerikas, ein inniges Vater-Sohn-Verhältnis, ein Kinobesuch, eine harmonische Ehe: So beginnt der Roman. Ein Abend, eine Nacht – ein Tag, an dem der kleine Rufus von seiner Tante endlich die Kappe bekommt, die er lange schon im Schaufenster bewundert hatte. Dem Kind war der Wunsch von der sparsamen Mutter nicht zugestanden worden, nun erfüllt ihn zu seiner großen Überraschung die selbstbewusste ältere Dame. Agee beschreibt einfühlsam diesen Augenblick reinen kindlichen Glücks, den Konflikt zwischen Wollen und Sollen, zwischen Begehren und Betragen.

THE AFRICAN QUEEN (1951; D: John Huston, James Agee, nach dem Roman von C.S. Forester; R: John Huston)

THE NIGHT OF THE HUNTER (Die Nacht des Jägers; 1955; D: James Agee, nach dem Roman von Davis Grubb; R: Charles Laughton)

Nur wenige Tage umfasst dieser 400-Seiten-Roman, der mit den Empfindungen und Wahrnehmungen eines kleinen Jungen beginnt, um dann von der Wirkung einer Katastrophe auf alle Familienangehörigen zu erzählen. Mitten in der Nacht klingelt das Telefon, der drohende Tod des alten Vaters wird vom trunksüchtigen Bruder angekündigt, die Anwesenheit des 36-jährigen Jay Follett scheint unumgänglich. Der Mann

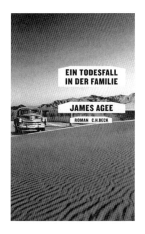

ist Sohn und Vater und Bruder und Ehemann. Um Familienstrukturen und -verhältnisse, um Familiengeschichten und -verwicklungen wird es immer wieder gehen, darum, welche kindlichen Prägungen und Verletzungen den Erwachsenen für immer anhaften.

Der Mann steigt aus dem warmen Bett, plaudert liebevoll mit seiner Frau, rasiert sich. Agee schenkt dieser männlichen Zurichtung große Aufmerksamkeit: den Stoppeln am Kinn und unter der Nase, den »kleinen, flaumigen Halbmonden« auf den Backenknochen. Wie mit einer Großaufnahme endet diese Szene im Wasserklosett, in das er »die Toilettenpapierstücke mit den Schaumresten und den abrasierten Stoppeln« hinunterspült. Bevor er sich auf den Weg macht, bereitet ihm seine Frau ein Frühstück, das der Autor mit der gleichen Bedachtsamkeit beschreibt. Noch könnte das Unglück verhindert werden, der Wagen könnte seinen Dienst verweigern und nicht anspringen, über zwei Seiten lässt Agee den Motor aufheulen und krachen. Das ist komponiert als ein Augenblick des Innehaltens. Der Autor könnte das Schicksal bemühen und die Katastrophe abwenden. Wie konkrete Poesie liest sich diese Romanpassage, in der das schwergängige Auto mit »ochch« und »wiik« und »hjuh« aufheult, aber dann finden die Sätze wieder auf die Seite zurück – der Wagen biegt um die Ecke. Am nächsten Abend will der Mann ja wieder rechtzeitig zu Hause sein, um Sohn und Tochter vor dem Zubettgehen zu sehen. Aber er kommt nicht zurück. Er stirbt bei einem Autounfall, hinterlässt seine junge Frau und die beiden Kinder. Der Roman ist als Triptychon komponiert: Im ersten Teil geht es um den harmonischen Abend und Tag vor dem Unfall, im zweiten um die Nacht, in der das Unglück geschieht, im dritten um das Begräbnis.

James Agee beschreibt eindrucksvoll den Schmerz und die Ängste, die Gedanken und Erinnerungen der Beteiligten. Der Anruf eines Fremden reißt die Frau aus der Sicherheit ihrer Existenz. Sie fragt nicht schnell genug nach, der Autor schenkt ihr einen Aufschub, alles könnte auch in diesem Moment noch möglich sein. Die Ungewissheit ist grauenvoll und tröstlich zugleich. Der Mann könnte noch leben, nur verletzt sein. Die junge Ehefrau sitzt mit ihrer Tante in der Küche und wartet. Die Zeit, die sich dehnt, die nicht zu vergehen scheint: Das ist eine der großartigen Szenen des Romans. Die beiden Frauen, die noch hoffen und doch schon wissen, dass es keine Rettung gibt. Der Autor zeichnet diese Ausnahmezeit mit ebenso großer Genauigkeit wie die Reaktion des atheistischen Schwiegervaters, die emotionalen Ambivalenzen, die im Augenblick des Todes allzu deutlich werden, die sich jedoch jeder verbieten will. Die Katastrophe ist so alltäglich wie unfassbar, und keiner in dieser Familie wird dieses Unglück je verwinden. Der Sohn wird zum Verräter wider Willen, weil er durch

266

den Tod des Vaters plötzlich von den Schulkameraden mit Interesse beachtet wird. Er nutzt den Vorteil, wird zum Angeber, ist sich dabei noch gar keiner Schuld bewusst. Die kleine Tochter begreift nicht, was passiert ist, als sie den Vater im Sarg liegen sieht. Die Frau fühlt sich getäuscht und hilflos, das gemeinsame Leben schien doch ganz am Anfang. Sie sucht Trost in der Religion, will nicht mit ihrem Gott hadern, sich dem Schicksal fügen und gerät an einen besonders strengen Priester. Der Auseinandersetzung zwischen den gläubigen Frauen und den atheistischen Männern wird viel Raum gegeben, ohne dass der Autor Partei ergreift.

James Agees Roman hat autobiografische Züge, sein eigener Vater starb, als er noch ein kleiner Junge war. Wichtiger jedoch als persönliche Spuren sind die Kraft und Distanz, die der Autor aufbringt, um aus einem ganz persönlichen Todesfall einen allgemeingültigen zu machen, aus der individuellen Katastrophe wird ein literarisch meisterlich gefasstes Menschheitsunglück. Man braucht – heißt es in dem klugen Nachwort zur englischen Neuausgabe dieses amerikanischen Romans – Geduld, »die Bereitschaft, unsere Zeit mit Trauernden zu verbringen«.

Manuela Reichart

Drehbu

h des Jahres

Bisherige Preisträger

Jahr	Titel	Autor / Co-Autor
1988	KOAN	Peter Kramm / Oliver Schütte
1989-1991	keine Preisvergabe	
1992	DIE DENUNZIANTIN	Detlef Michel
	DIE KANUKINDER	Evamaria Steinke / Wolfgang Wegner
1993	LENYA	Wolfgang Limmer
1994	ZARAH L.	Regine Kühn
1995	KEIN WORT DER LIEBE	Alfred Behrens
1996	ROSSINI	Helmut Dietl / Patrick Süskind
1997	ST. PAULI NACHT	Frank Göhre
1998	SONNENALLEE	Thomas Brussig / Leander Haußmann
1999	keine Preisvergabe	
2000	GLOOMY SUNDAY	Ruth Toma / Rolf Schübel
2001	1. FEUER UND FLAMME (verfilmt) (Arbeitstitel: *Pissed and Proud*)	Natja Brunckhorst
	2. SCHATTEN DES JAGUAR (unverfilmt)	Clemens Murath
2002	1. GOOD BYE LENIN! (verfilmt)	Bernd Lichtenberg / Wolfgang Becker
	2. NIMM DIR DEIN LEBEN (unverfilmt)	Thomas Wendrich
2003	1. FICKENDE FISCHE (verfilmt)	Almut Getto
	2. NAPOLA (unverfilmt)	Maggie Peren / Dennis Gansel
2004	1. HERR LEHMANN (verfilmt)	Sven Regener
	2. THE FAR SIDE OF THE SEA (unverfilmt)	Marei Gerken
2005	BUNKER 5	Harry Flöter
2006	DR. ALEMÁN	Oliver Keidel
2007	SIERRA	Christoph Fromm
2008	DAS ZWEITE LEBEN DES HÄUSLERS STOCKER	Klaus Krämer
2009	KATTE	Johannes Reben
2010	MEIN BRUDER, HITLERJUNGE QUEX	Karsten Laske

Kurze Geschichte des Preises

Der Deutsche Drehbuchpreis für das beste unverfilmte Drehbuch wird vom Beauftragten der Bundesregierung für Kultur und Medien vergeben. Er wird verliehen, »um die Bedeutung des professionellen Drehbuchschreibens hervorzuheben, gute Textvorlagen für attraktive Filme zu fördern und einen fördernden Anreiz für Drehbuchautoren zu bieten.« Der Verband Deutscher Drehbuchautoren – VDD – hat die Gründung des Preises initiativ begleitet.

Die erste Verleihung des Deutschen Drehbuchpreises fand 1988 auf Vorschlag einer unabhängigen Fachjury statt. Bis 1999 fiel der Preis noch in die Zuständigkeit des Bundesinnenministeriums, seit 2000 wird er vom BKM verliehen. 1989 bis 1991 erfolgte keine Preisvergabe. Wurde der Preis anfangs rückwirkend verliehen, so ist er ab 2000 gekennzeichnet mit dem Jahr der Verleihung. (Der Drehbuchpreis 1998 wurde im Februar 1999 verliehen, somit gibt es keinen Drehbuchpreis 1999.) In den Jahren 2001 bis 2004 wurden jährlich zwei Drehbuchpreise verliehen, unter anderem im Rahmen der Veranstaltung zum Deutschen Filmpreis. Seit 2005 wird in Zusammenarbeit mit der Deutschen Filmakademie eine »Lola« für das beste verfilmte Drehbuch vergeben, und das beste unverfilmte Drehbuch wird im Rahmen einer Sonderveranstaltung als Einzelpreis gewürdigt. Seit 2007 wird das beste unverfilmte Drehbuch in Scenario, dem Film- und Drehbuch-Almanach, vollständig abgedruckt.

Nachdem der Preis in den letzten Jahren jeweils zum Jahresende vergeben wurde, hat der BKM in Zusammenarbeit mit dem VDD die Verleihung 2009 in den Berlinale-Zeitraum verlegt, um so vor allem die Belange deutscher Drehbuchautoren stärker ins öffentliche Bewusstsein zu rücken. In 2009 erfolgte somit ausnahmsweise die Verleihung von zwei Drehbuchpreisen: die Verleihung des Preises 2009 und nachträglich die Verleihung des Preises für 2008. Seitdem wird der Preis wieder im jeweils aktuellen Jahr vergeben.

»Der Preisträger des Deutschen Drehbuchpreises erhält eine Prämie von bis zu 30.000 Euro, von der 25.000 Euro zweckgebunden für die Herstellung eines neuen Drehbuches mit künstlerischem Rang zu verwenden sind. Der Preis wird für Drehbücher vergeben, mit deren Verfilmung noch nicht begonnen wurde. Vorschlagsberechtigt für den Drehbuchpreis sind alle filmfördernden Institutionen in Deutschland. Seit 1995 ist auch der Verband Deutscher Drehbuchautoren vorschlagsberechtigt. Es gibt kein Selbstvorschlagsrecht der Drehbuchautoren.«

Die Mitglieder der Jury für den Deutschen Drehbuchpreis 2010 waren: Thomas Bauermeister, Peter Henning, Gernot Krää, Henriette Piper, Susanne Schneider (Vorsitzende) und Bettina Woernle.

MEIN BRUDER, HITLERJUNGE QUEX

Drehbuch von Karsten Laske

Hitlerjungen legen einen Kranz an Herbert Norkus' Grab nieder. Die Sequenz ist schwarz-weiß, düster, beinahe gespenstisch – ein Ausschnitt aus dem Dokumentarfilm „Unsere Jungen. Ein Film der nationalpolitischen Erziehungsanstalten", Format 1:1,33

Ton: kein O-Ton, nur ein Kratzen.

Dann setzt, als würde eine Schellackplatte abgespielt, Musik ein: eins der „Kindertotenlieder" von Rückert/Mahler. „Nun will die Sonn' so hell aufgehn, / Als sei kein Unglück die Nacht geschehn. / Das Unglück geschah nur mir allein, / Die Sonne, sie scheinet allgemein."

FADE TO:

1   TRÜMMER – AUSSEN/TAG   1

Während die letzte Liedzeile „... Die Sonne, sie scheinet allgemein" verklingt, zieht das Bild auf zum Format 1:1,85. Blauer Himmel, darin ein paar Wolkenschleier. Die Kamera schwenkt herab auf: die Ruine eines Berliner Mietshauses. Wir befinden uns im ehemaligen Innenhof. Ein paar Pfeiler, eine Grundmauer und eine ganze Hauswand stehen noch, allerdings sind die Zimmer halbiert, und man blickt in sie hinein wie bei einer Puppenstube. Eine Kuckucksuhr hängt da, aber sie ist stehengeblieben und keiner zieht sie mehr auf.

Ein Granattrichter klafft. In Trümmern und Schutt und den Resten des Hofpflasters blüht die Goldrute. Dabei liegt auch ein metallener Brotkasten, herausgeschleudert aus einer Küche, als die Bombe fiel.

Schritte. ERWIN NORKUS, 22 Jahre alt, schlank, staubig, unrasiert, in abgerissener Kleidung, halb Wehrmacht, halb Zivil, geht auf den Brotkasten zu. Hebt ihn auf. Öffnet ihn. Darin ein verkohlter Rest Brot. Scheppernd fliegt der Kasten fort.

Erwin beißt in den verkohlten Kanten, er hat Hunger. Aber das Brot ist ungenießbar. Er wirft es dem Kasten hinterher.

2   STADT IN TRÜMMERN – AUSSEN/TAG   2

Erwin geht durch das zerstörte Berlin. Die Kamera ist nah bei ihm. Kalkstaub flirrt in der Luft. Die Trümmer rauchen. Er sieht davon nichts. Sein Gesicht ist steingrau. Seine Füße gehen, ohne dass er weiß wohin.

Er klettert über Geröll und Schutt.

272

Überquert eine frei geräumte Straße, Straßenbahnschienen.

(Ton, off:) Eine Straßenbahn bimmelt von irgendwo.

Seine Füße laufen ein Trottoir entlang.

Eine Mauer bricht ein.

3   PARK – AUSSEN/TAG   3

Erwin geht durch einen zerstörten Park. Die Bäume haben gebrannt, im Rasen Bombentrichter und Panzerspuren. Ein sowjetischer T34-Panzer steht da, ausgebrannt.

An den Park grenzt ein Friedhof. Das Tor zum Friedhof steht schief herausgebrochen und ist ebenfalls halb zerstört. Der junge Mann bleibt kurz davor stehen, blickt auf den Friedhof. Seine Augen, die bisher nichts sahen, erkennen, wo er sich befindet.

Nach dem Grau der Stadt ist der Friedhof eine grüne Oase.

4   FRIEDHOF – AUSSEN/TAG   4

Der Friedhof ist halbwegs unzerstört. Während bisher das Gefühl entstand, die Stadt sei ausgestorben, sehen wir hier zum ersten Mal andere Menschen. Vor allem ältere Leute sind mit schweren Gießkannen unterwegs und pflegen die Gräber. Trotzdem ist es still.

Erwin durchquert den Friedhof. Er weiß, wohin er will.

Dann steht er vor einem Grab – wir kennen es bereits aus der Dokumentarfilm-Einstellung vom Anfang –, um das sich allerdings seit Wochen keiner gekümmert hat. „Mathilde Norkus". Daneben: „Herbert Norkus".

Nah, untersichtig: Erwin vor dem Grab. Plötzlich eine Stimme, geschwätzig.

> TOTENGRÄBER: (OFF) Nüscht wie Arbeit! Da denkste, det janze Schlamassel is vorbei. Jibted doch wieder so ville zu tun. Nu hamse Frieden, die Leute, nu nehm se sich det Leben. Schade um det schöne Jass! – Kann ick Sie wat helfen, junger Mann?

Der Angesprochene braucht einen Moment, um zu bemerken, dass er gemeint ist.

Ein greiser Totengräber steht neben ihm, eine Eisenharke in der Hand.

> ERWIN NORKUS: Ich, nein … ich …

Der Totengräber weist auf Norkus' Grab, seine Finger voll Erde.

> TOTENGRÄBER: Den kenn Se, wa?

> ERWIN NORKUS: Wieso?

Erwin fühlt sich ertappt. Aber so hat der Alte das gar nicht gemeint.

TOTENGRÄBER: Naja, den kennt jeder. War ja mal sehr berühmt jewesen, der junge Mann. Bis jestern noch.

(lacht zahnlos)

Daneben, det is seine Mutter, naja, eigentlich ne traurije Jeschichte, det Janze.

Erwin fühlt sich unangenehm berührt von dem Geschwätz.

TOTENGRÄBER: Suchen Se Ihre Leute? Ick kenn ma hier aus.

ERWIN NORKUS: Nein, ich …

Erwin will weg. Aber der Alte lässt nicht locker.

TOTENGRÄBER: Nu sagen Se schon. Ick kenn alle hier. Bin hier der Quartiermeesta. (lacht)

Wie issa denn, der werte Name?

ERWIN NORKUS: Meiner?

TOTENGRÄBER: Naja, wenn'ed Ihre Leutchen sind, die se suchen …

Der junge Mann blickt auf das Grab seines Bruders, seiner Mutter.

Norkus steht jeweils darauf geschrieben, deutlich sichtbar.

Der alte Mann wartet auf Antwort.

ERWIN NORKUS: Ich äh …

Plötzlich ein Plantschen und Johlen. Beide sehen sich um.

In einiger Entfernung, in einem der Betonbottiche, baden drei Russen. Sie haben ihre Uniformen und ihr Unterzeug ausgezogen, die Sachen liegen neben dem Bassin auf dem Weg und den Gräbern. Sie waschen sich, tauchen, prusten. Sie sind höchstens so alt wie Erwin. – Der blickt jetzt wieder zu dem Alten.

ERWIN NORKUS: Schmidt!

Unsicherheit verbreitet sich schlagartig auf dessen Gesicht. Er kratzt sich das unrasierte Kinn.

TOTENGRÄBER: Ujh! Schmidt. Hhm. Dilemma, Dilemma, da jibts viele von.

ERWIN NORKUS: Ja. Das stimmt.

Während der Alte angestrengt überlegt, blickt Erwin ihn freundlich und dankbar an. Ihm fällt gerade ein Stein vom Herzen. Er gibt dem Alten die Hand, drückt sie.

ERWIN NORKUS: Erwin Schmidt!

Es ist, als beglückwünsche er ihn. Dabei beglückwünscht er sich selbst.

ERWIN NORKUS: Der bin ich.

Der Alte kratzt sich ratlos den grindigen Kopf. Erwin lässt ihn stehen.

Der Alte hat ihm, ohne es zu wissen, sehr geholfen.

Erwin geht.

Das Grab des Bruders bleibt kurz im Bild.

Darauf der Titel:

MEIN BRUDER, HITLERJUNGE QUEX

5   AM KANAL – AUSSEN / TAG   5

Erwin geht an einem Kanal entlang. Die Sonne glitzert im Wasser. Kähne ziehen. Kinder spielen. Ein paar Angler sitzen am Ufer. Erwin wirkt verwandelt. Er sieht sich um. Hebt einen Stein auf, wirft ihn ins Wasser.

ERWIN NORKUS: Schmidt.

Der Stein plumpst in den Kanal, geht unter. Kleine Wellenkreise breiten sich aus.

ERWIN NORKUS: Schmidt!

Erwin schmeckt seinen neuen Namen, probiert ihn aus, gewöhnt sich an ihn. Er schüttelt einem imaginären Gegenüber die Hand.

ERWIN NORKUS: Gestatten? – Erwin Schmidt.

ZWEI KINDER, an denen er vorbeigeht, blicken ihm nach.

EIN JUNGE: (leise) Kiek ma.

Der hat ooch janz schön een anne Klatsche.

Die Sirene eines Schleppkahns tönt.

Erwin geht weiter. Die Kamera vor ihm her. Sein Gesicht groß im Bild.

ERWIN NORKUS: (OFF) Vorbei. Aus. Endlich! Jetzt wird alles neu. Ich verschwinde ...

(Off:) Eine Sirene tönt.

CUT TO:

6   ZIMMER NORKUS – INNEN/ABEND   6

ERWIN NORKUS: (OFF) ... Und alles, was gewesen war, werd' ich endlich vergessen.

Erwin (9) steht am Fenster und sieht hinunter auf den Hof. Wir sehen sein Gesicht hinter der Scheibe, nah.

Dann blicken wir – over shoulder – mit ihm hinaus: Bruder HERBERT (15) schippt Kohlen.

In einer Hand hält Erwin ein Spielzeugboot aus Holz. Er tritt vom Fenster zurück, geht aus dem Zimmer.

Der leere Raum.

ERWIN NORKUS: (OFF) Aber man erinnert sich eben doch. Auch wenn man es sich verbietet.

7   BETRIEB – AUSSEN/ABEND   7

ERWIN NORKUS: (OFF) Also gut. Beginnen wir in Berlin. An einem Samstagnachmittag. Ich war neun Jahre alt. Es war der letzte Tag im Leben meines Bruders ...

Eine Sirene tönt. An der Pforte eine Uhr: Es ist vier. Arbeitsschluss. Winter, kein Schnee.

Im Nordwesten von Berlin, gleich vor der Stadt, liegt märkischer Kiefernwald. Darin ein mittelständischer Betrieb, bestehend aus mehreren kleineren Gebäuden. Etwa hundert Leute sind hier beschäftigt. Das Gelände ist doppelt gesichert. Außen ein hoher Eisengitterzaun, dahinter ein zweiter, niedrigerer Zaun.

Arbeiter und Angestellte passieren die Pforte.

Auf dem Hof liegt ein Haufen Steinkohle. HERBERT schippt die schwere Kohle über eine Rutsche durchs Fenster in den Heizungskeller. Er trägt Handschuhe, und obwohl es kalt ist, schwitzt er.

8 HEIZUNGSKELLER – INNEN/ABEND 8

LUDWIG NORKUS (40) ist Heizer. Während draußen vor seinem Fenster die Füße der Arbeiter über den Hof gehen und sein Sohn Herbert Kohlen reinschaufelt, sieht er nach der Heizung. Schippt Kohle auf. Füllt Asche, die vor der Heizung liegt, in Eimer. Glutfunken fliegen. Die Asche qualmt. Er stellt die Eimer zum Abkühlen beiseite. Sieht nach einem Thermometer. Verstellt an der Heizung noch etwas. Dann verlässt er den Keller.

9 HOF – AUSSEN/ABEND 9

Ludwig Norkus kommt aus dem Heizungskeller, dreckig. Er zieht sich im Gehen die schmutzigen Arbeitshandschuhe aus. Herbert schippt. Der Vater wirft seinem Sohn im Vorbeigehen die Handschuhe an den Kopf. Der Umgangston in der Familie ist rau und laut, und Herbert reagiert auf die ständigen Anweisungen seines Vaters entsprechend bissig.

> LUDWIG NORKUS: (im Vorbeigehen) Jenuch, Herbert! Mach Schluss.

Ludwig Norkus geht in Richtung Pförtnerhäuschen. Herbert schiebt die Schaufel den Kohlen hinterher durchs Kellerfenster. Ludwig Norkus stellt sich zum PFÖRTNER an dessen Fenster, lässt sich eine Zigarette geben. Der Pförtner hat einen Hund, der ihn auf seinen Rundgängen begleitet – und vor dem Ludwig Norkus sichtlich Respekt hat. Herbert macht sich indessen auf den Weg zum Hauseingang.

> LUDWIG NORKUS: (ruft) Jeh duschen. Wasser is heiß.

Er lässt sich vom Pförtner Feuer geben.

> Und mach dem Kleen ne Teerwanne. Haste jehört?

> HERBERT: (schlecht gelaunt) Ja, ja.

> LUDWIG NORKUS: Und bevor de ind Bette jehst, bringste die Ascheeimer auße Heizung raus. Hasse jehört?

> HERBERT: (ruft zurück; wütend) Bin ick dein Kuli? Ick schlaf heut nich hier. Ick hab wat Bessret vor!

> LUDWIG NORKUS: (ruft) Wat willst du denn vorham? (zum Pförtner) Ne Schürze oder wat?

Vater Norkus zwinkert dem Pförtner beifallheischend zu wegen seines tollen Scherzes.

> HERBERT: (für sich) Ha ha ha …

Herbert verschwindet im Haus, die Tür kracht ins Schloss.

Vater Norkus raucht genüsslich, behält den Hund aber sicherheitshalber immer gut im Blick.

10   FLUR + ZIMMER NORKUS – INNEN / ABEND   10

Es ist keine richtige Wohnung, die Ludwig Norkus mit seinen beiden
Söhnen bewohnt, sondern nur ein großes Zimmer, das von einem
langen Flur abgeht. Eine etwas merkwürdige „Dienstwohnung". An
der Möblierung sieht man den sozialen Abstieg, den die Familie in
den letzten Jahren nahm. Ehebett, Kommode, Standuhr, Klavier
etc. stammen aus besseren Tagen, alles ist viel zu dicht ins Zimmer
geräumt. Weil der Platz trotzdem nicht reicht, steht die Kommode
draußen im Flur. Im Zimmer gibt es ein Foto der verstorbenen Mutter.
Erwin und sein Bruder schlafen im Ehebett der Familie; der Vater
nächtigt auf einem Kanapee, weil er immer früh als Erster aufsteht.
Im Flur gibt es einen Ausguss, einen Gasherd, das Klo liegt am Ende
des Gangs.

Herbert ist hereingekommen in den Flur, er wäscht sich überm
Ausguss die Hände, trocknet sie ab. Nimmt sich ein frisches Handtuch
aus der Anrichte.

278

HERBERT: Erwin?

Er geht zum Zimmer, öffnet die Tür. Sieht ins Zimmer. Sein kleiner Bruder ist nicht da.

HERBERT: Wo hast'n dir wieder versteckt, olle Kröte?

Da hört er die Klospülung vom Ende des Flurs. Erwin kommt vom Klo. Er hat ein Spielzeugschiff dabei, ein Holzboot.

HERBERT: Wat machst'n mit dem Schiff uff'm Klo?

ERWIN: Der Käptn jeht immer als Letzter von Bord.

HERBERT: Jenau. Und mit seine Mannschaft uff Klo. Jetz mach hinne, ick mach dir ne Wanne. Und denn jehste ab inne Kiste. Ick will heut ooch noch ma loskomm hier.

Erwin kratzt sich. Er leidet an Schuppenflechte.

ERWIN: (entsetzt) Bissu doof? Ick jeh doch nich jetz schon ind Bette.

HERBERT: Kratz nich.

Er gibt dem Kleinen einen Klaps auf die Finger. Sammelt die nötigen Sachen zusammen. Ein Badetuch für Erwin. Die Flasche mit dem Teer-Zusatz fürs Badewasser. Der Bruder dackelt ihm immer nach. Kratzt sich. Außerdem ist er den Tränen nahe, weil er so zeitig ins Bett soll.

ERWIN: Heut is Samstach. Papa jeht een trinken.

HERBERT: Und icke will ooch nich den janzen Abend hier zubring. – Kratz dir nich, ha ick jesacht!

Er schlägt ihm die Finger weg. Nimmt noch ein Paar Holzpantinen vom Regal. Jetzt hat er alles beisammen.

HERBERT: Zieh dir wat über und komm. Ick jeh schon rüber.

Geht.

ERWIN: (anklagend) Du hast jesacht, wir wolln Fische vasenken!

Herbert guckt noch einmal zurück.

HERBERT: (überlegen) Schiffe vasenken, Doofkopp!

Er zeigt auf das Schiff, das Erwin noch immer im Arm hält.

HERBERT: Det jeht aba nich mit dem da.

Erwin blickt überrascht auf sein Boot. Hat er was falsch verstanden? Er kratzt sich.

11   HOF – AUSSEN / NACHT   11

Herbert geht mit den Badesachen über den Hof, hinüber zu einem Gebäude, in dem sich der Waschraum befindet. Ludwig Norkus steht noch immer beim Pförtner und quatscht mit dem.

12 **WASCHRAUM – INNEN / NACHT** **12**

Ein langer, steinerner Trog mit Wasserhähnen in der Mitte des Raums, Spiegel an den Wänden – der Waschraum für die Arbeiter und Angestellten. Daneben ein Duschraum, ein halbes Dutzend Brausen, schmale Kachelwände trennen die Kabinen, keine Türen.

Herbert hat eine Zinkwanne unter eine Dusche geschoben, lässt warmes Wasser einlaufen. Ein Holzthermometer schwimmt in der Wanne, das Wasser soll nicht heißer als 35 Grad sein. Er kippt Badezusatz rein, ein Steinkohlen-Teer-Präparat.

Erwin kommt dazu, er hat sein Boot mitgebracht.

Herbert stellt das Wasser aus. Zerrt die Wanne ein Stück aus der engen Dusche.

> HERBERT: Tauch dir ein!
>
> Is Vadder schon los?
>
> ERWIN: Nee. Aber gleich.
>
> HERBERT: Denn kann ick ja uff sein Motorrad mitfahrn.
>
> ERWIN: Kannste nich!
>
> HERBERT: Und wieso nich?

Da hört man, wie draußen ein Motorrad angeworfen wird. Der Motor springt an. Der Hund bellt. Herbert ist enttäuscht. Erwin freut es.

> ERWIN: Darum nich!

13 **HOF – AUSSEN / NACHT** **13**

Vater Norkus fährt mit seinem Motorrad vom Hof. Es ist ein Motorrad mit Beiwagen. Der Hund kläfft ihm nach. Der Pförtner grüßt, schließt hinter ihm das Tor.

14 **WASCHRAUM – INNEN / NACHT** **14**

Erwin ist in die Wanne gestiegen. Er sitzt in dem heißen, dunklen Sud. Herbert gibt ihm sein Spielzeugboot.

> HERBERT: Tauch et unter, dann wird et ooch gleich ma jeteert.

Herbert geht eine Kabine weiter zum Duschen. Erwin sitzt im Wasser. Tunkt sein Boot unter. Es springt immer wieder nach oben. Schiffe versenken geht wirklich nicht mit dem.

> HERBERT: (ruft) Und spring nich gleich wieder raus!
>
> ERWIN: (genervt) Nee!

Herbert duscht heiß. Es ziehen Nebelschwaden durch den Raum. Die Kamera zieht sich zurück, fährt in den Waschraum, dort beschlagen die Spiegel vom Wasserdampf. Auf einem erscheint, hingekrakelt, ein Hakenkreuz.

15   WOHNUNG NORKUS – INNEN / NACHT   15

Herbert reibt seinen kleinen Bruder mit Cignolin, einem Mittel gegen Schuppenflechte, ein. Er trägt die Salbe auf die betroffenen Hautstellen auf, massiert sie kräftig ein. Erwin muss still halten, denn wenn das Zeug auf Herberts Unterhemd kommt, hinterlässt es dort braune Flecken.

>HERBERT: Det Zeuch kommt aus Brasilien.

>ERWIN: Det sachste jedes Mal. Erzähl mal wat Neuet.

>HERBERT: Extra for dir kleene Missjeburt bringen se det von so weit her. Uff'n riesen Schiff.

>ERWIN: (macht sich los) Mensch! Jenau! Wir müssen noch spieln! Fische ... (korrigiert sich) Schiffe vasenken!

Hätte er nur von keinem Schiff gesprochen, denkt Herbert.

>HERBERT: Schmier hier nich allet voll. Komm, steh stille!

Erwin begibt sich bereitwillig wieder in seinen Griff. Herbert schmiert weiter. Erwin freut sich indessen auf das Spiel.

SPÄTER.

Herbert wäscht sich im Flur die Hände, trocknet sie ab. Da sieht er, an einer Stelle ist sein Unterhemd mit Salbe beschmiert. Er rubbelt, aber der braune Fleck bleibt.

>HERBERT: Schiete.

Herbert geht ins Zimmer, die Kamera folgt. Erwin schlüpft gerade in einen merkwürdigen Schlafanzug, in dem er ein bisschen wie ein Clown aussieht. Seine Mutter hat den einst aus einer großen, flauschigen Baumwolldecke genäht, mit großen Knöpfen dran. Sogar Füße und Hände stecken drin, damit er sich im Schlaf nicht kratzt. Allerdings ist Erwin seit dem Tod der Mutter gewachsen. Der Anzug wurde vergrößert, anderer Stoff wurde hineingenäht. Trotzdem ist er ihm schon wieder zu klein. Auch hat er überall braune Flecken. Herbert hilft ihm, die Knöpfe auf dem Rücken zu schließen.

>HERBERT: Du brauchst ma n neuen Strampler, wa?

>ERWIN: Ick will keen neuen.

>HERBERT: Aber du platzt schon aus alle Nähte.

>ERWIN: Den hat Mama noch jenäht.

>HERBERT: Weeß ick ja.

Er streicht seinem kleinen Bruder übern Kopf. Der umfasst ihn, drückt ihn fest.

>HERBERT: Schmier mir nich mit deine olle Salbe voll!

Aber Erwin lässt seinen geliebten Bruder nicht los. Und da der Kleine schon gut verpackt in dem Baumwollanzug steckt, drückt auch Herbert ihn liebevoll an sich. Beide vermissen ihre Mutter.

HERBERT : Wat is nu? Schiffe vasenken?

Erwin sieht den Bruder an: glücklich.

SPÄTER.

Sie sitzen am Tisch. Herbert zeichnet seinem Bruder das Spielfeld auf Packpapier. An einer Seite die Buchstaben A bis J. Oben die Zahlen 1 bis 10.

HERBERT: Det is dein Meer. Da lijen deine Schiffe drin.

Een Schlachtschiff hat fünf sone Kästchen. Zerstörer vier. Kreuzer drei. Segelschiff zwei. Kapiert?

Erwin guckt ihn an, er versteht nicht so schnell.

HERBERT: Stell dir nich immer so blöde an.

Herbert umrahmt mit dem Stift dick ein paar Kästchen. Schiebt seinem Bruder den Zettel zu.

HERBERT: So ...

Er zeichnet sich schnell selbst ein Spielfeld.

Jetzt kannste schießen. Sach an. C 3 oder D 8 oder wat weeß ick. Kiekste hier und hier. Und denn ballerste los. Haste verstanden?

Er hält seine Hand vors Papier, damit Erwin nicht abgucken kann. Erwin macht es genauso. Sie spielen Schiffe versenken. Es ist das Letzte, was die Brüder gemeinsam tun.

ERWIN: B 6.

HERBERT: Jut! Peng. Treffer.

ERWIN: (freut sich) Ja!

CUT TO:

SPÄTER.

Erwin liegt schon im Bett. Herbert zieht sich an, aber nicht seine HJ-Klamotten.

ERWIN: Warum darf ick nich mitjehn zu deine Jungs?

HERBERT: Weil et viel zu spät is.

ERWIN: Und wann isset mal nich zu spät?

HERBERT: Heute nich.

Erwin kratzt sich, durch den Stoff durch.

HERBERT: Kratz dir nich!

Herbert zieht seine Schuhe an, wirft einen Schal um, setzt eine Mütze auf.

Erwin guckt zu. Er träumt von der Zukunft.

ERWIN: Ick weeß noch jar nich, wat ick ma tue, wenn ick zur See fahr.

HERBERT: Erst ma fahr ick zur See. Komm ick endlich raus hier aus die Scheiße!

ERWIN: Vielleicht Heizer, wie Papa.

HERBERT: Du mit deine Schuppenflechte?

ERWIN: Aber inne Heizung isset immer schön warm.

HERBERT: Du bist vielleicht blöde. Matrose musste sein.

Hoch musste, raus, uffn Mast. „Land in Sicht", musste rufen! Oder „Mann über Bord". Nich'n janzen Tach im Loch stecken wie Papa, mit nüscht wie Dreck und Ratten um de Beene.

Herbert ist fertig angezogen. Erwin blickt ihn an, sein Kopf liegt auf dem Kissen. Wir sehen Herbert aus Erwins Schräglage.

ERWIN: Wat stellt'ern heute an?

HERBERT: Eene Leiter anne Wand.

ERWIN: Nee, sach doch!

HERBERT: Det jeht dir jar nüscht an. Penn jetz!

Erwin spielt „verkehrte Welt": Er hält, im Bett liegend, seinen Kopf schräg und immer schräger, so dass sein Bruder und das ganze Zimmer schließlich kopfüber stehen.

(Erwins POV:) Herbert nimmt seinen Schlüssel, verlässt das Zimmer. Er schließt die Tür. Alles auf dem Kopf. Und auf Nimmerwiedersehen.

16   BRETTERWAND – AUSSEN / NACHT   16

ERWIN NORKUS: (OFF) Ich war stolz auf meinen Bruder. Ich sah ihn bereits über die Meere segeln als mutigen Seefahrer, oder vielleicht als Pirat sogar …

EIN PLAKATKLEBER beklebt eine Bretterwand mit KPD-Plakaten.

ERWIN NORKUS: (OFF) … Ich wusste, dass er Hitlerjunge war und dass die sich auf der Straße mit den Kommunisten prügelten …

DREI HITLERJUNGEN, einer von ihnen ist Herbert, lauern ihm auf. Kaum ist er weg mit seiner kleinen Leiter, dem Kleister etc. reißen die Jungs die frisch geklebten Plakate von der Wand. Da der Kleister noch nass ist, geht das ganz einfach.

ERWIN NORKUS: (OFF) … Aber für mich war das nur eins: Abenteuer!

Der Plakatkleber kommt zurück, sieht, was die Jungs treiben, verjagt sie, repariert notdürftig den Schaden. Sie kommen von hinten wieder. Eine lustige wilde Hatz beginnt. Slapstick. Toneffekte. Es wird deutlich: Das ist Erwins Phantasie, die wir sehen. So stellt der 9-Jährige sich den politischen Straßenkampf vor: als Chaplin-Szene. Kommunisten und Nazis sind die „Väter der Klamotte".

(Ton, off:) Ein Schaben und Kratzen mischt sich unter die Musik …

17   ZIMMER NORKUS + HOF – I + A/NACHT   17

Nächster Tag. Es ist früher Morgen. Von draußen hört man das Schaben und Kratzen.

Erwin liegt im Bett. Öffnet die Augen. Er liegt allein im Ehebett. Die Seite, wo sein Bruder schläft, ist leer, unberührt.

Blick zum Fenster. Eine Gaslaterne wirft vom Hof Licht ins Zimmer. Draußen fällt Schnee.

Erwin steht aus dem Bett auf, geht zum Fenster, blickt hinaus.

Blick hinunter auf den Hof: Vater Norkus schiebt Schnee, daher das Schaben und Kratzen. Es stehen die Ascheeimer aus der Heizung da. Er benutzt die Asche zum Streuen der Wege.

18   WOHNUNG NORKUS – INNEN/FRÜHER MORGEN   18

Auf dem Herd im Flur kocht Wasser in einem kleinen Topf. Erwin brüht seinem Vater einen Kaffee. Dann stellt er in den Rest des heißen Wassers ein Glas Milch.

19   ZIMMER NORKUS – INNEN/FRÜHER MORGEN   19

Erwin stellt auf den Tisch Brot, einen Becher Marmelade, ein Glas Honig. Drei Teller. Dann holt er sein Glas Milch vom Herd, trägt es vorsichtig mit einem Topflappen, weil das Glas heiß ist.

Erwin gräbt mit einem Löffel im harten Honig, holt einen dicken Brocken aus dem Glas, er guckt, ob etwa Papa zur Tür herein kommt. Aber nein, von draußen ist wieder das Schaben und Scharren zu hören. Erwin rührt den Honig in seine Milch, lange, leckt den Löffel ab, gründlich. Herbert ist noch immer nicht da.

INTERCUT MIT SZENE 20:

Da ist von draußen zu hören, dass vorm Tor ein Wagen vorfährt. Erwin geht ans Fenster. Er blickt nach unten auf den Hof.

Sein Gesicht hinter der Scheibe. Er leckt an dem Honiglöffel.

20   HOF + TOR – AUSSEN/FRÜHER MORGEN   20

INTERCUT MIT SZENE 19:

Eben ist Ludwig Norkus mit seiner Arbeit auf dem Hof fertig, nimmt die Ascheeimer und Geräte und verschwindet im Heizungskeller.

Ein Auto kommt vors Tor gefahren.

ZWEI KRIMINALPOLIZISTEN steigen aus, weisen sich aus, fragen den Pförtner nach Herrn Ludwig Norkus. Der lässt die Männer aufs Gelände, tritt aus seinem Häuschen, weist ihnen die Richtung, guckt, was weiter vor sich geht.

284

Die Beamten gehen zum Heizungskeller. Der Pförtner blickt ihnen nach.

> PFÖRTNER: (ruft) Hat Herbert wat anjestellt?

Keine Antwort. Die Beamten gehen die Stufen hinunter in den Keller.

21   HEIZUNGSKELLER – INNEN/TAG   21

Ludwig Norkus beim Heizen.

Die Kriminalbeamten treten ein.

> KRIMINALER: Herr Norkus?

> LUDWIG NORKUS: Ja?

Er wendet sich um. Er ist dreckig vom Heizen, deshalb verzichtet er darauf, den Herren die Hand zu geben, es bleibt bei der Andeutung einer Begrüßung.

> KRIMINALER: Ludwig Norkus?

> LUDWIG NORKUS: Ja.

Die Schippe in der Hand, Kohlendreck im Gesicht und hinter ihm die offene Feuerluke steht Ludwig Norkus da und erwartet die schreckliche Nachricht vom Tod seines Sohns. Das Feuer im Heizkessel lodert.

22   HOF + TOR – AUSSEN/TAG   22

Die Kriminalpolizisten, Ludwig Norkus und Erwin gehen über den Hof, passieren das Tor. Der Pförtner sieht zu. Sie steigen draußen in den Wagen. Erwin darf vorn sitzen.

Wir sehen Einsteigen und Abfahren durch die Gitterstäbe des Tors.

23   KRANKENHAUS, KELLER DER PATHOLOGIE – INNEN/TAG   23

ZWEI ANGESTELLTE öffnen ein Kühlfach, ziehen eine Bahre heraus. Unter einem Tuch liegt der Leichnam. Sie heben die Bahre auf ein fahrbares Gestell. Im Hintergrund des Raums befindet sich ein Aufzug. Sie rollen die Bahre dort hin, schließen die Gittertür. Der Aufzug fährt hinauf. – Die Kamera zeigt den Vorgang/Raum in einer festen Totale.

24   FLUR ZUR PATHOLOGIE – INNEN/TAG   24

Die zwei Kriminalbeamten, Ludwig Norkus, Erwin und EIN ARZT gehen den Flur entlang. Vor einer Tür bleiben sie stehen.

> ARZT: Ihr Sohn bleibt besser draußen.

> EIN KRIMINALER: Ich warte mit ihm.

Erwin blickt von einem zum andern. Sein Vater, der zweite Kriminaler und der Arzt gehen hinein. Die Tür schließt sich. Erwin steht mit dem

Kripomann herum. Der weiß nicht, was er mit dem Kind anfangen soll.

25 **ABSCHIEDSRAUM – INNEN/TAG** **25**

Ludwig Norkus steht in einem engen Raum, neben ihm der zweite Kriminaler und der Arzt. Durch ein Sichtfenster blicken sie auf die Bahre.

Einer der beiden Angestellten aus dem Keller hebt das Tuch.

Ludwig Norkus blickt auf seinen toten Sohn. Wir sehen nur die Reaktion des Vaters, nicht das Gesicht des Toten.

> KRIMINALER: Sie müssen uns bestätigen, dass das ihr Sohn ist.

Keine Reaktion.

> ARZT: Ist er's denn?

> LUDWIG NORKUS: (kaum hörbar) Ja.

> KRIMINALER: Gut. (korrigiert sich) Oder nicht gut. Wir hätten dann noch ein paar Fragen. Und Sie ja sicher auch …

26 **FLUR ZUR PATHOLOGIE – INNEN/TAG** **26**

Vater, Arzt und Kriminalbeamter kommen aus dem Raum. Erwin wartet gespannt.

> ERWIN· (neugierig) Issa tot?

Der Vater knallt seinem Sohn eine. Sofort tut es ihm leid. Er wendet sich an den Kriminaler, der das Auto fuhr:

> LUDWIG NORKUS: Können Sie meinen Sohn nach Hause bringen?

> EIN KRIMINALER: Können wir.

Ludwig Norkus nickt. Er strubbelt seinem Sohn kurz übern Kopf – der weicht allerdings aus, weil er eine zweite Ohrfeige fürchtet. Dann geht Norkus fort, ohne noch jemanden anzusehen. Kripo und Arzt stehen etwas ratlos da. Dann geben sich die beiden Kriminaler einen Blick. Einer folgt Ludwig Norkus, holt ihn ein. Der andere bleibt beim Arzt und dem Jungen.

> KRIMINALER: Herr Norkus, wir müssen noch …

Er hat ihn eingeholt, weiter versteht man nicht, was sie reden.

> ARZT: (zu Erwin) Wenn wir dich jetzt nach Hause bringen, ist denn deine Mama da?

So, dass Erwin es nicht sieht, verneint der Kriminaler mit einer Kopfbewegung.

Erwins Gesicht, groß. Ihm laufen Tränen über die Wangen.

> ERWIN: (verzweifelt) Ick wollt' doch nachher mit Herbert rodeln jehn.

27 SEZIERRAUM – INNEN / TAG

Im Sezierraum der Pathologie wird die Leiche obduziert. DER PATHOLOGE diktiert seinem ASSISTENTEN – oder spricht auf eine Schellackplatte. Wir sehen etwas vom Körper aber nicht das Gesicht der Leiche.

> PATHOLOGE: Der junge Mann ist an äußerer Verblutung und Luftbrust infolge von Rückenstichen gestorben. Die Stiche haben die linke Lunge drei Mal verletzt, ferner Gefäße zu den Seiten der Wirbelsäule. Von den fünf in die linke Rückenseite abgegebenen Stichen haben die vier oberen den Brustkorb eröffnet. Sie waren die eigentlich tödlichen. Eine sechste Stichwunde von etwa fünf Zentimetern Tiefe befand sich am linken Oberarm. Sie war nicht tödlich. Die Wunden sind erzeugt mit einem messerartigen Stichinstrument, Rückendicke mindestens zwei Millimeter. Die größte an der Leiche erkennbare Klingenbreite beträgt drei Zentimeter. Der Obduzierte hat ferner stumpfe Gewalteinwirkungen auf die Mundgegend und auf die rechte Wange erfahren.

Ton, (off:) Glocken beginnen zu läuten.

> PFARRER WENZEL: (OFF) Herbert Norkus, Vorbild der deutschen Jugend, ist gefallen. ...

FADE TO:

28 FRIEDHOFSHALLE – INNEN / TAG

Der Sarg ist in der Friedhofshalle aufgebahrt, mit einer Hitlerjugend- und der Kriegsflagge der Marinejungschar bedeckt. Glocken läuten. „Deutschland muss leben, auch wenn wir sterben müssen" steht auf der Schleife des Kranzes. Die kleine Halle ist bis auf den letzten Platz besetzt, viele stehen an die Wände gelehnt.

Es spricht PFARRER WENZEL (48).

Ludwig Norkus sitzt aschgrau und starr in der ersten Reihe. Neben ihm Erwin. Auch SA-MANN DR. BRANDT und SEINE FRAU HERMINE.

> PFARRER WENZEL: ... Im Morgengrauen erlosch das junge Licht, das so heiß für unsere Sache brannte. Im Kampf auf der Straße wurde es niedergemacht, in jenem Schicksals-Kampf, der uns alltäglich, allnächtlich Opfer kostet. Aber diese Nacht wird nicht ewig dauern, ja, wir spüren, der neue Tag erwacht bereits. Und wir wissen auch, der Tod ist nicht das Ende. Wenn dereinst das braune Heer zum großen Appell versammelt steht und jeder Einzelne aufgerufen wird, dann wird der Führer da stehen und auch deinen Namen nennen, du junger Held. Und alle Hitlerjungen, alle SA-Männer werden antworten wie aus einem Munde – „hier!" ...

Über die Worte des Pfarrers legt sich der Voice Over von Erwin:

> ERWIN NORKUS: (OFF) Der Pfarrer redete und redete. Ich verstand kein Wort. Ich dachte, er sagt uns, wer meinen Bruder

umgebracht hat. Aber es ging immer nur um die große Politik. Mir wurde ganz schwindlig.

> PFARRER WENZEL: Meine Worte des Trostes gelten zunächst dem Vater, der seinem Jungen stets Vorbild war und der auch jetzt nicht verzagt, sondern in der deutschen Freiheitsbewegung weiterkämpft für den endgültigen Sieg der Idee Adolf Hitlers ...

Vater Norkus kaut auf seiner Lippe, unsicher, was er von den Worten des Pfarrers halten soll.

Der Pfarrer richtet seine Worte nun an Erwin.

Erwin atmet schwer.

> PFARRER WENZEL: Erwin. Ich wende mich in dieser schweren Stunde auch an dich, mein Junge ...

Erwin blickt auf. Er leidet an Atemnot.

> PFARRER WENZEL: Versprich uns an diesem feierlich-traurigen Tage, deinen Bruder nie zu vergessen. Führe ihn dir als Vorbild vor Augen und eifere ihm nach! Er ist und bleibt für immer dein großer Bruder, dein Held. Geh weiter den Weg, den er ging, ...

Bei Erwin lösen die Worte des Pfarrers, die ihm Angst machen, schreckliche Folgen aus: Er bekommt plötzlich keine Luft mehr. Er greift nach der schützenden Hand seines Vaters. Ringt nach Atem. Banknachbarn schauen, der Pfarrer merkt nichts.

> LUDWIG NORKUS: (leise) Was ist? Was hast du?

> ERWIN: Keine ... Luft ... !

> PFARRER WENZEL: ... mutig und aufrecht. Dein Bruder möge dir dabei Erleuchtung und Mahnung sein, Ansporn und Beispiel!

Erwin fällt nach vorn, krümmt sich. Der Vater sorgt sich um ihn. Öffnet die Trauerkleidung, die der Junge trägt. Immer mehr Gäste und sogar der Pfarrer nehmen nun Notiz von dem Vorfall. Erwin krümmt sich am Boden. Es entsteht ein Auflauf um das Kind.

> HERMINE: Setzen Sie ihn aufrecht.

Vater Norkus tut es. Hermine beugt sich über Erwin. Sie setzt Erwin auf den Boden, stützt seine Arme auf dem Boden ab.

> LUDWIG NORKUS: Ein Arzt! Ist hier ein Arzt?

> HERMINE: Atme durch die Nase ein, schön durch die Nase einatmen, genau, keine Angst. Und durch die Lippen aus, ja, mach sie ganz eng die Lippen, wie beim Kerzen-Auspusten. Ja, und wieder durch die Nase einatmen. Keine Angst, dir passiert nichts. Keine Panik.

> (zum Vater) Er hat einen Krampf oder, ich weiß nicht ...

Erwin ist kaum noch bei Besinnung, seine Augen verdrehen sich. Er fällt in Ohnmacht.

DR. BRANDT: (zum Vater) Er muss schnell ins Krankenhaus.

Nehmen Sie ihn. Kommen Sie!

Der Vater nimmt seinen Jungen auf die Arme, trägt ihn am Sarg seines toten Sohns vorbei, hinaus aus der Kapelle. Die Trauergäste bilden eine Gasse.

Ton: Erwins schweres Atmen.

29   FRIEDHOF – AUSSEN / TAG   29

Ludwig Norkus trägt Erwin schnell über den Friedhof, begleitet von Dr. Brandt und dessen Frau Hermine – und von neugierigen Blicken verfolgt. Es ist wie eine Flucht. Sie laufen eilig fort.

Der Friedhof liegt da.

Aus der Kapelle dringt die Stimme eines NSDAP-Parteiführers. Er erklärt, dass er nicht tröstende Worte, auch nicht für die Hinterbliebenen finden könne, sondern dass, was er hier am Sarg aussprechen müsse, nur Worte des Hasses und der Wut sein könnten. Dass aber einst der Tag der Rache kommen werde! Dann würden jene, die jetzt von Humanität und Nächstenliebe faselten, aber den Mord an diesem Jungen nicht verurteilten, erfahren, dass das neue Deutschland anders handle, „dann mögen jene um Gnade winseln. Dann gibt es kein Zurück mehr. Das neue, junge Deutschland, es fordert Sühne."

| 30 | **KRANKENZIMMER – INNEN/TAG** | 30 |

Ein 12-Bett-Zimmer in einer Klinik, voll belegt – wenn auch nicht in jedem Bett momentan ein Patient ist. An den Wänden Beatmungsgeräte, Notfallapparaturen, Sauerstoffflaschen. Es ist Besuchszeit.

Erwin liegt in seinem Krankenbett und schläft.

> ERWIN NORKUS: (OFF) Die Ärzte wussten nicht recht, was passiert war und was sie mit mir anfangen sollten. Sie sagten, ich hätte einen Schock erlitten, und dass das vielleicht mit dem Tod meines Bruders zu tun hatte. Naja. Dass der Tod von Herbert mich schockiert hatte, davon konnten sie mal ausgehen.

EINE KRANKENSCHWESTER tritt an Erwins Bett. Sie weckt ihn sanft mit einer freundlichen Geste. Erwin wacht auf.

> SCHWESTER: Du hast Besuch.

> ERWIN: Wer? Papa?

> SCHWESTER: Freunde von deinem Bruder. – Dein Papa kommt erst heute Abend. Aber dann darf er dich auch mitnehmen. Du darfst heute Abend nach Hause.

Erwin freut sich über die gute Nachricht.

Indessen wird die hohe Flügeltür geöffnet und eine ZWEITE KRANKENSCHWESTER lässt sie herein: BAUSCHUS, MONDT, GERHARDI, GUNDEL und KUHLMANN – Herberts Kumpane. Sie sind alle älter als Herbert war, zwischen 16 und 20, tragen HJ-Kleidung. Gerhardi hat Blumen dabei, Kuhlmann eine Papiertüte. Sie lassen ihre Blicke schweifen, sehen sich nach Erwin um.

> ZWEITE SCHWESTER: (freundlich) Fünftes Bett links.

> BAUSCHUS: Jenau. Dat isser doch …

Sie gehen zwischen den Betten entlang.

Erwin richtet sich in seinem Bett auf, die Schwester legt ihm das Kissen hinter den Rücken, damit er besser sitzen kann.

Die Jungs kommen an Erwins Bett, stellen sich daneben auf. Es wird im Folgenden schnell klar, dass sie mit dem viel jüngeren, fremden Jungen nicht viel anzufangen wissen.

> MONDT: Tach, kleine Keule.

> ERWIN: Tach, Gerhard. (zu allen:) Tach!

> MONDT: Na Mensch, wat machste für Jeschichten?

ERWIN: Ach, nüscht. Heute Abend komm ick raus!

BAUSCHUS: Kiekst aber noch janz schön blass auße Wäsche.

SCHWESTER: Ich hol Ihnen mal eine Vase für die Blumen.

Sie nimmt Gerhardi den Strauß ab.

GERHARDI: Danke.

Gundel nimmt sich einen Hocker, setzt sich ans Kopfende des Bettes.

MONDT: Und nu schaukelste dir hier die Eier den janzen Tach, wa?

Erwin nickt verschämt, solches Gerede ist ihm peinlich.

BAUSCHUS: Jibts keene Mädchen hier?

ERWIN: Zwee Türen weiter liejen welche.

BAUSCHUS: Denn nüscht wie ran an die Torten!

Die Krankenschwester bringt die Blumen in einer Vase zurück, stellt sie auf den Tisch in der Mitte des Zimmers, wo schon andere Sträuße stehen.

ERWIN: Nachts komm' die Blumen immer raus.

GERHARDI: Nachts isset ja ooch dunkel, da kannet euch ejal sein.

BAUSCHUS: Die kannste doch mit nach Hause nehmen, die schönen Blumen.

ERWIN: Klar.

KUHLMANN: Wir ham dir noch wat mitjebracht.

Kuhlmann legt ihm die Papiertüte aufs Bett. Erwin fasst an, fühlt, was das sein könnte.

MONDT: Mach uff! Kiek rinn!

Erwin greift in die Papiertüte. Er zieht eine HJ-Mütze heraus. Er ist zunächst völlig sprachlos.

KUHLMANN: Setz ma uff, det Ding! Is janz neu.

Erwin setzt die Mütze auf. Sie ist ihm zu groß und rutscht ihm ins Gesicht. Gundel, der am Kopfende sitzt, rückt sie ihm ein bisschen zurecht.

GUNDEL: Musste noch bissken wat lernen, dass dein Kopp größer wird.

Währenddessen hat Gerhardi seinen Taschenspiegel herausgeholt. Er haucht ihn kurz an, wischt ihn an seiner Hose ab, reicht ihn Erwin.

GERHARDI: Hier, kannste dir bekieken!

Erwin nimmt den Spiegel, sieht hinein, dreht strahlend seinen Kopf hin und her.

ERWIN: Kolossal!

Blickt in die Runde.

Dankeschön.

MONDT: Nu musste ville essen, dass de ordentlich wächst, und denn jehörste zu uns, uff Jedeih und Verderb, wa!

KUHLMANN: Denn wirste jenau wie dein Bruder.

Das war kein guter Beitrag. Alle in der Runde spüren es. Erwin gibt den Spiegel zurück.

ERWIN: Ick träum jede Nacht, det Herbert mir besuchen kommt.

Kurzes Schweigen. Keiner in der Runde weiß, was er sagen soll.

MONDT: Naja ... – wat jeht ei'm nich so allet durch'n Kopp, wa.

ERWIN: (ernsthaft) Ja.

Wieder Schweigen.

ERWIN: Hat die Polente schon rausjekricht, wer ihm jekillt hat?

Knappes Kopfschütteln.

GUNDEL: Er hat sich aber ooch blöde anjestellt!

Mit einem Blick der andern soll Gundel ruhig gestellt werden. Aber er verteidigt seine Meinung:

GUNDEL: Jehörn immer zwee dazu! Eener, der een kricht, und eener, der sich kriejen lässt, wa?

MONDT: Dir möchte ick ma renn' sehn, Fettsack.

GERHARDI: (zu Mondt) Zeig dem Kleen doch ma dein Hausschlüssel.

Mondt zögert.

ERWIN: (neugierig) Wat'n fürn Schlüssel?

BAUSCHUS: (lächelt) Is'n juter Türöffner ...

GERHARDI: Damit könn' wa der Polente uff eijene Faust bisschen zuarbeiten.

MONDT: (in die Runde) Soll der Kleene ma'n Stück jute sowjetische Literatur kennenlernen?

Erwin guckt irritiert. Mondt nimmt ein Buch aus seiner Tasche, das in ein Tuch eingeschlagen ist, wickelt das Tuch auf. Es kommt das Buch „Zement" von Gladkow zum Vorschein.

GUNDEL: (freut sich) Wat in so eem Kommunistenwälzer allet drinne stehn tut ...

MONDT: Lies mal vor. Kapitel sieben.

Mondt reicht Erwin grinsend das Buch. Gleichzeitig schließen die Jungs den Kreis etwas enger um das Bett, damit niemand sieht, was sie treiben. Erwin schlägt das Buch auf, blättert. In der Mitte des Buchs sind die Seiten ausgeschnitten und in der so entstandenen Höhle liegt eine kleine Pistole versteckt. Erwin macht riesengroße Augen, als er das sieht.

GERHARDI: (kommentiert) Ballermann, jeh du voran.

Mondt nimmt Erwin das Buch weg, klappt es zu. Verstaut es. Alle grinsen.

MONDT: Kunst ist Waffe. Schon ma wat von jehört?

Eine Glocke läutet. Die Jungs öffnen den Kreis ein wenig.

SCHWESTER: (ruft) Die Besuchszeit ist beendet.

Die Flügeltür öffnet sich. Die zweite Schwester tritt ein.

Die Jungs geben Erwin die Hand, verabschieden sich, wünschen ihm gute Besserung, grüßen: „Heil Hitler!", gehen.

Die Schwester tritt wieder an Erwins Bett.

SCHWESTER: Gabs keine Mütze, die dir passt?

Sie will ihm die Mütze abnehmen. Erwin hält sie fest.

ERWIN: Ick will, det Papa mir heut Abend so sieht.

SCHWESTER: Bis dahin ist ja noch Zeit.

ERWIN: Sieht jut aus, wa?

SCHWESTER: Wie'n Zirkusaffe siehst du aus. Reichts nicht, dass dein Bruder tot ist?

Erwin erschrickt vor der Offenheit der Frau. Er setzt beschämt die Mütze ab, legt sie beiseite.

SCHWESTER: Nun leg dich wieder richtig hin.

Erwin rutscht tiefer im Bett. Sie legt ihm das Kissen unter den Kopf. Streicht ihm übers Haar.

31 HOF – AUSSEN/TAG 31

Establishing Shot: Es ist Frühling geworden. Am Pförtnerhäuschen blüht eine Forsythie. Auf dem Hof steht der Pferdewagen eines Trödlers. Die Pferde fressen Gras, das am Haus wächst.

32 WOHNUNG NORKUS – INNEN/TAG 32

INTERCUT MIT SZENE 33.

ERWIN NORKUS: (OFF) Nun waren wir ganz allein, mein Vater und ich. Als das Frühjahr kam, verlor er seine Stelle als Heizer.

Ludwig Norkus und Erwin packen ihre Habe zusammen.

EIN TRÖDELHÄNDLER sieht sich die Möbel an. Taxiert deren Wert.

> TRÖDLER: Für die Standuhr fuffzig. Für die Kommode zehn. Und für det Bette ...?

Während er abschätzig auf das Bett blickt und überlegt, fährt ihm Vater Norkus in die Parade.

> LUDWIG NORKUS: Wat? Fuffzig? Die Uhr war det Hochzeitsjeschenk von meine Schwiejereltern. Det warn achthundert Märker!

> TRÖDLER: Dazumal vielleicht. – Na jut. Hundert für allet zusamm'. Kommode, Uhr, für'd Bette und den Tisch.

> LUDWIG NORKUS: Und die Stühle?

> TRÖDLER: Die kannste verfeuern. Bist doch Heizer.

> LUDWIG NORKUS: Nee. Nu nich mehr. – Und det Klavier?

> TRÖDLER: Ick vakoof keene Klaviere. – Also einhundert.

Ludwig Norkus akzeptiert stumm.

Erwin sieht die Schwäche seines Vaters.

Trödler und GEHILFE tragen die Möbel aus der Wohnung. Vater Norkus steht gedemütigt dabei, er packt nicht mit an. Erwin rettet in letzter Sekunde das Schatzkästchen seines Bruders, darin die einzige Fotografie von ihm.

Ludwig Norkus steht am offenen Fenster und blickt hinunter auf den Hof, wo seine Möbel verladen werden. Plötzlich packt ihn die Wut, er sieht sich kurz im Zimmer um, sein Blick fällt auf ein paar Gegenstände, Kleinkram, den die Trödler stehen ließen. Er packt das Zeug, wirft es ihnen durchs Fenster hinterher.

> LUDWIG NORKUS: Det habt ihr noch vajessen, ihr Aasgeier. Dran ersticken sollt ihr! Kroppzeuch!

Während seines Ausbruchs betreten SCHENZINGER und SCHIRACH den Hof und werden Zeuge dieses etwas peinlichen Auftritts.

33   HOF – AUSSEN / TAG   33

> INTERCUT MIT SZENE 32.

Trödler und Gehilfe tragen Möbel aus der Wohnung. Laden sie auf den Wagen. Erwin hilft mit. Er trägt den Männern eine leere Schublade aus der Kommode hinterher.

Dann kommen zwei weitere Männer auf den Hof, SCHENZINGER und SCHIRACH.

> SCHENZINGER: Wir suchen Herrn Norkus.

> TRÖDLER: Wolln Se ooch Möbel koofen?

> SCHIRACH: Nee.

Der Trödler zeigt den Männern den Weg: hinauf zum Fenster, wo Norkus gerade die Utensilien herauswirft.

34   WOHNUNG NORKUS – INNEN / TAG   **34**

Im fast leer geräumten Zimmer sitzen Norkus, Schenzinger und Schirach auf den verbliebenen Stühlen. Leider ist kein Tisch mehr da. Man hat sich's dennoch halbwegs bequem gemacht. Einer hat ein Notizbuch gezückt, der andere eine Flasche Korn mitgebracht.

> LUDWIG NORKUS: Ick bin ja zur See jefahrn, unterm Kaiser noch. Daher ha ick ooch wat weg mit mei'm Rücken ...

Erwin bringt eine Kanne Kaffee herein.

> LUDWIG NORKUS: Na endlich ... Wo sind denn die Tassen?

Norkus blickt sich suchend um. Erwin weiß es. In einem Wäschekorb liegen sie, schon in Zeitungspapier eingewickelt. Erwin bringt sie, wickelt sie aus. Schenzinger schenkt reihum Kaffee ein. Norkus öffnet die Flasche.

> LUDWIG NORKUS: Gleich ma'n Schlückchen probiern, die Herren?
>
> (zu Erwin) Bring ma Gläser.
>
> SCHENZINGER: Nein, danke. Kaffee und Korn, das ...
>
> SCHIRACH: Nicht am Vormittag.

Enttäuscht schraubt Norkus die Flasche wieder zu, stellt sie allerdings in Reichweite. Man trinkt Kaffee. Erwin bringt ein Glas, das er neben die Flasche hinstellt – er kennt seinen Vater.

> SCHENZINGER: Sie sind ja nun nicht nur sein leiblicher, sondern auch sein geistiger Vater gewesen. Sie haben ihn zur Hitlerjugend hingebracht, nicht wahr?
>
> LUDWIG NORKUS: Naja. Hinjebracht, wat heißt hinjebracht. Jetragen ha ick ihm nich! (lacht) Ick hab ihm jesacht, zu die Sozen jehste mir nich. Und zu de Kommunisten, na det nu erst recht nich, wa? Und gleich, wie seine Mutter jestorben war, ha ick ihm bißken Beene jemacht, da is er denn rinn inne HJ und rinn inne Marinejungschar. Er wollte ja immer so jerne sejeln, wa.
>
> SCHENZINGER: Janz Matrose, wie der Papa.
>
> LUDWIG NORKUS: (geschmeichelt) Naja ...
>
> SCHENZINGER: Haben Sie denn ein Bild von ihm?
>
> LUDWIG NORKUS: Ja, eins. (zu Erwin) Wo ißn Herbert sein Foto?

Erwin geht zu seinen Schätzen, die er schon verpackt hat. – Aber dann besinnt er sich.

> ERWIN: Is weg.

LUDWIG NORKUS: (entsetzt) Dit is weg?? Ick gloobet ja nich!

SPÄTER.

LUDWIG NORKUS: Flugblätter ham se verteilt. Ha ick allet vonne Polizei jehört. Sind se in die Häuser rinn. Sonntag früh. Janz zeitig. Eena hat Schmiere jestanden uffe Straße vorm Haus, die andern sind die Treppen hochjerannt, ham ihre Zettels da inne Wohnungstüren jesteckt, durch die Briefschlitze rinn. Und wie se denn rauskamen, da hatte eena die Kommunisten jerufen jehabt. Na. Denn jab's Jerenne. Alle sind irjendwie, wat weeß ick, ham sich dünne jemacht. Nur mein Herbert nicht. Den hamse jekricht. War er nich schnell jenuch, oder wat se jejen ihm speziell ... Vielleicht hatten se ihm uffm Kieker. Wied uffe Straße heutzutage is! Die Jugend is ja sowat von uffjehezt! Een Hass is det ...

SPÄTER.

Ludwig Norkus erzählt immer noch. Zwischendurch gießt er sich einen Schluck ins Glas. Schenzinger notiert gelegentlich etwas. Erwin beobachtet die Runde. Und er bewacht sein Schatzkästchen. Nicht, dass da noch was wegkommt.

LUDWIG NORKUS: Zweitausend M-chen für die Hinterbliebenen. Zweitausend! So ist die Regel bei uns inne Partei. Na, nich für mich. (trinkt) Die Beerdigung hamse jezahlt. Den Sarch und die Feier. So sah se denn ooch aus. Naja, ooch jut. Denn wollt' ick meine Invalidenrente ausjezahlt ham, gleich allet uff een Schlach. „Kapitalabfindung". Jing keen Weg rin. Denn jing hier die Heizung kaputt. War icke schuld! Nu jute Nacht, Herr Kapitän. (schüttelt den Kopf)

SCHENZINGER: Das heißt, Sie wurden gekündigt.

LUDWIG NORKUS: Jekündigt? Rausjeflogen bin ick. Aber achtkantig. – Ick hab Marmelade vakooft. Zwölf Jahre. „Marmelade, Marmelade ist der beste Fraß im Staate." War so'n Spruch jewesen. Naja. Det Jeschäft jing krachen, wie meine Frau jestorben war. Det kam allet von meine Verwandtschaft. Ick meine die Marmelade, det Obst.

Schenzinger und Schirach geben sich einen Blick. Es reicht. Sie haben genug.

LUDWIG NORKUS: Und det soll denn son richtjet Buch wern, een Buch über mein Herbert?

SCHENZINGER: Ein Roman für die Jugend, ja.

SCHIRACH: Und vielleicht sogar ein Film.

LUDWIG NORKUS: (tief beeindruckt) Ach! Denn werd ick ja noch berühmt uff meine ollen Tage.

Vater Norkus trinkt noch einen Schluck. Schirach wendet sich an Erwin.

SCHIRACH: Sag mal, du hast doch deinen Bruder auch sehr gern gehabt. Was war denn immer das Schönste mit ihm?

Erwin reagiert nicht.

LUDWIG NORKUS: Der träumt schon wieder … – Erwin!

SCHENZINGER: Erzähl doch mal. Du und dein Bruder …

SCHIRACH: Jeder Junge will doch so sein wie sein großer Bruder. Das ist doch dein Vorbild!

Erwin hebt die Schultern, schweigt.

LUDWIG NORKUS: (fällt auch gleich mit ein) Meine Frau hat immer jesacht: der Große is wie'n Hund, der Kleene mehr wie sone Katze.

SCHENZINGER: Sie meinen, die waren (Geste): so!

LUDWIG NORKUS: Nee, nee, jemocht hamse sich immer.

Ick mein vom Charakter her. Sone Jejensätzlichkeit.

ERWIN: Det hat Mama nie jesacht!

SCHIRACH: (vermittelt) Wie auch immer, Hund oder Katze … Trotzdem muss es doch etwas geben, woran du dich gern erinnerst, wenn du an deinen Bruder denkst. Etwas besonders Schönes. Emotionales.

ERWIN: Ick weeß nüscht!

LUDWIG NORKUS: Ick hau dir gleich Eene, wenn du nich anständig sprichst!

Erwin – katzengleich – rutscht vom Stuhl, geht aus dem Zimmer.

Der Vater fühlt sich blamiert. Er überspielt die Situation:

LUDWIG NORKUS: Eins fällt mir da noch ein, ooch 'ne jute Jeschichte …

CUT.

35   FRIEDHOF – AUSSEN / TAG   35

Erwin und sein Vater am Grab von Mutter und Bruder.

ERWIN NORKUS: (OFF) Und dann zogen wir aufs Land. Wir verabschiedeten uns von Mama und meinem Bruder.

Erwin, nah.

Erinnerungen überwältigen ihn:

36   WASCHRAUM, INNEN / TAG   36

Erwin (9) steht im Waschraum vorm Spiegel, der Raum ist voll Dunst. Er trägt seinen Strampler, blickt in den Spiegel. Darin das Hakenkreuz ist jetzt rot. Die Farbe ist frisch und läuft noch herunter.

37 WOHNHAUS, INNEN/FRÜHER MORGEN 37

Herbert liegt im Hausflur. Eine Blutlache breitet sich langsam auf dem Boden aus.

Ein MILCHMANN kommt ins Haus. Rutscht auf dem Blut aus. Eine Milchflasche rutscht ihm aus der Hand, fällt zu Boden und geht zu Bruch. Das Weiß der Milch mischt sich mit dem Rot des Bluts.

38 HOF, AUSSEN/ABEND 38

Der große, schwere Schlitten, mit dem Erwin und Herbert rodeln gehen wollten, steht einsam da, die „blutigen" Spuren der rostigen Kufen im Schnee.

> ERWIN NORKUS: (OFF) Die Polizei, hörten wir, hatte inzwischen sogar ein paar Verdächtige verhaftet. Es gab einen Prozess. Aber die Richtigen, die wirklich schuld waren am Tod meines Bruders, die wurden nie gefasst.

39 FRIEDHOF – AUSSEN/TAG 39

Erwin und sein Vater gehen fort vom Grab (exit).

Sequenz aus „Hitlerjunge Quex"

Szene 117 (10 sec.) Im Wald. HEINI kommt, nimmt seine Mütze ab, zieht das Jackett aus und legt sich in eine Bodenkuhle zum Schlafen. Mit dem Jackett deckt er sich zu.

> ERWIN NORKUS: (OFF) Vater und ich, wir lebten nun im Grünen, bei unseren Verwandten.

40 ENGE KAMMER – INNEN/NACHT 40

Der grüne Zweig einer Fichte – die Kamera fährt zurück, das Bild öffnet sich, wir sehen: Ein mickriger Weihnachtsbaum steht in einer winzigen Kammer mit grüner Tapete.

Erwin (inzwischen 10) legt Lametta auf den Baum.

> ERWIN NORKUS: (OFF) Das Grün dort entpuppte sich als enge Dachkammer. Arbeit für Papa gab es auch nicht. – Zu Weihnachten erschien dann das Buch, von dem die Männer gesprochen hatten.

Unterm Weihnachtsbaum liegt: „Der Hitlerjunge Quex".

> ERWIN NORKUS: (OFF) Quex – so hieß Herbert jetzt. Der Hitlerjunge Quex! Weil er so quicklebendig wie Quecksilber gewesen sei! So was Blödes. Nichts in dem Buch stimmte. Sie hatten Papa die Worte im Mund rumgedreht. Mama hatte angeblich Selbstmord gemacht. Und mich gab's überhaupt nicht in der ganzen Geschichte.

Erwin mit seinem Schatzkästchen. Mit dem Foto des Bruders. Er liegt auf dem Fußboden und breitet die Andenken und Schätze vor sich aus.

ERWIN NORKUS: (OFF) Es ging uns nicht gut da. Wir wollten zurück nach Berlin. Jeden Tag wünschte ich mir, ein Wunder soll geschehen. Es musste einfach! Vielleicht würde Herbert ja plötzlich vor der Tür stehen und war gar nicht tot. Oder er würde uns eine Karte schreiben, von einem Segelschiff, irgendwoher. Aber es kam keine Karte. Und vor der Tür stand auch niemand. Ein Wunder geschah trotzdem. Ende Januar 1933, da kam ein Tag, wo Papa plötzlich sagte:

Ludwig Norkus groß im Bild. Er spricht direkt in die Kamera.

LUDWIG NORKUS: Jetzt pass uff, Erwin. Jetz pass ma uff, wat jetzt passiert. Jetzt komm wa groß raus. Raus aus die Kemenate hier. Und raus aus dem janzen Schlamassel. Jetze jeht Papas Stern uff! Wirste sehn!

ERWIN NORKUS: (OFF) Und Papa hatte Recht. Jetzt ging alles anders lang …

41   PARTEIZENTRALE – INNEN/TAG   41

Ludwig Norkus ist Bürogehilfe in der Berliner Parteikanzlei geworden. Er schiebt ein Wägelchen mit Akten über den Flur. Trägt das NSDAP-Abzeichen. Vor einer Bürotür hält er, nimmt zwei Akten, klopft an der Tür, bringt die Akten hinein. Dann setzt er seinen Weg fort.

ERWIN NORKUS: (OFF) Mein Vater bekam eine Stelle bei der Partei. Er arbeitete in Berlin in der Zentrale. Eigentlich wollte er lieber Chauffeur werden und die ganz großen Tiere fahren, wie er sagte. Aber das klappte nicht.

Unten auf dem Wagen hat er eine Flasche Schnaps versteckt. Heimlich parkt er sein Wägelchen in einer Ecke, nimmt die Flasche, trinkt einen Schluck. Von hinten kommt Parteibonze Dr. Brandt.

BRANDT: (ruft) Norkus?

Dem gelingt es eben noch, schnell seinen Schnaps zu verstecken.

BRANDT: Herr Norkus!

LUDWIG NORKUS: Was, ja, oh. Herr Doktor Brandt. Ick war in Jedanken.

BRANDT: Haben Sie schon gehört? Dieses Wochenende? (riecht plötzlich den Alkohol) Haben Sie getrunken?

LUDWIG NORKUS: Icke? Hustensaft! (hustet vorsichtshalber) Wat is los am Wochenende?

BRANDT: Wir werden uns mal bisschen um Ihren Sohn kümmern.

LUDWIG NORKUS: Ach. Hat er wat ausjefressen?

BRANDT: Nein, nein. Bisschen Dienst, bisschen Übung, bisschen Spiel …

LUDWIG NORKUS: Wat, schon wieder? Wir komm ja ausm Üben jar nich mehr raus.

BRANDT: Ohne Fleiß kein Preis.

Dr. Brandt geht.

(im Weggehen) Sie wissen, was ich meine: Bewegung, Bewegung, zack zack …

Norkus guckt ihm nach. Er weiß, er soll schneller arbeiten. Müde schiebt er seine Akten.

42   ALLEE – AUSSEN / TAG   42

Es ist Sommer. Vater und Sohn sind mit dem Motorrad unterwegs. Erwin sitzt im Beiwagen, locker in eine Decke gewickelt, Ludwig Norkus fährt die Maschine.

43   AM WALDSEE – AUSSEN / TAG   43

An einem Waldsee sind Jungvolk-Kinder dabei, ein Zelt aufzubauen. Aus dem Wald und vom Seeufer kommen weitere, bringen Brennholz für ein Lagerfeuer. Andere errichten einen Schießstand. Alle tragen Turnhosen und Unterhemden, auf denen das Hakenkreuz.

Sie werden beaufsichtigt und angeleitet von HJ-Scharführer Mondt, den wir aus dem Krankenhaus kennen Er schlägt Stöcke als Heringe in den Boden. Dr. Brandt ist auch dabei.

ERWIN NORKUS: (OFF) Am Wochenende war Dienst. Mein Jungvolkführer war der, der schon die Hitlerjugend-Gruppe meines Bruders geführt hatte, „inne Systemzeit", wie es hieß. Und Papas Chef war auch mit von der Partie.

Ludwig Norkus fährt mit seinem Motorrad vor, grüßt seinen Vorgesetzten von weitem. Der grüßt zurück mit einer jovialen Geste über die Distanz.

Erwin klettert aus dem Beiwagen.

LUDWIG NORKUS: Und benimm dir jefälligst. Mach allet so, wie der Dr. Brandt dir det sacht! Sonst muss ick Montag wieder Achten loofen.

Vater Norkus fährt wieder ab. Erwin geht zu Dr. Brandt, begrüßt ihn mit Hitlergruß, dann Handschlag. Begrüßt Mondt. Der teilt ihm auch gleich eine Arbeit zu.

SPÄTER.

Das Zelt steht, ein Fähnchen flattert. Es wird exerziert. Mondt gibt sich zunächst selbst Kommandos, um den Kindern die Ausführung der Befehle zu demonstrieren. Links um, rechts um, antreten, wegtreten …

Dann müssen die Kinder seine Befehle ausführen.

SPÄTER.

Der Schießstand ist fertig. Mit Kleinkaliberbüchsen schießen die Kinder. Mondt und Dr. Brandt zeigen Erwin und den anderen, wie man eine Waffe hält, zielt, abdrückt.

SPÄTER.

Unter Gasmasken aus dem Ersten Weltkrieg laufen alle um den See, Mondt voraus, Brandt läuft am Schluss. Erwin rennt etwas „unrund". Dr. Brandt läuft neben ihm.

> BRANDT: (unter der Maske) Gfmrrhmmmgrrr?

Erwin signalisiert ihm: Ich versteh kein Wort. Dr. Brandt nimmt die Maske ein Stück vom Gesicht.

> BRANDT: Wie läufst du denn?

Auch Erwin nimmt seine Maske ab.

> ERWIN: Wat wie? Janz normal.

> BRANDT: Nee. Normal ist anders.

SPÄTER.

Mondt muss Erwin Laufunterricht geben, Dr. Brandt sieht zu. Mondt läuft zunächst auf der Stelle, dann in einem großen Kreis, Erwin immer neben ihm her.

> BRANDT: (ruft) Mehr auf den Ballen!! Füße heben!

So geht das eine Zeit. Bis Erwin stehen bleibt.

> ERWIN: Ick … kann nich mehr.

> MONDT: Reiß dich zusamm, olle Memme! Bist ne Schande für dein Bruder!

> ERWIN: (wütend) Ick kann nich so wie er!

> MONDT: Und warum nich? Warum kannste nich?

> ERWIN: (frech) Weeß ick nich! Weil er tot ist, vielleicht??

> MONDT: Wat is'n dit für ne doofe Ausrede?

> BRANDT: (ruft) Weiter, weiter, nicht diskutieren! Bewegung, Bewegung, zack zack!

> MONDT: Na, mach, los jetzt …

Sie laufen.

SPÄTER.

Die Mannschaft steht versammelt, Erwin als einziger einen Schritt weiter vorn. Er wird angebrüllt.

> MONDT: Wenn ich sage: spring! – dann springst du! Wenn ich sage: lauf! – läufst du! Essen fassen! – dann isst du! Und wenn ich sage: jetzt ist Freizeit, dann hast du Freizeit! Weil das Befehle sind. Das ist hier kein Ferienspaß und kein Kinderfasching, sondern Dienst! Da wird nicht geblödelt, nicht gejammert, nicht diskutiert. Verstanden?

> ERWIN: (leise) Jawohl.

> MONDT: Was?

ERWIN: (laut) Jawohl!

MONDT: (jetzt an alle) Einmal die Woche ist Dienst, und Dienst ist Dienst. Das muss jeder begreifen, dann seid ihr ne richtige Truppe! Und wer aus der Reihe tanzt, dem bringen wir das bei, bis ers begriffen hat. Und dann kommt auch der Spaß wieder.

SPÄTER.

Alle schwimmen im See. Außer Erwin. Der steht am Ufer und muss auf die Klamotten der anderen aufpassen.

ERWIN NORKUS: (OFF) So lernte ich in dieser neuen Zeit jeden Tag etwas dazu. Das war nicht immer leicht. Aber ich bemühte mich, und alle halfen mir. In der Nacht erschien mir sogar der Heilige Geist.

44   IM ZELT – INNEN / NACHT   44

Die Kinder schlafen. Mondt geht von einem zum anderen, weckt sie – aber er legt gleich den Finger an die Lippen, dass sie leise sein sollen. Er nimmt eine Decke, schleicht zu dem Strohsack, auf dem Erwin schläft. Wirft die Decke über Erwins Kopf. Hält ihn. Die Kinder prügeln auf Erwin ein. Dr. Brandt, der auch in dem Zelt schläft, wird wach von dem Lärm. Er richtet sich auf, sieht hin, begreift – und legt sich wieder schlafen.

Die Kinder und Mondt lassen schließlich von Erwin ab. Verdrücken sich. Erwin bleibt unter der Decke liegen und weint.

45   WINZIGE WOHNUNG – INNEN / TAG   45

Erwin zieht drei Paar Strümpfe übereinander an, dann die Schnürstiefel seines Bruders. Er stellt einen Küchenstuhl vor einen Spiegelschrank, steigt drauf. Jetzt kann er seine Füße sehen. Er übt das Exerzieren. Gibt sich wie Mondt selbst die Befehle und führt dann die Bewegung lehrbuchmäßig akkurat aus. Er muss aufpassen, dass er dabei nicht vom Stuhl fällt.

ERWIN: Liiinks – um! Reeechts – um! Liiinks – um! Reeechts – um! …

Groß: Erwin probiert vor dem Spiegel auch noch einmal die HJ-Mütze auf, die er im Krankenhaus bekam. Sie ist ihm immer noch zu groß. – Erwin gefällt sich trotzdem.

(Ton, off): Applaus setzt ein.

46   KINOSAAL – INNEN / TAG   46

Applaus.

Ein mächtiges Hakenkreuz vor der Bühne, flankiert von Blumen und den Reichsfarben Schwarz-Weiß-Rot. Schwenk auf einen schillernden Kinovorhang. Während das Licht erlischt, öffnet der sich.

ERWIN NORKUS: (OFF) Bereits im Herbst gabs dann auch den Film über diesen Quex ...

Lied: „Unsre Fahne flattert uns voran."

Erwin inmitten des Premierenpublikums, er hat Jungvolkklamotten an, neben ihm Ludwig Norkus – beide weit hinten im Saal. Der Vater trägt das NSDAP-Abzeichen. Erwin hat ein Fernglas dabei. Vorn läuft der Film.

ERWIN NORKUS: (OFF) ... Papa und ich gingen zur Premiere. Er war mächtig stolz. Dabei gab's gar keinen Grund dafür. Die Hauptrollen im Film und im Saal spielten andere.

Erwin nimmt sein Fernglas vor die Augen. Wir sehen – nur in der Spiegelung der Gläser – Einstellungen aus „Hitlerjunge Quex".

ERWIN NORKUS: (OFF) ... Mein Bruder vorn auf der Leinwand wurde von einem Jungen gespielt, den ich gleich nicht leiden konnte. Der hatte gar keine Ähnlichkeit mit ihm! Und Mama

und Papa waren auch Schauspieler, sogar berühmte. Ich selbst kam wieder nicht drin vor …

Erwin neben seinem Vater im Kino.

ERWIN NORKUS: (OFF) Trotzdem war er ein Riesenerfolg.

47   KINOFOYER – INNEN/TAG   47

Festlicher Empfang im Foyer des Kinos, konsequent aus Erwins Perspektive gefilmt – das heißt: Vater Norkus und Erwin stehen in eine Ecke gedrängt, niemand kümmert sich um sie, sie kennen keinen, keiner kennt sie. Wir sehen aus Erwins POV ein allgemeines Gedränge und Geschiebe, Getränke werden vorbeigetragen, Leute zwängen sich durchs Gewühl. Vater und Sohn bleiben vollkommen außen vor und fremd.

CUT.

48   VOR DER SCHULE – AUSSEN/TAG   48

Die Buchstaben „Pestalozzi" über der Eingangstür der Schule werden von der Hauswand geschlagen. – Unten steht schon das neue Namensschild bereit: Herbert-Norkus-Schule.

SCHULCHOR: (OFF) Kein sel'grer Tod ist in der Welt,

Als wer vorm Feind erschlagen,

Auf grüner Heid', im freien Feld,

Darf nicht hör'n groß Wehklagen …

49   AULA – INNEN/TAG   49

Festakt in der Aula. Der Schulchor singt. Auf der Bühne ein gezeichnetes Portrait von Herbert Norkus. Hakenkreuzfahnen. Schüler, Lehrer, Gäste, viel SA und Partei. Auch Ludwig und Erwin Norkus, und zwar in der ersten Reihe. Erwin trägt seine Jungvolk-Uniform. Neben Vater Norkus sitzt Parteigenosse Dr. Brandt aus dem Amt, neben ihm seine Frau Hermine.

SCHULCHOR: … Im engen Bett, da ein'r allein

Muss an den Todesreih'n,

Hier aber find't er Gesellschaft fein –

Fallen wie Kraut im Maien.

Applaus.

DER REKTOR, Mitte 50 und dick, steht bereits am Podium, wartet den Applaus ab, und hält dann seine Rede, am Revers trägt er das NSDAP-Abzeichen.

REKTOR: Hochverehrter Parteigenosse Dr. Brandt, verehrte gnädige Frau, wertes Kollegium, liebe Gäste, liebe Schüler. – Herbert Norkus fiel im Januar, jenem Monat, den unsere Vorväter den Hartung nannten, weil er seit alters der härteste, kälteste Monat des Jahres ist. Im Januar vorigen Jahres starb Herbert, unser junger Held, inmitten eines Chaos, an dessen Stelle jetzt die Ordnung tritt. – Herbert Norkus fiel für uns. Für das Heute und Morgen. Für alles Kommende. Länger als sein kurzes Leben dauern durfte, nämlich für alle Zeit, bleibt er eingeschreint in unseren Herzen: als Blutzeuge der völkischen Bewegung. Sie, die uns Deutsche wieder zu einem Volke werden ließ, empfing durch den Tod dieses Knaben und manch seiner Kameraden eine heilige Weihe. Herbert Norkus wurde der Hitler-Jugend, was Horst Wessel der SA geworden ist: das Sinnbild ihres einfachen Lebens und Sterbens im Dienst. Darüber werden nicht viele Worte gesprochen, das ist so selbstverständlich, wie es groß und heilig ist. – So sei vom heutigen Tage an unserer Schule sein Name kein Schmuck, sondern Mahnung und Aufruf, Appell und Ansporn. Deutschlands Jugend grüßt dich, Herbert Norkus!

Applaus.

Der Rektor gibt Vater Norkus ein Zeichen. Der soll auf die Bühne kommen, ein paar Worte ans Publikum richten. Der neben ihm sitzende Dr. Brandt ermuntert ihn. Norkus aber will nicht aufs Podium. Er steht, genötigt, auf. Währenddessen stellt der Rektor ihn vor. Dann spricht Ludwig Norkus von seinem Platz aus, unsicher, etwas linkisch.

> REKTOR: In unseren Reihen weilt heute auch der Vater des jungen Helden, der nun ein paar Worte zu uns sprechen wird.

> LUDWIG NORKUS: Also … ja … Icke … Eene Jeschichte soll ick erzählen. Naja. An dem Morjen, ick seh mir noch da sitzen, Pflaumenstulle ha ick jejessen. Er aß och so jerne Pflaumenmus. Immer dicke ruff uffs Brot. Konnte jar nich jenuch kriejen davon …

Vereinzelt kleine Lacher im Publikum.

> … Aber nich an dem Morjen, nee, det nu nich. Da aß er nischt mehr. Da lach er in sein Blut. Ick hatte ihm einjebläut, kabbel dir nich mit die Kommunisten. Aber er hat mir nich jehört, hat nich zujehört. Also, wenn ed eene Lehre jibt aus det janze Schlamassel …

Rektor und Parteileuten läuft Norkus' Rede eindeutig in die falsche Richtung. Sie überlegen, wie man den Mann stoppen kann.

> … Kloppt euch nich so ville. Haut euch nich. Der Mensch muss in sei'm Leben so ville Schmerzen erdulden, det issed nich wert. Mir is ooch manchmal die Hand ausjerutscht. Ha ick ihm Backpfeifen jejeben, dem Jungen, und nich zu knapp. Aber det tut mir heute leid.

Er weint – was die Situation noch peinlicher macht.

> … Ick tät ihm jerne um Verzeihung bitten.

Dr. Brandt fährt ihm in die Parade. Steht auf, nimmt das Wort und „rettet" die Situation.

BRANDT: Das sind die Worte eines Vaters, der ... Da gehen schon mal ein paar Pferde durch im Überschwang der Gefühle. Ein alter Kämpfer für unsere Sache. Bist du doch, nicht wahr, Ludwig! Alter Haudegen! Naja. Einen hat er noch. Einen Jungen. Den kennt ihr auch alle, ist ja euer Schulkamerad. Steh mal auf, Erwin!

Der tut es gezwungenermaßen.

BRANDT: Du wirst nun also immer feste in die Fußstapfen deines großen Bruders treten. Fein. Bravo.

ERWIN: (bestätigt) Wir ham seine Stiefel noch zuhause zu stehn. Ham wa uffjehoben. Stehn im Schrank janz unten.

Die Älteren lachen. Besonders Hermine findet ihn ganz possierlich.

BRANDT: Und, passen sie dir schon?

ERWIN: (schüttelt den Kopf) Da kann ick drin Kahn fahrn. Und die Mütze is mir ooch noch zu groß, ha ick damals von seine Kumpels jeschenkt bekomm ...

Wieder Heiterkeit im Saal. Hermine blickt auf den Jungen voll mütterlicher Anteilnahme.

BRANDT: Aber du hast ja schon eine Jungvolk-Uniform. Und für später, wenn du'n Stück größer bist, für die Hitlerjugend, da hast du dann schon ein schönes Stück Uniform beisammen. – Sag mal, ich hab gehört, ihr habt im Unterricht grad ein Gedicht gelernt ...

Erwin nickt.

Kannst du uns das aufsagen?

Erwin hebt die Schultern.

LUDWIG NORKUS: (zischt) Antworte jefälligst!

ERWIN: (maulfaul) Wenn et sein muss.

BRANDT: Dann geh doch am besten nach vorn, da können dich alle hören.

Erwin blickt kurz zum Vater. Der platzt gleich vor Stolz und Rührung.

Einige Schüler tuscheln, gucken sich an, blasen die Backen auf etc. – sie finden die Bevorzugung, die Erwin genießt, nicht so toll.

Erwin geht indessen aufs Podium. Dort leiert er das Gedicht herunter.

ERWIN: Herbert Norkus. Von Pidder Lüng. Verraucht sind die Schlachten, der Krieg ist aus. Mit kummerergrauten Haaren tragen wir Norkus zum Hügel hinaus, ein Kind noch von sechzehn Jahren. Sein Traum war das Sehnen, die deutsche Nacht, das Schicksal der Heimat zu wenden ...

FADE TO:

50   STRASSENECKE – AUSSEN/TAG   50

Ein Herbert-Norkus-Platz wird eingeweiht. Eine aus Holz gezimmerte kleine Tribüne, darauf und daneben wieder Parteileute, SA, auch Dr. Brandt. Ein Mikrofon, zu hoch für Erwin. Aber man hat ihm eine kleine Kiste unter die Füße gestellt. Er plärrt das Gedicht ins Mikro. Er trägt seine Pimpf-Klamotten.

> ERWIN: ... Drum wurde er viehisch umgebracht von ruchlosen Mörderhänden. Du deutscher Knabe, du tapferes Kind. Du fielst, indem du warbest. An deinem Grabe flattern im Wind die Fahnen, für die du starbest ...

FADE TO:

51   FRIEDHOF – AUSSEN/TAG   51

Am Grab. Es regnet in Strömen. Eine Mahnwache aus Hitlerjungen steht da. Erwin trägt wieder Pimpf-Klamotten und sagt das Gedicht auf.

> ERWIN: Du fielst wie ein Held in tosender Schlacht, vom Geiste der Freiheit besessen. Und wenn lange vergessen die deutsche Nacht, dich werden wir niemals vergessen.

Über das hergesagte Gedicht legt sich die Off-Stimme des älteren Erwin.

> ERWIN NORKUS: (OFF) So kam es, dass ich eine kleine Karriere machte. Als Aufsager dieses Gedichts. Ich rezitierte die Zeilen bei allen möglichen Gelegenheiten. Immer die gleichen Verse. Ich konnte nur die.

52   THEATER – INNEN/TAG   52

(Die folgende Szene wird konsequent von der Seitenbühne erzählt. Kein Blick in den Zuschauersaal, kein Blick von dort auf die Bühne.)

In einem kleinen Theater auf der Seitenbühne wartet Erwin in Jungvolk-Uniform auf seinen Auftritt, er wechselt schnell noch seine Schuhe. Auf der Bühne läuft ein Feiertagsprogramm. Ein Akkordeonspieler spielt, eine Volkstanzgruppe tanzt dazu, bietet irgendwelches Brauchtum dar. Gleich kommt Erwins Auftritt.

Der INSPIZIENT an seinem Pult gibt schon das Zeichen zum Lichtwechsel.

> INSPIZIENT: (in sein Pultmikro; leise) Achtung für die Neun.

Er drückt eine Taste auf seinem Pult, dann eine zweite. Eine rote Glühlampe leuchtet in der Gasse über Erwins Kopf auf, der Inspizient gibt ihm sicherheitshalber noch ein Achtungszeichen mit der Hand. Erwin nickt, er ist inzwischen schon fast ein Profi, er weiß Bescheid.

Mit einem Jauchzer endet der Tanz auf der Bühne. Applaus kommt aus dem Saal. Die Tänzer und Tänzerinnen kommen von der Bühne gerannt, der Akkordeonspieler trägt sein Instrument und den Stuhl, auf dem er saß. Erwin steht voll konzentriert da, blickt auf das rote Licht.

> INSPIZIENT: (in sein Pultmikro; leise) Die Neun.

Wieder betätigt er eine Taste, Lichtwechsel auf der Bühne, die rote Lampe in der Gasse erlischt. Das ist Erwins Zeichen, er geht auf die Bühne, stellt sich in Positur. Sagt sein Gedicht auf.

> ERWIN: Herbert Norkus. Von Pidder Lüng.
>
> Verraucht sind die Schlachten, der Krieg ist aus. Mit kummerergrauten Haaren …

> CUT!

53 SPORTPLATZ – AUSSEN / TAG 53

> ERWIN NORKUS: (OFF) Weiterhin gab's jede Woche Dienst beim Jungvolk. Jeden Tag wollte er uns ein Stückchen besser machen, hatte uns unser Scharführer versprochen.

Die Kinder spielen Ball, Mondt ist Schiedsrichter. Dr. Brandt steht mit einer Leica-Kleinbildkamera neben dem Spielfeld.

> ERWIN NORKUS (OFF): Und wenn ich mich zusammenriss und meinen inneren Schweinhund besiegte, dann konnte es sogar mit mir noch was werden.

54 AM WALDSEE – AUSSEN / NACHT 54

Ein Lagerfeuer brennt. Dr. Brandt, Erwin, Mondt, die anderen Kinder – alle sitzen ums Lagerfeuer. Funken fliegen gen Himmel. Es knistert. Einer legt Holz nach. Erwin gähnt, er ist todmüde.

> BRANDT: Seit meiner Jugend liebe ich das! Feuer entfachen, in die Flammen sehen … Der Tag verglüht, die Flamme sammelt und verzehrt noch einmal alles Erlebte. Man ist allein. Und doch nah mit den andern. …

Zögerlich zustimmendes Gemurmel. Mondt gibt sich besonders interessiert. Erwin fallen fast die Augen zu.

> BRANDT: … In solchen Nächten versteht man, was das Feuer den Vorfahren bedeutet haben muss. Man spürt sie neben sich, man sitzt im Kreis der Väter und sieht die großen Gestalten der Sage und Geschichte hinzutreten. Denn sie alle sammeln sich seit Jahrtausenden, überall in den deutschen Wäldern und an deutschen Seen, um ein hell loderndes Feuer. Soldaten treten hinzu und Landsknechte, unser Führer Adolf Hitler. Ich sehe in die Glut und spüre, wie der Glaube wächst. Wir sind geboren, um für Deutschland zu sterben.

Darüber:

> ERWIN NORKUS: (OFF) An meinen Bruder hatte ich damals schon länger nicht mehr gedacht. Aber in dieser Nacht träumte ich von ihm …

55   AM WALDSEE – AUSSEN / FRÜHER MORGEN   **55**

Der See im Morgendunst. Nebelschleier. Es wird eben hell. Ein Baum mit breitem Stamm ragt schräg vom Ufer hinaus übers Wasser. Auf dem Stamm sitzen Erwin (10) und sein Bruder Herbert (15). Sie haben jeder Steinchen in den Händen, werfen sie ins Wasser.

HERBERT: Erinnerst du dich an die Geschichte vom Elch?

ERWIN: Von welchem Elch?

HERBERT: Der Elch ist das scheueste und stolzeste Tier, das es gibt. Kaum jemand bekommt ihn zu Gesicht. Und wenn doch, oder wenn man ihn jagt, dann flieht er ins Unterholz und immer weiter, bis hinein in einen See. Und darin geht er lieber zugrunde, als dass er herauskäme ans Ufer, um sich fangen oder töten zu lassen ... – Mama hat uns die Geschichte erzählt. Erinnerst du dich nicht? Du hast dich gefürchtet.

ERWIN: (versucht, zu verstehen) Aber ich bin doch kein Elch ... Ich bin auch nicht scheu oder stolz.

HERBERT: Nein?

ERWIN: Und ich will auch nicht zugrundegehen.

HERBERT: Aber es ist ganz leicht. Wenn ich sage: spring – du müsstest nur springen ...

Tatsächlich: Erwin müsste sich nur von dem Baum ins Wasser fallen lassen.

ERWIN: Aber ich will weiterleben.

HERBERT: Dann musst du zu den Jägern gehen. Denn der Elch stirbt immer.

Pause. Nebel zieht übers Wasser.

ERWIN: Wieso haben dir deine Freunde damals nicht geholfen?

HERBERT: (hebt die Schultern) Sie waren nicht da. Ich hab sie gesucht. Hab gerufen. Ich dachte, sie sind vielleicht selbst verletzt. Dabei waren sie einfach nur abgehauen.

Der See im Morgenlicht. Wasservögel fliegen auf.

ABBLENDE.

56   TELEFONZENTRALE – INNEN / TAG   **56**

Kamerafahrt an einem Klappenschrank entlang und halb um ihn herum: Lämpchen blinken, Anrufe werden entgegengenommen, Telefonverbindungen hergestellt.

ERWIN NORKUS: (OFF) Für Papa lief es indessen nicht so gut. Wegen seiner ständigen Sauferei hatten sie ihn zu den Telefonistinnen runter in den Keller befördert. Ganz fallenlassen konnten sie ihn ja nicht, den Heldenvater.

ZWEI FRAUEN und Ludwig Norkus sitzen vor einem Klappenschrank und arbeiten als Telefonisten. Die Kamerafahrt endet auf Ludwig Norkus im Profil, nah. Die rechte Bildhälfte ist durch den Klappenschrank abgeschattet. Man sieht auf den ersten Blick, dass Norkus Neuling ist, er arbeitet langsamer als die beiden Frauen und muss immer noch überlegen, wie die Vorgänge gehandhabt werden.

Es meldet sich eine Anruferin bei Norkus.

> LUDWIG NORKUS: NSDAP-Parteikanzlei. Wen möchten Sie ... Ach, Frau Dr. Brandt. Na, Sie wollen doch sicher Ihren Mann sprechen, ick verbinde ... – was?

Am Apparat: Hermine, zuhause am Telefon. Dialog siehe Szene 57.

57   WOHNUNG BRANDT – INNEN/TAG   57

Hermine zu Hause in ihrem Zimmer, am Telefon.

> HERMINE: Nein, ich möchte Sie sprechen.

> LUDWIG NORKUS: Ja, wat ...

> HERMINE: Wir haben doch neulich Ihren Sohn gesehen in der Schule und ... und gehört, wie er das Gedicht vortrug.

> LUDWIG NORKUS: Ja, ja ...

> HERMINE: Sie wissen wahrscheinlich nicht, dass ich gelernte Schauspielerin bin – gewesen bin ...

> LUDWIG NORKUS: Nee. Ha ick nich jewusst ...

> HERMINE: Ihr Sohn trägt ja nun immer nur das gleiche Gedicht vor. Ich dachte, das ist vielleicht auf die Dauer ein bisschen langweilig. Und dass er vielleicht Talent hat, Ihr Sohn. Aber dass dieses Talent noch nicht so recht zum Tragen kommt. Was meinen Sie?

> LUDWIG NORKUS: Talent? Na ick weeß nich ...

> HERMINE: Ich dachte, vielleicht besuchen Sie uns mal?

> LUDWIG NORKUS: Wat? Wir Sie?

> HERMINE: Ja, warum nicht. Ihr Sohn mich. Zum Üben.

> LUDWIG NORKUS: Ach so!

> HERMINE: Sonntagvormittag um elf? – Gut. Auf Wiederhören.

Hermine legt auf, geht aus dem Bild.

Die Kamera bleibt im Raum, bewegt sich langsam durch das großbürgerliche Interieur. Gemälde an der Wand. Ein Grammophon. Eine Fotografie: die junge Hermine in einer Bühnenrolle als Amazone. Gipsmasken an der Wand.

Zeit vergeht. Die Kamera fährt bis in den Flur. Es klingelt. Die Kamera hält.

DAS DIENSTMÄDCHEN kommt, öffnet die Tür.

Ludwig Norkus und Erwin stehen da. Es ist Sonntag, sie sind adrett gekleidet.

> DIENSTMÄDCHEN: Sie wünschen?

> LUDWIG NORKUS: Norkus, mein Name. Wir sind mit Frau … Frau Doktor Brandt verabredet, ja.

Das Dienstmädchen bittet sie mit einer knappen Geste herein. Kaum sind beide durch die Tür, gebietet sie mit einer zweiten Geste: Halt. Beide gehorchen wie auf Kommando.

Das Dienstmädchen verschwindet. Vater und Sohn stehen dumm rum, sehen sich um.

Das Mädchen kommt wieder.

> DIENSTMÄDCHEN: Herr Norkus? Frau Doktor sagt, sie sei mit Ihrem Sohn verabredet. Sie können ihn in zwei Stunden abholen.

> (zu Erwin) Hier entlang.

Erwin folgt, mit einem Blick zurück auf seinen Vater. Der steht noch einen Moment überflüssig da, dann geht er, schließt leise die Tür hinter sich.

58   HAUS BRANDT – AUSSEN / TAG   58

Vor dem Haus – es ist eine Villa mit mehreren Mietparteien – hat Ludwig Norkus sein Motorrad mit dem Beiwagen abgestellt. Er kommt aus dem Haus, zieht seine Jacke aus. Dann seine Weste. Unterm Hemd hat er eine Zeitung, die ihn auf dem Motorrad wärmt. Er holt die Zeitung heraus, zieht sich wieder an, setzt sich in seinen Beiwagen. Wickelt sich in Erwins Decke, schlägt die Zeitung auf, liest.

59   WOHNUNG BRANDT – INNEN / TAG   59

Das Dienstmädchen bringt Tee auf einem Tablett. Erwin sitzt auf einer Chaiselongue, ganz vorn am Rand, wie auf dem Sprung, Hermine ihm gegenüber bequem in einem Sessel. Das Dienstmädchen macht einen Knicks und geht. Hermine schenkt Tee ein, stellt die Kanne auf ein Stövchen. Es gibt zwei Sorten Konfitüre zum Tee und eine Zuckerstange zum Eintauchen. Erwin öffnet eins der Konfitüre-Gläschen, schnuppert daran.

> ERWIN: Holunderkonfitüre.

> HERMINE: (überrascht) Stimmt! – Woher kennst du die?

Statt einer Antwort nimmt Erwin das andere Gläschen, schraubt es auf, schnuppert.

> ERWIN: Orange.

Schließt es, stellt es aufs Tablett zurück.

> ERWIN: Wir hatten ein Konfitürengeschäft jehabt. Da jab ed die. Bis Mama starb. Die Leute ham aber meist nur Rübensirup jekooft.

HERMINE: Wenn du deinen Tee süß magst, kannst du diese Zuckerstange da hineintauchen.

Erwin tut es. Hermine beobachtet ihn dabei.

HERMINE: Wie alt bist du?

ERWIN: Elf jetze schon.

HERMINE: Elf Jahre ... So ein großer Junge ...

(mit Blick auf die Zuckerstange) Ich glaube, das reicht.

Erwin nimmt die Zuckerstange aus dem Tee, lässt sie über der Tasse abtropfen. Dabei fällt sein Blick auf das Grammophon. Er zeigt mit dem tropfenden Zucker da hin.

ERWIN: So een Jrammophon hatten wir ooch jehabt.

HERMINE: Leg das ...

Erwin steht auf.

ERWIN: Wat ham'sen für Platten da? Heinzelmännchens Wachparade?

HERMINE: Leg den Zucker auf das Tellerchen.

Erwin tut es. Geht zum Grammophon. Darauf liegt eine Schellackplatte.

ERWIN: (liest) Kin-der-to-ten-lie-der.

HERMINE: (erschrickt) Ach Gott. Die ... hab ich gestern Abend gehört.

ERWIN: Sie hörn sich Kinderlieder an?

HERMINE: Das sind keine ... richtigen Kinderlieder.

ERWIN: Soll ich mal anmachen?

HERMINE: Nein! Bitte nicht.

Sie steht schnell auf, nimmt die Platte vom Grammophon, zerbricht sie. Erwin ist überrascht. Wieso tut sie das? Aber Hermine wirkt erleichtert, dass die Platte endlich kaputt ist.

HERMINE: Die Platte hat mir mein Mann geschenkt als ich ...

ERWIN: Als Überraschung?

HERMINE: (lügt) Ja.

Hermine steht da, die zerbrochene Schellackplatte in Händen. Erwin wundert sich noch immer, aber er blättert indessen ein wenig in den anderen Platten – immer mit einem halben Blick auf die merkwürdige Frau. Hermine ist selbst noch ganz überrascht, was sie tat. Ihre Hand blutet ein wenig. Das sieht Erwin:

ERWIN: Sie ham sich jeschnitten.

HERMINE: (atmet auf) Ach ... ja!

Sie lächelt. Sie überlegt: wohin mit der kaputten Platte? Legt die Teile auf das Tablett, setzt sich wieder, nimmt eine Serviette, hält sie in

der Hand, um das Blut zu stillen. Sie erklärt Erwin (der zuhört, aber
wenig vom Sinn versteht):

HERMINE: Als ich mein Kind verlor, hat mir mein Mann diese
Schallplatte geschenkt. Und hat sie mir immer vorgespielt.
Ich hab geweint. Hab mir die Ohren zugehalten. Aber das ist
Mahler, mein Schatz, Gustav Mahler, hat er gesagt, du liebst
doch Mahler ...

Ihre Augen füllen sich mit Tränen.

ERWIN: (unsicher) Haben sie's denn nicht wiedergefunden?

HERMINE: Was?

ERWIN: Na ... – Ihr Kind? Das sie verloren haben.

HERMINE: (lacht, Tränen in den Augen) Ach ... Nein. Nein ...

Das ist gar nicht geboren worden. Nicht richtig ...

Erwin inspiziert weiter das Zimmer. Er zeigt auf die Gipsmasken an
der Wand.

ERWIN: Die Leute da, sind die alle tot?

HERMINE: Nein, das sind Gesichter von Freunden. Schauspielkollegen. Ich war Schauspielerin. Das Foto dort, da drüben,
da spiele ich eine Amazone.

Erwin weiß nicht, was das ist, eine Amazone, aber er lässt sich nichts
anmerken.

ERWIN: Aha.

Hermine greift zu einem der Bücher, die neben ihr auf einem
Rauchtisch liegen. Aber noch kann sie sich nicht entschließen, es
zu öffnen. Stattdessen fällt ihr ein Zitat aus dem Stück ein, das sie
damals spielte.

HERMINE: „Sie sank, weil sie zu stolz und kräftig blühte!

Die abgestorbne Eiche steht im Sturm,

Doch die gesunde stürzt er schmetternd nieder,

Weil er in ihre Krone greifen kann."

ERWIN: Ach, det meinen Sie. Amazonas! Rejenwald. Da wollte
Herbert ooch hin, später uff sei'm Schiff.

Hermine klärt das Missverständnis nicht auf. Sie schlägt jetzt das
Buch auf, das sie nahm – an einer Stelle hat sie ein Lesezeichen
eingelegt. Vorher fällt ihr aber noch ein:

HERMINE: Falls mein Mann fragt, die Schellackplatte, die hast
du zerbrochen. Ja? Es ist dir aus Versehen passiert. Sagst du
das? Er wird dir nicht böse sein.

ERWIN: Wejen mir.

HERMINE: Danke. Hast du Lust, ein Gedicht mit mir zu
lernen?

ERWIN: Wenn ed lustig is.

HERMINE: (lächelt) Ich mag es sehr gern.

Nun trägt sie Erwin das Gedicht vor. Teils liest sie es, teils kann sie's auswendig.

HERMINE: Es gingen drei Jäger wohl auf die Pirsch,

sie wollten erjagen den weißen Hirsch.

Sie legten sich unter den Tannenbaum,

da hatten die drei einen seltsamen Traum.

Der erste.

Mir hat geträumt, ich klopft' auf den Busch,

da rauschte der Hirsch heraus, husch husch!

Der zweite.

Und als er sprang mit der Hunde Geklaff,

da brannt' ich ihn auf das Fell, piff, paff!

Der dritte.

Und als ich den Hirsch an der Erde sah,

da stieß ich lustig ins Horn, trara!

So lagen sie da und sprachen, die drei,

da rannte der weiße Hirsch vorbei.

Und eh' die drei Jäger ihn recht geseh'n,

so war er davon über Tiefen und Höhn.

Husch husch! piff, paff! trara!

Erwin lacht.

Das gefällt dir?

Erwin nickt.

Willst du's lernen?

ERWIN: Ja.

HERMINE: Kannst du das schon selbst lesen?

ERWIN: Na aber klar!

Sie reicht ihm das Buch.

ERWIN: (buchstabiert) Ludwig Uhland. Der weiße Hirsch ...

HERMINE: Stell dich da rüber, neben den Kamin.

Erwin, das Buch in Händen, will hinübergehen.

HERMINE: Leg das Buch weg. Ich sag dir vor. So lernst du's am schnellsten.

Er legt das Buch weg, stellt sich hin.

> HERMINE: Es gingen drei Jäger wohl auf die Pirsch …
>
> ERWIN: Es jingen drei Jäger wohl auf die Pirsch …
>
> HERMINE: … sie wollten erjagen den weißen Hirsch.
>
> ERWIN: (plappert) … sie wollten erjagen den weißen Hürsch.
>
> HERMINE: Nein, nicht plappern. Der weiße Hirsch ist … Der ist etwas sehr, sehr Seltenes und Schönes.
>
> ERWIN: Wie 'n Elch.
>
> HERMINE: So ähnlich. Aber ganz weiß, wie aus Schnee. „Sie wollten erjagen – den weißen Hirsch." Mach eine kleine Pause vor dem weißen Hirsch.
>
> ERWIN: … sie wollten erjagen – den weißen Hürsch.
>
> HERMINE: Und nicht so berlinern! Hirsch! „Den weißen Hirsch!"

SPÄTER.

Erwin spricht das „sch" nicht korrekt.

> ERWIN: … da raushte der Hürsh – hush, hush.
>
> HERMINE: Schsch …
>
> ERWIN: Shsh …
>
> HERMINE: Sch – Ch – Sch
>
> ERWIN: Sch – Ch – Sch

Um ihm das „ch" zu verdeutlichen, fasst Hermine Erwin mit zwei Fingern in den Mund, drückt ihm die Zunge runter.

> HERMINE: Ch…
>
> ERWIN: Grrchch…

SPÄTER.

Erwin hat einen Korken im Mund. Damit muss er nun sprechen. Hermine überwacht und dressiert ihn.

> ERWIN: (mit Korken im Mund) Sie legten sich unter den Tannenbaum, da hatten die drei einen seltsamen Traum …
>
> HERMINE: … – einen seltsamen Traum.
>
> ERWIN: … – einen seltsamen Traum.
>
> ERWIN NORKUS: (OFF, gleichzeitig) Frau Doktor Brandt, die ich bald schon Hermine nennen durfte, machte mich zu ihrem Schüler – ihrem „Eleven", wie sie sich ausdrückte. Während ihr Mann sich für meine physische Entwicklung interessierte, kümmerte sie sich um mein künstlerisches Potential, und sie brachte mir Anstand und Manieren bei.

SPÄTER.

Die Unterrichtsstunde ist beendet. Hermine reicht Erwin eine zierliche Porzellan-Bonboniere. Hebt das Deckelchen. In der Schale sind Schokoladenstückchen. Mit spitzen Fingern darf Erwin ein Stück Schokolade nehmen. Er steckt sich die Schokolade in den Mund und kaut munter drauf los. Hermine ist entsetzt.

> HERMINE: Das ist Schokolade! Die genießt man. Die kaut man nicht wie Brot.

Erwin ist sich keiner Schuld bewusst. Um zu zeigen, dass er es besser kann, will er gleich noch ein Stück nehmen. Aber Hermine klopft ihm auf die Finger und schließt ihr Döschen.

> HERMINE: (kokett) Na! Nicht so naschhaft, junger Mann!

60   PARTEIZENTRALE, BÜROS – INNEN/NACHT   60

Ludwig Norkus ist nach Dienstschluss mit einem großen Stoffsack unterwegs, in den hinein er den Abfall aus den Büros leert. Er kippt den Papierkorb in einem Büro aus, schüttet und schüttelt alles in den Sack. Tut das in einem weiteren Büro. In einem dritten.

> ERWIN NORKUS: (OFF) Mit Papa gings inzwischen immer mehr bergab. Er wurde aus der Telefonzentrale abkommandiert – zum Scheuerlappengeschwader.

61   FLUR – INNEN/NACHT   61

Ludwig Norkus geht mit seinem Müllsack über den langen Flur, von einem Büro ins nächste, während eine Frau, GRETE (29), den Flur wischt. Im Vorbeigehen gibt Ludwig Norkus ihr einen heftigen Klaps auf die Po. Sie juchzt. Dann putzt sie weiter. ZWEI WEITERE PUTZFRAUEN tragen Wassereimer vorbei.

62   TREPPENHAUS – INNEN/NACHT   62

Auf den Stufen kniend wischen Ludwig und Grete die steinerne Treppe, die in den ersten Stock hinauf führt.

63   MÜLLRAUM – INNEN/NACHT   63

Ein Kellerraum, in dem Mülltonnen stehen. Ludwig leert den Sack. Knüllpapier purzelt heraus, eine halb aufgegessene Stulle etc. Aber auch eine ganze Reihe Briefumschläge mit Marken darauf. Einige dieser Briefumschläge, die ihm interessant erscheinen, legt er beiseite.

> ERWIN NORKUS: (OFF) Papa war seine Frauenarbeit peinlich. Aber mir hat sie Spaß gemacht. Ich hatte jetzt nämlich ein Hobby, oder wie man damals sagte: ein „Steckenpferd". Ich wurde Philatelist.

64   WOHNUNG NORKUS – INNEN/TAG   64

Ludwig Norkus leert seine Tasche auf den Tisch aus: Briefumschläge aller Größen.

Die neue, kleine Wohnung von Vater und Sohn Norkus. Der Kuckuck ruft aus der Uhr. Wir erkennen die Uhr wieder: aus dem zerstörten Haus vom Anfang des Films. Erwin zieht sie auf, ein metallener Tannenzapfen ist das Gewicht.

Erwin sitzt am Tisch und reißt die Ecken aus den Umschlägen aus, wo sich die Briefmarken befinden.

Die herausgerissenen Papierfetzen schwimmen im Waschbecken im Wasser. Die Marken lösen sich langsam ab.

Hartnäckig klebende Marken weicht Erwin am Herd über Wasserdampf, der aus einem kleinen Wasserkessel strömt, vom Papier.

Auf einem Handtuch breitet er die Briefmarken aus und lässt sie trocknen.

Erwin am Tisch. Er sortiert die neuen Marken mit einer Pinzette in ein großes Album. Blättert darin. Hunderte Marken, nach ihrem Wert sortiert, und alle zeigen das gleiche Motiv: Hitlers Gesicht.

Auf dem Tisch liegen noch Umschläge, aus denen Erwin die Marken riss. In einigen steckt noch der Schriftverkehr. Erwin nimmt einen Brief aus dem Umschlag. Noch einen. Liest.

> ERWIN NORKUS: (OFF) Durch dieses Hobby lernte ich wieder viel Neues. Ich las alles, was in den Umschlägen drinsteckte – und konnte bald selbst so schwierige Worte wie „Strafexpedition“, „Bolschewik“, „jüdische Weltverschwörung“, „erbkranker Nachwuchs“ oder „durchgreifende Säuberung“ ohne Schwierigkeiten lesen.

65   WOHNUNG BRANDT, FLUR – INNEN/TAG   65

Es klingelt. Das Dienstmädchen öffnet. Erwin tritt ein. Er kennt den Weg.

> ERWIN NORKUS: (OFF) Weiterhin lehrte Hermine mich, was ein gut erzogener Junge können muss: Stehen, Gehen, Sprechen. Und wie man anständig eine Dame begrüßt.

66   ZIMMER – INNEN/TAG   66

Erwin begrüßt Hermine mit einem Handkuss und einer knappen Verbeugung. Dann steht er da, mit hängenden Schultern. Sie biegt ihm den Rücken gerade.

Sie hat eine Überraschung für ihren Liebling. Sie hat eine neue Platte gekauft. „Heinzelmännchens Wachparade“. Erwin darf die Platte auflegen, das Grammophon bedienen.

67   SPEISEZIMMER – INNEN/TAG   67

Erwin bleibt zum Essen bei Hermine und Dr. Brandt. Das Dienstmädchen serviert. Es gibt Suppe. Erwin löffelt drauflos.

HERMINE: Der Löffel geht zum Mund, nicht umgekehrt!

Erwin gehorcht.

DR. BRANDT: Gelehriger Junge. Hört aufs Wort. Was ein bisschen Zucht und Ordnung aus so einer kleinen Rotznase rausholen können.

Man löffelt. – Dr. Brandt philosophiert.

DR. BRANDT: Das Unterrichten und die Gartenkunst, es ist alles Hege und Pflege. Man stutzt und schneidet, man veredelt, rottet das Unkraut aus. Dann sprießen die ersten Knospen: ein schöner Mensch entsteht. Aber die Arbeit hört nicht auf. Sie werden Hitlerjungs, kommen in den Arbeitsdienst, werden Soldaten, sind SA oder SS, gehen in die Partei. Und wachsen immer fort und blühen und gedeihen …

ERWIN: (knapp) Man spricht nicht bei Tisch.

Dr. Brandt, beim Philosophieren unterbrochen, blickt irritiert auf, erhebt sich ein Stück von seinem Stuhl, fasst Erwin mit der Hand ins Haar, ballt eine Faust, sodass er ihn schmerzhaft an den Haaren zieht. Erwin schreit kurz auf.

ERWIN: Auhh …

Dr. Brandt setzt sich wieder.

DR. BRANDT: Ich schon.

Isst weiter, als sei nichts geschehen. Er ist wieder der gutmütige Onkel mit den kalten Augen.

DR. BRANDT: Weißt du eigentlich, wie man ein Foto entwickelt?

Erwin schüttelt den Kopf.

68   DUNKELKAMMER – INNEN / TAG   68

Dr. Brandt hat sich die Speisekammer, Gästetoilette o.ä. als Dunkelkammer eingerichtet. Eine rote Glühlampe leuchtet. Entwickler, Fixierer, Essigessenz stehen da. Fotopapier, Filme, eine Fotozange liegen herum. Schalen für Entwickler-, Stopp-, Fixier- und Wasserbad. Eine Wäscheleine ist gespannt, daran hängen bereits entwickelte Fotos. Einen Vergrößerungsapparat gibt es auch.

Erwin darf ein Foto entwickeln. Das Bild entsteht. Es zeigt, wie nicht anders zu erwarten, hübsche Jungs bei Sport und Spiel. Erwin nimmt das Foto mit der Zange aus der Schale. Hängt es zu anderen auf die Wäscheleine. Dr. Brandt schneidet indessen mit einem Randschneider den Bildern eine Verzierung an. Er guckt, ob Erwin alles richtig macht, streicht ihm lobend übers Haar.

Zuletzt, in einem unbeobachteten Moment, klaut Erwin einen kleinen Stapel Fotos, der (bereits trocken und mit Zierrand versehen) herumliegt.

69   WOHNUNG NORKUS – INNEN / TAG   **69**

Erwin, wieder zuhause, wieder am Tisch. Diesmal hat er ein leeres Poesiealbum, da hinein klebt er die Fotos, schreibt mit Bleistift dazu: am Waldsee, auf dem Sportplatz etc. Dass die Jungs nahezu unbekleidet fotografiert wurden, hält er für normal. Auch Gruppenführer Mondt ist zu sehen. Auf ihn schien der Fotograf besonders scharf zu sein.

> ERWIN NORKUS: (OFF) Gerhard, mein Gruppenführer, war befördert worden. Er wuchs und blühte und gedieh jetzt bei der Waffen-SS. Dazu wollte ich ihm gratulieren. Ich bastelte ein Geschenk.

Erwin packt das Poesiealbum in Packpapier – ungeschickt und knitterig – leimt das Päckchen zu. Schreibt die Adresse aufs Papier: SS-Scharführer …

70   PARTEIZENTRALE – INNEN / TAG   **70**

Dr. Brandt wird den Flur der Parteikanzlei entlanggeführt, die Kamera fährt vor ihm her. Man hat ihn verhaftet. Die beiden jungen Männer, die ihn abführen: Mondt, im Dienstrang eines Scharführers der Waffen-SS, und sein Freund Bauschus, ebenfalls Waffen-SS, Dienstgrad: Rottenführer.

71   PARTEIZENTRALE – AUSSEN / TAG   **71**

Vor der Parteikanzlei steht ein Wagen, der Motor läuft. Dr. Brandt wird von Mondt und Bauschus aus dem Haus gebracht, die Stufen hinuntergeführt, zum Auto, schnell. Er wird von Mondt in den Wagen gestoßen. Bauschus läuft um den Wagen herum, setzt sich ans Steuer. Während dieser ganzen Bewegung fährt die Kamera in gerader Linie schnell auf den Wagen zu, von total auf nah, endend auf dem linken, hinteren Seitenfenster, hinter dem Brandt gerade zu sitzen kommt – da fällt ein Schuss. Brandts Hirn und Blut spritzt klatschend von innen gegen die Scheibe. In diesem Moment fährt der Wagen ab.

Musik: „Heinzelmännchens Wachparade".

72   WOHNUNG BRANDT – INNEN / TAG   **72**

„Heinzelmännchens Wachparade".

Im Zimmer spielt das Grammophon.

> ERWIN NORKUS: (OFF) Ich weiß nicht, ob die Verhaftung von Herrn Brandt etwas mit meinem Geschenk zu tun hatte. Aber weil an jenem Tag noch eine ganze Reihe SA-Leute erschossen wurden, machte ich mir darüber keine Gedanken. In der Schule erfuhr ich, dass diese Leute was Böses geplant hatten, dem unser Führer grade noch zuvor gekommen war.

Hermine zeigt Erwin, wie man tanzt.

Im Großen und Ganzen lief alles prima. Frau Dr. Brandt bekam eine stattliche Witwenrente. Ich erhielt weiter Benimm-Unterricht von ihr.

Am Ende der Schallplatte bedankt sich Erwin artig bei ihr mit einem „Diener".

Erwin darf sich wieder ein Stück Schokolade aus der Bonboniere nehmen, die Hermine ihm unter die Nase hält. Diesmal lässt er brav das Schokostück auf der Zunge zergehen. Wie man sieht, hat sie ihn erfolgreich abgerichtet.

73   GARTENKOLONIE – AUSSEN / TAG   73

Die Kirschbäume tragen Früchte. Ein Berliner Gartenlokal. Drinnen wird, wie man hört, heftig gefeiert.

ERWIN NORKUS (OFF): … Und Papa heiratete seine Scheuerlappen-Freundin.

320

74   GARTENLOKAL – INNEN/TAG   **74**

Feuchtfröhliche Hochzeitsfeier. Zu Gast beim frisch vermählten Ehepaar Ludwig und Grete Norkus sind alte SA-Kumpels und Freun-
dinnen aus der Putzkolonne. Man trinkt auf das späte Brautpaar,
singt, lacht, tanzt. Die Braut ist hochschwanger und bereits voll-
trunken.

> ERWIN NORKUS: (OFF) Ich sollte sie Mutter nennen, aber ich
> sagte Grete. Ich mochte sie nicht.

Vater Norkus steht auf, um einen Trinkspruch auszubringen.

> LUDWIG NORKUS: Leute! Liebe … Ick will noch wat …

Das Publikum beruhigt sich, hört zu.

> LUDWIG NORKUS: Wo wir heute hier so schön beisamm sind,
> denn will ick nich verabsäumen, ooch denjenjen zu jedenken,
> die nu nich hier sind. Also speziell mein Herbert. Viele von euch
> ham ihn ja noch jekannt. Und ick sage keen Jeheimnis, wenn
> ick jestehe, dass ick ohne ihm janz tief inne Scheiße drinstecken
> täte. Ihr wisst, wat ick meine … Herbertchen, uff dir will ick
> een trinken! Du bist mir die beste Lebensversicherung jewesen
> uff meine ollen Tage, du hast mir in deim frühen Tod immer
> beijestanden.

Er erhebt sein Glas. Die Gäste – etwas irritiert über den grausigen
Trinkspruch – tun es ihm zögernd nach. Erwin aber nimmt sein Glas
und wirft es wütend zu Boden oder gegen die Wand! Die Gäste trinken
nun nicht. Der Vater fühlt sich angegriffen und beleidigt.

> LUDWIG NORKUS: Wat soll denn det schon wieder?!

Erwin hat vor Wut Tränen in den Augen.

> LUDWIG NORKUS: Wat det soll, frag ick dir!

Erwin kann kaum sprechen, die Wut schnürt ihm die Kehle zu.
Ludwig Norkus schiebt den Tisch, hinter dem er steht, beiseite,
Gläser fallen um.

> ERWIN: An Mama denkste jar nich … Wat is mit der?

Vater Norkus knallt ihm eine.

> LUDWIG NORKUS: Erwähne ihr nich dauernd vor deine
> Mutter!

> ERWIN: (jetzt wütend, laut) Det is nich meine Mutter! Die
> hat mit uns jar nüscht zu tun! Und wenn du Herbert nicht
> zu die Hitlerjungs jeprügelt hättst, denn könnt er heut noch
> leben!

> LUDWIG NORKUS: Wat …!

Vater Norkus will sich auf seinen Sohn stürzen, um ihn zu ver-
prügeln. Aber der ist schneller. Rennt aus dem Lokal. Der Vater
folgt ihm bis zur Tür. Aber betrunken und schwerfällig holt er ihn
nicht ein.

LUDWIG NORKUS: (ruft ihm nach) Jeh mir aus meine Augen.

Er wendet sich zurück zu den Gästen.

LUDWIG NORKUS: Det kleene Aas … reißt hier det Maul uff mit seine Lüjen …

Er kanns kaum fassen. Muss erst mal einen trinken auf den Schreck.

75   KINO – AUSSEN/TAG   75

Ein Kino in einem Berliner Arbeiterbezirk, schmucklos und grau. Ein „Reprisentheater". In der Vitrine hängt u.a. ein Plakat des Films „Hitlerjunge Quex". Daneben steht: „Vorstellungen um 3 und um 5 Uhr".

Erwin tritt an den Schaukasten.

76   KINOKASSE – INNEN/TAG   76

Neben der Kasse hängt ein rechteckiges Kästchen, oben steht „Es läuft", darunter befinden sich drei matte Glasscheiben, dahinter jeweils eine Glühlampe. Auf den Glasscheiben steht: „Wochenschau", „Vorfilm", „Hauptfilm". Eine leuchtet: „Hauptfilm".

Erwin tritt an die Kasse. Dort sitzt EINE DICKE FRAU.

ERWIN: Darf ich noch rein?

FRAU: Wejen mir.

Sie nimmt die Kartenrolle, will schon ein Billet abreißen.

ERWIN: Ick hab aber keen Jeld.

FRAU: Ohne Jeld keen Kintopp.

ERWIN: Ich heiße Erwin Norkus.

FRAU: Ja und?

ERWIN: Na, ick meine … Quex!

FRAU: Wie der im Film?

ERWIN: Jenau.

FRAU: (glaubt ihm kein Wort) Na Donnerwetter!

ERWIN: (dringend) Ick bin sein Bruder!

FRAU: Ooch so'n kleener Märtyrer, wa? – Na, det is ma ne jute Ausrede!

Sie reißt eine Karte ab, gibt sie Erwin

FRAU: Rinn mit dir! (für sich) Wat die Jängster sich heutzutage allet ausdenken …

Erwin geht ins Kino.

77 KINO – INNEN/TAG   77

Kein Zuschauer im Saal. Die Platzanweiserin steht da und raucht. Sie leuchtet auf das Billet von Erwin, weist ihm den Platz, er setzt sich.

Es läuft die Szene im Krankenhaus, „Heini" liegt im Bett, HJ-ler besuchen ihn – ganz ähnlich unserer Szene 32.

Die Platzanweiserin geht. Erwin bleibt allein im Saal.

> ERWIN NORKUS: (OFF) Da flimmerte er also wieder über die Leinwand. Mein Bruder – der Hitlerjunge Quex. Ich konnte nachmittags ins Kino gehen. Oder zu einer Abendvorstellung. Irgendwo lief der Film immer. Es war seltsam. Es war nicht mein Bruder, den ich sah. Es waren auch nicht meine Mutter und mein Vater. Aber ich fühlte mich zuhause in dem Film …

Erwin geht nach vorn. Es läuft jetzt die Szene, in der Vater Völker seine Habe an den Trödler verkauft – ähnlich unserer Szene 34, aber ohne „Erwin".

Er stellt sich vor die Leinwand. Sieht den Figuren ganz nah bei ihrem Spiel zu. Sein Schatten fällt auf das Bild. Er kennt den Film so gut, dass er genau weiß, was als nächstes passiert. Er guckt hier hin und da hin, duckt sich, wenn ein Gegenstand geflogen kommt etc. – Er spielt im Film mit.

> ERWIN NORKUS: (OFF) ... Zuhause. Und trotzdem einsam ...

Jetzt läuft die Szene, in der Mutter Völker den Gashahn aufdreht, um sich und ihren Sohn umzubringen. Das Filmbild so nah, dass es nur noch Schatten und Lichter sind, kein Bild mehr.

> ERWIN NORKUS: (OFF) ... Nur die Erinnerung an Herbert, wie er wirklich gewesen war, die kam mir immer mehr abhanden. Sie wurde übermalt von dem Film. In dem ich nicht drin war.

Weiter die Schatten und Lichter.

FADE TO:

78   **WOHNUNG BRANDT – INNEN /TAG**   **78**

Swing-Musik vom Grammophon. Eine Schale mit in Stücken geschnittener, nasser Gipsbinde. Erwin (15 – jetzt gespielt vom Herbert-Darsteller, mit etwas verändertem Aussehen) liegt auf der Chaiselongue auf dem Rücken, sein Kopf auf einem Handtuch. Hermines Finger legen seinem Gesicht die letzten Stückchen Gipsbinde auf, sodass wir Erwins Gesicht jetzt noch nicht sehen. Haut und Haaransatz sind mit Vaseline bestrichen, damit der Gips nicht anklebt. Erwin atmet durch ein Röhrchen o.ä., das in seinem Mund steckt.

> HERMINE: Und jetzt warten wir, bis der Gips trocken ist. Das wird ein bisschen warm auf der Haut. Merkst du's?

Erwin nickt.

> HERMINE: Nicht bewegen.

> ERWIN: Hgnn ... Ahmm ...

SPÄTER.

Hermine nimmt Erwin vorsichtig die trockene Maskenform vom Gesicht. Auch jetzt sehen wir sein Gesicht noch nicht, denn die Kamera schwenkt gleich mit Hermines Händen mit. Sie legt die Abdruckform auf den Tisch, auf dem Zeitungspapier ausgebreitet ist, und füllt sie mit flüssigem Gips.

Jetzt richtet sich Erwin von der Chaiselongue auf, trocknet sein Gesicht mit dem Handtuch ab. Dann sehen wir ihn endlich: älter, reifer, seinem Bruder sehr ähnlich.

Der Gips ist trocken. Erwins Gesicht: als „Totenmaske". Erwin nimmt den Abdruck, sieht ihn sich an.

> HERMINE: Schön. – Gefällst du dir?

> ERWIN: (lächelt) Bisschen blass.

Er wendet die Maske hin und her, um „sich selbst" von allen Seiten zu betrachten. An der Wand hängen die Masken von Hermines ehemaligen Schauspielkollegen.

> ERWIN: Hängst du die zu deinen Freunden?

Er reicht ihr die Maske. Aber sie füllt die Form bereits mit einer zweiten Portion Gips.

> HERMINE: Du kannst eine behalten. Ich mach mir ne eigne. Dann erinnern wir uns beide, wie du aussahst mit 15.

> ERWIN: Und wer will das?

> HERMINE: Ich zum Beispiel. Bist so'n Hübscher!

> ERWIN: (peinlich berührt): Quatsch! Überhaupt nicht!

> HERMINE: Wenn du dir nicht gefällst – (macht eine lässige Handbewegung) lässt du die Maske fallen, schon ist sie hin.

Erwin schweigt, man könnte meinen, er denkt über den Doppelsinn der letzten Worte nach. Währenddessen füllt Hermine weiter die Form mit Gips aus, er sieht ihr dabei zu.

> ERWIN: Wenn es einen Gott gäbe, sagt mein Vater, müsste es umgekehrt sein. Mein Bruder müsste leben und ich tot sein.

> HERMINE: Wieso das denn? Das ist ja schrecklich!

> ERWIN: Naja. Ich denk das ja selber oft.

> HERMINE: Bist du verrückt?

> ERWIN: (zuckt die Schultern) „Was ist los mit dir? Warum bist du nicht wie dein Bruder?" Ständig geht das so. Ich habs versucht. Der kleine Musterknabe wollt ich werden, peinlich … – In drei Monaten bin ich so alt wie er. Bald werd ich älter sein und trotzdem immer sein kleiner Bruder. Egal, was ich mache, ich komm nicht an ihn ran. Außer ich wär tot.

Kurzes Schweigen.

> HERMINE: Es verehren ihn eben alle sehr. Ich meine deinen Bruder, nicht den Tod.

> ERWIN: Doch, doch, ist schon richtig. Wir verehren vor allem den.

79   SCHULHOF – AUSSEN /TAG   **79**

Schon wieder wird exerziert. Erwin trägt jetzt HJ-Uniform, die Schnürstiefel seines Bruders, und er marschiert mitten in einem Trupp.

> TRUPPFÜHRER: (befiehlt) Ein – Lied!

Der Trupp singt: „Unsre Fahne flattert uns voran."

> ERWIN NORKUS: (OFF) So marschierte ich, im Gleichschritt und mit Gesang. Ich fiel nicht weiter auf. Ich war der kleine

Bruder des berühmten Helden. Manchmal hatte ich Vorteile davon. Meistens nicht. Die Gartenkunst, von der Dr. Brandt einst gesprochen hatte, bei mir trug sie keine Früchte. Ich hielt mich aus allem raus, so gut es ging. Versteckte mich. Bei Hermine. Im Kino. Oder hinter meiner Schuppenflechte, an der ich immer noch litt. Wie eine Schildkröte unter ihrem Panzer. Bloß nicht den Kopf rausstecken! Das war meine Devise.

80 NEUE WOHNUNG NORKUS – INNEN/AUSSEN/TAG 80

Familie Norkus ist wieder umgezogen, diesmal in eine größere Wohnung. Ludwig Norkus ist außen an der Wohnungstür beschäftigt. Er schraubt das alte Namensschild „Abrahamson" ab und ein neues an: Norkus.

Erwin sitzt am Tisch, macht Hausaufgaben. Die Familie hat Nachwuchs bekommen. Das Kind, mit dem Grete während der Hochzeit schwanger ging, ist vier. Und ein weiteres Baby ist geboren, es schreit.

Grete wirtschaftet in der Küche.

> GRETE: (ruft) Erwin! Die Kleene schreit.

> ERWIN: Ick bin nich taub!

Vater Norkus hämmert an der Tür.

> GRETE: (ruft) Denn tu doch wat!

Erwin legt den Bleistift weg, schlägt sein Heft zu, steht auf. Aber anstatt sich ums Baby zu kümmern, stellt er laut das Radio an …

> ERWIN: (für sich) Ich verschwinde.

… und verlässt die Wohnung. Er geht an seinem Vater vorbei durch die offene Tür. Der ist so mit seiner Bastelei beschäftigt, dass er ihn gar nicht richtig bemerkt.

Als Erwin die Treppen hinunter und fort ist, kommt Grete, das Baby auf dem Arm.

> GRETE: Wo is'n die Kanaille hin?

> LUDWIG NORKUS: Wat …? Keene Ahnung.

81 KINO – AUSSEN/TAG 81

Das Kino. In der Vitrine hängen andere Plakate als damals.

Erwin geht am Schaukasten vorbei, ohne hinzusehen. Geht in das Kino. Er ist in Eile.

82 KINOFOYER – INNEN/TAG 82

Von drinnen hört man das Zarathustra-Motiv der Ufa-Wochenschau. Neben der Kasse leuchtet die Schrift in dem Kasten: „Wochenschau". Bei ihren Karten sitzt die dicke Frau. Erwin begrüßt sie kurz, er ist in Eile.

ERWIN: Tach, Anneliese.

FRAU: Spät biste!

ERWIN: Isset voll im Saal?

FRAU: (winkt ab) Ach ...

Er läuft die Treppe hinauf zum Rang. Aber er geht nicht ins Kino, sondern zum Filmvorführer in den Projektorraum.

83   PROJEKTORRAUM – INNEN / TAG   83

Erwin besucht HILMAR, einen jungen Mann, Mitte 20, an seinem Arbeitsplatz. Er ist Filmvorführer, ein Typ, der die Ruhe weg hat. Er legt gerade den ersten Akt des Hauptfilms ein. Man begrüßt sich kurz und gewohnt. Erwin schaut durch ein kleines Fenster hinunter in den Saal.

HILMAR: Da drüben, der zweite Akt, kannste den mal zurückspulen. Ich war heute auch zu spät.

ERWIN: Mach ich.

Erwin macht sich an die Arbeit, spult die Rolle zurück.

Hilmar guckt indessen durch die Scheibe in den Saal auf die Wochenschau. Man hört Hitler sprechen.

HILMAR: Die Kopie ist schon so was von zerkratzt. Das ist mehr Schneejestöber als wie Operette.

ERWIN: Det is och keene Operette.

HILMAR: (lacht) Nee.

Hilmar wendet sich wieder Erwin zu, trinkt nebenbei einen Schluck Tee, lässt den arbeiten. Aber Erwin hat offensichtlich Freude dran.

HILMAR: Ich muss auch nachher eher weg. Meine Frau fühlt sich nicht. Kannste die letzten zwei Akte zeigen?

ERWIN: (freut sich) Klar, kein Problem. – Was hat denn deine Frau?

HILMAR: Willstes wissen?

ERWIN: Frag ich?

HILMAR: Ick gloobe, die is schwanger. Aber sagen darf ick ihr det nich.

ERWIN: Wieso'n dit?

HILMAR: Kennst doch die Frauen!

Erwin reagiert unbestimmt, denn natürlich kennt er sich mit Frauen noch nicht aus.

HILMAR: „Ach jetzt doch noch nich, Schatz. Wir wollten doch ins Riesenjebirge fahrn." – Na, ick gloobe, sie hat mehr Angst um ihre jute Fijur.

ERWIN: Wenns nach dir jinge, wärst du schon dreimal Vater, wa?

HILMAR: Ick hätt nüscht jejen!

Erwin lächelt ihn an. Er mag Hilmar. Inzwischen ist alles erledigt, die Wochenschau geht zu Ende. Hilmar nimmt noch einen Schluck Tee, die Wochenschau-Kopie läuft aus. Erwin stoppt den Projektor, schaltet das Saallicht an. Er trägt die Kopie rüber zum Zurückspulen.

ERWIN: Du wärst'n juter Papa!

HILMAR: Privat jeht mir immer vor allet.

ERWIN: Vor Katastrophe, ich weeß.

HILMAR: Jenau.

Inzwischen hatte sich Hilmar immerhin bequemt, den zweiten Akt des Spielfilms einzulegen. Er blickt kurz in den Saal. Hilmar betätigt den Lichtschalter.

HILMAR: Denn hau mal den Gong rein!

Langsam verlischt das Licht im Saal. Erwin betätigt den Ufa-Gong. Es ertönen in langsamer Folge drei metallen klingende Schläge: ding, dang, dong …

84   ZELTKINO – INNEN/NACHT   84

Musik-Einsatz: Zarathustra, laut!

Zuerst Kriegsbilder Wochenschau bildfüllend. Granaten detonieren, Panzer fahren, es wird geschossen, Soldaten rennen durchs Unterholz, durch Schützengräben.

Erwin (22), Wehrmachtssoldat, und Hilmar (30), Gefreiter, sind Filmvorführer im Kriegseinsatz. Sie sitzen im mobilen Vorführraum eines Zeltkinos, das den Soldaten die Wochenschau an die Front bringt. Sie sind mit einem „Kino-Lkw" unterwegs, an dessen Seite eine Lade heruntergeklappt werden kann, daran wird das Zelt angebaut … – so funktioniert Kriegs-Kino. Erwin kümmert sich um die Projektion. Hilmar hat Tee gekocht, er bringt zwei heiße Metallbecher. Es ist kalt!

Jetzt ertönt auch ein Kommentar, der die Wochenschau-Bilder begleitet. Daraus ist zu entnehmen: wir befinden uns in den letzten Kriegsmonaten des Zweiten Weltkriegs. Aber Natürlich wird nur von deutschen Siegen und einigen „Frontbegradigungen" gesprochen.

Plötzlich: Eine Sirene! Alarm!

HILMAR: Scheiße!

Das Teetrinken können sie vergessen. Hilmar nimmt ihre beiden Waffen, gibt Erwin seine. Außerdem retten sie die Kopien, die da liegen. Die, die gerade läuft, kriegen sie so schnell nicht aus dem Projektor, sie lassen sie einfach weiterlaufen.

85   ZELTKINO – AUSSEN / NACHT   85

Alarm!

Soldaten rennen aus dem Zelt.

Hilmar und Erwin, ihre Waffe geschultert, bringen die Filmkopien in Sicherheit.

Ein Pfeifen. Alles wirft sich zu Boden.

86   ZELTKINO – INNEN / NACHT   86

Auf der Leinwand läuft weiter die Projektion. Ein Einschlag in das Zelt – von hinten in die Leinwand. Das deutsche Siegen kriegt eine Explosion verpasst. Die Leinwand flammt auf.

87   ZELTKINO – AUSSEN / NACHT   87

Das Zeltkino brennt ab.

Hilmar und Erwin machen schnell den Lkw vom Zelt los, fahren fort, so schnell es geht. Retten sich und ihr Fahrzeug.

88   IM LKW – INNEN / NACHT   88

Sie fahren über holprigen Grund, bloß fort. Hilmar und Erwin werden auf ihren Plätzen durchgeschüttelt.

Aus dem fahrenden Auto blicken wir zurück: Das Kinozelt verbrennt wie ein riesiger Scheiterhaufen.

89   ZELTKINO – AUSSEN / NACHT   89

Das Zeltkino brennt ab.

ABBLENDE.

90   WALD – AUSSEN / TAG   90

Ihr Lkw ist liegen geblieben, eine Achse ist gebrochen, er steht schief zwischen Bäumen. Hilmar und Erwin haben es längst aufgegeben, eine Reparatur zu versuchen. Weit und breit ist kein Mensch in Sicht. Hilmar sitzt neben dem Fahrzeug, kratzt mit einem Löffel in einer Fleischbüchse, die längst leer ist. Erwin kommt aus dem Wald, hält seine Uniformjacke als Tragetuch, darin Beeren und Pilze. Hilmar schmeißt die Büchse fort. Greift zu, nimmt sich eine Handvoll Beeren und Pilze, isst alles auf einmal.

> HILMAR: Ich hoffe, die sind nicht giftig.

> ERWIN: Die Beeren nicht, da kenn ich mich aus.

Hilmar betrachtet kurz einen Pilz, isst ihn dann aber doch gleich ganz auf.

> ERWIN: Hab nur welche mit Samtfutter genommen, nicht die mit Lamellen.

HILMAR: Haste jemand gesehn?

ERWIN: Kein Schwein.

Hilmar steht auf, zieht sich aus.

ERWIN: Was'n jetzt?

HILMAR: Überraschung.

Er geht zu dem kaputten Wagen. Öffnet einen Radkasten. Darin hat er Klamotten versteckt. Es sind eher Lumpen als Kleidung. Er kleidet sich zivil. Eine zweite Hose wirft er Erwin zu.

ERWIN: Bist du verrückt?

HILMAR: Ich lass mich lieber zivil begraben. Privat geht vor Katastrophe, kennst doch mein Motto.

Erwin steht da, die Zivilhose in der Hand.

ERWIN: Glaubst du denn, wir kommen durch?

HILMAR: Ich – du … (zeigt auseinanderführende Richtungen) gehen getrennte Wege.

Er ist fertig umgezogen. Versteckt seine Uniform im Radkasten.

HILMAR: Und irgendwann im Kino, wenn du willst, sehn wir uns wieder. Abgemacht?

Erwin ist die Sache zu heiß. Desertieren? Geht das denn? Er steht unschlüssig da.

HILMAR: Von deinen Pilzen krepieren wir sowieso. Also mach dich vom Acker! (grüßt betont zivil) Tach, Herr Norkus. Schönes Leben noch!

Geht.

Erwin steht zunächst ratlos da. Macht sich dann langsam daran, seine Hose zu wechseln. Versteckt seine Uniformhose auch. Und geht schließlich davon, auf einem anderen Weg als Hilmar.

ERWIN NORKUS: (OFF) So war am Ende aus dem Bruder des großen Helden ein Deserteur geworden.

91 **FELDWEG – AUSSEN / TAG**   91

Erwin ist allein unterwegs.

ERWIN NORKUS: (OFF) Irgendwie schlug ich mich durch. Ich vermied Ortschaften und Begegnungen. Eine Begegnung hatte ich allerdings dann doch.

92 **BRÜCKE – AUSSEN / NACHT**   92

Eine Gulaschkanone und ein Sanitätsfahrzeug der Wehrmacht auf einer Straßenbrücke. Der Krankenwagen hatte einen Unfall, ist halb durchs Geländer gebrochen, auch die Gulaschkanone ist liegengeblieben. Um das Fahrzeug herum liegen Tote unter Decken.

Erwin sucht nach Essbarem. Er hockt bereits in der Gulaschkanone und kratzt darin herum. Plötzlich hört er etwas. Sein Kopf schaut raus.

Einer der Toten lebt noch. Es ist EIN OFFIZIER DER WAFFEN-SS. Er hat keine Beine mehr und sein Kopf ist verbunden, auch seine Augen, nur Nase und Mund schauen aus dem Verband. Er sagt etwas.

OFFIZIER: (kaum hörbar) Wer isn da? N Mensch oder Ratten?

Erwin klettert aus der Gulaschkanone, geht zu ihm, beugt sich herab.

ERWIN: Ick bin ein Mensch. Halbwegs.

OFFIZIER: Hast du was zu trinken?

ERWIN: Nein.

OFFIZIER: Was ist mit den andern?

ERWIN: Deine Leute?

Erwin wagt einen kurzen Seitenblick.

(widerwillig) Sind alle tot. Glaub ich …

OFFIZIER: (roh) Kannst keine Toten sehn.

Wo haste denn den Krieg verbracht?

ERWIN: Im Kino. Hab Filme gezeigt.

OFFIZIER: Du blöde Sau.

ERWIN: Na denn …

Will gehen. Der andere kriegt ihn am Bein zu fassen. Fühlt den Zivilstoff der Hose.

OFFIZIER: Wie heißt du?

ERWIN: (zögernd) Erwin.

OFFIZIER: Haust ab, wa?

ERWIN: (lügt) Ich … Ich komm vom … vom Dorf da drüben.

Ich muss auch weiter. Also … Gute Besserung.

Will weg. Aber der Offizier hält ihn fest.

OFFIZIER: Erwin!

Er kramt mühsam unter der Trage, auf der er liegt ein Buch hervor. Es ist Gladkows „Zement", das Buch, das wir aus der Krankenhausszene kennen – und mit Erwin zusammen erkennen wir nun in dem verstümmelten Offizier Gerhard Mondt wieder. Er schlägt zitternd das Buch auf, darin liegt die Pistole, die wir auch schon kennen. Erwin bezwingt sich und gibt sich nicht zu erkennen.

OFFIZIER: Du bist Deutscher. Gib mir den Gnadenschuss.

ERWIN: Mach doch selbst.

OFFIZIER: Ich … Es geht nicht. Hilf mir!

ERWIN: Ich hab im ganzen Krieg keinen umgelegt. Ich werd jetzt nicht mehr damit anfangen.

Mondt lässt Erwins Hosenbein los. Er hat alle Hoffnung auf einen schnellen Tod verloren.

OFFIZIER: Solche wie dich hab ich gefressen.

ERWIN: Wieso? Ich hab nichts gemacht.

OFFIZIER: Eben. Nur Sprüche. Nur Wochenschau. Wir haben eure Drecksarbeit erledigt. Aber euch werden sie genauso hängen.

ERWIN: Ich hab niemandem was getan!

OFFIZIER: Warts ab. Noch paar Tage, dann siehst du so scheiße aus wie ich.

Erwin blickt ihn ängstlich an. Sein Blick fällt auf das offene Buch, darin die Pistole.

OFFIZIER: Schon mal ne Möse gevögelt?

Erwin antwortet nicht.

Du fährst als Jungfrau ein! (lacht)

ERWIN: Glaubst du wirklich, die Russen wolln uns alle umbringen?

OFFIZIER: (trocken) Wenn sie halbwegs bei Verstand sind.

Erwin fürchtet sich.

Also, was ist jetzt, Kamerad. Drückst du ab?

ERWIN: Ich bin nicht dein Kamerad. Ich bin von niemandem der Kamerad.

OFFIZIER: Das dachten schon manche. – Einmal kamen wir eine Allee lang. Plötzlich fiel uns eine Oma vor die Füße. Dann sahen wir, in den Bäumen saßen sie, Frauen und Kinder, das ganze Dorf. Wir mussten nur hoch in die Äste schießen und sie fielen ab wie die Pflaumen. Da wollte auch einer nicht mitmachen. Du weißt, was das heißt: Feigheit vor dem Feind ... – (plötzlich ängstlich) Bist du noch da? ...

Die Kamera hat sich auf Mondt zu bewegt, und sie nähert sich immer weiter seinem unkenntlichen Gesicht, dem sprechenden Mund. Ob Erwin noch da ist, wissen wir nicht. Mondt hat sich wieder gefangen. Er monologisiert weiter, als bete er um seine Erschießung.

OFFIZIER: Kameradschaft! Das kennst du doch aus deinem Kino. Ne feine Sache. Gab's in jeder Wochenschau. Karriere machst du nicht damit. Ich kannte mal einen, ist lange her, dem hätten wir helfen können. Ham wir aber nicht. Der ist dann sogar berühmt geworden. Hätten wir ihn nicht in seinem Blut liegenlassen, wär er jetzt genau son Affenarsch wie du. Der hatte nochn kleinen Bruder, wie hieß der noch gleich ...

Ein Schuss fällt. Trifft Mondt ins Gesicht.

93   TRÜMMER – AUSSEN / TAG   **93**

Blauer Himmel, darin ein paar Wolkenschleier. Die Kamera schwenkt herab auf: Die Ruine eines Berliner Mietshauses. Eine Hauswand steht noch, man blickt in die halbierten Zimmer.

Unten, in Trümmern und Schutt, blüht die Goldrute, da liegt auch ein metallener Brotkasten. Herausgeschleudert aus einer Küche, als die Bombe fiel.

Schritte.

Erwin, 22 Jahre alt, schlank, staubig, unrasiert, in abgerissener Kleidung, halb Wehrmacht, halb Zivil, beißt in den verkohlten Kanten. Das Brot ist ungenießbar. Er wirft es fort. (alles wie Szene 1)

    NACHBARIN (OFF): Erwin?!

Erwin blickt sich um. Da steht eine Nachbarin.

    NACHBARIN: Suchst deinen Vater, wa? …

Erwin nickt.

    … Den hamse jeholt.

    ERWIN: Wer denn?

    NACHBARIN: Na, wer! Wie die Russen „Norkus" hörten, da … sind die vor Freude fast durchjedreht. Endlich hatten se wieder een. Also sieh dir vor, kleena Norkus, dir hamse ooch uffn Kieker.

    ERWIN: Lassen se ma, Frau Phillipp. Ick muss dem Russen ja meinen Namen nicht auf die Nase binden.

Die Nachbarin bedeutet ihm mit einer Geste: viel Glück dabei!

    NACHBARIN: Ick habs dir jesacht!

Und dackelt davon.

Es folgen kurze Einstellungen aus den ersten Szenen des Films: Erwin geht durch das zerstörte Berlin. Läuft an einem Kanal entlang. Wirft einen Stein ins Wasser. Die Sonne glitzert auf den Wellen.

94   LANDSTRASSE – AUSSEN / TAG   **94**

    ERWIN NORKUS (OFF): Also, ich beschloss ich fang bei Null an, ich verschwinde. Hermine lag unter den Trümmern ihres Hauses begraben. Grammophon, Schellackplatten, Gipsmasken – alles in Trümmern. Einen Moment lang überlegte ich, ob ich zu unseren Verwandten gehen sollte, wo wir schon einmal gelebt hatten. Aber ich wollte mit meiner Sippe nichts mehr zu tun haben.

Erwin geht eine Allee entlang, hinter, neben und vor ihm ein paar Flüchtlinge oder Vertriebene. Sie haben etwas Gepäck bei sich, Erwin nicht.

    ERWIN NORKUS: (OFF) Ich lief nach Norden, weil es hieß, dort seien die meisten Orte unzerstört.

95   **RUINE/KELLERRAUM – INNEN + AUSSEN/TAG**   **95**

ERWIN NORKUS: (OFF) Aber das war nur ein Gerücht. Wie das
meiste, was man sich auf der Straße erzählte. Wo wirklich etwas
unzerstört war, waren längst Flüchtlinge einquartiert. Ich machte
Halt auf halbem Weg zwischen Berlin und der Ostsee.

Im verschütteten Keller eines zerstörten Hauses schafft sich Erwin Raum.
Macht das Kellerfenster schuttfrei, bastelt eine Art Holzverschalung.
Trägt Steine hinaus. Putzt, so gut es geht. Bringt von irgendwoher ein
altes Deckbett heran. Richtet sich eine „Höhle" ein.

96   **STRASSE VORM HAUS – AUSSEN/TAG**   **96**

Der Strommast vorm Haus steht noch, ein Holzmast, das Kabel zum
Haus ist abgerissen. EIN URALTER MANN besitzt Steigeisen, Erwin legt
sie an, erklimmt den Mast und installiert oben eine Stromverbindung
zum Haus. Der Alte steht unten, ruft Anweisungen, offenbar war er
mal Elektriker.

Während der Aktion gesellen sich zwei Frauen und einige Kinder dazu, die neugierig beobachten, ob der junge Mann das schafft und wann er wohl runterfällt.

97   KELLERRAUM – INNEN / ABEND   97

Die Hauswand hinunter und dann in sein Fenster, im Keller an der Decke entlang führt jetzt ein Stromkabel. Erwin dreht eine Glühlampe in die Fassung, die von der tiefen Decke in sein „Zimmer" hängt. Das Licht geht an.

Bei ihm der uralte Mann. Er hat eine Liste und einen Stift dabei.

Erwin nimmt den Zettel, liest. Kratzt sich. Auf der Liste steht: Name, Geburtsort, Alter, Familienstand, Beruf, Parteizugehörigkeit, Truppenteil.

> DER ALTE: Nu was? Füll das aus. Ohne kriegst du keine Papiere. Und Papiere braucht der Mensch.

Er reicht Erwin den Stift. Aber dem fällt nicht ein, was er schreiben soll.

> DER ALTE: Kannst nicht schreiben?

> ERWIN: Doch. Geht schon.

Erwin sucht umständlich nach einer sauberen Fläche, auf der er schreiben kann. Der Alte beobachtet ihn.

> DER ALTE: Erwin Schmidt, so heißt du doch.

Erwin nickt, kaum sichtbar.

Dann schreib das.

Zögernd schreibt Erwin seinen falschen Namen.

Der Alte sieht den ungelenken Namenszug. Verärgert nimmt er Erwin den Zettel weg.

> DER ALTE: Gib her, den Wisch! Was ham die euch nur beigebracht! Schießen könnt ihr. Aber kaum euern Namen schreiben! – Sag an! Aus dem Havelland stammst du …

> ERWIN: (räuspert sich) Ja … meine Eltern haben Obst angebaut. Marmelade gemacht. Die ham wir nach Berlin …

> DER ALTE: (unterbricht ihn) Das ist hier nicht wichtig! Wie alt?

> ERWIN: Zweiundzwanzig. Ledig.

> DER ALTE: Beruf?

> ERWIN: Ich hab zwei Jahre geholfen in einem Lichtspielhaus. Dann wurde ich zugelassen zum Filmvorführer-Lehrgang. Den musste ich abbrechen, weil ich einberufen wurde …

Der Alte schreibt bei Beruf: keinen.

> DER ALTE: Wohin?

> ERWIN: Zum Filme vorführen. Hier und da. Immer woanders.

DER ALTE: Glück gehabt!

Er trägt in die Liste ein: Rückwärtige Dienste.

ERWIN: Ich hatte nie Glück.

DER ALTE: Ich finde schon. Du lebst. – Unterschreib!

Ungelenk unterschreibt Erwin mit seinem falschen Namen.

Der Alte nimmt Zettel und Stift.

DER ALTE: Warum grad ihr Jungen euch selber so leid tut! Ihr könnt doch jetzt alles anders machen.

ERWIN: Ich versuchs ja.

Der Alte hat eine Idee.

DER ALTE: Obst hattet ihr, sagst du?

ERWIN: Ja, für Marmelade. Meine Mutter hat ...

Aber der Alte hört gar nicht mehr richtig zu.

DER ALTE: Ich hab einen Freund, der hat eine Plantage. Jetzt kommt der Sommer, da braucht er jeden Mann.

98   **OBSTPLANTAGE – AUSSEN / TAG**   **98**

Eine Vogelscheuche steht da.

Erwin zerrt ein Bettgestell unter/zwischen die Bäume.

Bringt ein altes Deckbett angeschleppt.

Wirft sich auf die quietschenden Bettfedern.

ERWIN NORKUS: (OFF) Also zog ich ins Obst. Als Wachschutzmann. Es war wie im Schlaraffenland: Wenn ich den Mund öffnete, fielen mir die Früchte rein.

Erwin rennt mit einer Klapper unter den Bäumen lang, um die Stare zu verscheuchen.

Er steht in einem Kirschbaum, isst und erntet. Frauen in den Nachbarbäumen.

99   **OBSTPLANTAGE – AUSSEN / DÄMMERUNG**   **99**

Erwin liegt auf seinem Feldbett, schläft. Es knackt irgendwo, Schritte. Erwin wacht auf. Versucht, etwas zu sehen, jemanden auszumachen. Unter seinem Bett liegt eine Mistgabel. Er nimmt sie, geht vorsichtig unter die Bäume, auf der Suche nach dem Dieb. Da rennen auch schon zwei Diebe. Er läuft ihnen nach, aber er kriegt sie nicht.

100   **SCHWARZMARKT – AUSSEN / TAG**   **100**

Erwin auf dem Schwarzmarkt der Stadt, er hat eine große Tüte Kirschen dabei. Schwarzhändler bieten ihre Waren an, heimlich, verschämt, leise.

ERWIN NORKUS: (OFF) Hier und da zweigte ich etwas ab von unserer Ernte, denn nur von Kirschen allein wird keiner satt.

EINE FRAU tauscht seine Kirschen gegen ein Brot.

Ein Pfiff.

Alles stürmt auseinander.

101 ENGE STRASSE – AUSSEN/TAG 101

Erwin rennt die Straße lang, sein Brot unterm Hemd versteckt. Da kommen ihm berittene Polizisten entgegen.

Erwin macht kehrt, läuft in die andere Richtung davon.

Auch dort tauchen plötzlich Polizisten auf. Wo soll er hin?

102 BREITE STRASSE – AUSSEN/TAG 102

Die Schwarzhändler, die gefasst wurden, müssen auf die Ladefläche eines Lkws steigen. Polizisten bewachen sie. Erwin muss auch aufsteigen.

103 POLIZEIREVIER, FLUR – INNEN/TAG 103

Ein langer Gang voller wartender Schwarzhändler.

104 BÜRO – INNEN/TAG 104

Die Personalien der vorübergehend Festgenommenen werden überprüft. An mehreren Schreibtischen sitzen Polizisten, vor jedem steht ein Schwarzhändler.

Auch Erwin muss seine Papiere zeigen. DER BEAMTE prüft und liest genau, Erwin schwitzt.

POLIZIST: (für sich) Erwin Schmidt …

Er sieht in einer langen Liste nach. Findet den Namen nicht.

POLIZIST: (jovial) Mit Ihrem Namen, da gibt doch sicher viele von, oder?

ERWIN: Kann man schnell mal verwechselt werden …

POLIZIST: (scherzt) So isse, die Justitia, blind wie ein Maulwurf.

Die Papiere sind in Ordnung, Erwin erhält sie zurück. Der Polizist verwarnt ihn.

POLIZIST: Im Wiederholungsfall, Herr Schmidt (er zeigt die Richtung) – zwei Tage Arrest. Ohne Brot.

Das Brot liegt auf dem Schreibtisch. Erwin kriegt ein Zeichen, dass er verschwinden soll. Das Brot muss er dalassen.

| 105 | **LANDSTRASSE – AUSSEN / TAG** | 105 |

Es ist Herbst geworden. Erwin ist wieder auf Achse.

> ERWIN NORKUS: (OFF) Als das Obst geerntet war, sah ich mich nach neuer Arbeit um. Ich kam nun wirklich bis zur Ostsee …

| 106 | **WERKTOR – AUSSEN / TAG** | 106 |

Erwin kommt zum Tor zur Werft. Zwei sowjetische Soldaten stehen dort Wache. Arbeiter passieren, jeder muss einen Werksausweis vorzeigen. Erwin zeigt seinen neuen Pass. Er darf passieren. Am Pförtnerhäuschen eine Tafel, worauf steht, welche Arbeiter grad gesucht werden: Schweißer, Elektriker, Hilfsarbeiter …

> ERWIN NORKUS: (OFF) … Hier wurden gesunkene Schiffe wieder flott gemacht. Arbeit gab's genug für jeden.

| 107 | **BARACKE, FLUR – INNEN / TAG** | 107 |

Im Flur einer Baracke stehen Wartende. Ein Arbeiter kommt mit seinem neuen Arbeitsvertrag aus dem Büro. Erwin ist der Nächste. Er tritt ein.

| 108 | **BÜRO – INNEN / TAG** | 108 |

Im Büro ein SOWJETISCHER OFFIZIER, der deutsche KADERLEITER und eine SEKRETÄRIN. Der Kaderleiter steht gerade abgewandt vor einem Aktenregal. Erwin wendet sich an den Russen.

> ERWIN: Schmidt, mein Name. Ich suche …

> OFFIZIER: (mit Akzent) Können Sie schweißen?

> ERWIN: Ich kann Filme vorführen.

Der Offizier lacht.

> OFFIZIER: Kultura! Marika Rjock, ajajaj …

Der Kaderleiter dreht sich jetzt um. Er mustert Erwin gründlich. Der bemerkt den Blick zunächst nicht.

> OFFIZIER: Hier ist Werft, towarisch! Schweißer, kannst du?

> ERWIN: Nein, tut mir leid …

> KADERLEITER: Wie war nochmal der Name?

> ERWIN: Erwin Schmidt.

Bereitwillig hält Erwin ihm seinen Pass entgegen.

Der nimmt und prüft ihn. Blickt Erwin eindringlich an.

> OFFIZIER: Aber schlagen! (zeigt) Zuschlagen, kannst du?

Erwin ist irritiert. Kommt drauf an, sagt sein Blick.

109   SCHIFF – AUSSEN/TAG   109

Draußen ist Sturm. Die Sowjetfahne zerrt am Mast und schlägt um sich. Man repariert aus der See gehobene Schiffswracks. (Langsame Zufahrt auf:) Eine Bordwand, rostig und verbeult. Aus dem Bauch des Schiffs tönt lautes Hämmern.

110   SCHIFF – INNEN/TAG   110

Im Rumpf. Es ist eisig kalt. Erwin, grau im Gesicht und dick ein-gemummelt, schlägt mit einem Hammer den Rost von der Metallwand. Die Arbeit verursacht Dreck und Lärm. (Die Kamera beginnt nah, entfernt sich.) Jetzt sieht man: Erwin hängt an einem Seil an der hohen, rostigen, eisigen Wand. Er schlägt auf sie ein. Neben ihm andere Arbeiter, auch Frauen tun die schwere Arbeit. Wenn einer dem anderen etwas sagen will, muss er schreien. Erwin und seine Kolleg(inn)en, einer wie der andere, geschlechtslose Wesen, und alle schlagen sie wie wütend auf das Metall, Schreie fliegen von Mann zu Mann.

Darüber legt sich Erwins Off-Stimme.

> ERWIN NORKUS: (OFF) Ich bekam eine Stelle als Hilfsarbeiter, ich wurde Rostklopper. Tief verkroch ich mich im Bauch der Schiffe. Es war kalt und laut, dunkel und schmutzig. Hier kannte mich keiner. Ich sprach, wenn ich überhaupt sprach, lieber über die leuchtende Zukunft als von der dunklen Vergangenheit. Meine Kindheit und meine Jugend waren vorbei. Was jetzt noch kam, spielte keine Rolle mehr.

Das Schiff, das metallene Ungeheuer. In seinem Bauch schreien und hämmern die Arbeiter, wie um ihr Leben.

BLACK

Ende

Karsten Laske: Bio-Filmografie

Karsten Laske wurde 1965 in Brandenburg/Havel geboren und wuchs in Sachsen auf. Nach Abitur, NVA und einem Studium an der Hochschule für Schauspielkunst »Ernst Busch« Berlin war er von 1990 bis 1994 als Schauspieler am Theater Schwerin engagiert. Dort drehte er, während der Spielzeitpause, seinen ersten Film: STILLE WASSER. Seit 1994 arbeitet er freiberuflich. 1997/98 war er kurzzeitig künstlerischer Mitarbeiter im Bereich Regie an der HFF Potsdam-Babelsberg. Karsten Laske lebt in Berlin.

Filmografie: STILLE WASSER (Spielfilm; ZDF/Das kleine Fernsehspiel, 1992). *Drehbuch & Regie:* Karsten Laske. *Produktion*: Ö-Film, Berlin.
EDGAR (Spielfilm; Bayerischer Rundfunk, 1995). *Drehbuch & Regie:* Karsten Laske. *Produktion*: Ö-Film, Berlin.
DER VIRTUOSE (unverfilmt). Drehbuch für CCC-Film Artur Brauner.
HUNDSKÖPFE (Spielfilm, rbb/ZDF: *Ostwind*, 2002). *Drehbuch & Regie:* Karsten Laske. *Produzent*: Jost Hering, Berlin.
DAMALS IN DER DDR (Dokumentation, 11 x 45 min, 2004/05). *Serien-Regie:* Karsten Laske (Grimme-Preis 2005). *Produktion*: LOOKS-Film, Leipzig.
DAMALS NACH DEM KRIEG (Dokumentation, 4 x 45 min, 2007) *Serien-Regie:* Karsten Laske. *Produktion*: LOOKS-Film, Leipzig.

Laudatio der Jury

Ich möchte diese Laudatio mit einem Geständnis beginnen. Als ich den schweren Karton mit all den für den Drehbuchpreis vorgeschlagenen Büchern aufmachte und die Titel durchging, war das heutige Preisträgerbuch dasjenige, das ich am liebsten ungelesen wieder im Karton versenkt hätte.

Ich war wirklich nicht erpicht auf ein Zweiter-Weltkriegs-Drama, denn so sehr ich gegen das Vergessen bin, gegen das Gerede vom »Jetzt muss doch mal Schluss sein«, so sehr hatte ich Zweifel, dass man dem Kino noch irgendeine neue Geschichte über diese Zeit abtrotzen könnte jenseits dessen, was wir schon in tausend Varianten, mehr oder weniger geglückt, ergreifend oder langweilig, zu sehen bekommen haben.

Nun also MEIN BRUDER, HITLERJUNGE QUEX.

Ich beschloss, mir dieses Buch als eines der ersten vorzunehmen, damit ich es hinter mir hätte, kochte mir einen Tee und begann zu lesen.

Die Skepsis verflüchtigte sich mit jeder Seite.

Doch, hier war etwas Neues, hier war ein narrativer Aspekt gefunden, der einen ganz anderen Blick auf bisher scheinbar Bekanntes warf.

Erzählt wird die Geschichte vom kleinen Erwin Norkus, dessen Schicksal es war, im übermächtigen Schatten seines älteren Bruders Herbert zu stehen und darin fast zu verschwinden.

Herbert Norkus war ein Hitlerjunge aus Berlin, er war 15 Jahre alt, als er den sogenannten Heldentod starb. Mit einer Gruppe Gleichgesinnter verteilte er Flugblätter mit Nazipropaganda und wurde dabei von Kommunisten niedergestochen. Für eine Bewegung, die den Opfertod vergötterte, wurde er der »Blutzeuge der Bewegung«, ein Märtyrer, ein Held. Einer der berühmtesten Propagandafilme der Nazis, HITLERJUNGE QUEX, basiert auf seiner Geschichte, ein Kriegsschiff wurde nach ihm benannt, Straßen und Plätze. Herbert Norkus wurde das Idol einer verführten Jugend.

Wie aber ergeht es einem, der qua Geburt in unmittelbarer Nähe eines solchen »Helden« lebt, der zur engsten Familie gehört und der in diesen Strudel gerissen wird, ohne es zu wollen?

Aus dieser Perspektive des Jüngeren, des im Dunkeln stehenden Bruders schlägt das Buch einen Bogen vom erstarkenden Nationalsozialismus bis hin zu dessen Ende, bis all die Fanfaren verklungen, die Lieder gesungen und der Traum vom ewigen Reich in Trümmern liegt.

Erwin, gänzlich unpolitisch und ohne jegliche Neigung zum Heldentum, lebt zusammen mit seinem Vater, der Tod und Ruhm des erstgeborenen Herbert immer weniger verkraftet. Die Mutter ist bereits vor Jahren gestorben, und trotz aller Hilfestellung der Partei, der eine sozial verwahrloste Heldenfamilie nicht ins Bild passt, ist der Abstieg der Familie Norkus nicht aufzuhalten. Der Vater beginnt zu trinken, und als er ein zweites Mal heiratet, ist für Erwin kein Platz mehr, nirgendwo. Der Falsche habe überlebt, wirft er Erwin einmal an den Kopf.

Karsten Laske erzählt von der Not eines Kindes, das für seine nazitrunkene Umwelt nur als Spiegel des älteren Bruders existiert und das doch nur es selbst sein will. Mit allen Mitteln wird versucht, Erwin in Herberts Fußstapfen zu pressen. Ob das die wortwörtlich zu große Uniform-Mütze ist, die ihm aufgesetzt wird, oder die erbitterten Versuche der Funktionäre, ihn im Sinne der Nazis zu drillen und zu ertüchtigen. Aber Erwin ist sportlich eine Niete und verfügt auch sonst über keinerlei Fähigkeiten, die ihn zur Ausnahmeerscheinung machen würden. Er ist geradezu unverschämt unauffällig, eine Schande für seinen Bruder.

Niemand sieht Erwin, alle wollen Herbert sehen. Das Kind zerbricht fast daran, und am deutlichsten wird ihm seine Nicht-Existenz vor Augen geführt, als er in dem Film, der über seinen Bruder gedreht wurde, nicht einmal vorkommt. Es gibt ihn nicht.

Ja, der Schatten des Bruders ist sogar so lang, dass Erwin, als schon alles verloren ist und der Krieg fast vorbei, seines Bruders wegen zum Mörder wird.

Erwin war der David, der gegen Goliath nicht ankommen konnte in einer Zeit, in der das Individuum nichts, die Masse alles war.

Aber er überlebt.

Und als die ganze Naziherrlichkeit zerbombt ist wie ein böser Spuk und jede Verbindung mit den Helden des untergegangenen Reiches gefährlich wäre, muss Erwin sogar seinen Namen aufgeben. Aus Erwin Norkus wird Erwin Schmidt.

Er ist endlich kein kleiner Bruder mehr, er ist er selbst.

Der Autor lässt uns jedoch nicht befreit aufatmen am Ende seiner Geschichte, denn er lässt den jetzt erwachsenen Erwin sagen: »Meine Kindheit und Jugend waren vorbei. Was jetzt kommt, spielt keine Rolle mehr.«

Ein bitteres, aber wahres Fazit. Denn die Jahre, in denen wir werden, was wir sind, von denen wir ein Leben lang zehren, für Erwin sind sie unwiederbringlich verloren.

Und während wir Erwins Geschichte folgen, erzählt uns Karsten Laske wie nebenbei, in den kleinen, teils skurrilen Szenen des Alltags, vom Aufstieg und Fall eines Reiches, vom Wahn einer Zeit und von der verstörenden Banalität des Bösen, durch Erwins Augen schauen wir wie durch ein Vergrößerungsglas und ahnen, wie wenig unser Schicksal mit unserem eigenen Vermögen, unserem Willen und Wollen zu tun hat und dass man ihm, in falsche oder unglückliche Zusammenhänge und Zeiten geworfen, nicht entrinnen kann.

Die Jury freut sich außerordentlich, Karsten Laske den Drehbuchpreis 2010 für MEIN BRUDER, HITLERJUNGE QUEX zu verleihen. Wir gratulieren dem Autor zu einem Buch, das feinnervig und genau von einem speziellen Einzelschicksal erzählt und das Kunststück fertigbringt, darin das große Ganze zu spiegeln. Das Buch hat alles, was gutes Kino ausmacht: einen Protagonisten, mit dem wir leiden und hoffen, einen zutiefst menschlichen Blick auf Figuren und ihre Nöte, es hat Bilderreichtum, eine eigene Sprache und Humor. Die Geschichte berührt, ohne auch nur eine Sekunde lang rührselig zu sein, sie erzählt ein extremes Schicksal in einer extremen Zeit, subtil, spannend und ihrem Objekt gegenüber stets integer.

Das ist viel, das ist preiswürdig. Wir wünschen dem Autor und seinen Mitstreitern alles Gute für das weitere Gelingen dieses Projektes, wir sind gespannt und freuen uns auf einen großen Film mit vielen Zuschauern. Alles Gute!

Susanne Schneider

Über die Autorinnen und Autoren

Wieland Bauder studierte 1983-87 an der Staatlichen Akademie der Bildenden Künste Stuttgart. Anschließend arbeitete er vor allem in den Bereichen Fotografie und Rauminstallation und war in zahlreichen Ausstellungen im In- und Ausland (Berlin, Marseille, New York unter anderem) vertreten. Ab 1996 wandte er sich dem Schreiben zu und hat seitdem zahlreiche Drehbücher für Kurzfilme, Serien und Fernsehspiele verfasst. Sein für die Goldene Kamera und den Deutschen Fernsehpreis nominiertes Politdrama DIE TODESAUTOMATIK war Auftakt einer Trilogie über bemerkenswerte Ereignisse der jüngeren deutschen Vergangenheit. Die beiden folgenden Teile werden den Terroranschlag auf die Berliner Discothek *La Belle* 1986 und das faschistoide Sektenregime der Colonia Dignidad in Chile 1961-91 behandeln. Seit 2008 ist er Dozent an der dffb.

Sarah Bräuer, geboren 1976, machte ihr Abitur in Oberstdorf, arbeitete in einer Schlosserei für Möbeldesigner in Berlin, studierte Medienwissenschaften und Soziologie in Düsseldorf und später Theaterwissenschaften in München, arbeitete fünf Jahre für eine Unternehmensberatung. Sie gehört zu den ersten Teilnehmerinnen des Drehbuch-Studienganges der HFF München. Neben eigenen Regiearbeiten schrieb sie dort diverse Drehbücher für kurze und mittellange Filme – unter anderem NEBENEINANDER (2009; R: Christoph Englert), I REMEMBER (Arbeitstitel; R: Janna Ji Wonders), war an der Stoffentwicklung für den Kinofilm DER ROTE PUNKT (2009; R: Marie Miyayama) beteiligt und entwickelt derzeit ihr Diplomdrehbuch mit einem Regie-Kommilitonen. Sie schreibt auch Prosa und fotografiert: www.myspace.com/sarahschreibt.

Keith Cunningham, geboren und aufgewachsen in den USA, studierte Film und Psychologie an der Northwestern University of Chicago. Er begann als Kameramann. Die Begegnungen mit Lehrern wie Joseph Campbell, Jean Houston, dem Philosophen Alan Watts und seinem späteren Partner Tom Schlesinger veränderten seine Laufbahn. Er arbeitete nun als Autor und Regisseur, aber vor allem als Consultant und Lehrer. Er unterrichtete Film am Columbia College in Chicago und war Gastdozent bei der Directors Guild of America, der Writers Guild West of America und beim American Film Institute. Er beriet das italienische öffentlich-rechtliche Fernsehen RAI in Rom, die Bavaria und viele andere europäische Institutionen. Er unterrichtete in Marokko, dem nahen Osten und bereitet ein Buch über seine Erfahrungen in Palästina vor. Er ist Autor von Spielfilmen und Entwickler einer Sitcom für das Deutsche Fernsehen. Wenn Keith Cunningham nicht auf Reisen ist, lebt er in München.

Ralph Eue, geboren 1953. Studium der Germanistik, Romanistik und Architektur in Marburg, Paris und Frankfurt. Filmpublizist und Übersetzer seit 1980. Redakteur der Zeitschrift *Filmkritik* bis 1984. 1990-95 Pressechef bei Tobis Film GmbH. Kurator der Berlinale-Retrospektive 2005. Dozent an der dffb und am Institut für Theater-, Film- und Medienwissenschaft, Universität Wien. Bücher unter anderem: Marcel Ophüls: »Widerreden und andere Liebeserklärungen« (Hg. mit Constantin Wulff, 1997), »Schauplätze, Drehorte, Spielräume« (Hg. mit Gabriele Jatho, 2005) und »Aki Kaurismäki« (Hg. mit Linda Söffker, 2006). Seit 2007 Redakteur der Zeitschrift *Recherche Film und Fernsehen*. Lebt und arbeitet überwiegend in Berlin.

André Georgi, 1965 in Kopenhagen geboren, lebt in Bielefeld. Nach einem ersten Leben als wissenschaftlicher Mitarbeiter für Philosophie mit Publikationen zu Kant arbeitet er heute als Drehbuchautor. Teilnehmer des *North by Northwest*-Programms und des Autorenprogramms der ifs Köln. Schreibt vor allem Krimis, unter anderem für *Bella Block* und *Tatort*. Er unterrichtet Dramaturgie an der Filmschule Hamburg Berlin.

Michael Gutmann, geboren 1956 in Frankfurt am Main, studierte dort zuerst Kunst und Deutsch, arbeitete danach als Zeichner und Autor unter anderem für das Satiremagazin *Titanic*, so etwa mit Bernd Pfarr, mit dem ihn eine Freundschaft bis zu dessen Tode verband. Sein zweites Studium an der HFF München schloss Gutmann 1986 als Regisseur mit dem Film CARGO ab. Es folgten mehrere Regiearbeiten für Fernsehserien und diverse Kurzfilme. Der Durchbruch als Drehbuchautor im Kino gelang ihm 1995 mit dem Film NACH FÜNF IM URWALD. 1997 wurde der von ihm geschriebene und inszenierte Fernsehfilm NUR FÜR EINE NACHT unter anderem mit dem Adolf-Grimme-Preis ausgezeichnet. Neben eigenen Projekten als Regisseur arbeitete Michael Gutmann weiter mit Hans-Christian Schmid sehr erfolgreich an Kinoprojekten zusammen. Seit 2005 der erste Lehrstuhlinhaber für Drehbuch an der HFF München.

Thomas Knauf, geboren 1951 in Halle/Saale; Abitur, Schlosser, Theater-Requisiteur, Filmplakatmaler, Filmclubleiter, Regieassistent im DDR-Fernsehen. 1976-80 Studium der Filmwissenschaft in Babelsberg. 1983-84 Studium am Johannes-R.-Becher-Literaturinstitut Leipzig. 1981-90 festangestellter Szenarist der DEFA. Seit 1990 freier Autor, Regisseur, Journalist, lebt in Berlin. Drehbücher zu vielen Kino- und Fernsehfilmen, unter anderem TREFFEN IN TRAVERS (1988), DIE ARCHITEKTEN (1990), DIE SPUR DES BERNSTEINZIMMERS (1992), BRENNENDES HERZ (1996), HEISSKALTE LIEBE (*Polizeiruf 110*-Episode; 1997), EIN MANN STEHT AUF (1999), EXIL (*Tatort*-Episode; 2001). Zahlreiche Dokumentarfilme, auch in eigener Regie, unter anderem DER SCHINKEL VON BABELSBERG (1992), SHALOM ISRAEL (1995), NEPAL – LAND ZWISCHEN HIMMEL UND ERDE (1996), KURBAN SAID (2006), WIR WAREN SO FREI (2008). Erhielt unter anderem 1988 den Max-Ophüls-Preis für VORSPIEL und 1990 den DDR-Kritikerpreis für TREFFEN IN TRAVERS.

Gerhard Midding, geboren 1961. Studium der Theaterwissenschaft, Kunstgeschichte und Literaturwissenschaft. Texte unter anderem für *Filmbulletin*, *Kölner Stadt-Anzeiger*, *Tagesanzeiger* und die *Berliner Zeitung*. Radiobeiträge für den SFB/rbb, Fernsehbeiträge für den WDR. Mitarbeit an verschiedenen Filmbüchern. Eigene Publikationen als Autor oder Herausgeber, zuletzt »Luis Buñuel« (2007).

Samson Raphaelson, 1896-1983. Amerikanischer Bühnen- und Drehbuchautor, Kritiker und Prosaschriftsteller. Zu seinen größten Erfolgen am Broadway zählen *The Jazz Singer*, *Accent on Youth*, *Skylark* und *Hilda Crane*, die später (z.T. mehrfach) verfilmt wurden. Seine gemeinsam mit Ernst Lubitsch geschriebenen Drehbücher, darunter TROUBLE IN PARADISE (1932), THE SHOP AROUND THE CORNER (1940) und HEAVEN CAN WAIT (1943) gelten als Höhepunkte der eleganten *sophisticated comedy* in Hollywood. Darüber hinaus schrieb er für Lubitsch (THE SMILING LIEUTENANT; 1931) und andere Regisseure (THE HARVEY GIRLS; 1946; R: George Sidney) bedeutende Musicals. Er selbst hielt jedoch den Thriller SUSPICION (1941; R: Alfred Hitchcock) für seine beste Drehbucharbeit. In »Talking Pictures«, seinem Pantheon der Hollywoodautoren, ordnet ihn Richard Corliss unter die »Stilisten« ein. 1977 erhielt er den Laurel Award der Writers Guild für sein Lebenswerk.

Manuela Reichart, am Rhein geboren, an der Spree aufgewachsen. Arbeitete nach dem Studium viel im und fürs Fernsehen als Autorin von Beiträgen und als Moderatorin, unter anderem für *Aspekte* im ZDF und elf Jahre lang für die Büchersendung des WDR. Sie hat Features gedreht zu Themen aus den Bereichen Literatur und Film, ist Literaturkritikerin für Printmedien, Hörfunk-Feature-Autorin für den WDR, den BR und den rbb, Moderatorin beim SWR, beim WDR und beim rbb sowie Herausgeberin und Autorin mehrerer Bücher. Sie schrieb diverse Beiträge in Filmpublikationen, unter anderem zur Nouvelle Vague und über Romy Schneider. Regisseurin des Dokumentarfilms THÄLMANN NIMMT DIR DEINEN BALL WEG (2008). Sie lebt in Berlin.

Dorothee Schön, geboren 1961 in Bonn. Abitur am Kloster-Lyceum, einer Klosterschule für Mädchen vom Sacré Cœur; Studium an der HFF München, zunächst mit dem Schwerpunkt Dokumentarfilm. Ihren Studienabschluss machte sie mit dem Drehbuch BLAUÄUGIG, das von Reinhard Hauff 1989 verfilmt wurde. Seit 1986 freie Drehbuchautorin. Seither fast 30 Drehbücher für TV- und Kinofilme, darunter allein 14 für die Reihe *Tatort*. Lehraufträge an diversen Filmhochschulen. Sie ist mit dem Regisseur Jürgen Bretzinger verheiratet, hat zwei Kinder und lebt in Ravensburg.

Michael Töteberg, geboren 1951 in Hamburg. Wurde 1978 zuerst Lektor, später dann Geschäftsführer beim Frankfurter Verlag der Autoren. Seit 1994 leitet er die Agentur für Medienrechte des Rowohlt Verlags. Veröffentlichungen unter anderem: »Fritz Lang« (1985), »Fellini« (1989), »Filmstadt Hamburg« (1992; erw. 1997), »Film. An International Bibliography« (2002; mit Malte Hagener), »Rainer Werner Fassbinder« (2002). Herausgeber unter anderem von »Das Ufa-Buch« (1992, mit Hans-Michael Bock), »Metzler Film Lexikon« (1995, erw. 2005), »Szenenwechsel« (1999). Zahlreiche Editionen, unter anderem der Essays, Interviews und Drehbücher von Rainer Werner Fassbinder sowie der Filmbücher von Tom Tykwer, Wolfgang Becker und Dani Levy. Redakteur der Zeitschrift *Text + Kritik* und ständiger Mitarbeiter am »Kritischen Lexikon zur deutschsprachigen Gegenwartsliteratur« (KLG) sowie am Filmlexikon »CineGraph«. Lebt in Hamburg.

Jochen Brunow, geboren 1950 in Rendsburg, Studium der Germanistik und der Publizistik an der FU Berlin. Arbeit als Filmkritiker, Herausgeber der Zeitschrift *Filme*. Seit 1980 Drehbuchautor. Für das Kino unter anderem BERLIN CHAMISSOPLATZ (1980) und SYSTEM OHNE SCHATTEN (1983; Buch und Produktionsleitung; R: Rudolf Thome). Fürs Fernsehen unter anderem die ZDF-Krimireihe *Beckmann und Markowski*, Episoden für *Bella Block* (IM NAMEN DER EHRE [2002], KURSCHATTEN [2003]) und *Kommissarin Lucas* (SKIZZE EINER TOTEN [2006]) und die Fernsehfilme KLASSENTREFFEN (Sat.1; 2001), DER MANN UND DAS MÄDCHEN (DRS; 2004) und DER EINSTURZ (Sat.1; 2010). Auch Hörspiele und diverse Radiofeatures. Gründungs- und langjähriges Vorstandsmitglied des Verbands Deutscher Drehbuchautoren. 1997 *writer in residence* am Grinnell College, USA. Seit 2006 Leiter der Drehbuchakademie der dffb. Mitglied der Deutschen Filmakademie, Herausgeber von »Schreiben für den Film«. Lebt in Berlin.

Danksagung

Ein herzlicher Dank von Herausgeber und Verlag geht an: den BKM, die Referatsleiterin Film Ulrike Schauz, an Christine Goldhahn und Stefanie Hasler; an den Vorstand der Carl-Mayer-Gesellschaft Dr. Jürgen Kasten und Hartmann Schmige; an Michael Gutmann für seine Geduld und seinen Einsatz bei den vielen Sessions für das Werkstattgespräch und für die Beschaffung von Fotos und Zeichnungen; an Gabriele Roth-Pfarr für die Überlassung der Abdruckrechte an der Zeichnung ihres Mannes Bernd Pfarr; an Dorothee Schön für ihren Einsatz beim Journal und an alle anderen Autoren und Autorinnen; an Karsten Laske für die Überlassung der Druckrechte an seinem mit der Goldenen Lola ausgezeichneten Drehbuch; an Michael Töteberg (Rowohlt Medienagentur) und Ulrike Theilig für die Scans der alten *Filmkurier*-Titel und überhaupt für die inspirierende Begleitung des Projekts von Anbeginn.

Für die immer freundliche Unterstützung geht ein Dank an Dr. Rainer Rother und Peter Latta von der Deutschen Kinemathek – Museum für Film und Fernsehen; für die Bereitstellung von Fotomaterial, Grafiken sowie wertvolle Hilfestellungen unterschiedlicher Art danken wir Ina Beyer, Armando Gallo, Christine Kisorsy, Florian Liedel, Grischa Meyer, Helga Paris, Jan Schütte, Rudolf Thome, Philipp Weinges, Helga Mühl vom Diogenes Verlag, Dr. Peter Stettner vom Kulturarchiv der Fachhochschule Hannover und Christiane Teichgräber von der Deutschen Filmakademie; für die DVD-Leihgaben dem *Videodrom*-Team; für das Lektorat danken wir dem unermüdlichen Maurice Lahde, für die redaktionelle Mitarbeit der nicht minder unermüdlichen Barbara Heitkämper sowie last not least Marco Heiter, Matthias Weiß und Hanna Wolf fürs »Grabben«, das »Layoutchecken« und die »Faktenkontrolle«.

Fotonachweis

16: Archiv des Verlages (AdV). 17: Jan Schütte. 18: Barbara Feiereis. 19: Bernd Pfarr. 20-23: Michael Gutmann. 25: Internet. 26, 28: AdV. 29, 31: Internet. 33, 34: DVD-Prints. 35: Internet. 37, 39, 40: DVD-Prints. 43: Internet. 45: Holger Gimpel. 46: ARD. 48, 51: Internet. 52: Michael Gutmann. 55: Internet. 58, 60, 61, 66, 67, 71, 74: Sarah Bräuer. 77: Rudolf Thome. 81: Internet. 84, 87, 89: DVD-Prints. 91, 92: Internet. 94: AdV. 98-100: Internet. 101 oben: AdV. 101 unten: Internet. 102 oben: AdV. 102 unten, 103, 104: Internet. 105, 106: AdV. 107, 110, 111: Internet. 134: Ivo van IJzendoor (iStockphoto) / Bearbeitung: Hauke Sturm. 136: AdV. 138: Florian Liedel. 139: Internet. 140: ARD. 142: SWR. 143: Florian Liedel. 144: Internet. 145: DVD-Print. 146: Berliner Medizinhistorisches Museum der Charité. 150: Internet. 151: Deutsche Filmakademie. 152: ARD. 153: Christine Kisorsy. 154: DVD-Print. 157, 158: Internet. 159, 160: Philipp Weinges. 161: Internet. 162 oben: X Filme. 162 unten: Internet. 164: ARD. 168: AdV. 170, 171: Internet. 173, 175: DVD-Print. 176: AdV. 177: Internet. 179, 181, 182: AdV. 184, 185: Internet. 187, 188: DVD-Prints. 190: Internet. 192, 196: Michael Töteberg. 197: Kulturarchiv der Fachhochschule Hannover. 198, 201, 203-205: Michael Töteberg. 206, 207: Internet. 208, 209: AdV. 212: Grischa Meyer. 214: Helga Paris. 217: DVD-Print. 219, 220: Internet. 220: Diogenes Verlag. 223, 224 oben: Thomas Knauf. 224 unten: Internet. 225, 226: Thomas Knauf. 227, 229, 230: Internet. 231: Thomas Knauf. 233: Internet. 235: Thomas Knauf. 237: Internet. 238: AdV. 239, 241: Internet. 245: Diogenes Verlag. 247: Internet. 252: Amando Gallo / Suhrkamp Verlag. 253, 255: Suhrkamp Verlag. 259, 260, 265, 266: Internet. 340: Karsten Laske.

Hauke Sturm: Grafiken auf den Seiten 14/15, 56/57, 112/113, 118/119, 124/125, 132/133, 166/167, 242/243, 268/269, 275, 278, 289, 303, 320, 323, 334, 342/343.

Nicht in allen Fällen konnten wir die Rechteinhaber ermitteln. Berechtigte Ansprüche werden im Rahmen der üblichen Honorarsätze abgegolten.

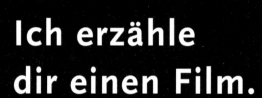

VeDRA Y

Verband deutscher Film- und
Fernsehdramaturgen e.V.

Netzwerk für Stoffentwickler

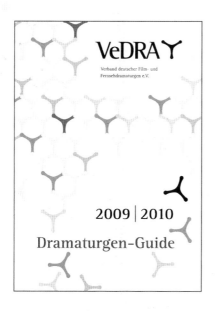

PRODUZENTEN, AUTOREN und REDAKTEURE finden bei VeDRA
schnell und einfach dramaturgische Berater, die zu ihrem
aktuellen Projekt passen.
Im Dramaturgen-Guide präsentieren alle Mitglieder ihre
jeweiligen Arbeitsschwerpunkte, methodischen Ansätze,
Genre- und Formatpräferenzen.

www.dramaturgenverband.org

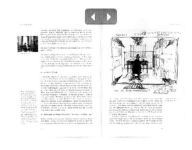